데일 카네기 자기관리론

데일 카네기 자기관리론

HOW TO STOP WORRYING AND START LIVING

데일 카네기 지음 | 이미숙 옮김

중앙경제평론사

머리말
이 책을 쓴 계기와 이유

　35년 전 나는 뉴욕에서 둘째가라면 서러울 만큼 불행한 청년이었다. 나는 먹고살기 위해 트럭을 판매했다. 하지만 트럭이 어떻게 굴러가는지 전혀 몰랐고, 한술 더 떠서 알고 싶은 마음도 없었다. 나는 내 일을 경멸했다. 바퀴벌레가 득실거리는 웨스트 56번가의 싸구려 셋방에서 사는 내 신세도 경멸했다.

　어느 날 아침, 벽에 걸어둔 넥타이를 집으려고 손을 내밀었을 때 바퀴벌레들이 사방팔방으로 흩어지던 기억이 지금도 선명하다. 바퀴벌레가 득실거릴 것이 뻔한 지저분한 싸구려 식당에서 밥을 먹어야 하는 신세도 경멸했다.

　밤이면 밤마다 실망, 걱정, 괴로움, 반항심 때문에 생긴 지독한 두통에 시달리며 아무도 없는 방으로 돌아왔다. 대학 시절에 키웠던 꿈들이 악몽으로 변한 마당에 반항심이 생기지 않을 수 없었다.

　'이런 게 인생이었나? 내가 그토록 간절히 원했던 생생한 모험이 이런 거였나? 경멸하는 직장에 다니고, 바퀴벌레와 동거하고, 고약한 음식으로 끼니를 때우고, 미래에 대한 희망도 없는 이런 생활이 내게 의미 있는 삶의 전부였단 말인가?'

나는 책을 읽고, 대학 시절부터 꿈꾸었던 글을 쓸 여가 시간이 생기기를 간절히 원했다.

나는 내가 경멸하는 일을 그만둔대도 밑져야 본전이라는 사실을 알았다. 돈을 많이 버는 건 내 관심사가 아니었고, 그저 생계만 유지하고 싶었을 뿐이다. 요컨대 나는 루비콘강에 도달한 것이다. 젊은이들이 대부분 사회에 첫발을 내디딜 때 마주하는 결정의 순간 말이다.

그래서 나는 결정을 내렸고, 그 결정이 내 미래를 송두리째 바꿔놓았다. 그리하여 나는 지난 35년 동안 이상향을 꿈꾸던 내 열망을 채우고도 남을 만한 행복과 보람을 만끽했다.

내가 내린 결정은 이랬다. 하기 싫은 일을 그만둘 것이다. 그리고 미주리주 워렌스버그의 주립 교육대학에서 4년 동안 공부했으니 야간 학교에서 성인을 가르치며 생계를 꾸릴 것이다. 그렇게 해서 생긴 여가 시간에는 책을 읽고, 강의를 준비하고, 소설을 쓸 것이다. 나는 '글을 쓰기 위해 살고, 살기 위해 글을 쓰는 삶'을 원했다.

야간반 성인들에게는 어떤 과목을 가르쳐야 할까? 대학에서 내가 배운 것을 되돌아보고 평가하다가 나는 대중 연설에 대한 교육과 경험이 내가 대학에서 공부한 다른 어떤 것보다 일과 삶에 더 현실적인 가치가 있었다는 사실을 깨달았다.

왜 그랬을까? 그 덕분에 내가 소심하고 자신감이 부족했던 성격을 극복하고 사람들을 대할 수 있는 용기와 자신감을 얻었기 때문이다. 또한 리더십은 자리에서 일어나 자신이 생각하는 바를 말할 수 있는 사람의 몫임을 확실히 깨달았기 때문이다.

나는 컬럼비아대학교와 뉴욕대학교의 야간 공개강좌에서 대중 연설을 가르치는 강사직에 지원했다. 그러나 두 대학은 굳이 내 도움이 필요하지 않다고 결정을 내렸다.

그때는 실망스러웠으나 지금 생각하면 두 대학에서 나를 거절한 것이 오히려 감사할 따름이다. 그 무렵 구체적인 결과를 단시간에 보여줘야 하는 YMCA 야간 학교에서 강의를 맡았기 때문이다. 그것은 그야말로 대단한 도전이었다! 성인들이 내 강의에 오는 것은 대학 학점이나 사회적 명성을 원해서가 아니다. 그들이 오는 이유는 단 하나다. 자기 문제를 해결하고 싶어서다.

그들은 긴장감 때문에 얼어붙지 않고 업무 회의에서 당당하게 일어나 몇 마디라도 말할 수 있기를 원했다. 영업사원들은 용기를 끌어모으려고 주변을 몇 바퀴씩 돌아다니지 않고 까다로운 고객을 방문할 수 있기를 원했다. 그들은 침착성과 자신감을 얻고 싶어 했다. 출세하고 싶어 했다. 가족을 위해 돈을 더 많이 벌고 싶어 했다.

그들은 수강료를 할부로 납부하면서 성과가 없으면 더 이상 납부하지 않았고, 나도 고정급이 아니라 수익금의 일정 비율을 보수로 받았으니 먹고살려면 실리를 생각해야 했다.

당시에는 근무 조건이 내게 불리하다고 생각했으나 돌이켜보면 그때 나는 돈으로 살 수 없는 훈련을 받고 있었다고 생각한다. 나는 수강생들에게 동기를 부여해야 했다. 학생들이 문제를 해결하도록 도와야 했다. 수업에 참석할 때마다 계속 오고 싶을 만큼 영감을 불어넣어야 했다.

그것은 흥미진진한 작업이었다. 나는 그 일이 무척 좋았다. 이 직장인들이 얼마나 단시간에 자신감을 얻었는지, 얼마나 단시간에 많은 사람이 승진하고 연봉이 올랐는지를 보고 깜짝 놀랐다. 강좌는 내 가장 낙관적인 기대까지 훌쩍 뛰어넘는 성공을 거두고 있었다. 세 학기가 채 지나지 않아 일급 5달러도 지급하지 않겠다던 YMCA가 수익배분 방식으로 30달러를 지급했다.

처음에는 대중 연설만 가르쳤지만 해가 바뀌면서 성인에게도 대인관계 기법이 필요하다는 사실을 발견했다. 인간관계에 관한 적절한 교재를 찾지 못해서 내가 손수 썼다. 사실 그것은 일반적인 방식으로 쓴 책이 아니었다. 이 강좌에 참여한 수강생들의 경험을 토대로 삼아 성장하고 발전한 책이었다. 제목은 《데일 카네기 인간관계론 How to Win Friends and Influence People》이라고 지었다.

그것은 내가 담당하던 성인 강좌의 교재용으로만 쓴 책이었고, 그동안 내가 쓴 4권의 책도 사람들에게 전혀 알려지지 않았기 때문에 나는 그 책이 대박이 날 것이라고는 상상도 하지 못했다. 십중팔구

나는 현존하는 작가 가운데 가장 예상치 못한 성공을 거둔 작가일 것이다.

해가 거듭되면서 나는 성인들의 또 다른 중대한 문제가 '걱정'이라는 것을 깨달았다. 내 수강생들은 대부분 기업 임원, 영업사원, 엔지니어, 회계사 등 다양한 직종과 분야에 종사하는 직장인이었고, 그들은 대부분 걱정거리가 있었다! 수강생 중에는 직장 여성과 주부도 있었는데 그들 또한 걱정거리가 있었다! 확실히 내게 필요한 것은 걱정을 극복할 방법에 관한 교재였고, 그래서 나는 다시 교재를 찾아 나섰다.

5번가 42번로에 있는 뉴욕의 큰 공공 도서관에 찾아갔는데 그곳에 걱정 관련 도서로 분류된 책은 뜻밖에도 22권뿐이었다. 그런데 또 뜻밖에도 벌레 관련 도서는 무려 189권이었다. 걱정보다 벌레에 관한 책이 거의 9배나 많다니! 놀랍지 않은가? 인류가 직면한 중대한 한 가지 문제가 걱정이니까 여러분은 미국의 모든 고등교육 기관에 '걱정을 멈추는 법'에 관한 수업이 있으리라고 생각할 것이다.

미국의 어떤 대학에 이 주제에 대한 강좌가 하나쯤 있을 법도 하건만 나는 들어본 적이 없다. 데이비드 시버리 David Seabury가 그의 책 《어제까지의 나, 오늘부터의 나 How to Worry Successfully》에 이런 글을 남겼다는 것도 그다지 놀랍지 않다.

"우리는 마치 발레를 해보라는 요구를 받은 책벌레처럼, 경험해야 한다는 압박에 거의 대비하지 않은 채 성인이 된다."

그래서 어떤 결과가 일어났을까? 신경과 감정에 문제가 있는 환자들이 병상의 절반 이상을 차지하고 있다.

나는 뉴욕 공립 도서관의 서가에 꽂혀 있는 걱정 관련 도서 22권을 훑어보았다. 거기에다 걱정 관련 도서라면 눈에 띄는 족족 사들였으나 성인용 교재로 사용할 만한 책은 단 1권도 없었다. 그래서 내가 손수 책을 쓰기로 결심한 것이다.

나는 7년 전부터 이 책을 쓸 준비를 시작했다. 어떻게 준비했을까? 나는 역대 철학자들의 걱정에 관한 명언을 읽었다. 공자부터 처칠에 이르기까지 수백 권의 전기도 읽었다. 또한 잭 뎀프시, 오마르 브래들리 장군, 마크 클라크 장군, 헨리 포드, 엘리너 루스벨트, 도로시 딕스 등 각계각층의 저명인사들과 면담을 했다. 하지만 그것은 시작에 불과했다.

면담과 독서보다 훨씬 더 중요한 다른 일도 진행했다. 5년 동안 걱정 극복을 위한 실험실에서 연구를 진행했는데, 그것은 우리의 성인 강좌에서 실시한 실험이었다. 내가 알기로는 세계 최초이자 유일무이한 실험이었다. 실험 방식은 다음과 같았다.

수강생들에게 걱정을 멈추는 방법에 대한 일련의 규칙을 제시하면 그들은 이 규칙을 각자의 삶에 적용하고 그 결과를 수업 시간에 발표했다. 과거에 사용했던 기법을 발표한 수강생들도 있었다.

이런 경험 덕분에 나는 이 세상의 그 누구보다 '나는 어떻게 걱정을 극복했나'에 관한 이야기를 많이 들었다고 자부한다. 이뿐만 아니라 '나는 어떻게 걱정을 정복했나'에 관한 수백 통의 편지를 읽었다. 미국과 캐나다 전역의 170여 개 도시에서 진행하는 우리 강좌에서 선정된 이야기였다.

그러니 이 책은 책상머리에서 탄생한 것이 아니다. 어떻게 하면 걱정을 정복할 수 있을까에 대한 학문적인 설교도 아니다. 나는 걱정을 극복한 성인 수천 명의 경험담을 빠르고 간결하게 기록한 보고서를 작성하고자 노력했다. 따라서 한 가지는 확실하다. 이 책은 실용적이며 실제로 일어난 생생한 기록이다.

이 책에 가상의 'B씨'나 혹은 베일에 싸인 정체 모를 '메리와 존'에 대한 이야기는 없다. 몇몇 드문 경우를 제외하고 이 책에서는 인물의 이름과 주소를 밝힌다. 이 책은 진실이다. 실화를 기록한 것이다. 보증되고 인증된 것이다.

프랑스 철학자 폴 발레리Paul Valery는 "과학이란 성공한 비법의 모음집"이라고 말했다. 그것이 이 책의 본질이다. 이 책은 우리 삶에서 걱정을 없앨 수 있는, 성공적이고 세월의 검증을 통과한 비법의 모음집이다.

하지만 미리 밝혀둘 말이 있다. 여러분은 이 책에서 새로운 것은 발견하지 못할 것이다. 다만 사람들이 일반적으로 적용하지 않는 것을 많이 발견할 것이다. 새로운 것은 굳이 필요하지 않다.

우리는 완벽한 삶을 살 수 있을 만큼 충분히 알고 있다. 《황금률》

과 《산상수훈》을 이미 읽었다. 우리의 문제는 알지 못하는 것이 아니라 실천하지 않는 것이다. 이 책의 목적은 아주 오래된 기본적인 진리들을 새롭게 표현하고, 실례를 들어 설명하고, 효율적으로 전달하고, 재해석하고, 보기 좋게 제시해 여러분이 이 진리를 실천하도록 자극하는 것이다.

독자 여러분이 이 책이 쓰인 과정을 읽자고 이 책을 선택한 것은 아닐 것이다. 여러분이 원하는 것은 행동이다. 좋다. 시작하자. 먼저 이 책을 1장까지 읽어주길 바란다. 그때까지 걱정을 멈추고 삶을 즐길 만한 새로운 힘과 영감을 얻지 못했다면 이 책을 쓰레기통에 버려라. 여러분에게 쓸모없는 책이니 말이다.

데일 카네기

Dale Breckenridge Carnegie

◆ 이 책이 선사하는 16가지 선물 ◆

① 걱정스러운 상황을 해결하는 마법의 공식.
② 사업상 걱정을 절반으로 줄이는 방법.
③ 평화롭고 행복한 마음가짐을 기르는 7가지 방법.
④ 재정적인 걱정을 줄이는 방법.
⑤ 수많은 걱정을 제거할 법칙.
⑥ 비판을 이용하는 방법.
⑦ 가정주부가 피로를 멀리하고 젊음을 유지하는 방법.
⑧ 피로와 걱정을 예방하는 4가지 좋은 업무 습관.
⑨ 활동 시간을 하루에 한 시간 늘리는 방법.
⑩ 감정적 동요를 피하는 방법.
⑪ 일반인들이 직접 전하는 걱정 극복담.
⑫ 2주 안에 우울증을 치료할 수 있는 알프레드 아들러의 처방.
⑬ 세계적으로 유명한 의사 윌리엄 오슬러 경을 걱정에서 벗어날 수 있게 한 한 문장.
⑭ 에어컨 산업의 창시자 윌리스 H. 캐리어가 걱정을 극복하기 위해 이용한 3가지 마법의 단계.
⑮ 윌리엄 제임스가 전하는 '걱정을 치료하는 최고의 방법'.
⑯ 〈뉴욕 타임스〉 발행인 아서 헤이스 설즈버거, 컬럼비아대학교 전 학장 허버트 E. 호크스, 뉴욕시 고등교육위원회 위원장 오드웨이 티드, 잭 뎀프시, 코니 맥, 로저 W. 뱁슨, 리처드 E. 버드 제독, 헨리 포드, 진 오트리, J.C. 페니, 존 D. 록펠러 등 수많은 유명인의 걱정 극복담.

◆ 이 책을 최대한 활용할 수 있는 9가지 제안 ◆

① 이 책을 십분 활용하고 싶다면 어떤 규칙이나 기법보다 훨씬 더 중요한 한 가지 필수 요건을 갖추어야 한다. 이 한 가지 기본 요건이 부족하다면 배우는 방법에 대한 수천 가지 규칙은 무용지물이다. 이 기본 조건만 갖춘다면 책을 십분 활용할 방법을 읽지 않아도 경이로운 성과를 거둘 수 있다.

이 마법의 요건은 무엇일까? 배우겠다는 깊고 강렬한 열망, 걱정을 멈추고 삶을 시작하겠다는 굳은 결심이다.

어떻게 하면 그런 강렬한 소망을 품을 수 있을까? 그러려면 이런 원칙이 얼마나 중요한지 끊임없이 스스로 되새겨야 한다. 마침내 원칙을 완전정복하면 더 풍요롭고 행복한 삶을 살 때 어떤 도움을 줄지 머릿속에 그려보라. 그리고 되풀이해서 되뇌어라.

'이 책에서 가르치는 오래되고 명백하며 영원한 진리를 적용하는 과정에 따라 내 마음의 평화, 행복, 건강, 심지어 수입까지 크게 달라질 것이다.'

② 처음에는 각 장을 속독하면서 전체적인 내용을 파악하라. 십중팔구 다음 단계로 빨리 넘어가고 싶은 유혹을 받을 수 있다. 하지만 자제하라. 이 책을 읽는 목적이 재미가 아니라면 말이다. 걱정을 멈추고 삶을 시작하는 것이 목적이라면, 처음으로 돌아가 각 장을 꼼꼼히 다시 읽어라. 결국 이것이 시간을 절약하고 결과를 얻는 길이 될 것이다.

③ 읽는 도중에 틈틈이 멈춰서 읽고 있는 내용을 되새겨라. 각 제안을 언제,

어떻게 적용할 수 있는지 스스로 물어보라. 이런 식으로 책을 읽으면 토끼를 쫓는 사냥개처럼 앞만 보고 달리는 것보다 훨씬 더 많은 도움을 얻을 것이다.

④ 빨간색 크레파스나 연필 혹은 만년필을 손에 들고 읽다가 활용할 수 있겠다고 생각되는 제안을 만나면 그 옆에 선을 긋는다. 별 4개짜리 제안이라면 문장마다 밑줄을 긋거나 '☆☆☆☆'를 표시하라. 책에 표시하고 밑줄을 그으면 다시 읽는 것이 더 흥미롭고 속도도 더 빨라질 것이다.

⑤ 내가 아는 사람 중에 15년 동안 대형 보험 회사에 근무한 사무장이 있다. 그는 매달 회사에서 발행하는 보험 계약서를 모조리 읽는다. 그렇다. 그는 매달 매년 똑같은 계약서를 읽는다. 왜 그러는 것일까? 그래야만 계약서 조항을 명확하게 기억할 수 있다는 사실을 경험상 알았기 때문이다.

나는 대중 연설에 관한 책을 거의 2년에 걸쳐 쓴 적이 있다. 그 덕분에 책에 쓴 내용을 기억하려면 수시로 다시 읽어야 한다는 사실을 깨달았다. 사람이 무언가를 잊어버리는 속도는 놀라울 정도다.

따라서 이 책에서 현실적인 이점을 계속 얻고 싶다면 한 번 훑어보는 것으로 충분하다는 생각은 금물이다. 이 책을 꼼꼼히 읽고 나서 매달 몇 시간씩 복습해야 한다. 매일 책상에 놓아두어라. 자주 훑어보라. 멀지 않은 곳에 개선의 가능성이 무궁무진하다는 사실에 끊임없이 감탄하라. 이런 원칙을 습관으로 만들어 무의식적으로 실천하려면 끊임없이 능동적으로 검토하고 적용하려는 자세가 필요하다. 다른 방법은 존재하지 않는다.

⑥ 조지 버나드 쇼는 다음과 같이 말했다.

"당신이 누군가에게 무언가를 가르치면 그는 결코 배우지 못한다."
지당한 말이다. 학습은 능동적인 과정이다. 우리는 실천함으로써 배운다. 따라서 이 책에서 배우고 있는 원칙을 완전정복하고 싶다면 직접 실천하라. 기회가 생길 때마다 이 규칙을 적용하라. 그렇지 않으면 금세 잊어버릴 것이다. 직접 이용한 지식만 머릿속에 남는다.

매 순간 이런 제안을 적용하기는 어렵다. 이 책을 쓴 사람으로서 나 또한 이 책에서 주장하는 것을 전부 적용하기란 어렵다는 것을 번번이 느낀다. 그러니 이 책을 읽을 때 여러분의 목적이 단순히 정보 습득이 아니라는 사실을 기억하라. 새로운 습관을 익히는 것이 여러분의 목적이다. 그러려면 시간과 끈기, 그리고 실천이 필요하다.

그러니 이 대목을 자주 참고하라. 이를 걱정 극복을 위한 실무 지침서라고 생각하라. 혹시 어려운 문제에 직면하더라도 당황하지 마라. 습관과 충동에 따라 행동하지 마라. 그것은 대개 잘못된 방법이다.

대신 이 대목으로 돌아와 밑줄 친 단락을 검토하라. 그런 다음 이 새로운 방법을 시도하고 그것이 여러분에게 일으키는 마법을 지켜보라.

❼ 여러분이 이 책에서 제시하는 원칙을 위반하는 모습을 아내에게 들키면 그때마다 그녀에게 벌금을 내라. 그러면 아내가 여러분의 버릇을 고쳐놓을 것이다!

❽ 이 책의 내용 중 월스트리트 은행가인 H.P. 하웰과 노신사 벤저민 프랭클린이 어떻게 자신들의 실수를 바로잡았는지 읽어보라. 하웰과 프랭클린의 기법을 이용해 이 책에서 설명한 원칙을 잘 적용하고 있는지 점검해 보면 어떨까? 그러면 2가지 결과를 얻을 수 있다.

첫째, 여러분이 돈으로 살 수 없는 흥미로운 교육을 받는 중이라는 사실을 발견할 것이다.

둘째, 자기관리 능력이 승리의 나무처럼 자라고 씨를 퍼트릴 것이라는 사실을 발견할 것이다.

⑨ 일지를 써라. 이 원칙을 적용해서 거둔 승리를 일지에 기록하라. 구체적으로 기록하라. 이름과 날짜, 결과를 적어라. 이처럼 기록을 남기면 더욱 분발해서 더욱 노력할 것이다. 몇 년이 흘러 어느 날 저녁에 우연히 그 기록을 발견한다면 얼마나 신기할까!

차례

머리말 이 책을 쓴 계기와 이유   4
이 책이 선사하는 16가지 선물   12
이 책을 최대한 활용할 수 있는 9가지 제안   13

1장
걱정에 대해 알아야 할 기본적인 사실들

① 오늘 하루를 충실하게 살아라   25
② 걱정스러운 상황을 해결하는 마법의 공식   43
③ 걱정이 미치는 영향   55

2장
걱정을 분석하는 기본적인 기법

① 걱정 문제를 분석하고 해결하는 방법   75
② 사업상 걱정을 절반으로 줄이는 방법   87

3장
걱정하는 습관을 무너트리는 방법

1. 마음에서 걱정을 몰아내는 방법 — 97
2. 딱정벌레에게 무너지지 마라 — 112
3. 걱정을 없애는 법칙 — 123
4. 피할 수 없다면 받아들여라 — 133
5. 걱정거리에 '손절매'를 주문하라 — 150
6. 톱밥에 톱질하지 마라 — 161

4장
평화롭고 행복한 마음가짐을 기르는 7가지 방법

1. 삶을 바꿀 수 있는 한 문장 — 173
2. 앙갚음의 비싼 대가 — 195
3. 배은망덕 때문에 걱정하지 않는 방법 — 209
4. 100만 달러를 준다면 지금 가진 것을 포기하겠는가? — 220
5. 나를 찾고 나답게 살아라 — 231
6. 시디신 레몬이 생기면 달콤한 레모네이드를 만들어라 — 244
7. 2주 안에 우울증을 치료하는 방법 — 256

5장
걱정을 극복하기 위한 황금률

1. 우리 부모님의 걱정 극복법   285

6장
비판에 대해 걱정하지 않는 방법

1. 죽은 개를 걷어차는 사람은 없음을 기억하라   321
2. 이렇게 하면 비판 때문에 상처받지 않을 수 있다   326
3. 내가 저지른 어리석은 일들   333

7장
피로와 걱정을 방지하고 높은 에너지와 활력을 유지하는 6가지 방법

1. 활동 시간을 하루에 한 시간 늘리는 방법   345
2. 피로의 원인과 대처법   353
3. 가정주부가 피로를 멀리하고 젊음을 유지하는 방법   361
4. 피로와 걱정을 예방하는 4가지 좋은 업무 습관   370
5. 피로, 걱정, 분노를 유발하는 권태를 몰아내는 방법   378
6. 불면증에 대해 걱정하지 않는 방법   392

8장
행복을 느끼고 성공할 수 있는 일을 찾는 방법

① 일생일대의 중요한 결정   405

9장
재정적인 걱정을 줄이는 방법

① 우리 걱정의 70%는…   421

10장
'나의 걱정 극복담'을 전하는 32편의 실화

① 한꺼번에 들이닥친 6가지 중대한 문제   443
② 1시간 안에 낙관주의자로 변신하는 방법   448
③ 나의 열등감 극복법   450
④ 나는 알라의 정원에 살았다   457
⑤ 걱정을 없애는 5가지 방법   463
⑥ 어제 서 있었으니, 오늘도 설 수 있다   468
⑦ 날이 밝을 때까지 살 수 없을 것 같았다   471
⑧ 나는 헬스장에 가서 샌드백을 치거나
    야외로 하이킹하러 간다   474

⑨ 나는 '버지니아 공대의 염려증 환자'였다 476
⑩ 내 인생의 좌우명 479
⑪ 나는 바닥을 치고 살아남았다 481
⑫ 나는 한때 세계 정상급 멍청이였다 484
⑬ 언제나 보급선을 열어두었다 487
⑭ 나는 인도에서 음성을 들었다 492
⑮ 보안관이 현관문에 들어왔을 때 496
⑯ 내 최대 강적은 걱정이었다 500
⑰ 나는 보육원에 가지 않게 해달라고 하나님에게 기도했다 503
⑱ 나는 히스테리를 부렸다 506
⑲ 나는 설거지하는 아내를 보면서 걱정을 그만두었다 511
⑳ 계속 바쁘게 움직여라! 514
㉑ 시간이 약이다 517
㉒ 나는 입도 벙긋하지 말고 손가락 하나 까딱하지 말라는 경고를 받았다 520
㉓ 나는 훌륭한 정리자다 523
㉔ 걱정을 멈추지 않았다면 나는 오래전에 무덤에 들어가 있었을 것이다 525
㉕ 한 번에 하나씩, 신사 여러분, 한 번에 하나씩 529
㉖ 나는 이제 녹색 신호를 찾는다 531
㉗ 존 D. 록펠러는 어떻게 45년을 덤으로 살았을까 535
㉘ 성에 관한 책을 읽고 파탄 직전의 결혼 생활을 구했다 546
㉙ 긴장을 푸는 방법을 몰라서 나를 서서히 죽이고 있었다 550

㉚ 내게 일어난 진짜 기적　　　　　　　　　　　552
㉛ 좌절　　　　　　　　　　　　　　　　　　555
㉜ 걱정이 너무 많아서 18일 동안 음식을 먹지 못했다　557

1장

걱정에 대해 알아야 할 기본적인 사실들

삶이란 끊임없는 변화다. 확실한 것은 오늘뿐이다.
끊임없는 변화와 불확실성에 가려진 미래,
아무도 예측할 수 없는 미래의 문제를 해결하려고 애쓰면서
오늘을 사는 아름다움을 훼손할 이유가 있을까?

1

오늘 하루를 충실하게 살아라

1871년 봄, 한 청년이 책을 읽다가 그의 미래에 지대한 영향을 미칠 한 문장을 만났다. 몬트리올 종합병원 Montreal General Hospital의 의대생이었던 그는 졸업 시험에 통과할 수 있을지, 앞으로 무슨 일을 해야 할지, 어디로 가야 할지, 어떻게 의사로서 경력을 쌓을지, 어떻게 생계를 꾸려나갈지를 걱정했다.

그때 그 젊은 의대생이 읽은 문장은 그가 당대 최고의 명의로 성장하는 밑거름이 되었다. 그는 세계적으로 유명한 존스 홉킨스 의과대학 Johns Hopkins School of Medicine을 설립했다. 그리고 대영제국의 의학자가 누릴 수 있는 최고의 영예인 옥스퍼드대학교 의과대학의 흠정欽定교수(왕이 손수 임명하는 교수 – 옮긴이)가 되었다. 영국 왕실로부터 기사 작위도 받았다. 그가 세상을 떠났을 때 그의 인생 이야기를 전하기 위해 무려 1,466페이지에 달하는 두 권의 책이 필요했다.

1장 걱정에 대해 알아야 할 기본적인 사실들 25

그의 이름은 윌리엄 오슬러 William Osler 경이었다. 그가 1871년 봄에 읽은 토머스 칼라일 Thomas Carlyle 의 명언(그가 걱정으로부터 해방된 삶을 사는 데 밑거름이 되었던 문장)은 이것이다.

"우리의 본무 本務 는 멀리 흐릿하게 놓인 것을 보는 것이 아니라 가까이에 뚜렷하게 놓인 것을 실천하는 일이다."

42년이 흘러 교정에 튤립이 만발한 어느 따스한 봄날 저녁, 윌리엄 오슬러 경은 예일대학교 재학생들 앞에서 연설했다. 그는 자신처럼 4개 대학에서 교수를 지내고 유명한 책을 쓴 사람이라면 '남달리 우수한 두뇌'의 소유자라고 생각하겠지만 전혀 그렇지 않으며 그의 친한 친구들은 그의 두뇌가 '평범하기 짝이 없다'는 사실을 안다고 말했다.

그렇다면 그의 성공 비결은 무엇이었을까? 그는 그것이 '오늘 하루를 충실하게 산' 덕분이라고 말했다. 그의 말은 무슨 뜻이었을까?

윌리엄 오슬러 경은 예일대학교에서 연설하기 몇 달 전에 대형 원양 정기선을 타고 대서양을 횡단했다. 그것은 선장이 함교에 서서 버튼을 누르면 기계음이 울리면서 마치 마술처럼 '짠!'하고 배의 각 부분이 서로 차단되어 방수 구획으로 바뀌는 배였다.

오슬러 박사는 예일대생들에게 이렇게 말했다.

"여러분 개개인은 이 거대한 정기선보다 훨씬 더 놀라운 조직체이며 이제 더 긴 항해를 떠나야 합니다. 제가 여러분에게 당부하고 싶은 말은 그 기계를 제어하는 법을 배워야 한다는 겁니다. 그래야만

'오늘 하루를 충실하게' 삶으로써 항해의 안전을 가장 확실하게 보장할 수 있습니다.

함교에 올라가 거대한 격벽이 정상적으로 작동하는지만이라도 확인하십시오. 버튼을 누르면 삶의 단계를 지날 때마다 과거(더 이상 존재하지 않는 어제)를 차단하는 철제문이 닫히는 소리가 들립니다. 또 다른 버튼을 누르면 미래(아직 오지 않은 내일)가 금속 장막으로 차단됩니다. 그러면 오늘 하루 여러분은 안전합니다!

과거를 차단하세요! 죽은 과거는 죽은 과거에 묻으세요! 어리석은 자들에게 어두컴컴한 죽음의 길을 밝히던 어제를 차단하십시오! 내일의 짐에 어제의 짐까지 얹어서 오늘 짊어지고 간다면 아무리 튼튼한 사람이라도 휘청거릴 수밖에 없습니다.

미래도 과거만큼 단단히 차단하십시오! 오늘이 미래입니다! 내일은 존재하지 않습니다. 인류 구원의 날은 지금입니다. 에너지 낭비, 정신적 고통, 불안한 걱정은 미래를 염려하는 사람들의 꽁무니를 따라다닙니다. 앞뒤의 거대한 격벽을 단단히 닫고 '오늘 하루를 충실하게' 사는 습관을 기르세요!"

오슬러 박사의 말이 내일을 준비하기 위해 어떤 노력도 하지 말라는 뜻이었을까? 아니다. 전혀 그렇지 않다. 그가 연설에서 덧붙였듯이, 여러분의 모든 지성과 모든 열정을 끌어모아 오늘의 과제를 오늘 훌륭하게 실천하는 데 집중하는 것이 내일을 준비하는 가장 좋은 방법이라는 뜻이다. 미래에 대비할 방법은 이것뿐이다.

윌리엄 오슬러 경은 예일대생들에게 주기도문으로 하루를 시작하라고 당부했다.

"오늘 우리에게 일용할 양식을 주옵시고."

이 기도문에서는 오로지 오늘의 양식만을 구한다는 사실을 기억하라. 어제 묵은 빵을 먹었다고 투덜대지 않는다. 그리고 "오, 하나님, 요즘 밀밭이 너무 메말랐습니다. 가뭄이 또 올지도 모르는데, 그러면 내년 가을에 먹을 빵은 어떻게 구하나요?", "오, 하나님, 제가 직장을 잃으면 그때는 어떻게 빵을 구할 수 있을까요?"라고 말하지도 않는다.

그렇다. 이 기도문은 오늘 일용할 빵만 구하라고 가르친다. 오늘의 빵이야말로 여러분이 먹을 수 있는 유일한 빵이다.

오래전에 몹시 가난한 한 철학자가 온통 돌투성이여서 사람들이 먹고살기가 어려운 지역을 떠돌고 있었다. 어느 날 산상에 있던 그의 주변으로 군중이 모여들었고, 그는 이후 십중팔구 동서고금을 막론하고 가장 많이 인용되었을 연설을 시작했다. 이 연설에는 수 세기에 걸쳐 회자하는 구절이 담겨 있다.

"그러므로 내일 일을 위하여 생각하지 말라. 내일 일은 내일이 생각할 것이요. 한날의 괴로움은 그날로 족하니라."

예수 그리스도의 이 말씀을 거부한 사람이 많았다.

"내일 일을 위하여 생각하지 말라."

그들은 이 말씀을 이상적인 조언, 동양적 신비주의의 소산이라며 받아들이지 않았다. 그들은 이렇게 말한다.

"난 내일 일을 생각해야겠어요. 가족을 지키려면 보험에 들어야 한다고요. 노후를 위해 저축을 해야죠. 출세하려면 계획하고 준비해야 해요."

지당한 말이다. 물론 그래야 한다. 사실 300여 년 전 제임스 왕의 통치기에 번역된 예수 그리스도의 이 말씀은 오늘날과는 그 의미가 다르다. 300년 전에 '생각'이라는 단어는 흔히 염려를 의미했다. 현대판 《성경》은 예수 그리스도의 말씀을 더 정확하게 인용한다.

"내일 일을 위하여 염려하지 말라."(마태복음 6장 34절 – 옮긴이)

얼마든지 내일을 생각하라. 신중하게 생각하고 계획하고 준비하라. 그러나 염려하지는 마라.

전쟁을 치르는 동안 미국의 군지휘관들은 내일을 위해 계획을 세웠다. 하지만 염려할 겨를은 없었다. 미 해군을 지휘했던 어니스트 J. 킹 Ernest J. King 제독은 이렇게 말했다.

"나는 최정예 전투원들에게 우리가 가진 최고의 장비를 보급했고, 가장 현명하다고 생각되는 임무를 맡겼다. 내가 할 수 있는 일은 그게 전부다."

킹 제독은 계속해서 이렇게 덧붙였다.

"군함 한 척이 침몰했다 해도 내가 인양할 수 없다. 머지않아 침몰할 거라 해도 내가 막지 못한다. 어제의 문제에 노심초사하기보다는 내일의 문제를 해결하면서 시간을 쓰는 편이 더 바람직할 것이다. 더군다나 그런 일들이 나를 괴롭힌다면 나는 버티지 못할 것이다."

전시든 평시든 간에 올바른 생각과 그릇된 생각의 가장 큰 차이점은 이것이다. 올바른 생각은 원인과 결과를 처리하고 논리적이고 건설적인 계획을 낳지만, 그릇된 생각은 흔히 긴장과 신경 쇠약을 낳는다.

최근에 나는 세계에서 가장 유명한 신문으로 손꼽히는 〈뉴욕 타임스〉의 발행인 아서 헤이스 설즈버거Arthur Hays Sulzberger와 면담하는 귀한 기회를 얻었다. 설즈버거는 2차 세계대전으로 유럽 전역이 화염에 휩싸였을 때 너무 충격을 받고 미래가 걱정스러웠던 나머지 밤잠을 설쳤다고 말했다.

그는 한밤중에 번번이 잠에서 깨어 캔버스와 물감을 집어 들고 거울을 보면서 자화상을 그리려고 애쓰곤 했다. 그림에는 문외한이었지만 걱정을 떨치려고 어떻게든 그림을 그렸다. 설즈버거는 내게 '한 걸음이면 족하다'라는 찬송가의 한 구절을 좌우명으로 삼고 나서야 비로소 걱정을 떨치고 평온을 찾을 수 있었다고 말했다.

> 내 갈 길 멀고 밤은 깊은데 빛 되신 주
> 저 본향 집을 향해 가는 길 비추소서
> 내 갈 길 다 알지 못하나
> 한 걸음씩 인도하소서(찬송가 379장 - 옮긴이)

이와 거의 같은 무렵 유럽 어딘가에서 군 복무를 하던 한 청년이 똑같은 교훈을 얻고 있었다. 청년의 이름은 테드 벤저미노^{Ted Bengermino}였고, 거주지는 메릴랜드주 볼티모어의 뉴홀름 로드 5716번지였다. 그는 그 무렵 걱정에 시달린 나머지 중증 전투 피로증(어려운 전쟁 상황에서 심한 정신적, 육체적 스트레스에 직면해 인체의 정상적인 방어 기능이 일시적으로 붕괴함에 따라 불안, 공포, 행동장애 등을 나타내는 일련의 증상 – 옮긴이)에 걸리고 말았다.

테드 벤저미노는 다음과 같은 글을 남긴다.

"1945년 4월, 나는 걱정을 하다하다 결국 극심한 통증을 유발하는 경련성 횡행결장에 걸렸다. 만일 그때 전쟁이 끝나지 않았다면 난 분명 완전히 폐인이 되었을 것이다.

나는 극도로 지친 상태였다. 94보병사단의 영현^{英顯} 등록 부사관으로서 전사자와 실종자, 모든 부상자의 기록을 작성하고 관리하는 것이 내 임무였다. 또한 치열한 전투 중에 목숨을 잃어 황급히 가매장한 연합군과 적군의 시신을 발굴하는 일도 돕고, 이들의 유품을 수습해 그것을 소중히 간직할 부모님이나 가까운 친척에게 보냈는지 확인해야 했다.

나는 우리가 당혹스러운 중대한 실수를 저지르지는 않을지 끊임없이 걱정했다. 이 모든 일을 잘해낼 수 있을지 걱정스러웠다. 살아남아서 하나뿐인 내 아이를 안아볼 수 있을지 걱정스러웠다. 태어난 지 16개월이 되었지만, 그때껏 한 번도 보지 못한 아들이었다.

나는 너무 걱정스럽고 지친 나머지 체중이 무려 15kg이나 줄었다. 너무 두려워서 거의 제정신이 아니었다. 내 손을 보았더니 살가죽과 뼈만 남아 있었다. 만신창이가 되어 고향으로 돌아간다고 생각하니 몹시 두려웠다.

나는 감정을 주체하지 못하고 어린아이처럼 훌쩍거리며 울었다. 너무 두려워서 혼자 있을 때마다 눈물이 쏟아졌다. 벌지 전투Battle of the Bulge가 시작된 직후에는 너무 자주 울다 보니 정상적인 상태로 회복될 것이라는 희망마저 한동안 포기했다.

나는 결국 육군 진료소에 입원했다. 그때 한 군의관에게 들은 조언이 내 인생을 송두리째 바꿔놓았다. 내 몸을 샅샅이 검사한 후에 그는 내 문제가 정신에서 온 것이라고 알려주었다. 그는 이렇게 말했다.

'당신 인생을 모래시계라고 생각하면 좋겠어요. 당신도 알다시피 모래시계 상부에는 수천 개의 모래알이 있습니다. 모래알은 모두 중앙의 좁은 목을 천천히 일정하게 통과하죠. 모래시계를 깨트리지 않고 이 좁은 목으로 한꺼번에 모래알 여러 개를 통과시킬 방법은 없습니다. 우리는 모두 모래시계와 같아요. 아침에 하루를 시작할 때면 할 일이 수백 가지 쌓여 있고, 우리는 그걸 그날 반드시 해내야 한다고 생각하죠. 하지만 모래알이 모래시계의 좁은 목을 통과하듯이 해야 할 일을 한 번에 하나씩 선택해서 천천히 일정하게 통과시키지 않으면 우리의 신체나 정신 구조는 망가질 수밖에 없어요.'

잊지 못할 그날 그 군의관이 내게 알려준 이 철학을 나는 지금껏 실천했다.

'한 번에 모래 한 알, 한 번에 한 가지 일.'

그의 조언이 전쟁을 치르는 동안 내 몸과 마음을 지켰고, 현재 내가 맡은 직책에도 도움이 되었다.

지금 나는 볼티모어의 상업신용 회사에서 재고관리 담당 직원으로 일한다. 전쟁 중에 일어났던 문제가 직장에서도 어김없이 일어났다. 한꺼번에 수십 가지 일을 처리해야 하는데 그럴 만한 시간이 없었다. 새로운 서류, 새로운 재고 정리, 주소 변경, 사무실 개업과 폐업 등등 처리해야 할 일이 끊이지 않았다. 그러나 나는 긴장하거나 초조해하지 않고 군의관이 내게 한 말을 떠올렸다.

'한 번에 모래 한 알, 한 번에 한 가지 일.'

그 말을 되뇌면서 더욱 효율적인 방식으로 업무를 완수했고, 전장에서 나를 파멸시킬 뻔했던 혼란스럽고 어수선한 기분을 느끼지 않고 맡은 일을 처리했다."

요즘 신경 질환과 정신 질환 환자들, 그러니까 겹겹이 쌓인 어제와 무시무시한 내일의 무게를 이기지 못해 무너진 환자들이 병상의 절반을 차지한다는 사실은 현대인의 생활방식이 낳은 가장 끔찍한 결과로 손꼽힐 것이다.

그러나 "내일 일을 위하여 염려하지 말라"는 예수 그리스도의 말씀이나 "오늘 하루를 충실하게 살아라"는 윌리엄 오슬러 경의 말을 귀담아들었다면 이들 가운데 대다수가 오늘 행복하고 쓸모 있는 삶을 살면서 거리를 거닐고 있을 것이다.

바로 이 순간 여러분과 나는 두 가지 영원성이 만나는 지점에 서 있다. 오랜 시간 버텨온 무한한 과거와 기록된 시간의 마지막 한마디를 향해 돌입하고 있는 미래가 만나는 곳이다.

우리는 어느 쪽이든 간에 그 영원한 두 시간 속에 살지 못한다. 찰나의 순간조차 그럴 수 없다. 그렇게 하려다가는 우리의 몸과 마음이 모두 망가질 수 있다. 그러니 지금부터 잠자리에 들 때까지 사는 데 만족하자. 어쩌면 그것이 우리가 살 수 있는 유일한 시간일 것이다.

《보물섬》의 작가 로버트 루이스 스티븐슨Robert Louis Stevenson은 다음과 같은 글을 남겼다.

"아무리 힘들더라도 누구든 해질녘까지는 자기 짐을 짊어질 수 있다. 아무리 힘들더라도 누구든 하루 동안은 자기 일을 할 수 있다. 누구든 해가 질 때까지 다정하고, 참을성 있고, 사랑스럽고, 순수하게 생활할 수 있다. 그리고 이것이야말로 삶의 진정한 의미다."

그렇다. 삶이 우리에게 요구하는 것은 그것뿐이다. 하지만 미시간주 새기노의 코트스트리트 815번지에 거주하는 E.K. 쉴즈E.K. Shields 부인은 자살 직전에 이르러서야 비로소 잠자리에 들 때까지만 사는 법을 배웠다. 부인은 자신의 사연을 전하면서 이렇게 말했다.

"1937년에 남편을 잃었습니다. 전 몹시 우울했고 빈털터리나 다름없었어요. 그래서 예전에 다니던 캔자스시티 로치-파울러 컴퍼니

Roach-Fowler Company의 레온 로치Leon Roach 대표에게 편지를 써서 복직했죠. 그 전에 저는 농촌과 소도시의 교육위원회에 책을 팔아서 먹고살았어요. 두 해 전 남편이 몸져누웠을 때 자동차를 팔아버렸지만, 중고차 계약금을 낼 수 있을 만큼의 돈을 간신히 모아서 다시 책을 팔기 시작했죠.

다시 일하러 다니면 우울증이 좀 나아질 거라고 기대했건만, 혼자 운전하고 혼자 밥을 먹는 것이 견디기가 힘들더군요. 어떤 지역에서는 실적이 워낙 좋지 않아서 얼마 되지 않는 자동차 할부금을 내기도 힘들었어요.

1938년 봄, 저는 미주리주 베르사유에서 일하고 있었죠. 학교들은 돈이 없었고 길은 형편없었어요. 외로움과 실망감을 견디지 못해 한때는 자살까지 생각했어요. 성공할 가능성이 도무지 보이지 않았어요. 살아야 할 이유도 없었죠.

저는 매일 아침 눈을 떠서 삶을 마주하기가 두려웠습니다. 두렵지 않은 일이 없었어요. 자동차 할부금을 내지 못할까 봐, 방세를 내지 못할까 봐, 끼니를 잇지 못할까 봐 두려웠어요. 건강이 나빠져서 두려웠는데 병원에 갈 돈도 없었어요. 그래도 자살하지 못한 건 몹시 슬퍼할 동생이 생각나고, 장례비용도 모자랐기 때문이었어요.

그러던 어느 날, 저는 어떤 글을 읽고 실의에서 벗어나 계속 살아갈 용기를 얻었어요. 그 글의 감동적인 한 문장에 평생 감사할 겁니다. '지혜로운 사람에게는 하루하루가 새로운 삶'이라는 문장이었어요.

전 그 문장을 타자로 쳐서 운전할 때마다 쳐다볼 수 있도록 자동차 앞유리에 붙여놓았어요. 한 번에 하루만 사는 게 그리 어렵지 않더군요. 어제는 잊고 내일은 생각하지 않는 법을 배웠어요. 그리고 매일 아침 이렇게 되뇌었어요.

'오늘은 새로운 삶이다.'

전 외로움에 대한 두려움, 결핍에 대한 두려움을 극복하는 데 성공했어요. 지금 저는 행복하고, 웬만큼 출세했고, 삶에 대한 열정과 사랑도 많아요. 이제는 살다가 어떤 일이 닥치더라도 예전처럼 두려워하지 않을 거예요. 이제 저는 미래를 두려워할 필요가 없다는 걸 압니다. 이제는 한 번에 하루씩 살아갈 수 있다는 걸, 그리고 '지혜로운 사람에게는 하루하루가 새로운 삶'이라는 걸 압니다."

다음 시를 누가 썼는지 짐작할 수 있겠는가.

이런 사람은 행복하다. 이런 사람만이 행복하다.

오늘을 나의 날이라고 말할 수 있는 사람,

마음에 확신을 품고 이렇게 말할 수 있는 사람,

"내일이여, 무슨 짓이든 해보아라. 나는 오늘을 살았으니."

요즘 시처럼 보이지 않는가? 하지만 이 시는 기원전 30년 로마 시인 호라티우스가 쓴 작품이다.

인간 본성에 대해 내가 아는 가장 비극적인 한 가지 사실은 우리는 누구나 삶을 미루는 경향이 있다는 점이다. 우리는 누구나 오늘 창밖에 피어나는 장미를 즐기기보다는 지평선 너머의 매혹적인 장미 정원을 꿈꾼다.

우리는 어째서 그토록 어리석을까? 가슴 아플 만큼 어리석을까?

캐나다의 소설가 겸 경제학자 스티븐 리콕 Stephen Leacock은 이런 글을 썼다.

"얼마나 이상한가, 우리네 삶의 짧은 여정이란 것이. 아이는 '소년이 되면'이라고 말한다. 하지만 그게 무엇이란 말인가? 소년은 '어른이 되면'이라고 말한다. 그리고 어른이 되면 '결혼하면'이라고 말한다. 하지만 결혼한다는 것, 그게 대체 무엇이란 말인가? 그러고 난 뒤에는 '은퇴하면'이라고 생각한다. 은퇴할 때가 되면 지나온 풍경을 돌아본다. 찬바람이 풍경 위로 휘몰아치는 것 같다.

어쩌다 그는 그 풍경을 모두 놓쳐버렸고 그것은 자취를 감추었다. 삶이란 살아가는 과정 안에, 매일과 매시간이라는 조직 안에 존재한다는 사실을 우리는 너무 늦게 깨닫는다."

디트로이트의 고故 에드워드 S. 에반스 Edward S. Evans는 걱정으로 말미암아 스스로 목숨을 끊을 지경에 이르고 나서야 비로소 삶이란 살아가는 과정 안에, 매일과 매시간이라는 조직 안에 존재한다는 사실을 깨달았다.

가난한 집안에서 자란 에드워드 에반스는 신문을 팔아서 처음으로

1장 걱정에 대해 알아야 할 기본적인 사실들 37

돈을 벌었고, 식료품점 점원으로 일했다. 이후에는 7명의 가족을 먹여 살려야 하는 처지가 되어 도서관의 사서 보조로 취직했다. 박봉이었지만 그만두기가 두려웠다. 용기를 끌어모아 창업하기까지 8년이 흘렀다.

하지만 일단 창업한 후에는 남에게 빌린 초기 투자금 55달러를 토대로 연간 수익이 2만 달러에 이르는 자영업체로 키워냈다. 그러던 중에 된서리를 맞았다. 지독한 서리였다. 한 친구를 위해 거액의 어음을 보증했는데 친구가 파산해 버렸다.

엎친 데 덮친 격으로 곧바로 또 다른 재앙이 닥쳤다. 그가 전 재산을 맡긴 은행이 무너진 것이다. 그는 땡전 한 푼 남기지 않고 전 재산을 잃었을 뿐만 아니라, 1만 6천 달러의 빚더미에 앉았다. 정신력이 버텨내지 못했다. 그는 당시를 이렇게 회상한다.

"잠도 못 자고 밥도 못 먹었습니다. 이상하게 몸이 아팠어요. 오로지 걱정만으로 병이 난 겁니다. 그러던 어느 날 길을 걷던 중에 정신을 잃고 인도에 쓰러졌습니다. 그때부터 걸을 수가 없었어요. 저는 누워서 지냈고, 온몸에 종기가 생겼죠. 종기가 안으로 파고들어서 결국 침대에 누워 있는 것마저 고통스러웠어요.

전 나날이 쇠약해졌습니다. 마침내 주치의로부터 제게 남은 시간이 2주뿐이라는 통보를 받았어요. 충격적이었죠. 전 유언장을 작성하고 침대에 누워 죽을 때를 기다렸습니다. 이제 애쓰고 걱정해봤자 아무 소용이 없었으니까요. 포기하고, 긴장을 풀고, 잠들었죠. 그때껏 몇 주 동안 한 번에 2시간 이상 잔 적이 없었어요.

그런데 이제 내 속세의 문제가 끝을 향해 가고 있으니, 아기처럼 편안하게 잠을 잤습니다. 지긋지긋한 피로가 사라지기 시작했어요. 식욕이 돌아왔습니다. 체중이 늘었습니다.

몇 주가 지난 후에는 목발을 짚고 걸을 수 있었어요. 6주가 지나서는 다시 일할 수 있었죠. 예전에는 연봉이 2만 달러였는데 이제 주급이 30달러인 일자리를 구하고도 기뻤습니다. 자동차를 화물로 운송할 때 자동차 바퀴 뒤에 괴는 블록을 판매하는 일이었어요. 그제야 교훈을 얻은 겁니다. 더 이상 나를 걱정하지 않았어요. 과거에 일어난 일에 대한 후회나 미래에 대한 두려움이 사라졌죠. 전 시간과 에너지, 열정을 온통 그 블록을 판매하는 데 쏟았습니다."

에드워드 S. 에반스는 고속으로 성장했다. 몇 년이 지났을 때 회사 대표가 되었다. 그가 운영하는 에반스 프로덕트 컴퍼니Evans Product Company는 뉴욕 증시에 상장되었다. 그리고 1945년 세상을 떠날 무렵 그는 미국에서 가장 진보적인 사업가로 손꼽혔다. 그린란드 상공을 비행하는 사람이라면 그의 이름을 딴 비행장인 에반스 필드Evans Field에 착륙할 수 있을 것이다.

이야기의 요점은 이것이다. 에드워드 S. 에반스가 걱정하는 것이 얼마나 어리석은 일인지 깨닫지 못했다면, 다시 말해 오늘 하루를 충실하게 사는 법을 배우지 못했다면 일과 삶에서 이런 승리를 거두는 전율은 결코 경험하지 못했을 것이다.

기원전 500년 전 그리스 철학자 헤라클레이토스^{Heraclitus}는 제자들에게 "변화의 법칙을 제외한 모든 것은 변한다"고 말했다. 그리고 "같은 강에 두 번 발을 들여놓을 수 없다"고 덧붙였다. 강은 시시각각 변하고 그 강에 발을 들여놓은 사람 또한 변한다.

삶이란 끊임없는 변화다. 확실한 것은 오늘뿐이다. 끊임없는 변화와 불확실성에 가려진 미래, 아무도 예측할 수 없는 미래의 문제를 해결하려고 애쓰면서 오늘을 사는 아름다움을 훼손할 이유가 있을까?

고대 로마에는 이를 표현하는 단어가 있었다. 사실 로마인들은 이를 두 단어로 표현했다. 바로 카르페 디엠$^{Carpe\ diem}$이다. '오늘을 즐겨라' 또는 '하루를 붙잡아라'라는 뜻이다. 그렇다. 하루를 붙잡고 최대한 활용하자.

이것이 로웰 토머스$^{Lowell\ Thomas}$의 철학이다. 최근 나는 그의 농장에서 주말을 보내던 중에 그가 자주 쳐다보는 그의 방송 스튜디오 벽에다 《성경》 구절을 액자에 담아 걸어두었다는 사실을 알게 되었다. "이날은 여호와께서 정하신 것이라 이날에 우리가 기뻐하고 즐거워하리로다"라는 시편 118편의 말씀이었다.

존 러스킨$^{John\ Ruskin}$은 책상 위에 '오늘'이라는 한 단어가 새겨진 소박한 돌멩이를 놓아두었다. 내 책상에는 돌멩이는 없지만 나는 매일 아침 면도할 때 볼 수 있도록 거울에다 시 한 편을 붙여두었다. 윌리엄 오슬러 경이 항상 책상 위에 두었던, 유명한 인도 극작가 칼리다사^{Kalidasa}의 시다.

새벽에 바치는 인사

이날을 살펴라!
이날이 삶이고, 삶 중의 삶이니

이날이라는 삶의 짧은 과정에
네 존재의 모든 진실과 실체가 있다.
성장의 축복이
행동의 영광이
성취의 광채가

어제는 한낱 꿈이요
내일은 환상일 뿐이나,
오늘을 제대로 살면 어제는 행복의 꿈이 되고
모든 내일은 희망의 환상이 되나니.

그러니 이날을 잘 살펴라!
그것이 새벽에 바치는 인사다.

따라서 걱정에 대해 가장 먼저 알아야 할 사실은 이것이다. 여러분의 삶에서 걱정을 몰아내고 싶다면 윌리엄 오슬러 경을 본받아라.

'과거와 미래를 철제문으로 차단하라. 오늘 하루를 충실하게 살아라.'

그러므로 자신에게 다음과 같이 묻고 답을 적어 보면 어떨까?

1. 나는 미래를 걱정하느라 현재의 삶을 미루거나 '지평선 너머의 마법의 장미 정원'을 동경하는 경향이 있는가?
2. 나는 가끔 과거에 일어난 일(이미 지나간 일)을 후회하느라 현재를 비참하게 만드는가?
3. 아침에 일어나면 '카르페 디엠'을 실천하겠다(24시간을 최대한 활용하겠다)고 결심하는가?
4. 오늘 하루를 충실하게 살면 삶에서 더 많은 것을 얻을 수 있을까?
5. 언제부터 이 일을 시작해야 할까? 다음주? 내일? 오늘?

2

걱정스러운 상황을 해결하는
마법의 공식

이 책을 더 읽기 전에 걱정스러운 상황을 처리하는 빠르고 확실한 비법(곧바로 사용할 수 있는 기법)을 알고 싶은가?

이제 윌리스 H. 캐리어Willis H. Carrier가 개발한 방법을 살펴보자. 그는 에어컨 산업을 출범한 뛰어난 엔지니어이자 뉴욕주 시러큐스에 있는 세계적으로 유명한 캐리어 코퍼레이션Carrier Corporation의 대표다. 그것은 내가 들어본 것 가운데 최고의 고민 해결법이라고 손꼽을 수 있는 기법이었고, 캐리어는 언젠가 나와 뉴욕의 엔지니어 클럽Engineers' Club에서 함께 점심을 먹다가 그것을 직접 전수했다.

캐리어의 사연은 이랬다.

"젊은 시절에 뉴욕주 버펄로의 버펄로 포지 컴퍼니Buffalo Forge Compan에 근무했어요. 미주리주 크리스털시티에 있는 피츠버그 판유리 회사Pittsburgh Plate Glass Company의 (시가총액이 수백만 달러에 이르는)

한 공장에 가스 정화 장치를 설치하는 임무를 맡았습니다. 엔진에 손상을 주지 않고 연소할 수 있도록 가스의 불순물을 제거하는 게 목적이었죠.

그건 새로운 가스 정화 방식이었어요. 이전에는 딱 한 번, 그것도 다른 조건에서 시도된 적이 있었죠. 그런데 크리스털시티의 작업에서 예상치 못한 어려움이 발생했어요. 그럭저럭 작동하기는 했으나 우리가 보증한 수준에는 미치지 못했죠.

저는 실패했다는 사실에 큰 충격을 받았어요. 누군가 제 머리를 한 대 친 것 같은 느낌이었죠. 속이 뒤틀리기 시작했어요. 한동안 너무 걱정스러워서 잠을 이룰 수 없었습니다.

결국에는 상식적으로 생각해서 걱정해서는 아무것도 얻을 수 없다는 사실을 떠올렸죠. 그래서 걱정하지 않고 문제를 해결할 방법을 찾아냈어요. 정말 효과가 있더군요. 전 30년 넘게 이 걱정 방지 기법을 이용하고 있답니다.

간단해요. 누구나 이용할 수 있죠. 3단계로 구성된 기법입니다.

1단계. 두려워하지 않고 솔직하게 상황을 분석하고 이 실패의 결과로 일어날 수 있는 최악의 상황을 파악했습니다. 감옥에 들어가거나 총 맞을 일은 일어나지 않았겠죠. 그건 확실했습니다. 물론 제가 직책을 잃을 수 있었겠죠. 제 고용주들이 기계를 철거해서 투자금 2만 달러를 잃을 가능성도 있었고요.

2단계. 최악의 경우 일어날 수 있는 상황을 파악한 후에 피할 수 없다면 받아들이기로 마음을 접었습니다. 이렇게 혼자 되뇌었죠.

'이번 실패로 내 이력에 큰 흠집이 남을 테고, 어쩌면 일자리를 잃을 거야. 하지만 설령 그렇더라도 언제든 다른 직장을 구할 수 있어. 상황이 더 나빠질 수 있겠지. 회사에서는 이미 우리가 새로운 가스 정화 방식을 실험하고 있다는 사실을 알고 있으니, 이 경험으로 2만 달러를 날리더라도 버틸 수 있을 거야. 그건 일종의 실험이니까 연구 비용으로 책정할 수도 있고.'

일어날 수 있는 최악의 상황을 파악하고 피할 수 없다면 받아들이기로 마음을 접자 대단히 중요한 일이 일어났어요. 곧바로 긴장이 풀렸고, 한참 동안 경험하지 못했던 평화가 느껴졌습니다.

3단계. 그때부터는 정신적으로 이미 받아들인 최악의 상황을 개선하는 일에 차분하게 시간과 에너지를 쏟았죠.

이제 당면과제인 2만 달러의 손해를 줄일 방법과 수단을 찾아보려고 노력했습니다. 몇 번의 테스트를 거쳐서 마침내 추가 장비에 5,000달러를 더 투자하면 문제가 해결될 수 있다는 사실을 알아냈죠. 그렇게 해서 회사는 2만 달러를 손해 보는 대신에 1만 5,000달러를 벌었답니다.

걱정의 가장 나쁜 점을 꼽자면 집중력을 떨어뜨리는 것이죠. 그러니 제가 계속 걱정했다면 아마 이 일을 해내지 못했을 겁니다. 걱정할 때 우리의 마음은 이리저리 사방팔방으로 널을 뛰기 때문에 결정력을 모두 잃기 마련입니다. 하지만 최악의 상황을 직시하고 정신적으로 받아들이면 그 모든 막연한 상상을 모조리 몰아내고 문제에 집중할 수 있는 상황을 만들 수 있죠.

제가 설명한 이 사건이 일어나고 수년이 흘렀어요. 전 그때부터 그 기법을 계속 사용했고, 덕분에 제 삶은 걱정으로부터 거의 완전히 자유로워졌답니다."

윌리스 H. 캐리어의 마법 같은 공식이 심리적인 면에서 왜 그토록 가치 있고 실용적인가? 걱정 때문에 앞이 보이지 않아서 우리가 헤매며 거대한 회색 구름을 여기저기 더듬을 때 그 공식이 구름으로부터 우리를 끌어내기 때문이다. 그것은 우리의 발을 땅 위에 단단히 붙여놓는다.

우리는 내가 어디에 서 있는지 안다. 단단한 땅을 딛고 서 있지 않다면 어떻게 창조 과정에 집중할 수 있겠는가.

응용 심리학의 아버지인 윌리엄 제임스William James 교수가 세상을 떠난 지 38년이 지났다. 하지만 지금까지 생존해서 최악의 상황을 직시하는 캐리어의 공식을 들을 수 있다면 그는 진심으로 그것을 인정할 것이다. 그가 제자들에게 다음과 같이 말했기 때문이다.

"모든 불행의 결과를 극복하는 첫걸음은 이미 일어난 일을 받아들이는 것이니 기꺼이 받아들여라."

린위탕Lin Yutang은 널리 읽힌 그의 책《생활의 발견The Importance of Living》에서 이와 똑같은 생각을 표현했다. 이 중국 철학자는 다음과 같은 말을 남겼다.

"진정한 마음의 평화는 최악의 상황을 받아들이는 데서 온다. 내가 생각하기에 심리적인 면에서 그것은 에너지의 분출을 의미한다."

정확히 그 의미다! 심리적인 면에서 그것은 새로운 에너지의 분출을 의미한다! 최악의 상황을 받아들였을 때 우리는 더 이상 잃을 게 없다. 그리고 그것은 곧 무엇이든 얻을 수 있다는 의미다! 윌리스 H. 캐리어는 이렇게 말했다.

"최악의 상황을 직시하자 곧바로 긴장이 풀렸고, 한참 동안 경험하지 못했던 평화를 느꼈습니다. 그때부터 생각할 수 있었어요."

일리가 있다. 그렇지 않은가? 그런데 수백만 명의 사람이 최악의 상황을 받아들이지 않고, 개선하려는 노력을 거부하고, 폐허로부터 구할 수 있는 것을 구하지 않은 바람에 분노에 찬 혼란 속에서 그들의 삶을 파멸로 이끌었다. 그들은 운명을 재건하려고 노력하는 대신 '경험과 쓰라리고 격렬한 경쟁'에 뛰어들었고, 결국 우울증이라는 음울한 병적 집착의 희생자로 전락했다.

윌리스 H. 캐리어의 마법 같은 공식을 채택해 자신의 문제에 적용한 다른 사람의 사례가 궁금한가? 내 수강생이었던 뉴욕의 한 석유 거래업자의 사례를 소개하겠다.

이 수강생은 이렇게 말문을 열었다.

"전 협박을 당하고 있었습니다! 그런 일이 일어날 수 있다니 믿을 수가 없었어요. 영화에나 나올 법한 일이지만 전 실제로 협박당하고

1장 걱정에 대해 알아야 할 기본적인 사실들

있었습니다! 제가 대표로 있던 석유 회사에는 배달 트럭과 운전기사가 많았어요. 당시에는 OPA 규정이 엄격하게 시행되었기 때문에 한 고객에게 배달할 수 있는 석유의 양이 제한되어 있었죠. 당시에는 몰랐으나 일부 운전기사들이 거래처에 배달할 석유를 조금 빼돌려서 자기 고객에게 팔았던 것 같습니다.

제가 이런 불법 거래를 처음 알아챈 것은 자칭 정부 조사관이라는 한 사내가 어느 날 절 찾아와서 은밀히 돈을 요구했을 때였죠. 그는 우리 운전기사들의 소행을 입증하는 증거 서류를 가지고 있고, 제가 돈을 내놓지 않으면 그 증거를 지방 검찰청에 넘기겠다고 협박했습니다.

물론 제가 알기로는 적어도 개인적으로는 걱정할 게 없었어요. 하지만 법률상 회사가 직원의 행동에 책임을 져야 했죠. 그뿐만 아니라 사건이 법정까지 이어져서 신문에 보도되면 평판이 나빠져서 제 사업체에 좋을 게 없었습니다. 전 24년 전에 아버지가 설립한 제 사업체에 자부심이 컸거든요.

전 너무 걱정한 나머지 병이 났죠! 사흘 밤낮을 먹지도, 자지도 못했습니다. 미친 듯이 같은 생각만 반복했죠.

'돈(5,000달러)을 줘야 하나, 아니면 이 사내에게 마음대로 하라고 말해야 하나?'

어느 쪽으로든 간에 결정을 내리려고 애썼지만 결국 상황은 악몽으로 끝이 났습니다.

그러던 어느 일요일 밤, 카네기 대중 연설 수업에서 나누어준 《데일 카네기 자기관리론 How To Stop Worrying And Start Living》이라는 책을 우연히 집어 들었어요. 책을 읽기 시작했는데 윌리스 H. 캐리어의 이야기를 발견했죠. '최악의 상황을 직시하라'고 쓰여 있더군요. 그래서 전 '내가 돈을 주지 않고 그래서 이 협박범들이 자료를 지방 검사에게 넘기면 어떤 최악의 상황이 일어날까?'라고 스스로 물어봤어요.

질문에 대한 답은 이랬습니다. 회사의 파산. 그게 일어날 수 있는 최악의 상황이었죠. 제가 감옥에 갈 일은 없었어요. 그저 세간의 평판 탓에 제가 무너질 수는 있었겠죠. 그런 다음 전 이렇게 물어봤죠.

'좋아, 회사가 망했다. 내가 그걸 정신적으로 받아들인다. 다음에는 무슨 일이 일어나지?'

회사가 파산하면 십중팔구 일자리를 찾아야겠죠. 그리 나쁘지 않았어요. 저는 석유에 대해 아는 게 많았고, 절 기꺼이 고용할 만한 회사도 몇 군데 있었습니다. 기분이 나아지기 시작했어요. 사흘 밤낮으로 우울했던 기분이 조금씩 가시기 시작했죠. 마음이 진정되더군요. 그리고 놀랍게도 생각이란 걸 할 수 있었어요.

이제 저는 최악의 상황을 개선하는 3단계를 직면할 만큼 머리가 맑아졌습니다. 해결책을 궁리하다 보니 완전히 새로운 방법이 떠올랐어요. 제 변호사에게 모든 상황을 설명하면 제가 미처 생각하지 못한 방법을 그가 찾을 수도 있겠다 싶었죠. 그때껏 그 방법을 떠올리지 못했다면 어리석어 보이겠지요. 하지만 당연히 생각하지 못했죠. 걱정만 하고 있었으니까요!

저는 아침에 일어나자마자 곧바로 변호사를 만나기로 마음먹고 잠자리에 들어서 세상 모르게 잤습니다!

결말이 어땠을까요? 다음날 아침 변호사는 제게 지방 검사를 찾아가 사실대로 털어놓으라고 말하더군요. 저는 그가 시키는 그대로 했습니다. 지방 검사에게 이야기를 끝냈을 때 이 협박 범죄가 몇 달 동안 계속되었고, 자칭 '정부 요원'인 사내는 경찰에서 수배 중인 사기꾼이라는 검사의 말에 전 깜짝 놀랐죠. 이 전문 사기꾼에게 5,000달러를 건네야 할지 사흘 밤낮으로 고민한 끝에 이 말을 들으니 얼마나 안심이 되던지요!

이 경험에서 전 잊지 못할 교훈을 얻었어요. 이제는 걱정을 일으킬 만한 절박한 문제에 직면할 때마다 제가 '윌리스 H. 캐리어 공식'이라고 일컫는 방법을 적용합니다."

윌리스 캐리어가 미주리주 크리스털시티의 공장에 설치하던 가스 정화 장치를 놓고 걱정하던 그때 네브래스카주 브로큰보우에서는 한 사내가 유언장을 작성하고 있었다. 얼 P. 해니 Earl P. Haney라는 이름의 사내는 십이지장 궤양을 앓고 있었다.

저명한 궤양 전문의를 포함한 3명의 의사가 해니에게 '시한부'라는 진단을 내렸다. 그들은 이런저런 음식을 먹지 말고 걱정하거나 조바심을 내지 말고 절대 안정을 취하라고 말했다. 그러고는 유언장을 작성하라고 덧붙였다!

이 궤양 탓에 얼 P. 해니는 고액 연봉을 받는 번듯한 직장을 포기해야 했다. 이제 그에게 서서히 죽어가는 것 이외에는 해야 할 일이나 기대할 것이 전혀 남지 않았다.

그러던 중 그는 결정을 내렸다. 아주 보기 드물고 멋진 결정이었다. 그는 이렇게 말했다.

"살날이 얼마 남지 않았으니 그 시간을 최대한 활용해야겠다고 생각했어요. 항상 죽기 전에 세계 여행을 하고 싶었습니다. 언젠가 할 거라면 지금 해야죠."

그래서 그는 여객선표를 샀다. 의사들은 사색이 되었다. 그들은 해니에게 "이 여행을 떠난다면 바다에 묻힐 거라고 경고할 수밖에 없다"고 말했다.

해니는 이렇게 답변했다.

"아니요, 그럴 리는 없을 겁니다. 친척들에게 네브래스카주 브로큰보우에 있는 가족 묘지에 묻히겠다고 약속했어요. 그래서 관을 사서 가져가려고 합니다."

그는 관을 사서 배에 실었다. 그런 다음 (만일 자신이 사망하면) 시신을 냉동 격실에 넣어 여객선이 귀국할 때까지 보관하기로 증기선 회사와 계약을 맺었다. 그는 늙은 오마르의 영혼으로 충만한 채 여행길에 나섰다.

아, 아직 우리가 쓸 수 있는 것을 최대한 활용하라,
우리 또한 티끌 속에 잠기기 전에.
티끌 속에, 그리고 티끌 아래에 티끌로 누우리니,
포도주도, 노래도, 노래 부르는 이도, 그리고 종말도 없이!

하지만 그는 '포도주 없이' 여행을 떠나지 않았다. 지금 내 앞에 놓인 편지에 해니는 이렇게 썼다.

"저는 그 여행에서 하이볼을 마시고 긴 시가를 피웠습니다. 온갖 종류의 음식을 먹었어요. 심지어 분명히 내 목숨을 앗아갈 것이라던 이상한 토속 음식도 먹었죠.

그렇게 즐거웠던 적은 몇 년 만에 처음이었답니다. 겁에 질려서라도 관에 들어갔을 법한 장마와 태풍을 만나기도 했지만, 전 이 모든 모험에서 엄청난 활력을 얻었어요.

저는 배에서 게임을 즐기고, 노래를 부르고, 새로운 친구를 사귀고, 밤을 새웠습니다. 중국과 인도에 도착했을 때 전 동양의 가난과 굶주림에 비하면 내가 고국에서 마주했던 사업상의 문제와 근심거리는 지상낙원의 일이라는 사실을 깨달았죠. 의미 없는 걱정을 모두 멈추고 나니 기분이 좋아졌어요.

저는 미국으로 돌아왔을 무렵에는 몸무게가 무려 40kg이나 늘었습니다. 내가 위궤양을 앓았다는 사실조차 잊을 뻔했죠. 제 평생 이만큼 기분이 좋았던 적이 없었어요. 전 곧바로 관을 장의사에게 되팔고 다시 사업을 시작했습니다. 그 이후로 지금껏 단 하루도 아프지 않았어요."

이런 일이 일어날 무렵 얼 P. 해니는 윌리스 H. 캐리어와 그의 걱정 처리 기법에 대해 들어본 적이 없었다. 그는 아주 최근에 내게 이렇게 말했다.

"그런데 이제야 제가 무의식적으로 똑같은 원리를 사용하고 있었음을 깨달았어요. 최악의 상황, 그러니까 제 경우에는 죽음을 받아들였죠. 그리고 제게 남은 시간 동안 인생에서 최대한의 즐거움을 얻으려고 노력하면서 나아졌어요."

그는 말을 이었다.

"만일 제가 그 배에 오른 후에도 계속 걱정했다면 틀림없이 관 속에 누워 귀국했을 겁니다. 하지만 저는 긴장을 풀었고 잊어버렸죠. 그리고 이 마음의 평온이 제게 새로운 에너지를 불어넣었고, 그게 실제로 제 생명을 구했어요." (얼 P. 해니는 현재 매사추세츠주 윈체스터의 웨지미어가 52번지에 거주하고 있다.)

이 마법의 공식을 이용해 윌리스 H. 캐리어가 2만 달러짜리 계약을 구했다면, 뉴욕의 한 사업가가 협박으로부터 자신을 구했다면, 얼 P. 해니가 실제로 본인의 목숨을 구했다면, 이것이 여러분의 걱정거리에 대한 해답이 될 수 있지 않을까? 해결할 수 없다고 생각했던 문제까지 해결할 수 있지 않을까?

따라서 걱정스러운 문제가 있다면 다음 3가지를 실천함으로써 윌리스 H. 캐리어의 마법 같은 공식을 적용하라.

1. 최악의 상황이 무엇인지 자문하라.
2. 피할 수 없다면 기꺼이 받아들여라.
3. 침착하게 최악의 상황을 개선하고자 노력하라.

3
걱정이 미치는 영향

어느 날 저녁, 한 이웃이 우리 집을 찾아와서는 우리 가족에게 천연두 예방접종을 받으라고 다그쳤다. 그는 뉴욕시 전역에서 집집마다 찾아다니는 자원봉사자 수천 명 가운데 한 명일 뿐이었다.

겁에 질린 사람들이 백신을 맞으려고 몇 시간씩 줄을 서서 기다렸다. 모든 병원은 물론이고 소방서, 경찰서, 대형 공장에도 백신 접종소가 열렸다. 2천 명이 넘는 의사와 간호사가 밤낮으로 열정을 다해 사람들에게 백신을 접종했다. 어째서 이런 소동이 일어났을까? 뉴욕시에서 8명이 천연두에 걸렸고 2명이 사망했기 때문이다. 거의 800만 명에 달하는 인구 가운데 2명이 사망했기 때문이었다.

내가 뉴욕에 산 지 37년이 넘었지만, '걱정'이라는 정서적 질병에 대해 경고하려고 우리 집을 찾아온 사람은 여태껏 한 명도 없다. 지난 37년 동안 천연두보다 1만 배나 더 크게 해를 입힌 질병인데도 말이다.

우리 집을 찾은 사람 중에서 현재 미국에 거주하는 10명 가운데 1명이 걱정과 정서적 갈등으로 말미암아 신경 쇠약에 걸릴 것이라고 경고한 사람은 아무도 없다. 그래서 나는 여러분에게 경고하고자 이 내용을 쓰고 있다.

노벨 의학상 수상자인 알렉시스 카렐 Alexis Carrel 박사는 "걱정 퇴치법을 모르는 사업가는 요절한다"라고 말한다. 주부, 수의사, 벽돌공도 예외가 아니다.

몇 년 전 나는 샌타페이 Santa Fe 철도의 의료담당 임원인 O.F. 고버 O.F. Gober 박사와 함께 텍사스와 뉴멕시코를 자동차로 여행하며 휴가를 보냈다. 그의 정확한 직책은 걸프, 콜로라도, 산타페 병원협회의 수석 의사였다. 걱정의 영향에 관해 이야기를 나누던 중에 그가 이렇게 말했다.

"병원을 찾는 환자 가운데 70%는 두려움과 걱정만 없으면 병이 저절로 나을 사람입니다. 그들의 병이 상상의 산물이라는 말이 아닙니다. 그들의 병은 욱신거리는 치통만큼이나 생생하고 때로는 훨씬 더 심각하죠. 흔히 신경성 소화불량, 위궤양, 심장 질환, 불면증, 두통, 일종의 마비로 나타납니다.

이런 질병들이 실제로 존재한답니다. 나도 12년 동안 위궤양을 앓았으니 내 말이 헛소리라고 생각지 마세요, 두려움이 걱정을 일으키죠. 걱정은 사람을 긴장하게 하거나 초조하게 만들고, 위장 신경에 영향을 미치고, 실제로 위액을 비정상적으로 분비하고, 흔히 위궤양을 유발하죠."

《신경성 위장 장애 Nervous Stomach Trouble》의 작가 조지프 F. 몬터규 Joseph F. Montague 박사의 생각도 그리 다르지 않다. 그는 다음과 같이 말한다.

"당신이 먹는 것 때문에 위궤양이 생기는 게 아니다. 지금 당신을 좀먹고 있는 것 때문에 궤양이 생긴다."

메이요 클리닉 Mayo Clinic의 W.C. 알바레스 W.C. Alvarez 박사는 이렇게 말한다.

"궤양은 흔히 정서적 스트레스의 기복에 따라 심해지거나 잠잠해진다."

메이요 클리닉에서 위장 질환으로 치료받은 환자 1만 5,000명을 대상으로 진행한 연구에 그 근거가 있다. 5명 가운데 4명의 위장 질환은 신체적인 원인과는 전혀 무관했다. 그들에게 위장 질환과 위궤양이 나타난 원인은 주로 공포, 걱정, 증오, 극도의 이기심, 현실 부적응 등이었다.

물론 위궤양으로 목숨을 잃을 수 있다. 《라이프 Life》 잡지에 따르면, 위궤양이 현재 치명적인 질병 목록에서 10위를 차지한다.

나는 최근 메이요 클리닉의 해럴드 C. 하베인 Harold C. Habein 박사와 편지를 주고받았다. 그는 미국 산업보건의협회 연례회의 American

Association of Industrial Physicians and Surgeons에서 평균 연령이 44.3세인 기업체 임원 176명을 연구한 논문을 발표했다.

논문에 따르면, 이들 임원 가운데 3분의 1 이상이 심장병, 소화기관 궤양, 고혈압 등 초긴장 상태의 생활에 특유하게 나타나는 3대 질환 가운데 하나를 앓고 있다.

생각해 보라. 미국 기업체 임원 가운데 3분의 1이 45세가 되기도 전에 심장병, 궤양, 고혈압으로 몸이 망가지고 있다. 참으로 대단한 성공의 대가다! 정작 그들이 성공한 것도 아니다! 위궤양과 심장 질환으로 출세의 대가를 치르는 사람을 성공했다고 말할 수 있을까? 건강을 잃는다면 만천하를 얻는대도 무슨 소용이 있겠는가?

만천하를 호령하는 사람도 한 침대에서만 잠을 자고 하루에 세 끼만 먹을 수 있다. 일용직 노동자와 다를 바 없다. 오히려 일용직 노동자가 고위 경영자보다 더 편안하게 잠을 자고 더 맛있게 밥을 먹을 것이다. 솔직히 나는 45세에 철도 회사나 담배 회사를 운영하다가 건강을 잃느니 차라리 한가롭게 음악을 즐기는 농부가 되고 싶다.

담배 얘기가 나와서 말인데, 세계에서 가장 유명한 담배 제조업체 회장이 최근 캐나다의 숲속에서 휴양을 즐기던 중에 심부전으로 사망했다. 그는 수백만 달러의 재산을 모았고 61세 나이에 세상을 떠났다. 십중팔구 몇 년의 수명을 이른바 '사업 성공'과 맞바꾸었을 것이다.

내가 생각하기에 수백만 달러의 자산가인 이 담배 회사 경영자는 미주리주의 농부로 살다가 무일푼으로 세상을 떠난 내 아버지의 절반만큼도 성공하지 못했다.

그 유명한 메이요 형제에 따르면, 병원 입원 환자 가운데 신경 질환 환자가 절반이 넘는다. 그러나 사후 검사에서 고출력 현미경으로 관찰한 이들 환자의 신경은 대부분 운동선수만큼이나 건강해 보인다. 이들의 '신경 질환'은 물리적으로 쇠약해진 신경이 아니라 허무, 좌절, 불안, 걱정, 두려움, 패배, 절망 등 감정에서 유발된다. 플라톤은 이렇게 말했다.

"의사들이 저지르는 가장 큰 실수는 마음을 치료하지 않고 몸만 치료하려는 것이다. 하지만 몸과 마음은 하나이니 분리해서 치료하지 말아야 한다!"

의학계가 이 위대한 진리를 깨닫기까지 2,300년이 걸렸다. 바야흐로 정신신체의학(정신과 신체를 모두 치료하는 의학)이라는 새로운 종류의 의학이 개발되기 시작했다. 의학이 (천연두, 콜레라, 황열병, 그리고 이루 셀 수 없이 많은 이들을 때이른 죽음으로 몰아넣은 수많은 역병 등) 신체 세균으로 유발된 끔찍한 질병을 대부분 퇴치했으니 이제 그 일을 할 적기가 왔다.

그러나 의학은 세균이 아니라 걱정, 공포, 증오, 좌절, 절망 같은 감정에서 유발된 정신적, 육체적 피해에 대처하지 못했다. 이런 정서적 질환으로 인한 인명 피해가 재앙적인 속도로 증가하고 확산하는 중이다.

의학계에서는 현재 생존한 미국인 20명 가운데 1명이 정신 질환자 수용 시설에서 일정 기간을 보낼 것이라고 추산한다. 2차 세계대전 당시에는 징병제로 선발된 젊은이 6명 중 1명을 정신적 질환자라고 불합격시켰다.

정신 질환의 원인은 무엇일까? 모든 답을 아는 사람은 없다. 하지만 두려움과 걱정이 원인일 가능성이 매우 높다. 가혹한 현실 세계에 대처하지 못해 불안하고 고통스러운 사람은 환경과의 접촉을 모조리 단절하고 스스로 만든 은밀한 꿈의 세계로 은둔하면 걱정스러운 문제가 해결될 것이다.

이 글을 쓰는 지금 내 책상 위에는 에드워드 포돌스키 Edward Podolsky 박사의 《걱정을 멈추고 건강해지라》라는 책이 있다. 이 책을 구성하는 몇몇 장의 제목은 다음과 같다.

걱정이 심장에 미치는 영향.

걱정하면 혈압이 높아진다.

걱정은 류머티즘을 유발한다.

위장을 위해 걱정을 줄여라.

걱정과 감기의 상관관계.

걱정과 갑상샘.

걱정스러운 당뇨병.

걱정을 파헤치는 또 다른 책으로 '정신의학계의 메이요 형제'가운데 한 명인 칼 메닝거Karl Menninger 박사의 《자신을 배반하는 사자Lion Against Himself》가 있다. 이 책은 삶이 파괴적인 감정의 노예가 될 때 인간에게 일어나는 일을 충격적으로 폭로한다.

따라서 자신을 더 이상 괴롭히고 싶지 않다면 이 책을 구하라. 그리고 읽어라. 친구들에게 전하라. 4달러짜리 책 한 권이 인생 최고의 투자가 될 것이다.

걱정에는 장사가 없다. 그랜트 장군General Grant은 남북전쟁이 막바지에 이르렀을 무렵 이 사실을 깨달았다. 사건의 전모는 이러했다.

그랜트 장군이 9개월 동안 리치먼드를 포위 공격하고 있었다. 지치고 굶주린 리 장군General Lee의 군대는 패배를 거듭했다. 연대 전원이 일시에 탈영하고 있었다. 그런가 하면 막사에서 기도회를 열고 있는 이들도 있었다. 그들은 소리치고, 울부짖고, 환영을 보았다. 끝이 머지않았다.

리 장군의 부하들은 리치먼드의 면화와 담배 창고에 불을 지르고 무기고를 불살랐다. 그리고 밤이 되자 격렬한 불길이 어둠 속으로 이글거리며 타오르는 동안 도시를 등지고 도망쳤다. 그랜트 장군이 양쪽 측면과 후방에서 남부군을 향해 발포하면서 맹렬히 추격하는 동안 셰리든Sheridan의 기병대는 전방에서 그들을 저지하면서 철로를 파괴하고 보급 열차를 탈취했다.

앞을 제대로 보지 못한 채 극심한 두통에 시달리던 그랜트 장군은 아군으로부터 떨어져나와 한 농가에 들렀다. 그는 자신의 회고록에 다음과 같이 기록했다.

"더운물과 겨자로 발을 씻고, 아침이면 낫기를 바라면서 손목과 뒷덜미에 겨자 반죽을 붙이며 밤을 보냈다."

다음날 아침 그는 씻은 듯이 나았다. 그런데 그에게 약이 된 것은 겨자 반죽이 아니라 항복하고 싶다는 리 장군의 편지를 가지고 질주한 기병이었다. 그랜트 장군의 글에는 이렇게 적혀 있었다.

"그 편지를 가지고 기병이 당도했을 때 나는 여전히 심한 두통에 시달렸으나 편지의 내용을 보는 순간 곧바로 두통이 사라졌다."

그랜트 장군이 병이 난 것은 분명 걱정과 긴장, 감정 때문이었다. 그의 감정이 자신감과 성취감, 승리의 빛깔로 물든 순간 그의 병은 즉시 완치되었다.

어느 날, 프랭클린 D. 루스벨트 Franklin D. Roosevelt 행정부의 재무부 장관이었던 헨리 모겐소 주니어 Henry Morgenthau, Jr는 걱정 때문에 현기증이 날 지경으로 아플 수 있다는 사실을 발견했다.

그의 일지에는 대통령이 밀 가격을 올리기 위해 하루 만에 440만 부셸(야드파운드법에서 곡물·과실 등의 양을 재는 단위로, 1부셸은 약 2말에 해당한다 – 옮긴이)을 매입했을 때 몹시 걱정스러웠다고 기록되어 있다. 그는 일지에 다음과 같이 적었다.

"그 일이 진행되는 동안 난 말 그대로 현기증이 났다. 점심 식사를 마친 다음 집에 가서 2시간 동안 잠을 잤다."

도서관이나 의사를 찾지 않아도 걱정이 사람들에게 어떤 영향을 미치는지 알 수 있다. 지금 내가 이 책을 쓰고 있는 집에서 창밖을 내다보면 같은 블록에 걱정하다가 신경 쇠약에 걸린 사람의 집과 걱정하다가 당뇨병에 걸린 한 남자의 집이 보인다. 주식 시장이 하락했을 때 이 사내의 혈당과 요당이 올라갔다.

프랑스의 유명 철학자 몽테뉴Montaigne가 고향 보르도의 시장으로 선출되었을 때 그는 시민들에게 이렇게 말했다.

"저는 여러분의 일을 기꺼이 내 손으로 처리하겠지만, 내 간과 폐까지는 끌어들이지 않겠습니다."

내 이웃 남자는 주식 시장의 문제를 혈류로 끌어들였고 그래서 목숨을 잃을 뻔했다.

걱정 때문에 류머티즘과 관절염에 걸려 휠체어 신세를 질 수 있다. 관절염 분야의 세계적 권위자인 코넬대학교 의과대학의 러셀 L. 세실Russell L. Cecil 박사는 관절염을 유발하는 가장 일반적인 4가지 조건을 다음과 같이 나열했다.

1. 결혼 파탄.
2. 재정 파탄과 고민.
3. 외로움과 걱정.
4. 해묵은 원한.

물론 관절염을 이 4가지 감정적 상황의 탓으로만 돌릴 수는 없다. 관절염의 종류는 다양하고 그 원인 또한 다양하다. 하지만 거듭 말하건대 관절염을 유발하는 가장 일반적인 조건은 러셀 L. 세실 박사가 나열한 4가지다.

이를테면 내 한 친구는 불경기 동안 직격탄을 맞아서 가스가 끊겼고 집은 은행에 압류되었다. 돌연 고통스러운 관절염이 그의 아내를 덮쳤다. 약물치료와 식이요법을 병행했으나 재정 상황이 나아질 때까지 아내의 관절염은 나아지지 않았다.

걱정은 심지어 충치를 유발할 수 있다. 미국 치과의사협회American Dental Association 연설에서 윌리엄 I.L. 맥고니글William I.L. McGonigle 박사는 "걱정, 두려움, 잔소리 같은 불쾌한 감정이 몸의 칼슘 균형을 무너트려서 충치를 유발할 수 있다"라고 말했다.

맥고니글 박사는 한 환자를 예로 들었다. 환자의 아내가 갑작스럽게 병에 걸리기 전까지는, 즉 그에게 걱정이 생기기 전까지는 그의 치아는 언제나 완벽했다. 그런데 아내가 입원해 있던 3주 동안 그는 충치가 9개나 생겼다. 걱정이 불러온 충치였다.

갑상샘이 몹시 과민한 사람을 본 적이 있는가? 나는 본 적이 있다. 그들은 몸을 와들와들 떤다. 부들부들 떤다. 마치 공포에 질려 거의 숨이 멎은 사람처럼 보인다. 거의 그런 정도다. 신체를 조절하는 분비샘인 갑상샘이 정상적으로 작동하지 못한다. 심장 박동이 빨라지고 모든 통풍구를 활짝 열어놓은 용광로처럼 전력을 다해 불타오른다. 이를 수술이나 치료를 통해 억제하지 않으면 환자는 사망하거나 '탈진'할 수 있다.

얼마 전 나는 이 질환을 앓고 있는 친구와 함께 필라델피아에 갔다. 38년 동안 이 병을 치료한 유명 전문의를 찾아간 것이었다. 모든 환자가 볼 수 있도록 대기실 벽에 걸어놓은 큼지막한 나무판에는 그의 조언이 쓰여 있었다. 어떤 조언이었을까? 바로 이것이다. 나는 기다리는 동안 봉투 뒷면에 그것을 그대로 적어두었다.

휴식과 레크리에이션

가장 편안하게 휴식을 취하게 하는 힘은
건전한 종교, 수면, 음악, 그리고 웃음이다.
하나님에 대한 신앙을 가져라. 숙면하는 법을 배워라.
좋은 음악을 사랑하라. 삶의 재미있는 면을 보라.
그러면 건강과 행복이 내 것이 될 것이다.

의사가 내 친구에게 던진 첫 번째 질문은 이것이었다.
"어떤 정서 장애가 있었기에 이런 증상이 나타났을까요?"

그 저명한 의사는 내 친구에게 걱정을 멈추지 않으면 심장 질환이나 위궤양, 당뇨병과 같은 다른 합병증이 생길 수 있다고 경고했다. 그리고 이렇게 덧붙였다.

"이 병들은 모두 사촌 사이죠. 근친입니다."

그렇다. 그들은 사촌 사이다. 모두 걱정이 일으킨 질병인 것이다!

나와 면담할 때 배우 멀 오베론Merle Oberon은 걱정을 하지 않는다고 말했다. 그녀는 걱정하면 영화 스크린에서 자신의 가장 큰 자산인 미모가 망가질 수 있다는 것을 알았기 때문이다.

"처음 영화계에 진출할 때는 걱정과 두려움이 컸어요. 인도에서 온 지 얼마 되지 않아서 런던에서 일자리를 구하려 해도 아는 사람이 없었죠. 제작자를 몇 사람 만났지만, 절 써준 사람은 없었어요. 게다가 제가 가진 얼마 되지 않은 돈도 바닥나기 시작했죠.

저는 2주 동안 크래커와 물만 먹고 살았어요. 걱정스러웠던 건 물론이고 배고팠습니다. 전 이렇게 생각했습니다.

'어쩌면 넌 바보일 거야. 어쩌면 영화에 데뷔할 수 있겠지. 그런데 경험이 없고 연기를 해본 적도 없어. 예쁜 얼굴 말고 내세울 게 뭐가 있니?'

전 거울 앞에 섰죠. 그런데 거울을 보았을 때 걱정이 내 외모에 무슨 짓을 하고 있는지 딱 보이더군요! 한창 자리를 잡고 있는 주름이 눈에 띄었어요. 불안한 표정도 보였죠. 그래서 이렇게 혼자 되뇌었죠. '당장 이 짓을 그만둬야 해. 걱정은 사치야. 네가 내세울 건 외모뿐인데, 걱정이 그걸 망가뜨릴 거야'라고 말이죠."

걱정만큼 여인을 빨리 늙고 한물가게 만들며 외모를 망가뜨릴 수 있는 건 찾기 어렵다. 걱정하면 표정이 굳는다. 걱정하다 보면 이를

악물게 되고 얼굴에 주름이 생긴다. 찡그린 표정이 자리를 잡아서 평생 간다. 흰머리가 나고, 때에 따라서는 머리카락이 빠질 수 있다. 온갖 피부 발진, 뾰루지, 여드름이 생겨서 깨끗한 피부가 망가질 수 있다.

심장병은 오늘날 미국에서 가장 많은 사망자를 내는 질환이다. 2차 세계대전에서 전투 중에 사망한 병사가 거의 30만 명이 넘었다. 같은 기간 동안 심장병으로 사망한 민간인은 200만 명에 달했고, 그 가운데 100만 명의 사망 원인은 걱정과 긴장된 생활에서 유발된 심장병이었다. 알렉시스 카렐 박사가 다음과 같이 말한 한 가지 주된 이유 또한 심장병이었다.

"걱정 퇴치법을 모르는 사업가는 요절한다."

상황을 평온하게 받아들이는 남부의 흑인과 중국인은 걱정으로 유발되는 심장병에 거의 걸리지 않는다. 심부전으로 사망하는 의사가 농장 노동자보다 20배나 많다. 의사들은 긴장된 삶을 산다. 그리고 그 대가를 치른다. 윌리엄 제임스는 이렇게 말했다.

"주님은 우리의 죄를 용서하겠지만, 신경계는 절대로 용서하지 않는다."

놀랍고 거의 불가사의한 사실이 하나 있다. 매년 가장 흔한 5대 전염성 질환으로 사망하는 사람보다 자살하는 미국인이 더 많다. 왜일까? 답은 대체로 이것이다.

'걱정.'

잔혹한 중국 군벌들은 포로들을 고문하고 싶을 때 포로들의 손발을 묶고 그 위에 물주머니를 매달았다. 물주머니에서는 끊임없이 물방울이 떨어졌다. 똑… 똑… 밤이고 낮이고. 머리 위로 끊임없이 떨어지는 이 물방울들은 마침내 망치질하는 소리로 변해 사람들을 미치게 했다. 스페인 종교재판과 히틀러 치하의 독일 강제수용소에서도 똑같은 고문 방법을 이용했다.

걱정은 끊임없이 똑, 똑, 똑 떨어지는 물방울과 같다. 끊임없이 똑, 똑, 똑 떨어지는 걱정은 흔히 사람을 미치게 하거나 자살로 몰아간다.

어린 시절 미주리주의 한 시골에서 자랄 때 나는 내세의 지옥 불을 묘사하는 빌리 선데이 Billy Sunday의 이야기를 듣고 겁에 질려 숨이 멎을 뻔했다. 그러나 그는 지금 현세의 걱정꾼들이 겪을 수 있는 육체적 고통이라는 지옥 불은 언급하지 않았다. 이를테면 습관적인 걱정꾼이라면 언젠가 인간이 견뎌낸 가장 극심한 고통에 시달릴 수 있다. 바로 협심증이다.

협심증이 발동하면 고통스러운 비명이 나올 수밖에 없다. 그 비명에 비하면 단테의 《신곡神曲》〈지옥편〉에 나오는 소리는 장난감 나라의 아기들 소리 같을 것이다. 그러면 여러분은 이렇게 중얼거릴 것이다.

"오, 하나님, 오, 하나님! 이것만 잘 넘길 수 있다면 앞으로는 어떤 일도 걱정하지 않을게요." (내가 과장한다고 생각한다면 주치의에게 물어보라.)

삶을 사랑하는가? 건강하게 오래 살고 싶은가? 이렇게 하면 된다. 다시 한번 알렉시스 카렐 박사의 말을 인용할 것이다.

"소란스러운 현대 도시 한가운데서 내면의 평화를 유지하는 사람은 신경 질환에 면역성이 있다."

소란스러운 도시 한가운데서 내면의 평화를 유지할 수 있을까? 정상적인 사람이라면 "그렇다"고 답할 것이다.

"단언컨대 그렇다."

우리는 대부분 생각보다 강하다. 십중팔구 아직 개발하지 않았겠지만, 내면의 자원을 가지고 있다. 헨리 소로 Henry Thoreau가 불후의 명작인 《월든 Walden》에서 이렇게 말했듯이.

"나는 의식적인 노력으로써 자기 삶을 향상할 수 있는 인간의 확실한 능력보다 더 고무적인 사실을 알지 못한다. 누군가 자신의 꿈이 향하는 방향으로 당당하게 나아가며 꿈꾸던 삶을 살고자 노력한다면 평소에는 기대할 수 없는 성공을 마주하게 될 것이다."

이 책을 읽는 독자 가운데 올가 K. 자비 Olga K. Jarvey만큼 의지가 강하고 내적 자원이 풍부한 사람이 많을 것이다. 그녀의 주소는 아이다호주 쾨르드알렌 사서함 892이다. 그녀는 상황이 아무리 비극적이어도 걱정을 떨쳐낼 수 있다는 사실을 깨달았다.

나는 이 책에서 살펴본 오랜 진리를 적용한다면 우리도 그럴 수 있다고 굳게 믿는다. 다음은 올가 K. 자비가 내게 보낸 사연이다.

"8년 반 전 저는 암으로 시한부 선고를 받았습니다. 천천히 고통스럽게 죽어갈 거라는 선고였죠. 미국 의학계의 최고 석학인 메이요 형제가 그 선고를 확정했어요. 전 막다른 골목에 서 있었고, 최후의 순간이 절 노려보고 있었습니다! 전 젊었어요. 정말 죽고 싶지 않았습니다!

지푸라기라도 잡는 심정으로 켈로그에 있는 제 주치의에게 전화를 걸어 내 마음속의 절망을 토해냈죠. 그는 오히려 대놓고 절 꾸짖더군요.

'대체 왜 그러는 겁니까? 올가, 당신에겐 투지란 게 없는 건가요? 계속 울기만 한다면 당신은 죽을 겁니다. 그래요, 당신에게 최악의 상황이 닥쳤죠. 알겠어요. 그런데 사실을 직시하세요! 걱정일랑 그만두고 뭔가 해봐요!'

바로 그 순간 그 자리에서 전 손톱이 살을 파고들고 등골이 서늘할 만큼 엄숙하게 맹세했습니다.

'걱정하지 않겠다! 울지 않겠다! 그리고 정신이 육체를 지배한다면 나는 승리할 것이다! 나는 살아남을 것이다!'

라듐을 사용할 수 없을 정도로 진행된 암의 경우에 일반적인 엑스레이 조사량은 하루에 10분 30초씩, 30일 동안입니다. 전 49일 동안 하루에 14분 30초씩 엑스레이를 조사했어요. 풀 한 포기 없는 산비탈의 바위처럼 앙상해진 몸에서 뼈가 불거지고 발은 납빛이 되었지만, 걱정은 하지 않았어요! 단 한 번도 울지 않았습니다! 오히려 웃었어요! 맞아요, 사실 억지로 웃었습니다.

제가 그저 웃는 것만으로 암이 치료된다고 생각할 만큼 어리석지는 않아요. 하지만 전 밝은 마음가짐이 병을 물리치는 데 도움이 된다고 믿습니다. 어쨌든 암의 기적적인 치료법 한 가지를 경험했죠. 맥카페리McCaffery 박사의 도전과 투지가 넘치는 말씀 덕분에 전 지난 몇 년 동안 그 어느 때보다 건강해졌습니다. '사실을 직시하라. 걱정일랑 그만두어라. 그리고 뭔가 해보라!'"

다시 한번 알렉시스 카렐 박사의 말을 반복하겠다.

"걱정 퇴치법을 모르는 사업가는 요절한다."

예언자 무함마드Mohammed의 열광적인 추종자들은 종종 자기 가슴에다 《코란》의 구절을 문신으로 새겼다. 나는 모든 독자의 가슴에 알렉시스 카렐 박사의 말을 문신으로 새기고 싶다.

'걱정 퇴치법을 모르는 사업가는 요절한다.'

1장 키포인트

걱정에 대해 알아야 할
3가지 규칙

규칙 1 : 걱정을 멀리하고 싶다면 윌리엄 오슬러 경처럼 행동하라. 오늘 하루를 충실하게 살아라. 미래를 생각하며 속을 끓이지 마라. 그냥 잠자리에 드는 시간까지 하루하루를 살아라.

규칙 2 : 다음번에 '문제(큰 문제)'가 여러분에게 총을 겨누고 구석으로 몰아세울 때는 윌리스 H. 캐리어의 마법 같은 공식을 시도하라.

   a. 문제를 해결하지 못하면 일어날 수 있는 최악의 상황이 무엇인지 자문하라.

   b. 피할 수 없다면 받아들일 수 있도록 정신적으로 준비하라.

   c. 정신적으로 받아들이기로 이미 동의한 최악의 상황을 개선하고자 차분하게 노력하라.

규칙 3 : 걱정 때문에 치를 수 있는 엄청난 대가를 되새겨라.

'걱정 퇴치법을 모르는 사업가는 요절한다.'

2장
걱정을 분석하는 기본적인 기법

공정한 방식으로 사실을 먼저 수집하지 않았다면
문제를 해결하려는 시도조차 하지 말자.
하지만 세상에 있는 사실을 모조리 수집한다고 해도
그것을 분석하고 해석하기 전까지는 아무 소용이 없다.

1

걱정 문제를 분석하고
해결하는 방법

앞에서 설명한 윌리스 H. 캐리어의 마법 같은 공식으로 모든 걱정 문제를 해결할 수 있을까? 아니다, 물론 그럴 수 없다. 그렇다면 어떻게 해야 할까? 다음과 같은 문제 분석의 기본적인 3단계를 익혀서 다양한 종류의 걱정에 대처할 능력을 갖추어야 한다.

1. 사실을 파악하라.
2. 사실을 분석하라.
3. 결정을 내리고 결정에 따라 행동하라.

뻔한 소리 같은가? 그렇다. 이는 아리스토텔레스가 이미 가르치고 이용한 방법이다. 우리를 괴롭히고 밤낮으로 우리를 그야말로 지옥으로 몰아넣는 문제들을 해결하려면 여러분과 나 또한 이 방법을 이용해야 할 것이다.

첫 번째 규칙을 살펴보자.

'사실을 파악하라.'

왜 사실을 파악해야 하는 것일까? 사실을 알지 못하면 문제를 지혜롭게 해결하려고 시도조차 할 수 없기 때문이다. 사실을 모른다면 혼란 속에서 헤맬 수밖에 없다.

이건 내 생각이 아니라 22년간 컬럼비아대학교 학장을 지낸 고(故) 허버트 E. 호크스Herbert E. Hawkes의 생각이다. 학생 20만 명의 걱정 문제를 해결하도록 도왔던 그는 내게 "걱정의 가장 큰 원인은 혼란"이라면서 다음과 같이 표현했다.

"세상 걱정의 절반은 사람들이 결정의 뒷받침할 충분한 지식을 파악하지 않고 결정부터 내리려는 탓에 생기죠. 이를테면 다음주 화요일 오후 3시에 마주해야 할 문제가 있다면 저는 다음주 화요일이 오기 전까지는 그 문제와 관련된 결정을 내리려고 시도조차 하지 않습니다. 그동안에는 그 문제와 관련된 사실을 빠짐없이 파악하는 데 집중합니다.

걱정하지 않아요. 문제 때문에 괴로워하지 않습니다. 밤잠을 설치지 않아요. 그냥 사실을 파악하는 데 집중합니다. 화요일이 돌아올 때쯤 모든 사실을 파악하고 나면 문제는 저절로 해결된답니다!"

나는 호크스 학장에게 이 말이 걱정을 완전히 떨쳐버렸다는 뜻이냐고 물었다. 그는 이렇게 대답했다.

"맞아요. 이제 전 내 인생에 걱정이란 거의 다 사라졌다고 솔직하게 말할 수 있을 것 같습니다. 제가 발견한 바로는 공정하고 객관적인 방식으로 사실을 확보하는 데 시간을 쏟으면 걱정은 대개 지식의 빛 속에서 증발해 버리죠."

한 번 더 적어보자.

"공정하고 객관적인 방식으로 사실을 확보하는 데 시간을 쏟으면 걱정은 대개 지식의 빛 속에서 증발해 버린다."

하지만 우리는 대부분 어떻게 하는가? 토머스 에디슨이 무척이나 진지하게 말했듯이 "사람이 생각하는 수고로움을 피하고자 동원하지 않을 편법이란 없다."

마지못해 사실에 신경을 쓴다면 우리는 마치 새 사냥개처럼 기존의 생각을 뒷받침하는 사실만 집요하게 쫓아다니고 나머지는 모두 무시해 버린다! 우리는 자기 행동을 정당화하는 사실, 바꾸어 말하면 우리의 희망적인 생각에 편리하게 들어맞고 선입견을 정당화하는 사실만 원한다! 프랑스 작가 앙드레 모루아Andre Maurois가 말했듯이 "우리의 개인적인 욕망과 일치하는 것은 모두 진실처럼 보인다. 그렇지 않은 모든 것은 우리의 분노를 일으킨다."

그렇다면 우리가 우리 문제에 대한 답을 찾기가 여간 어렵지 않은 것은 당연한 일일까? 2 더하기 2는 5라는 가정하에 초등학교 2학년 산수 문제를 풀려고 할 때와 똑같이 어렵지 않을까? 하지만 이 세상에는 2 더하기 2가 5나 어쩌면 500이라고 주장함으로써 자신과 다른 사람의 삶을 지옥으로 몰아넣는 사람들이 많다!

그럼 어떻게 해야 할까? 생각에서 감정을 배제하고 호크스 학장의 말처럼 "공정하고 객관적인" 방식으로 사실을 확보해야 한다.

하지만 걱정이 많을 때라면 이는 쉬운 일이 아니다. 걱정할 때는 감정이 고조되기 마련이다. 하지만 내가 생각하기에 문제에서 한 발짝 물러나 명확하고 객관적인 방식으로 사실을 파악하는 데 도움이 되는 2가지 아이디어가 있다.

1. 사실을 파악하려고 노력할 때 나는 내가 아닌 다른 사람을 위해 정보를 수집한다고 가정한다. 그러면 증거를 냉정하고 공정한 관점으로 볼 수 있다. 그러면 감정을 배제할 수 있다.
2. 걱정스러운 문제와 관련된 사실을 수집하는 동안 이따금 나는 내가 문제의 반대편에서 변론을 준비하는 변호사라고 가정한다. 다시 말해 내게 불리한 모든 사실, 그러니까 내 희망 사항에 해가 되는 모든 사실, 직면하고 싶지 않은 모든 사실을 파악하려고 노력한다.

그런 다음 사건에 대한 내 입장과 상대방의 입장을 모두 적는다. 그러면 대개 이 두 극단 사이의 어딘가에 진실이 있다는 사실을 발견한다.

내가 말하고자 하는 요점은 이것이다. 여러분이든 나든 아인슈타인이든 미국 대법원이든 간에 어떤 문제와 관련된 사실을 먼저 파악하지 않고 지혜로운 판단을 내릴 만큼 똑똑한 사람은 없다. 토머슨 에디슨은 이 사실을 알았다. 세상을 떠날 무렵 그에게는 자신이 마주한 문제에 대한 사실이 가득 적힌 2,500권의 노트가 있었다.

따라서 문제 해결을 위한 규칙 1은 다음과 같다. 사실을 파악하라. 호크스 학장을 본받자. 공정한 방식으로 사실을 먼저 수집하지 않았다면 문제를 해결하려는 시도조차 하지 말자. 하지만 세상에 있는 사실을 모조리 수집한다고 해도 그것을 분석하고 해석하기 전까지는 아무 소용이 없다.

나는 사실들을 글로 적은 다음 분석하는 편이 훨씬 더 쉽다는 사실을 비싼 대가를 치르고 나서 깨달았다. 실제로 사실들을 종이에 적고 문제를 명확하게 기술하는 것만으로도 합리적인 결정을 내리는 방향으로 큰 도움이 된다. 미국의 공학자 찰스 케터링Charles Kettering의 말을 빌자면, "문제를 명확하게 기술했다면 이미 반은 해결된 것과 다름없다."

이 모든 것이 실제로 어떤 식으로 작동하는지 보여주겠다. '백문이 불여일견'이라는 중국의 고사성어처럼 한 사내가 우리가 지금 다루는 내용을 어떻게 구체적인 행동으로 옮겼는지를 직접 보여주겠다.

내가 몇 년 동안 알고 지낸 미국인 사업가 중에 아시아 지역에서 가장 성공했다고 손꼽히는 갤런 리치필드Galen Litchfield를 예로 들 것이다. 일본이 상하이를 침공했던 1942년 리치필드는 중국에 있었다. 우리 집을 방문했을 때 그는 내게 다음과 같이 전했다.

"진주만을 점령한 직후 일본군은 상하이로 몰려들었어요. 전 그때 상하이에 있는 아시아 생명보험 회사Asia Life Insurance Company의 임원이었습니다. 그들은 우리에게 '군 청산인'을 파견하며 그가 자산을 청산하는 데 협조하라고 명령을 내렸어요. 그는 사실 해군 장성이었죠. 제겐 선택의 여지가 없었습니다. 협조하거나 다른 길을 택할 수밖에 없었어요. 다른 길이란 확실한 죽음이었죠.

전 시키는 대로 하는 척했습니다. 달리 대안이 없었으니까요. 75만 달러 상당의 유가증권 한 조가 있었는데, 그 장성에게 건넨 목록에는 그걸 기재하지 않았습니다. 그 증권은 홍콩 지사의 소유였고 상하이 자산과는 아무런 관련이 없어서 목록에서 제외한 거죠. 하지만 제가 한 일을 일본인들에게 들키면 큰일을 당할까 싶어 겁이 났어요. 아니나 다를까 곧 발각되고 말았습니다.

발각되던 당시에 저 말고 수석 회계사가 회사에 있었어요. 회계사가 말하기를 그 장성이 노발대발해서 발을 쾅쾅 구르고 욕설을 해대면서 나를 도둑놈에다 반역자라고 했답니다! 제가 일본군을 거역했다고요! 전 그게 무슨 뜻인지 알았죠. 이제 감옥행이라는 겁니다!

브리지 하우스Bridge house라고 일컫는 그 감옥은 일본 게슈타포의 고문실이었습니다! 제 친구 중에는 그 감옥에 끌려가지 않으려고 스스로 목숨을 끊은 사람들이 있었어요. 또 다른 친구들은 열흘 동안 심문과 고문을 당한 끝에 그곳에서 목숨을 잃었습니다. 그리고 이제 제가 끌려갈 차례가 된 겁니다!

제가 어떻게 했을까요? 전 일요일 오후에 그 소식을 들었어요. 당연히 잔뜩 겁을 먹어야 하는 상황일 겁니다. 제가 문제를 해결할 수 있는 확실한 기법을 몰랐다면 잔뜩 겁을 먹었을 겁니다. 몇 년 동안 전 걱정스러울 때마다 타자기 앞에 앉아서 2가지 질문과 그 질문에 대한 답을 쳤어요.

'1. 나는 지금 무엇을 걱정하고 있는가?'
'2. 내가 할 수 있는 일은 무엇인가?'

예전에는 이런 질문에 답을 글로 적지 않고 질문에 답하려고 애썼어요. 하지만 몇 년 전부터는 달라졌습니다. 질문과 답을 모두 글로 적으면 제 생각이 더 명확해진다는 걸 깨달았거든요.

그래서 그 일요일 오후에 전 곧장 상하이 YMCA에 있던 제 방으로 가서 타자기를 꺼냈어요. 그리고 이렇게 썼습니다.

'1. 나는 지금 무엇을 걱정하고 있는가?'
'내일 아침 감옥에 끌려갈까 봐 걱정스럽다.'
그런 다음 두 번째 질문을 타자로 쳤습니다.
'2. 내가 할 수 있는 일은 무엇인가?'

제가 택할 수 있는 4가지 행동 방침과 각 행동으로 초래될 수 있는 결과를 생각하고 글로 적으면서 몇 시간을 보냈죠.

'1. 일본 해군 장성에게 해명할 수 있다. 하지만 그는 영어를 모른다. 통역사를 통해 해명하려고 애쓰다 보면 그를 다시 자극할 수 있다. 그는 잔인한 사람이라 굳이 대화를 나누기보다는 나를 감옥에 처넣을 수 있다.'

'2. 탈출을 시도할 수 있다. 불가능하다. 그들은 내 일거수일투족을 감시한다. 탈출을 시도하면 체포돼서 총살당할 수 있다.'

'3. 여기 내 방에 이대로 머물며 다시는 회사 근처에 얼씬도 하지 않을 수 있다. 그러면 일본군 장성은 더욱 의심을 품고 십중팔구 병사들을 보내서 날 잡아가 입도 벙끗할 기회도 주지 않고 감옥에 처넣을 것이다.'

'4. 월요일 아침에 평소처럼 출근할 수 있다. 그러면 일본군 장성이 너무 바빠서 내가 한 일을 기억하지 못할 가능성이 있다. 혹여 기억하더라도 이미 화가 가라앉아서 나를 괴롭히지 않을지 모른다. 상황이 이렇게 되면 나는 무사할 것이다. 그가 날 괴롭히더라도 내가 그에게 해명할 기회가 생길 것이다. 그러니 월요일 아침 평소처럼 출근해서 아무 일도 없었다는 듯이 행동하면 감옥행을 면할 두 번째 기회가 생길 것이다.'

모든 방안을 고려하고 나서 월요일 아침 평소처럼 출근한다는 네 번째 계획을 선택하자 곧바로 마음이 무척 편안해지더군요.

다음날 아침 집무실에 들어섰더니 일본군 장성이 담배를 입에 물고 앉아 있었습니다. 그는 늘 그랬듯이 절 노려보았지만, 아무 말도 하지 않더군요. 6주 뒤에 천만다행으로 그는 본국으로 돌아갔고 제 걱정은 그렇게 끝났습니다.

이미 말했듯이 제가 일요일 오후에 자리잡고 앉아서 내가 택할 수 있는 여러 가지 조치와 각 조치에 따르는 예상 결과를 글로 적은 다음 차분하게 결정을 내린 덕분에 목숨을 구한 것 같습니다. 그렇게 하지 않았다면 허둥대고 망설이다가 순간적인 충동에 따라 엉뚱한 짓을 했을지 모르죠.

게다가 문제를 심사숙고하고 결정을 내리지 않았다면 일요일 오후 내내 걱정하느라 제정신이 아니었을 겁니다. 물론 밤잠도 설쳤겠죠. 그리고 월요일 아침에 걱정하느라 초췌해진 얼굴로 출근했을 테고, 그것만으로도 일본군 장성이 의심을 품고 무언가 결단을 내렸을지 모릅니다.

저는 경험을 통해 결정에 이르는 것의 엄청난 가치를 여러 번 깨달았습니다. 설정한 목적을 성취하지 못하고 제자리를 미친 듯이 맴돌다 보면 신경 쇠약과 지옥을 경험하기 마련이죠.

제가 몸소 깨달았듯이 명확하고 확실하게 결정을 내리면 걱정의 절반이 사라지고 그 결정을 실행에 옮기기 시작하면 대략 40%도 사라집니다. 그래서 전 다음과 같은 4단계를 수행함으로써 걱정의 90% 정도를 날려버립니다.

'1. 지금 내가 무엇을 걱정하고 있는지 글로 적는다.
2. 내가 할 수 있는 일이 무엇인지 글로 적는다.
3. 어떻게 할 것인지 결정한다.
4. 결정을 즉시 행동에 옮기기 시작한다.'

갤런 리치필드는 현재 뉴욕 존 스트리트 3에 있는 스타, 파크 앤드 프리먼사Starr, Park and Freeman, Inc.의 극동 지역 대규모 보험 및 투자 관계 담당 이사로 재직하고 있다. 사실 앞서 말했듯이 갤런 리치필드는 현재 아시아에서 가장 중요한 미국인 사업가로 손꼽힌다. 그는 내게 자신이 성공할 수 있던 비결은 대부분 걱정을 분석하고 정면 돌파하는 이 방법이라고 털어놓는다.

어째서 그의 방법이 그렇게 뛰어난 것일까? 그것은 효율적이고 구체적이며 문제의 핵심에 곧장 돌진하기 때문이다. 게다가 그것은 필수 불가결한 세 번째 규칙을 통해 절정에 이른다.

'결정을 내리고 결정에 따라 행동하라.'

우리가 행동하지 않는 한 모든 사실 조사와 분석은 베주머니로 바람 잡는 격이다. 힘만 낭비하는 헛수고일 뿐이다.

윌리엄 제임스는 다음과 같이 말했다.

"일단 결정을 내렸고 실행할 일만 남았다면 결과에 대한 염려 따위는 접어라." (이때 윌리엄 제임스는 의심할 여지 없이 '염려'라는 단어를 '불안'과 같은 뜻으로 썼다.)

그의 말은 사실을 토대로 신중한 결정을 내렸으면 행동으로 옮기라는 뜻이다. 굳이 멈추어 다시 생각하지 마라. 걱정에 주저하거나 온 길을 되짚어보지 마라. 또 다른 의구심을 일으키는 자기 의심에 빠지지 마라. 어깨너머로 계속 뒤를 돌아보지 마라.

나는 오클라호마에서 가장 저명한 석유 사업가로 손꼽히는 웨이트 필립스Waite Phillips에게 어떻게 의사 결정을 내리냐고 물어본 적이 있다. 그의 답변은 이러했다.

"특정한 시점이 지나도록 우리 문제를 계속 생각하면 혼란과 걱정이 생길 수밖에 없습니다. 더 조사하고 생각하는 것이 해로울 때가 옵니다. 결단하고 행동하고 다시는 뒤돌아보지 말아야 할 때가 옵니다."

이제 여러분의 한 가지 걱정에 갤런 리치필드의 기법을 적용하면 어떨까?

질문 1 : 나는 지금 무엇을 걱정하고 있는가?
(아래의 빈칸에 이 질문에 대한 답을 적어라.)

질문 2 : 내가 할 수 있는 일은 무엇인가?

(아래의 빈칸에 이 질문에 대한 답을 적어라.)

질문 3 : 나는 앞으로 어떻게 할 것인가?

(아래의 빈칸에 이 질문에 대한 답을 적어라.)

질문 4 : 언제부터 시작할 것인가?

(아래의 빈칸에 이 질문에 대한 답을 적어라.)

2

사업상 걱정을
절반으로 줄이는 방법

사업가라면 십중팔구 지금쯤 이렇게 생각할 것이다.

'웃기는 제목이군. 내가 19년 동안 사업체를 운영했는데 남들이 답을 안다면 나도 확실히 알겠지. 내게 이런 방법을 알려주려는 사람이 있다는 생각 자체가 터무니없어.'

충분히 이해한다. 몇 년 전이었다면 나도 이 제목을 보고 똑같이 생각했을 것이다. 이 제목은 많은 것을 약속한다. 말로는 무슨 약속이든 못하겠는가.

솔직해지자. 내가 여러분의 사업상 걱정을 절반으로 줄일 수는 없을 것이다. 어쨌든 그럴 수 있는 사람은 아무도 없다. 여러분 이외에는 누구도 그렇게 할 수 없다. 내가 할 수 있는 일은 다른 사람들의 사례를 소개하는 것뿐이고 나머지는 여러분의 몫이다.

이 책 앞에서 인용한 세계적으로 유명한 알렉시스 카렐 박사의 말을 기억하는가.

"걱정 퇴치법을 모르는 사업가는 요절한다."

걱정은 그만큼 심각한 것이니 내가 여러분의 걱정을 10%라도 덜 수 있다면 만족스럽지 않겠는가. 어떤가? 좋다! 한 기업체 임원의 사례를 소개하겠다. 이 임원은 걱정의 절반은 아니어도 사업상 해결하기 위해 회의에 소비했던 시간을 4분의 1로 줄였다.

더군다나 나는 이를 '존스 씨'나 'X 씨' 혹은 '오하이오주의 아무개'에 대한 이야기, 그러니까 확인할 수 없는 막연한 이야기로 전하지 않을 것이다. 이는 실존 인물인 레온 심킨 Leon Shimkin에 관한 이야기다. 그는 뉴욕주 뉴욕시 20번지 록펠러 센터에 있는 미국의 정상급 출판사 사이먼 앤드 슈스터 Simon and Schuster의 총괄 관리자다.

다음은 레온 심킨이 전한 경험담이다.

"저는 15년 동안 매일 회의를 열고 문제를 논의하면서 업무 시간의 거의 절반을 보냈습니다.

'이렇게 해야 할까, 저렇게 해야 할까, 아니면 아예 아무것도 하지 말아야 할까?'

우리는 신경을 곤두세우고, 의자에 앉아 몸을 비틀고, 초조하게 서성거리고, 논쟁을 벌이고, 다시 원점으로 돌아가기를 반복하곤 했죠. 밤이면 완전히 녹초가 되었습니다.

내 평생 이런 생활이 변하지 않으리라고 생각했어요. 15년 동안 이렇게 했으니 더 좋은 방법이 있다는 생각은 들지 않았죠. 누군가 제게 걱정하는 회의실에서 보내는 시간과 긴장감을 4분의 1로 줄일 수 있다고 말했더라면 전 그 사람을 무모하고, 경박하고, 탁상공론이나 일삼는 낙관주의자라고 여겼을 겁니다.

하지만 제가 직접 그런 계획을 세웠죠. 그리고 이 계획을 8년 동안 실천했어요. 그렇게 해서 내 능력과 건강, 행복에 경이로운 성과를 얻었습니다. 마술 같은 이야기처럼 들리지만 모든 마술 트릭이 그렇듯이 원리를 알고 나면 더할 나위 없이 단순합니다.

비법은 이렇습니다.

첫째로 15년 동안 회의에서 이용했던 진행 방식을 당장 그만두었죠. 우선 걱정스러워하는 임원들이 그간 잘못된 문제에 대해 온갖 세부 사항을 설명하고 나서 '어떻게 할까요?'라는 질문으로 마무리하는 방식 말입니다.

둘째로 새로운 규칙을 정했습니다. 내게 문제점을 제시하고 싶은 사람은 누구든 먼저 준비해서 다음 4가지 질문에 해답을 찾는 과정을 간략하게 전달해야 한다는 규칙이었죠.

'질문 1 : 무엇이 문제인가?

(예전에는 아무도 진짜 문제가 무엇인지 명확하게 구체적으로 알지 못한 상태로 한두 시간 동안 걱정스러운 회의만 하곤 했죠. 문제가 무엇인지 구체적으로 적지도 않고 문제를 논의하는 데만 열중하곤 했습니다.)

질문 2 : 문제의 원인은 무엇인가?

(내 직장생활을 되돌아보면 문제의 근원에 놓인 상황들을 명확히 파악하려고 노력하지도 않은 채 걱정만 하던 회의에 얼마나 많은 시간을 낭비했는지를 생각하니 어이가 없을 지경입니다.)

질문 3 : 가능한 해결책은 무엇인가?

(예전에는 한 참석자가 한 가지 해결책을 제안하곤 했습니다. 그러면 다른 참석자가 그에게 반론을 제기했어요. 감정이 격해지곤 했죠. 흔히 주제에서 벗어나서 회의가 끝날 때쯤이면 그 문제에 대처할 수 있는 모든 다양한 방법을 모두 적어둔 사람은 아무도 없었습니다.)

질문 4 : 최고의 해결책은 무엇인가?

(한 참석자는 어떤 상황에 대한 가능한 모든 해결책을 생각해서 '이것이 내가 권장하는 해결책'이라고 기록하지 않으면서 몇 시간 동안 고민하며 제자리만 맴돌았습니다.)'

지금은 동료들이 문제를 들고 절 찾아오는 경우가 거의 없습니다. 이유가 뭘까요? 이 4가지 질문에 답하려면 모든 사실을 파악하고 문제를 깊이 생각해야 한다는 사실을 이미 깨달았기 때문이죠. 그리고 그 과정을 다 거치면 4분의 3 정도는 저와 상담할 필요가 전혀 없는 문제임을 알게 됩니다. 전기 토스터에서 빵이 튀어나오듯이 적절한 해결책이 저절로 나오니까요.

또한 상담이 필요한 경우에도 질서정연하고 논리적인 경로를 따라 합리적인 결론에 도달하게 되니까 논의에 소요하는 시간이 이전보다 3분의 1 정도 단축됩니다.

이제 사이먼 앤드 슈스터에서는 잘못된 일을 걱정하고 논의하는 데 소비하는 시간은 훨씬 줄어들고 그 일을 바로잡기 위해 취하는 조치는 훨씬 늘었습니다."

내 친구이자 미국 보험업계의 일인자인 프랭클린 L. 베트거Franklin L. Bettger는 이와 비슷한 방법으로 사업상 걱정을 줄였을 뿐만 아니라 수입을 거의 두 배로 늘렸다.

프랭클린 베트거는 다음과 같이 말한다.

"처음 보험 영업을 시작했을 때는 내 일에 대한 무한한 열정과 사랑이 충만했다네. 그러던 중에 어떤 사건이 일어났지. 난 너무 낙담한 나머지 내 일을 경멸하고 그만두겠다고 생각했어. 어느 토요일 아침, 자리에 앉아서 걱정의 근원을 찾아보자는 생각이 들지 않았다면 분명히 그만뒀을 거야.

1. 난 먼저 '무엇이 문제인가?'라고 스스로 물어보았어.

문제는 전화 통화량은 엄청난데도 그에 비해 수익은 충분치 않다는 것이었지. 거래를 마무리해야 할 순간이 오기 전까지만 해도 내가 가망 고객의 마음을 꽤 잘 사로잡는 것 같았어. 그런데 마무리할 순간이 되면 고객은 이렇게 말하곤 했지.

'음, 다시 생각해 볼게요. 베트거 씨, 한 번 더 찾아와 주세요.'
이런 후속 전화에 시간을 낭비하다 보니 우울증까지 걸렸다네.

2. 난 '가능한 해결책은 무엇일까?'라고 자문했어.

하지만 해답을 얻으려면 사실들을 살펴보아야 했지. 그래서 지난 1년간의 기록부를 꺼내서 수치를 살펴보았다네. 그러다 깜짝 놀랄 만한 사실을 발견했어. 바로 검은색 글씨와 흰색 지면 속에서 내 매출의 70%가 첫 번째 면담에서 성사되었다는 사실을 발견한 거지. 두 번째 면담에서 성사된 건은 23%더군! 그리고 내 힘을 빼놓고 내 시간을 잡아먹는 세 번째, 네 번째, 다섯 번째 등등의 면담에서 성사된 거래는 고작 7%였다네. 그러니까 고작 매출의 7%를 차지하는 거래에 일하는 시간의 절반을 완전히 낭비하고 있었단 말이지.

3. 그렇다면 '해답은 무엇일까?'

해답은 뻔했어. 난 두 번째 면담이 끝난 이후의 모든 방문을 곧바로 중단하고 남는 시간을 새 가망 고객을 확보하는 데 투자했지. 결과는 믿을 수 없을 정도였어. 아주 단기간에 전화 한 통으로 얻는 현금 가치가 거의 두 배로 증가했다네!"

이미 말했듯이 프랭클린 베트거는 지금 미국에서 가장 이름난 생명보험 설계사로 손꼽힌다. 현재 필라델피아 피델리티 뮤추얼 Fidelity Mutual of Philadelphia 소속으로, 연간 백만 달러 상당의 보험을 계약하고 있다.

물론 그에게도 포기할 뻔한 적이 있었다. 실패를 인정하려던 순간도 있었다. 하지만 문제를 분석해 성공 가도를 달릴 수 있는 힘을 얻었다.

다음 질문들을 여러분의 사업상 문제에 적용할 수 있을까? 내 도전과제를 반복하자면 여러분의 걱정을 반으로 줄일 수 있는 과제들이다. 다시 한번 살펴보자.

1. 무엇이 문제인가?
2. 문제의 원인은 무엇인가?
3. 가능한 해결책은 무엇인가?
4. 최고의 해결책은 무엇인가?

2장 키포인트
걱정을 분석하는 기본적인 4가지 규칙

규칙 1 : 사실을 파악하라. 컬럼비아대학교의 호크스 학장이 한 말을 기억하라.

"세상 걱정의 절반은 사람들이 결정을 뒷받침할 충분한 지식을 파악하지 않고 결정부터 내리려는 탓에 생긴다."

규칙 2 : 모든 사실을 신중하게 검토한 후에 결정을 내려라.

규칙 3 : 신중하게 결정을 내렸다면 행동하라! 바쁘게 움직여 결정 사항을 실행하고 결과에 대한 걱정일랑 모두 떨쳐버려라.

규칙 4 : 어떤 문제에 대한 걱정이 고개를 든다면 다음 질문을 글로 적고 답을 구하라.

　a. 무엇이 문제인가?
　b. 문제의 원인은 무엇인가?
　c. 가능한 해결책은 무엇인가?
　d. 최고의 해결책은 무엇인가?

3장

걱정하는 습관을
무너트리는 방법

그때 일어난 사건을 바꿀 수는 없다.
지구상에서 과거를 건설적으로 활용할 수 있는 방법은
단 하나, 과거의 실수를 냉정하게 분석하고
그로부터 교훈을 얻은 다음 잊어버리는 것이다.

1

마음에서 걱정을 몰아내는 방법

나는 몇 년 전 마리온 J. 더글러스Marion J. Douglas가 내 수업에 참석했던 밤을 결코 잊지 못할 것이다.

다음 이야기는 그가 수업에서 발표한 실화이다. 그의 가정은 한 번도 아닌 두 번의 비극을 겪었다. 첫 번째 비극은 몹시 아끼던 딸을 5세 때 잃은 일이었다. 그와 아내는 도무지 상실감을 견딜 수 없을 것 같았다. 그런데 그가 말했듯이 "10개월 후에 하나님은 또 다른 딸을 선물하셨고, 그 아이는 닷새 만에 세상을 떠났다."

잇따른 사별은 감당하기 힘들었다. 이 아버지는 다음과 같이 말했다.

"도저히 견딜 수가 없었습니다. 잠도 못 자고, 밥도 못 먹고, 편안하게 쉴 수도 없었어요. 전 극도로 불안했고 자신감은 사라졌죠."

결국 그는 병원을 찾아다녔다. 어떤 의사는 수면제를 권했고 또 어떤 의사는 여행을 권했다. 그는 시키는 대로 다 해보았으나 두 방법 모두 효과가 없었다.

"제 몸은 마치 조임쇠 안에 끼워져 있는 것 같았고, 조임쇠가 내 몸을 점점 조이고 있었어요."

그것은 애통함으로 인한 긴장 상태였다. 슬픔을 이기지 못해 온몸이 마비되는 경험을 해본 적이 있는 사람이라면 이 말이 무슨 말인지 이해할 것이다.

"하지만 천만다행으로 제게는 네 살 난 아들이 남아 있었습니다. 내 문제에 해결책을 준 건 이 아들이었어요. 어느 날 오후, 내가 나를 가엾어하며 앉아 있는데 아들이 배를 만들어 달라고 하더군요. 그럴 기분이 아니었습니다. 사실 어떤 일도 하고 싶지 않았죠. 하지만 제 아들은 포기를 모르는 녀석입니다! 결국 전 두 손 들 수밖에 없었어요.

장난감 배를 다 만드는 데 3시간 정도 걸렸죠. 배를 완성했을 때 전 그 3시간이 몇 달 만에 처음으로 마음이 편안하고 평화로운 시간이었다는 생각이 들었습니다!

그 깨달음 덕분에 전 무기력함에서 벗어나서 몇 달 만에 처음으로 진짜 생각이란 걸 해보았어요. 계획하고 생각해야 하는 일을 하느라 바쁠 때는 걱정을 하기가 어렵다는 걸 깨달았죠. 제 경우에는 배를 만들던 사이에 걱정이 사라졌어요. 그래서 계속 바쁘게 살기로 결심했습니다.

다음날 밤, 전 이방 저방 집안을 돌아다니며 해야 할 일의 목록을 작성했어요. 책장, 계단, 덧문, 창문 블라인드, 손잡이, 자물쇠, 새는 수도꼭지 등 수리해야 할 물건이 수두룩했습니다. 2주 동안 손질이 필요한 일을 목록으로 만들어 보니 놀랍게도 242가지나 되더군요.

전 2년 동안 이 일을 대부분 마무리했습니다. 그뿐만 아니라 활력을 주는 활동으로 내 삶을 가득 채웠어요. 일주일에 이틀 밤은 뉴욕에서 성인 교육 강좌에 참석합니다. 고향에서 시민단체 활동에 참여했고 지금은 학교 이사회 의장을 맡고 있어요. 참석해야 할 회의가 많아요. 적십자와 다른 활동을 위한 기금을 모금하는 일을 돕습니다. 지금은 너무 바빠서 걱정할 겨를이 없어요."

걱정할 겨를이 없다! 전쟁이 한창일 때 하루 18시간씩 일하던 윈스턴 처칠이 바로 이렇게 말했다. 막중한 책임을 맡아서 걱정스럽지 않냐는 질문을 받았을 때 그는 이렇게 대답했다.

"전 너무 바쁩니다. 걱정할 겨를이 없어요."

자동차용 자동 시동 장치를 발명할 무렵 찰스 케터링의 상황도 이와 다르지 않았다. 케터링은 최근 은퇴하기 전까지 세계적으로 유명한 제너럴 모터스 연구재단General Motors Research Corporation을 총괄하는 제너럴 모터스 부사장으로 재직했다.

하지만 어린 시절에는 너무 가난해서 헛간의 건초 보관장을 실험실로 사용해야 했다. 아내가 피아노를 가르쳐서 번 1,500달러로 생활해야 했고, 나중에는 자신의 생명보험을 담보로 500달러를 대출했다. 나는 그의 아내에게 그런 상황에서 걱정스럽지 않았냐고 물었다. 그녀는 이렇게 대답했다.

"걱정스러웠어요. 전 너무 걱정스러워서 잠이 오지 않았지만, 케터링 씨는 그렇지 않더군요. 그는 자기 일에 너무 몰두해서 걱정할 겨를이 없었죠."

위대한 과학자 파스퇴르Pasteur는 "도서관과 실험실에서 발견되는 평화"에 대해 말했다. 왜 그곳에서 평화를 찾을 수 있을까? 도서관과 실험실에 있는 사람들은 대개 자기 일에 너무 몰두해서 걱정할 겨를이 없기 때문이다. 연구원들은 신경 쇠약에 걸리는 경우가 거의 없다. 그들은 그런 사치를 누릴 겨를이 없었다.

바쁘게 지내는 것 같은 단순한 일이 어째서 불안감을 떨치는 데 도움이 될까? 심리학에서 밝혀낸 가장 근본적인 법칙 때문이다. 그 법칙에 따르면, 아무리 똑똑한 사람이라도 한꺼번에 여러 가지를 생각할 수 없다. 믿기지 않는가? 그렇다면 그럼 한 가지 실험을 해보자.

지금 똑바로 앉아서 눈을 감아라. 그리고 이와 동시에 자유의 여신상과 내일 아침에 할 일을 떠올려라.

이제 두 가지 생각 가운데 하나에 순서대로 집중할 수는 있지만 동시에 두 가지 생각에 집중할 수는 없다는 사실을 알았다. 이는 감정 분야에도 해당하는 말이다. 신나는 일에 열정을 쏟는 동시에 걱정 때문에 짜증스럽다고 느낄 수 없다. 한 종류의 감정이 다른 종류의 감정을 몰아낸다. 육군 정신과 의료진이 전쟁 중에 기적을 일으킬 수 있었던 것은 그 단순한 발견 때문이었다.

전장에서 돌아온 병사들이 그들이 경험한 일로 너무 충격을 받은 나머지 '정신신경증 환자'라는 낙인이 찍혔을 때 육군 의료진은 "그들을 계속 바쁘게 만들어라"는 처방을 내렸다.

그 신경증 환자들은 깨어 있는 매 순간을 낚시, 사냥, 공놀이, 골프, 사진 찍기, 정원 만들기, 춤추기 등 주로 야외 활동으로 채웠다. 끔찍한 경험을 곱씹으며 우울해할 겨를을 만들지 않았다.

'작업 치료 occupational therapy'란 현재 정신과에서 일을 약처럼 처방할 때 사용하는 용어다. 이는 새로운 개념이 아니다. 고대 그리스 의사들은 기원전 500년부터 이 방법을 주창했다.

벤저민 프랭클린이 살던 시대에는 필라델피아의 퀘이커 교도들 Quakers이 이 방법을 이용했다. 1774년 한 퀘이커 요양소를 방문한 어떤 사내가 아마 亞麻로 피륙을 짜느라 여념이 없는 정신병 환자들의 모습을 보고 충격을 받았다. 그는 이 가여운 사람들이 착취당하고 있다고 생각했다. 퀘이커 교도들로부터 환자들이 약간의 일을 하면 실제로 병세가 호전된다는 설명을 듣기 전까지는 말이다. 일이 신경을 진정시키는 것이었다.

정신과 의사라면 누구나 바쁘게 일하는 것이 병든 신경에 매우 효과적인 마취제라고 말할 것이다. 헨리 W. 롱펠로 Henry W. Longfellow는 젊은 아내를 잃었을 때 이 사실을 몸소 깨달았다. 어느 날 그의 아내가 촛불에 봉랍을 녹이던 중에 그녀의 옷에 불이 옮겨붙었다. 아내의 비명을 들은 롱펠로가 아내를 구하러 달려갔으나 아내는 화상으로 사망하고 말았다.

한동안 롱펠로는 그 끔찍한 경험의 기억에 시달린 나머지 거의 제정신이 아니었지만, 불행 중 다행히도 그에게는 돌보아야 할 3명의 어린 자녀가 있었다. 롱펠로는 슬픔 속에서도 애써 아이들에게 아버지 겸 어머니가 되겠다고 마음먹었다.

그는 아이들을 데리고 산책하고, 이야기를 들려주고, 놀이를 즐겼고, 아이들과 함께 보낸 시간을 〈아이들의 시간 The Children's Hour〉이라는 시에 담아 영원히 남겼다. 또한 단테의 시를 번역하기도 했다. 이 모든 일을 하느라 그는 너무 바빠서 자신을 완전히 잊고 마음의 평화를 되찾을 수 있었다.

테니슨 Tennyson은 가장 친밀한 친구 아서 햄럼 Arthur Hallam을 잃었을 때 이렇게 단언했다.

"절망 속에서 시들어 죽지 않으려면 행동에 몰두해야 한다."

우리는 대부분 쉴 새 없이 일하며, 그래서 하루 일과를 보내는 동안에는 '활동에 몰두하기'가 쉽다. 하지만 가장 위험한 것은 퇴근한 다음의 몇 시간이다. 한가롭게 여가를 즐기고 가장 행복해야 할 바로 그때 걱정이라는 우울한 마귀가 우리를 공격한다. 그때 우리는 내가 인생에서 어떤 성과를 거두고 있는지, 타성에 젖어 있는 것은 아닌지, 상사가 오늘 한 말에 '무슨 저의'가 있는 것은 아닌지, 탈모가 시작된 것은 아닌지 걱정하기 시작한다.

바쁘게 움직이지 않을 때 우리의 마음은 대체로 진공에 가까운 상태가 된다. 물리학도는 누구나 '자연은 진공 상태를 용납하지 않는다'는 사실을 안다. 우리가 맨눈으로 볼 수 있는 진공에 가장 가까운 것은 백열전구의 내부일 것이다. 전구를 깨트려보라. 그러면 자연은 공기를 억지로 밀어 넣어 이론상 비어 있는 공간을 채운다.

자연은 또한 비어 있는 마음도 채우기 위해 몰려든다. 무엇으로 채울까? 대개 감정으로 채운다. 왜 그럴까? 걱정, 공포, 미움, 질투, 시기 등의 감정은 태고의 활력과 정글의 역동적인 에너지에 따라 움직이기 때문이다. 아주 강렬한 이런 감정은 대개 우리의 마음에서 평화로운 생각과 감정을 모조리 몰아낸다.

컬럼비아대학교 교육학 교수인 제임스 L. 머셀James L. Mursell은 "걱정은 행동할 때가 아니라 하루 일과가 끝났을 때 대개 당신을 가장 거칠게 몰아붙인다"고 적절하게 표현했다.

"그러면 상상력이 폭주해 온갖 엉뚱한 가능성을 떠올리고 사소한 실수를 하나하나 과장할 수 있다. 그럴 때 여러분의 마음은 마치 부하 없이 작동하는 모터와 같다. 모터가 폭주하다가 베어링을 다 태우거나 심지어는 모터 자체가 산산조각날 수도 있다. 걱정을 해결하려면 건설적인 무언가에 온전히 몰두해야 한다."

하지만 이 진리를 깨닫고 실천하기 위해 꼭 대학교수가 될 필요는 없다. 전쟁이 미처 끝나지 않았을 때 나는 시카고 출신의 한 가정주부를 만났다. 그녀는 '걱정을 해결하려면 건설적인 일에 온전히 몰두해야 한다'는 사실을 깨달은 사연을 전해주었다.

나는 뉴욕에서 미주리주에 있는 내 농장으로 이동하던 중에 식당칸에서 이 여인과 남편을 만났다. (이들의 이름을 밝히지 못해 안타깝다. 나는 이야기에 진정성을 부여하는 이름과 주소 등 세부 정보 없이 사례만 전하는 걸 좋아하지 않는다.)

이 부부는 아들이 진주만 공습이 일어난 다음날 입대했다고 말했다. 이 부인은 하나뿐인 그 아들을 걱정하느라 건강을 거의 잃을 뻔했다고 말했다. 아들이 어디 있을까? 안전할까? 아니면 전투 중일까? 부상을 당했을까? 전사하지는 않았을까?

걱정을 어떻게 극복했느냐고 내가 묻자, 그녀는 "바쁘게 움직였다"고 답했다. 그녀는 우선 가정부를 그만두게 하고 모든 집안일을 직접 하면서 계속 바쁘게 움직였다고 말했다. 하지만 별 도움이 되지 않았다.

"문제는 머리를 거의 쓰지 않고 집안일을 기계적으로 할 수 있다는 점이었어요. 그래서 걱정이 끊이질 않았죠. 이부자리를 정리하고 설거지를 하다가 문득 하루 종일 정신적, 육체적으로 바쁘게 지낼 수 있는 새로운 일이 필요하다는 사실을 깨달았습니다. 그래서 대형 백화점에 판매원으로 취직했어요.

예상대로였죠. 곧 정신없이 움직여야 했습니다. 고객들이 제게 몰려와 가격, 치수, 색상을 물어보았어요. 당장 처리해야 할 일 외에는 다른 건 생각할 겨를이 없었습니다. 밤이면 아픈 발을 쉬게 해야 한다는 생각밖에 들지 않았어요. 저녁을 먹자마자 침대에 쓰러졌고, 곧바로 곯아떨어졌죠. 걱정할 시간이나 에너지가 없었습니다."

그녀는 존 쿠퍼 포이스John Cowper Powys가 《불쾌한 것을 잊는 기술 The Art of Forgetting the Unpleasant》에서 다음과 같은 말로 전달한 의미를 스스로 깨달았다.

"인간이라는 동물은 맡겨진 임무에 몰두할 때 어떤 편안한 안정감, 어떤 심오한 내적 평화, 일종의 행복한 무감각이 그의 신경을 진정시킨다."

그리고 그것은 얼마나 큰 축복이던가!

세계에서 가장 유명한 여성 탐험가 오사 존슨Osa Johnson은 최근 내게 자신이 어떻게 걱정과 슬픔에서 해방되었는지를 전했다. 그녀의 자서전을 이미 읽은 독자도 있을 것이다. 《나는 모험과 결혼했다 I Married Adventure》라는 책이다. 모험과 결혼할 수 있다면 그녀는 확실히 그랬을 것이다.

16세에 마틴 존슨Martin Johnson과 결혼했을 때 그녀는 캔자스주 샤누트의 도심지를 떠나 보르네오의 야생 정글로 들어갔다. 캔자스 출신의 이 부부는 25년 동안 전 세계를 여행하며 아시아와 아프리카에서 사라져가는 야생동물의 모습을 담아 영화를 제작했다.

이 부부는 9년 전 미국으로 돌아와 자신들의 유명한 영화를 상영하며 순회강연을 다녔다. 그런데 덴버에서 비행기에 올라 해안 지역으로 향하던 중에 비행기가 이름 모를 산속으로 추락하고 말았다. 마틴 존슨은 그 자리에서 사망했다. 의사들은 오사가 다시는 침대에서 일어나지 못할 것이라고 말했다.

하지만 그것은 오사 존슨이 어떤 사람인지 몰라서 하는 소리였다. 3개월이 지난 후 그녀는 휠체어를 탄 채 많은 청중을 앞에 두고 강연하고 있었다. 실제로 그 시즌에 100회가 넘게 강연했는데 모두 휠체어를 탄 채였다. 내가 왜 그랬냐고 묻자, 그녀는 이렇게 대답했다.

"그래야 슬퍼하고 걱정할 겨를이 없어지니까요."

오사 존슨은 테니슨이 약 100년 전에 시로 썼던 것과 똑같은 진리를 발견한 것이다.

"절망 속에서 시들어 죽지 않으려면 행동에 몰두해야 한다."

리처드 E. 버드 Richard E. Byrd 제독은 남극을 덮고 있는 거대한 빙하, 즉 자연의 가장 오랜 비밀을 간직한 빙하, 미국과 유럽을 합친 것보다 더 큰 미지의 대륙을 덮고 있는 빙하에 말 그대로 파묻혀 지내는 동안에 이와 똑같은 진리를 깨달았다.

버드 제독은 그곳에서 홀로 5개월을 지냈다. 반경 160km 이내에 생명체란 존재하지 않았다. 추위가 너무 극심해서 바람이 귓가를 스칠 때마다 숨이 얼어붙어 알알이 맺히는 소리가 들릴 정도였다.

버드 제독은 그의 작품 《홀로 Alone》에서 영혼이 산산이 부서지는 혼란스러운 어둠 속에서 보낸 그 5개월에 대한 모든 이야기를 전한다. 낮도 밤만큼 캄캄했다. 그는 정신줄을 놓지 않기 위해 계속 바쁘게 움직여야 했다.

"밤이면 랜턴을 끄기 전에 내일 할 일을 미리 정해놓는 습관이 생겼다. 이를테면 탈출 터널에 1시간, 갱도의 수평을 맞추는 데 30분, 연료통을 똑바로 세우는 데 1시간, 식량 터널 벽의 선반을 자르는 데 1시간, 사람을 운반하는 썰매의 망가진 연결부를 새로 만드는 데 2시간을 할당하는 식이었다.

이런 식으로 시간을 할애할 수 있다니 정말 근사했다. 나에 대한 특별한 통제감이 생겼다. 그런 통제감이나 그에 상응하는 것이 없었다면 그때의 나날들은 목적이 없는 하루에 지나지 않았을 테고, 목적이 없었다면 그런 나날들은 언제나 그렇듯이 결국 해체되고 말았을 것이다."

마지막 대목에 다시 한번 주목하라.

"목적이 없었다면 그런 나날들은 언제나 그렇듯이 결국 해체되고 말았을 것이다."

"걱정거리가 있다면 익숙한 일을 약으로 이용할 수 있음을 기억하라."

이는 하버드대학교 임상의학과 교수였던 리처드 C. 캐벗 Richard C. Cabot 박사가 한 말이다. 캐벗 박사는 그의 저서《사람은 무엇으로 사는가What Men Live By》에서 다음과 같이 말했다.

"의사로서 나는 억제하기 힘든 의심, 망설임, 동요, 두려움에서 비롯되는 정신적 마비 증세로 고통받던 많은 사람이 일을 통해 치유되는 모습을 보며 행복함을 느꼈다. 일을 통해 얻는 용기는 에머슨이 영원히 찬미의 대상으로 만든 자기 신뢰와 같다."

우리가 계속 바쁘게 움직이지 않는다면, 다시 말해 할 일 없이 앉아 생각에 잠긴다면 찰스 다윈이 '위버기버 wibber gibbers'라고 일컬었던 것들을 한 무더기 낳을 것이다. 그리고 그 '위버기버'는 우리의 내면을 공허하게 만들고 우리의 행동력과 의지력을 파괴하는 구시대적인 작은 악마일 뿐이다.

내가 아는 뉴욕의 한 사업가는 초조해하거나 고민할 시간이 없을 정도로 바쁘게 움직임으로써 '위버기버'를 물리쳤다. 그의 이름은 트렘퍼 롱맨Tremper Longman이고, 그의 회사는 월스트리트 40번지에 있다. 그는 내가 가르치는 성인 교육 강좌의 수강생이었다.

난 그의 걱정 극복담이 너무 흥미롭고 인상적이어서 수업이 끝난 후 함께 저녁을 먹자고 제안했다. 우리는 자정이 훨씬 넘도록 식당에 앉아 그의 경험담에 관해 이야기를 나누었다. 그의 사연은 이러했다.

"18년 전, 저는 걱정이 너무 많아서 불면증에 걸렸어요. 긴장되고, 짜증스럽고, 초조했습니다. 머지않아 신경 쇠약에 걸릴 것 같았어요. 걱정할 만한 이유가 있었죠. 전 뉴욕 웨스트 브로드웨이 418번지에 있는 크라운 과일 가공 회사 Crown Fruit and Extract Company의 재무 담당자였어요. 소형 딸기 통조림 사업에 50만 달러를 투자한 상태였습니다. 우리 회사는 20년 동안 아이스크림 제조업체에 이 딸기 통조림을 판매했습니다. 그런데 내셔널 데어리 National Dairy, 보든스 Borden's 등 대형 아이스크림 제조업체들이 생산량을 급격히 늘리고 대형 통들이 딸기를 매입하는 방식으로 비용과 시간을 절약하자 갑자기 판매로가 끊어졌죠.

팔지 못한 딸기가 50만 달러어치나 남았을 뿐만 아니라 이후 12개월 동안 100만 달러어치의 딸기를 더 구매하기로 계약한 상태였습니다! 이미 은행에서 35만 달러를 대출받았는데, 이 대출금을 상환하거나 기한을 연장할 수 없었어요. 걱정하지 않는 게 오히려 이상한 상황이었죠.

전 공장이 있는 캘리포니아주 왓슨빌로 달려가서 상황이 바뀌었고 회사가 파산할 지경이라는 사실을 대표에게 열심히 설명했어요. 대표는 제 말을 믿으려 하지 않았습니다. 그는 모든 문제를 뉴욕 지사 탓으로 돌리더군요. 영업능력이 형편없다고 말이죠.

며칠 동안 간청한 끝에 저는 대표를 설득해 딸기 통조림 생산을 중단하고 새로 들어오는 공급량을 샌프란시스코의 생딸기 시장에 판매하자는 결정을 받아냈습니다. 그렇게 하면 우리 문제가 거의 해결되는 셈이었죠. 그때 걱정을 그만할 수 있었건만 전 그러지 못했어요. 걱정은 습관이고 걱정하는 게 내 습관이었으니까요.

뉴욕으로 돌아갔을 때 이탈리아에서 매입하는 체리, 하와이에서 매입하는 파인애플 등 온갖 것을 걱정하기 시작했습니다. 긴장되고 초조했어요. 잠을 못 잤죠. 그리고 이미 말했듯이 신경 쇠약에 걸릴 것 같았습니다.

저는 될 대로 되라는 심정으로 생활방식을 바꿨습니다. 불면증을 치료하고 걱정을 멈출 방법이었죠. 전 바삐 움직였어요. 내 능력을 모두 동원해야 하는 문제들로 바삐 움직이다 보니 걱정할 겨를이 없었습니다. 그전까지 하루에 7시간씩 일했는데 그 무렵에는 하루에 15~16시간씩 일하기 시작했죠.

매일 아침 8시에 출근해서 매일 밤 거의 자정까지 야근했습니다. 새로운 임무, 새로운 책임을 맡았어요. 한밤중에 집에 오면 너무 지친 나머지 잠자리에 눕자마자 순식간에 곯아떨어졌죠.

저는 거의 석 달이 되도록 이런 일정으로 계속 생활했죠. 그 무렵에 걱정하는 습관이 고쳐져서 7~8시간 일하는 정상적인 일과로 돌아갔습니다. 이게 18년 전에 일어난 일인데, 그 이후로는 불면증이나 걱정 때문에 고생한 적이 한 번도 없었어요."

조지 버나드 쇼가 옳았다. 그는 이 모든 내용을 다음과 같이 요약했다.

"비참해지는 비결은 자신이 행복한지 아닌지에 대해 굳이 신경 쓸 여유를 가지는 것이다."

그러니 굳이 생각하지 마라! 소매를 걷어붙이고 바쁘게 움직여라.

피가 돌기 시작할 것이다. 정신이 째깍거리기 시작할 것이다. 그러면 머지않아 몸속의 이 긍정적인 에너지가 마음에서 걱정을 몰아낼 것이다.

바쁘게 움직여라. 계속 바쁘게 움직여라. 그것은 지구상에서 가장 값싼 약이다. 그리고 가장 효과적인 약이다.

걱정하는 습관을 무너트리기 위한 규칙 1은 다음과 같다.
'계속 바쁘게 움직여라. 걱정하는 사람이 절망 속에서 시들어 죽지 않으려면 행동에 몰두해야 한다.'

2
딱정벌레에게 무너지지 마라

내가 평생 잊지 못할 극적인 이야기가 있다. 뉴저지주 메이플우드 하일랜드 애비뉴 14번지에 사는 로버트 무어 Robert Moore가 내게 전한 이야기다.

"전 1945년 3월, 인도차이나 해안 앞바다의 수심이 84m인 물속에서 제 인생의 가장 큰 교훈을 얻었습니다. 잠수함 바야 318호 Baya S.S. 318에 승선한 88명의 병사 가운데 제가 있었죠. 우리는 레이더를 통해 일본군의 구축함 호위선 한 척이 우리 쪽으로 다가오고 있다는 사실을 이미 발견한 상태였습니다.

동이 틀 무렵 우리는 물밑으로 내려가 공격 태세를 갖추었죠. 잠망경을 통해 일본 구축함 호위선과 유조선, 기뢰부설함이 보였습니다. 구축함 호위선을 향해 3발의 어뢰를 발사했지만 빗나가고 말았어요. 어뢰의 기계 장치에 뭔가 문제가 생긴 거죠. 구축함은 공격을 당한 줄도 모른 채 계속 전진하더군요.

우리가 마지막 함선인 기뢰부설함을 공격하려고 준비하고 있을 때 갑자기 그 배가 방향을 틀어 곧장 우리를 향했습니다. 일본 전투기가 수심 18m 위치에 있는 우리를 발견하고 자국의 기뢰부설함에다 그 위치를 무전으로 알린 거였어요. 우리는 발각되지 않으려고 45m까지 내려가서 수중 폭탄을 장착했습니다. 승강구에 추가로 잠금장치를 달고 소리가 밖으로 나가지 않도록 송풍기와 냉방 장치, 그리고 전기 장비를 모두 껐죠.

그런데 3분 후 아수라장으로 변했습니다. 수중 폭탄 6개가 주변에서 폭발했고, 우리 잠수함은 수심 84m의 해저까지 가라앉았죠. 모두 겁에 질렸습니다. 수심이 300m 미만일 때 공격받으면 위험하며, 150m 미만이라면 거의 치명적입니다. 그런데 우리는 150m의 절반을 살짝 넘는 수심에서 공격당하고 있었죠. 일본 기뢰부설함은 15시간 동안 계속해서 수중 폭탄을 투하했어요.

잠수함의 반경 5m 이내에서 수중 폭탄이 터지면 그 충격으로 잠수함에 구멍이 뚫립니다. 수십 개의 수중 폭탄이 반경 15m 안쪽에서 폭발했어요. 우리는 '안전을 유지하라'는 명령을 받았습니다. 침상에 가만히 앉아 평정을 유지하라는 명령이었죠. 전 너무 겁을 먹은 나머지 숨이 쉬어지지 않았어요. '이제 죽었구나', '이제 죽었구나'라는 말만 되풀이했죠.

송풍기와 냉방 장치가 꺼진 잠수함의 내부 공기는 37도가 넘었지만 전 두려움 때문에 너무 오한이 들어서 스웨터와 털로 안감을 댄 웃옷을 입고도 여전히 추위에 떨었습니다. 이가 딱딱 부딪치고 식은땀이 흘렀어요. 공격은 15시간 동안 계속되었습니다. 그러다 갑자기 멈추었죠. 일본군 기뢰부설함이 수중 폭탄을 모두 소진하고 도망친 모양이었어요. 그 15시간의 공격이 1,500만 년처럼 느껴졌습니다. 제 인생의 모든 일이 주마등처럼 스쳐 지나갔죠.

제가 저지른 온갖 잘못, 걱정했던 온갖 어리석은 일이 모두 떠오르더군요. 전 해군에 입대하기 전에 은행원이었습니다. 업무 시간은 길고, 월급은 적고, 승진 전망은 희박해서 걱정스러웠죠. 내 집을 장만하거나 새 자동차를 사거나 아내에게 좋은 옷을 사줄 수 없어서 걱정스러웠습니다. 항상 잔소리하고 꾸중하던 옛 상사가 얼마나 미웠는지! 밤이면 기분이 상한 채 투덜대며 퇴근해서 사소한 일로 아내와 다투던 게 떠올랐습니다. 자동차 사고로 이마에 남은 심한 흉터도 걱정스러웠어요.

몇 년 전만 해도 이 모든 걱정이 얼마나 심각해 보였는지! 그런데 수중 폭탄이 날 저세상으로 날려버릴 것처럼 위협할 때는 그런 게 얼마나 어리석어 보였는지. 전 그때 그 자리에서 해와 별을 다시 본다면 결단코 두 번 다시는 걱정하지 않겠다고 다짐했습니다. 결단코! 전 시러큐스대학교에서 4년 동안 책을 보고 공부하면서 배운 것보다 잠수함에서 보낸 그 끔찍한 15시간 동안 삶의 기술에 대해 더 많이 배웠어요."

우리는 흔히 인생의 대참사에 용감하게 맞선다. 그러다가 '목에 걸린 가시' 같은 사소한 일에 무너진다. 예컨대 영국의 저작가 겸 행정가인 사무엘 피프스Samuel Pepys는 《일기Dairy》에 런던에서 해리 베인 Harry Vane 경이 참수당하는 장면을 묘사했다. 해리 경이 처형대에 올라갈 때 그는 살려달라고 애원하지 않았다. 사형 집행인에게 자기 목에 난 고통스러운 종기를 건드리지 말라고 간청했다!

극지방의 혹독한 추위와 어둠 속에서 버드 제독이 발견한 또 다른 사실이 있다. 그것은 그의 부하들이 대단한 일보다 '목에 걸린 가시'에 더 법석을 떨었다는 사실이다. 그들은 위험과 고난, 영하 25도를 오르내리는 추위를 불평하지 않고 견뎌냈다.

버드 제독에 따르면, "그러나 한 침상을 쓰는 두 대원이 각자 할당된 공간에 상대가 자기 장비를 끼워 넣는다고 서로 의심하면서 말을 섞지 않는 일이 있었다. 식당에서 음식을 28번씩 씹고 나서야 삼키는 감식주의자가 안 보이는 자리를 못 찾으면 밥을 못 먹는 대원도 있었다"라고 한다.

버드 제독은 "극지의 주둔지에서는 그런 사소한 일들에, 자제력이 뛰어난 병사들조차도 광기의 언저리로 몰아붙이는 힘이 있다"고 말한다. 여러분은 버드 제독의 말에 이렇게 덧붙일지 모르겠다.

"결혼 생활에서 그 '사소한 일들'이 사람들을 광기의 언저리로 몰아붙이고, 이 세상의 골칫거리 가운데 절반을 일으킨다."

적어도 전문가들의 의견은 그렇다. 이를테면 시카고의 조셉 사바스Joseph Sabath 판사는 4만 건이 넘는 불행한 결혼의 중재자로 일한 후에 "불행한 결혼의 원인은 대부분 사소한 일"이라고 딱 잘라 말했다. 뉴욕 카운티의 지방 검사 프랭크 S. 호건Frank S. Hogan은 다음과 같이 말한다.

"우리의 형사 법정에서 일어나는 사건 가운데 절반은 사소한 일에서 유발됩니다. 술집에서의 허세, 가정 내 다툼, 모욕적인 발언, 비방하는 말, 무례한 행동 등 사소한 일들이 폭행과 살인으로 이어지죠. 잔혹하고 중대한 잘못을 저지르는 사람은 극소수에 불과해요. 세상의 골칫거리 가운데 절반은 자존감에 작은 상처를 입거나 모욕감을 느끼거나 허영심에 사소한 충격을 받을 때 일어납니다."

엘리너 루스벨트는 갓 결혼했을 때 새로 온 요리사의 솜씨가 형편없어서 "며칠 동안 걱정했다"고 한다. 루스벨트 부인은 "지금이라면 어깨 한 번 으쓱하고 잊어버렸을 것"이라고 말한다. 훌륭하다. 그것이 정서적인 면에서 어른다운 행동이다. 절대적인 전제 군주 예카테리나 대제Catherine the Great조차도 요리사가 요리를 망쳐놓았을 때 웃어넘기곤 했다.

나는 아내와 시카고에 있는 친구 집에서 저녁을 먹었다. 고기를 썰던 중에 친구가 무언가 실수를 저질렀다. 나는 알아채지 못한 실수였으나 설령 알아챘다고 해도 개의치 않았을 것이다. 하지만 그 모습을 본 그의 아내는 우리 앞에서 남편을 심하게 쏘아붙였다.

"존, 제대로 좀 해요! 제대로 대접하는 법을 좀 배우라고요!"
그러더니 우리에게 이렇게 말했다.
"저이는 언제나 실수를 저질러요. 제대로 하려는 노력도 안 한답니다."

어쩌면 내 친구가 고기를 제대로 썰기 위해 노력하지 않았을지 모른다. 하지만 나는 20년 동안 그런 아내와 함께 살기 위해 노력한 친구의 공로를 확실히 인정했다. 솔직히 그녀의 잔소리를 들으며 북경오리와 상어지느러미 요리를 먹느니 차라리 평화로운 분위기에서 머스터드소스를 친 핫도그 두어 개를 먹겠다.

그런 일을 겪고 얼마 지나지 않아 우리 부부는 저녁 식사를 하자고 몇몇 친구를 집으로 초대했다. 친구들이 도착하기 바로 전에 아내는 냅킨 3장이 식탁보와 어울리지 않는다는 사실을 발견했다. 아내는 나중에 내게 이렇게 말했다.

"급히 요리사에게 갔는데 나머지 3장의 냅킨을 이미 세탁실로 보냈다는 거예요. 손님들은 문 앞에 있었고 냅킨을 바꿀 시간은 없었죠. 눈물이 쏟아질 것 같았어요. '왜 이런 멍청한 실수 때문에 내 저녁 시간을 통째로 망쳐야만 하는 거야?'라는 생각만 들었거든요.

그러다 생각해 보니 그럴 필요가 없더라고요. 즐겁게 보내기로 마음먹고 식사하러 갔죠. 난 친구들이 날 신경질적이고 성질 나쁜 주부보다는 야무지지 못한 주부로 생각하는 편이 낫거든요. 그리고 어쨌든 내가 알기론 아무도 냅킨을 알아채지 못했어요."

법조계에 '데 미니미스 논 쿠라트 렉스De minimis non curat lex'라는 유명한 금언이 있다. '법은 사소한 일에 관여하지 않는다'는 뜻이다. 걱정하는 사람도 그래야 한다. 마음의 평화를 원한다면 말이다.

사소한 일로 골치가 아플 때 이를 극복하기 위해 우리가 해야 할 일은 역점을 변화시키는 것뿐이다. 즉, 마음속에 새롭고 유쾌한 관점을 설정하는 것이다. 《그들은 파리를 보아야 했다They Had to See Paris》를 비롯해 10여 권의 책을 쓴 내 친구 호머 크로이는 어떻게 하면 이를 실천할 수 있는지의 훌륭한 예를 보여준다.

그는 책을 쓰던 중에 자신이 거주하는 뉴욕 아파트의 라디에이터가 덜걱대는 소리 때문에 거의 환장할 지경이었다. 증기가 쿵쿵 소리를 내며 부글부글 끓어오르면 책상에 앉아 있는 그도 짜증으로 부글부글 끓어올랐다.

호머 크로이는 이렇게 말한다.

"그러던 중에 친구 몇 명과 야영 여행을 떠났다네. 활활 타오르는 불 속에서 나뭇가지들이 탁탁거리는 소리를 듣고 있자니 그게 라디에이터에서 나는 소리와 무척 비슷하다는 생각이 들더군.

'왜 내가 이 소리는 좋아하면서 그 소리는 싫어해야 하는 거지?'

난 집으로 돌아와서 생각했네.

'모닥불의 나뭇가지가 탁탁거리는 소리는 유쾌한 소리였어. 라디에이터 소리도 거의 똑같아. 이제 잠자리에 들어서 소음 따위는 걱정하지 말자.'

그리고 그렇게 했네. 며칠 동안은 라디에이터를 의식했지만 머지않아 완전히 잊어버렸지. 많고 많은 사소한 걱정도 마찬가지야. 우리는 걱정을 싫어하고 속을 태우지만 그건 전부 우리가 그것들의 중요성을 확대하기 때문이라네."

영국의 정치가 디즈레일리Disraeli는 이렇게 말했다.
"사소한 일로 허비하기에는 인생이 너무 짧다."
앙드레 모루아는《디스 위크This Week》라는 잡지에 다음과 같은 글을 남겼다.
"이 말이 내가 수많은 고통스러운 경험을 이겨내는 데 도움이 되었다. 흔히 우리는 무시하고 잊어야 할 사소한 일에 속상해한다. 우리는 고작 몇십 년 동안 살면서 여기 이 땅에 있다. 한 해만 지나면 우리와 모든 사람이 잊어버릴 불만들을 곱씹느라 무엇과도 바꿀 수 없는 수많은 시간을 잃어버린다. 그러지 말자. 가치 있는 행동과 감정, 위대한 생각, 진정한 애정, 길이 남을 과업에 우리의 삶을 바치자. 사소한 일로 허비하기에는 인생이 너무 짧으니까."

러디어드 키플링처럼 뛰어난 인물도 "사소한 일로 허비하기에는 인생이 너무 짧다"는 사실을 이따금 잊는다. 그래서 어떤 일이 일어났을까? 그와 그의 처남은 버몬트주 역사상 가장 유명한 법정 싸움을 벌였다.《러디어드 키플링의 버몬트 싸움Rudyard Kipling's Vermont Feud》이라는 책이 출간될 정도로 유명한 싸움이었다.

사건의 전모는 이랬다. 키플링은 버몬트 출신의 캐롤라인 발레스티어 Caroline Balestier와 결혼했다. 그리고 버몬트주 브래틀버로에 아름다운 집을 지었다. 그곳에 정착해 여생을 보낼 생각이었다. 처남인 비티 발레스티어 Beatty Balestier는 키플링의 가장 친한 친구가 되었다. 두 사람은 함께 일하고 즐거운 시간을 함께 보냈다.

그러던 중에 키플링이 발레스티어로부터 땅을 사들였는데, 발레스티어가 계절마다 건초를 베는 것을 허락한다는 단서가 붙어있었다. 어느 날 발레스티어는 이 풀밭에다 꽃밭을 가꾸고 있는 키플링을 발견했다. 그는 격분했다. 길길이 뛰었다. 키플링은 곧바로 반격했다. 버몬트의 그린산맥 Green Mountains 은 서슬이 파래졌다!

며칠 후 키플링이 자전거를 타고 나갔을 때, 그의 처남이 느닷없이 마차와 한 무리의 말을 몰고 길을 가로질러 오는 바람에 키플링이 쓰러지고 말았다. "주변의 모든 사람이 분별력을 잃고 당신을 탓할 때, 당신이 냉정을 유지할 수 있다면"이라는 글을 썼던 장본인이건만 키플링은 분별력을 잃고 발레스티어의 체포 영장을 받아냈다.

세상을 놀라게 한 재판이 이어졌다. 대도시의 기자들이 마을로 몰려들었다. 이 소식은 삽시간에 전 세계로 퍼졌다. 합의된 것은 아무것도 없었다. 이 싸움으로 키플링과 아내는 평생 그들의 미국 집을 찾지 않았다. 그 모든 걱정과 괴로움은 한낱 사소한 것에서 비롯되었다. 건초 한 더미 말이다!

페리클레스 Pericles는 2,400년 전에 이렇게 말했다.

"여러분, 우리는 사소한 일에 너무 오래 매달려 있습니다."

실로 그렇다!

다음은 미국의 목회자 해리 에머슨 포스딕 Harry Emerson Fosdick 박사가 들려준 흥미로운 이야기다. 숲의 한 거목이 승리하고 패배한 전투에 관한 이야기다.

콜로라도주의 롱스 피크 비탈에는 거대한 나무의 잔해가 있다. 자연학자들은 이 나무의 수령이 약 400년이라고 말한다. 콜럼버스가 산살바도르에 상륙했을 때 그것은 묘목이었고, 순례자들이 플리머스에 정착할 무렵에는 절반쯤 자란 상태였다. 그 긴 수명 동안 번개를 14번 맞았고, 4세기 동안 헤아릴 수 없이 많은 눈사태와 폭풍이 그 위를 지나갔다. 나무는 그 모든 것을 이겨냈다.

그런데 정작 나무를 공격해 쓰러트린 건 딱정벌레떼였다. 그 벌레떼는 나무껍질을 갉아 먹으면서 소소하지만 끊이지 않는 공격으로 나무가 가진 내면의 힘을 조금씩 파괴했다. 세월도, 번개도, 폭풍우도 잠재우지 못했던 거목은 결국 사람이 엄지손가락과 검지손가락으로 뭉갤 수 있을 만큼 작은 딱정벌레 앞에 무릎을 꿇었다.

우리는 모두 악전고투하던 숲의 거목과 비슷하지 않을까? 폭풍우와 눈사태, 번개를 견디고 용케 살아남아 걱정이라는 딱정벌레, 엄지와 검지로 뭉개버릴 수 있을 만큼 작은 딱정벌레에게 우리의 마음을 갉아 먹히는 것은 아닐까?

몇 년 전 나는 와이오밍주의 고속도로 감독관인 찰스 사이프레드

Charles Seifred와 그의 친구 몇 명을 동반하고 와이오밍주에 있는 티턴 국립공원Teton National Park을 여행했다. 우리는 함께 공원 내에 있는 존 D. 록펠러John D. Rockefeller 저택을 방문할 생각이었다.

그런데 내가 타고 있던 자동차가 길을 잘못 들어 길을 잃는 바람에 동행한 다른 자동차보다 1시간 늦게 저택 입구까지 도착했다. 사이프레드 씨가 그 사유지 대문의 열쇠를 가지고 있었고 그래서 우리가 도착할 때까지 그 뜨겁고 모기가 들끓는 숲속에서 1시간 동안 기다려야 했다.

모기는 성자를 미치게 만들기에도 모자람이 없었다. 하지만 찰스 사이프레드는 무찌를 수 없었다. 그는 우리를 기다리는 동안 아스펜 나무에서 가지 하나를 잘라 풀피리를 불었다.

우리가 도착했을 때 그가 모기에게 악담을 퍼붓고 있었을까? 아니다. 그는 풀피리를 불고 있었다. 나는 사소한 것에 전혀 흔들리지 않는 한 사나이를 기억하기 위한 기념품으로 지금껏 그 풀피리를 간직하고 있다.

걱정하는 습관에 무너지기 전에 그 습관을 무너트릴 수 있는 규칙 2는 이것이다.

'무시하고 잊어야 할 사소한 일에 속상해하지 말자. 사소한 일로 허비하기에는 인생이 너무 짧다.'

3

걱정을 없애는 법칙

어린 시절 나는 미주리주의 한 농장에서 자랐다. 어느 날 나는 어머니를 도와 체리를 따다가 울기 시작했다. 어머니가 "데일, 도대체 왜 우는 거니?"라고 물었다. 나는 울먹이면서 이렇게 말했다.

"산 채로 묻힐까 봐 무서워요!"

그 시절 내 마음은 걱정으로 가득했다. 천둥번개가 치면 번개에 맞아 죽을까 봐 걱정했다. 경기가 좋지 않으면 먹을 게 부족할까 봐 걱정했다. 죽으면 지옥에 갈까 봐 걱정했다. 샘 화이트Sam White라는 형이 으름장을 놓는 대로 내 큼지막한 귀를 잘라버릴까 봐 걱정했다. 내가 옛날식으로 점잖게 인사하면 여자아이들이 비웃을까 봐 걱정했다. 나랑 결혼할 여자가 없을까 봐 걱정했다. 결혼한 직후에 아내에게 무슨 말을 할지 몰라서 걱정했다.

나는 어느 농촌 교회에서 결혼하고, 상단에 술 장식이 달린 마차를 타고 농장으로 돌아가는 모습을 상상했다. 그런데 그렇게 농장으로 돌아가는 길에 어떻게 대화를 이어갈 수 있을까? 어떻게? 어떻게? 나는 쟁기질을 하면서 몇 시간이고 천지가 개벽할 그 문제를 곰곰이 생각했다.

세월이 흐르면서 나는 내가 걱정했던 일 가운데 99%는 절대 일어나지 않았다는 사실을 점차 깨달았다.

이를테면 이미 말했듯이 나는 한때 번개를 무서워했다. 그러나 전국안전협회 National Safety Council에 따르면 어느 해에 내가 번개에 맞아 사망할 확률은 35만분의 1에 불과하다는 사실을 이제 안다.

생매장당하는 것에 대한 내 두려움은 더더욱 터무니없었다. 지금은 1,000만 명 가운데 1명이 생매장당한다고 상상조차 하지 않지만, 한때는 그럴까 봐 무서워서 울었다.

3명 가운데 1명은 암으로 사망한다. 내가 무언가 걱정하고 싶었다면 번개에 맞아 죽거나 생매장당하는 것이 아니라 암에 대해 걱정했어야 마땅하다.

물론 나는 지금껏 청소년기와 청년기의 걱정에 관해 이야기했다. 하지만 우리 어른들의 여러 걱정 또한 이에 못지않게 터무니없다. 여러분과 내가 잠시만 초조함을 멈추고 평균의 법칙에 따라 우리의 걱정이 정말 타당한지 살펴본다면 십중팔구 지금 당장 우리의 걱정 가운데 90%는 없앨 수 있을 것이다.

세계에서 가장 유명한 보험사인 런던 로이즈 Lloyd's of London는 좀처럼 일어나지 않는 일에 대해 걱정하는 모든 이의 경향을 이용해 거액을 벌었다. 런던 로이즈는 사람들이 걱정하는 재해가 절대 일어나지 않을 것이라는 데 내기를 건다. 하지만 그들은 이를 '내기'라고 표현하지 않는다. 그들은 그것을 '보험'이라고 표현한다. 하지만 실제로는 평균의 법칙에 근거한 내기다.

이 대형 보험회사는 200년 동안 건재했고, 인간의 본성이 변하지 않는 한 5,000년 후에도 건재할 것이다. 평균의 법칙에 따라 사람들이 상상하는 것만큼 자주 일어나지 않는 재난에 대비해 온갖 대상을 보험에 들어놓는 방법으로 말이다.

평균의 법칙을 검토한다면 새롭게 발견하게 되는 사실에 놀랄 일이 많을 것이다. 예컨대 내가 앞으로 5년 동안 게티즈버그 전투Battle of Gettysburg처럼 피비린내 나는 전투에서 싸워야 한다는 사실을 알게 된다면 두려울 것이다. 가입할 수 있는 모든 생명보험에 가입할 것이다. 유언장을 작성하고 이승의 모든 일을 정리할 것이다. 그리고 아마 이렇게 말할 것이다.

"나는 십중팔구 그 전투에서 살아남지 못할 테니 내게 남은 몇 년을 최대한 잘 보내야 한다."

하지만 사실 평균의 법칙에 따르면 평화로운 시기에 50~55세까지 살려고 노력하는 것이 게티즈버그 전투에 참전한 만큼이나 위험하고 치명적이다. 내 요지는 평시에 50~55세의 1,000명당 사망자 수가 게티즈버그 전투에 참전한 16만 3,000명의 병사 가운데 1,000명당 사망자 수와 맞먹는다는 사실이다.

나는 캐나다 로키산맥의 보우 호수 기슭에 있는 제임스 심슨James Simpson의 넘티자 로지에서 이 책의 여러 장을 썼다. 어느 여름날, 나는 그곳에 들렀다가 샌프란시스코 퍼시픽 애비뷰 2298번지에 사는 허버트 H. 샐린저Herbert H. Salinger 부부를 만났다. 차분하고 다소곳한 샐린저 부인은 여태 걱정을 모르고 산 듯한 인상을 주었다.

어느 날 저녁, 나는 활활 타오르는 벽난로 앞에서 부인에게 걱정 때문에 괴로웠던 적이 있냐고 물었다. 그녀는 이렇게 대답했다.

"걱정 때문에 괴로웠냐고요? 제 인생은 걱정 때문에 망할 뻔했어요. 걱정을 극복하는 법을 배우기 전까지 11년 동안 스스로 만든 지옥에서 살았답니다. 전 성미가 급하고 신경질적이었어요. 엄청나게 긴장하면서 살았죠.

전 매주 샌머테이오에 있는 집에서 버스를 타고 샌프란시스코로 쇼핑하러 가곤 했어요. 하지만 쇼핑하는 동안에도 걱정하느라 안절부절 어쩔 줄을 몰랐습니다.

'전기다리미를 꽂아 놓았을지 몰라. 집에 불이 났을지 몰라. 가정부가 아이들을 내팽개치고 도망쳤을지 몰라. 아이들이 자전거를 타고 나가다가 차에 치여 죽었을지 몰라.'

한창 쇼핑하는 중에 식은땀이 날 만큼 걱정스러운 나머지 급히 뛰어나와 버스를 타고 집에 가서 아무 일이 없는지 확인하곤 했죠. 제 첫 번째 결혼이 불행하게 끝난 게 놀랍지도 않아요.

조용하고 분석적인 변호사인 두 번째 남편은 어떤 일도 걱정하지 않아요. 제가 긴장하고 불안해하면 남편은 이렇게 말하곤 했죠.

'진정해요. 신중하게 생각해 봅시다. 정말 걱정스러운 게 뭘까? 평균의 법칙을 검토해서 그 일이 일어날 가능성이 있는지 없는지 알아봅시다.'

한번은 뉴멕시코주 앨버커키에서 칼즈배드 동굴 Carlsbad Caverns 로 가는 길에 비포장도로를 운전하다가 지독한 폭풍우를 만난 적이 있어요. 차가 자꾸 미끄러졌어요. 차를 제어할 수가 없었죠.

전 우리가 도로 옆에 있는 도랑에 미끄러져 처박힐 거라고 확신했지만, 남편은 내게 계속 이렇게 말하더군요.

'내가 아주 천천히 운전하고 있으니 심각한 일은 일어나지 않을 거요. 설령 차가 도랑으로 미끄러져 처박히더라도 평균의 법칙에 따라 우리는 다치지 않을 거요.'

침착하고 믿음직스러운 남편의 모습을 보니 안심이 되더군요.

어느 해 여름, 우리는 캐나다 로키산맥의 투겡 계곡 Touquin Valley 으로 캠핑 여행을 떠났어요. 어느 날 밤, 해발 2,100m에서 야영하고 있을 때 텐트를 갈기갈기 찢어버릴 듯이 폭풍우가 몰아쳤어요. 텐트는 나무 받침대에 버팀줄로 묶여 있었죠. 아우터 텐트가 바람 속에서 흔들리고 펄럭이면서 날카롭고 새된 소리를 냈어요. 시시각각 텐트가 찢어져 하늘로 날아갈 것 같았죠.

전 겁이 잔뜩 났어요! 하지만 남편은 계속 이렇게 말했죠.

'여보, 우리는 브루스터Brewster의 가이드와 함께 여행하고 있잖소. 그들은 전문가라오. 이 산맥에서 텐트를 친 햇수만 60년이고. 이 텐트는 몇 시즌 동안 이 자리를 지켰소. 지금껏 날아가지 않았으니 평균의 법칙에 따라 오늘 밤에도 날아가지 않을 거요. 설령 날아가더라도 다른 텐트에서 피신할 수 있고. 그러니 긴장을 풀어요.'

저는 긴장을 풀었죠. 그리고 밤새 마음 편히 잤어요.

몇 년 전, 소아마비가 우리가 사는 캘리포니아 지역을 휩쓸었어요. 예전 같았으면 전 히스테리 상태가 되었을 거예요. 하지만 남편이 침착하게 행동하라고 설득했죠. 우리는 할 수 있는 모든 예방 조치를 취했어요. 사람들이 모이는 곳, 학교와 영화관에 가지 않았어요.

보건소에 문의했더니 지금껏 캘리포니아에서 사상 최악의 소아마비가 발생했을 때 캘리포니아주 전역에서 감염된 아이는 고작 1,835명이더군요. 평균적으로는 200~300명이 걸린다고 했어요. 가슴 아픈 수치이기는 하지만 그럼에도 평균의 법칙에 따라 어떤 아이가 소아마비에 걸릴 가능성은 희박하다고 생각했죠.

'평균의 법칙에 따르면, 그런 일은 일어나지 않을 것이다.'

이 문구 덕분에 제 걱정의 90%가 사라졌고, 지난 20년간 제 삶이 기대 이상으로 아름답고 평화로워졌어요."

미국 역사상 가장 위대한 인디언 전사인 조지 크룩George Crook 장군은 그의 자서전에서 "인디언들의 거의 모든 걱정과 불행은 현실이 아니라 상상력에서 비롯된 것"이라고 말했다.

지난 수십 년을 돌아보니 내 걱정의 원천 또한 이와 다르지 않았다. 짐 그랜트Jim Grant 역시 내게 자신도 마찬가지라고 말했다. 그는 뉴욕시 프랭클린 스트리트 204번지에 있는 제임스 A. 그랜트 유통 회사James A. Grant Distributing Company의 기업주다.

그는 자동차 10~15대 분량의 플로리다 오렌지와 자몽을 한 번에 주문한다. 내게 한 말에 따르면 그는 이런저런 생각으로 자신을 괴롭히곤 했다.

'열차 사고가 나면 어떡하지? 내 과일이 시골길에서 쏟아지면 어떡하지? 내 차가 지나가는데 다리가 무너지면 어떡하지?'

물론 과일은 보험에 가입되어 있었지만, 그는 과일을 제때 배달하지 못하면 시장을 잃을지도 모른다고 두려워했다. 걱정이 너무 심해서 위궤양이 생길까 봐 두려운 마음에 병원을 찾았다. 의사는 신경이 예민한 것 외에는 아무 이상이 없다고 말했다. 짐 그랜트는 이렇게 말했다.

"그때 전 빛을 보았고 이렇게 생각하기 시작했어요. '짐 그랜트, 지금까지 과일 운반 차량을 몇 대나 다뤄봤지?' 답변은 '2만 5,000대 정도'였어요. 그런 다음 또 물었죠. '그 가운데 고장난 차는 몇 대였을까?', '음, 아마 5대 정도', '2만 5,000대 중에서 고작 5대라고? 그게 무슨 뜻인지 아나? 5,000 대 1이라는 뜻이지! 그렇다면 평균의 법

칙에 따라 경험상 운반용 자동차가 고장날 확률은 5,000 대 1이군. 그렇다면 뭐가 걱정스러운 거지?'

그때 '글쎄, 다리가 무너질 수도 있잖아'라는 생각이 들더군요. 그래서 또 이렇게 물었죠. '실제로 다리가 무너져서 잃은 자동차가 몇 대지?', '한 대도 없어.' 그런 다음에는 '여태껏 한 번도 무너지지 않은 다리와 일어날 확률이 5,000 대 1인 기차 사고를 걱정하다가 위궤양에 걸린다면 바보가 아닌가!'라고 말했죠."

짐 그랜트는 이렇게 덧붙였다.

"그런 식으로 상황을 보니까 제가 꽤 멍청하다는 느낌이 들더군요. 전 그 순간 그 자리에서 평균의 법칙에 걱정을 맡기기로 결심했습니다. 그리고 그 이후로는 '위궤양'으로 고생한 적이 없습니다!"

뉴욕 주지사로 재직할 무렵 앨 스미스 Al Smith는 정적들의 공격에 다음과 같은 말을 반복하면서 답변을 시작했다.

"기록을 살펴봅시다. 기록을 살펴봅시다."

그런 다음에는 사실을 제시했다. 따라서 다음번에 어떤 일이 일어날까 봐 걱정스럽다면 현명한 앨 스미스의 조언을 실천하자. 기록을 검토하고 우리를 좀먹는 불안에 어떤 근거가 있는지 살펴보자.

프레더릭 J. 말스테트 Frederick J. Mahlstedt는 자기가 무덤에 누워 있을까 봐 두려웠을 때 바로 이 조언을 실천했다. 뉴욕에서 열린 성인 교육 강좌에서 다음과 같이 자신의 사연을 전했다.

"1944년 6월 초, 전 오마하 해변 Omaha Beach 근처의 좁은 참호에 누워 있었습니다. 전 제99 신호병 중대에 소속되어 있었고, 우리 중대는 노르망디에 막 '파고들었던' 참이었죠. 땅바닥에 직사각형 구멍이 뚫린 참호를 둘러보다가 '무덤처럼 생겼네'라고 생각했어요. 그 안에 누워서 잠을 청할 때 그게 실제로 무덤처럼 느껴졌어요. '여기가 내 무덤일지 몰라'라는 생각이 들 수밖에 없었죠.

밤 11시에 독일 폭격기가 날아들고 폭탄이 떨어지기 시작하자 너무 무서워서 꼼짝할 수가 없었어요. 처음 2, 3일 동안은 잠을 전혀 못 잤습니다. 4, 5일이 지나서는 거의 신경 쇠약에 걸릴 판이었어요. 뭔가 손을 쓰지 않으면 돌아 버릴 것 같았죠. 그래서 '닷새째 밤이 지났지만 난 아직 살아있고, 우리 중대원들도 모두 살아있다'는 사실을 되새겼어요. 부상자는 단 2명이었는데 그것도 독일군의 폭탄이 아니라 우리 대공포에서 떨어진 파편에 다친 것이었죠.

전 건설적인 일을 하면서 걱정을 멈추기로 마음먹었습니다. 그래서 대공포화로부터 제 몸을 보호하기 위해 그 좁은 참호 위에다 두꺼운 나무 지붕을 만들었어요. 그리고 제 부대가 배치된 드넓은 지역을 떠올렸습니다. 그 깊고 좁은 참호에서 제가 죽을 수 있는 유일한 방법은 직격탄을 맞는 것뿐이고, 제가 직격탄을 맞을 확률은 1만 분의 1도 안 된다는 사실을 깨달았죠. 이런 식으로 상황을 바라보며 2, 3일 밤을 보내고 나서는 폭격이 쏟아지는 동안에도 마음을 가라앉히고 잠을 잘 수 있었습니다!"

미 해군은 평균의 법칙이라는 통계를 이용해 장병들의 사기를 북돋웠다. 한 전직 수병은 자신과 동료들이 고옥탄 유조선에 배치되었을 때 너무 걱정스러워서 꼼짝할 수가 없었다. 고유황 휘발유를 실은 유조선이 어뢰에 맞으면 폭발해서 전원을 저세상으로 보내버린다고 믿었기 때문이다.

그러나 미 해군은 그렇지 않다는 사실을 알고 있었다. 그들은 정확한 수치를 발표해 어뢰에 맞은 유조선 100척 중 60척은 침몰하지 않았고, 침몰한 40척 중에서도 10분 내에 가라앉은 유조선은 5척뿐임을 알렸다. 이는 배에서 탈출할 시간이 충분했을 뿐만 아니라 사상자가 극히 적었다는 뜻이다. 이 사실이 사기에 도움이 되었을까?

이 사연을 전했던 미네소타주 세인트 폴의 월넛 스트리트 1969번지에 사는 클라이드 W. 마스Clyde W. Maas는 이렇게 말했다.

"평균의 법칙을 알고 나자 불안감이 말끔히 없어졌습니다. 중대원들 모두 기분이 좋아졌죠. 우리에게 기회가 있다는 걸, 평균의 법칙에 따르면 우리가 십중팔구 죽지 않을 거라는 걸 알았으니까요."

걱정하는 습관 때문에 무너지기 전에 그 습관을 무너트릴 수 있는 규칙 3은 다음과 같다.

'기록을 살펴보자.'

그리고 이렇게 자문하자.

'평균의 법칙에 따르면 지금 내가 걱정하는 이 사건이 실제로 일어날 확률이 얼마나 될까?'

◆ 4 ◆

피할 수 없다면 받아들여라

어린 시절 어느 날, 나는 미주리주 북서부에 있는 낡은 버려진 통나무집의 다락방에서 친구들과 놀고 있었다. 다락방에서 내려올 때 잠시 창틀에 발을 얹었다가 뛰어내렸다. 그때 나는 왼손 검지에 반지를 끼고 있었는데 뛰어내리는 순간 반지가 못에 걸리는 바람에 손가락이 떨어져 나갔다.

나는 비명을 질렀다. 너무 겁이 났다. 죽을 거라고 확신했다. 하지만 손이 아물고 난 다음에는 한순간도 그런 걱정을 하지 않았다. 그랬던들 무슨 소용이 있었겠는가? 나는 피할 수 없는 것을 받아들였다.

이제는 내 왼손의 손가락이 4개뿐이라는 사실을 떠올리는 건 한 달에 한 번도 안 된다.

몇 년 전 뉴욕 도심에 있는 사무실 건물에서 화물용 엘리베이터를 운행하는 한 사내를 만났다. 손목부터 잘려 나간 그의 왼손이 눈에 띄었다. 나는 그에게 손을 잃은 것이 신경 쓰이냐고 물었다. 그는 이렇게 답했다.

"아뇨, 그런 생각은 거의 안 합니다. 제가 미혼이라서 직접 바늘에 실을 꿸 때만 그런 생각이 나죠."

피할 수 없는 경우라면 우리가 얼마나 빨리 거의 모든 상황을 받아들이고, 그 상황에 적응하고, 잊어버릴 수 있는지 놀라울 따름이다.

나는 네덜란드 암스테르담의 15세기 대성당 유적지에 새겨진 비문을 자주 떠올리곤 한다. 이 비문은 플랑드르 말로 '이미 그러하니, 달라질 수 없다'고 새겨져 있다.

우리는 수십 년의 세월을 살아가다 보면 불쾌한 상황을 수없이 만날 것이다. 그러지 않을 수가 없다. 하지만 우리에게는 선택권이 있다. 그것을 피할 수 없다고 받아들이고 이에 적응하거나, 아니면 반항하면서 삶을 망치고 어쩌면 신경 쇠약으로 끝날 수 있다.

내가 가장 좋아하는 철학자로 손꼽는 윌리엄 제임스의 현명한 조언을 소개하겠다. 그는 이렇게 말했다.

"있는 그대로 기꺼이 받아들여라. 일어난 일을 받아들이는 것이 모든 불행의 결과를 극복하는 첫 번째 단계다."

오리건주 포틀랜드의 NE 49번가 2840번지에 사는 엘리자베스 콘리Elizabeth Connley는 가슴 아픈 경험을 통해 이 사실을 깨달았다. 다음은 그녀가 최근에 내게 보낸 편지다.

"미국이 북아프리카에서 아군의 승리를 축하하던 바로 그날, 전 육군성으로부터 전보를 받았어요. 제가 가장 사랑한 조카가 실종되었다는 내용이었죠. 그리고 얼마 후 조카가 사망했다는 또 다른 전보가 도착했어요.

전 슬픔을 가눌 수가 없었어요. 그때까지만 해도 삶이 내게 꽤 우호적이라고 느꼈어요. 저는 제 직업을 무척 좋아했고, 이 조카를 키우는 데 보탬을 주었죠. 조카는 제게 청춘이 가진 훌륭하고 선한 모든 것의 상징이었어요. 전 제가 아낌없이 베푼 모든 게 더 큰 보상으로 돌아오고 있다고 느꼈어요. 그런데 이 전보가 온 거예요.

저는 온 세상이 무너진 것 같았어요. 더 이상 살 이유가 없다고 느꼈죠. 전 제 일을 소홀히 했고, 친구들도 소홀히 했어요. 모든 걸 포기했어요. 몹시 억울하고 분했죠.

'내 사랑하는 조카를 왜 데려가야 했을까? 앞길이 창창한 이 착한 아이가 왜 죽어야만 했을까?'

도무지 받아들일 수가 없었어요. 슬픔을 이기지 못한 채 일을 그만두고 눈물과 괴로움 속에 숨어버리기로 마음먹었어요.

전 퇴사를 준비하며 책상을 정리하던 중에 잊고 있던 편지 한 통을 발견했어요. 몇 년 전 제 어머니가 돌아가셨을 때 조카가 제게 보낸 편지였어요.

편지에는 '물론 우리는 할머니를 그리워할 것이고, 특히 이모가 그리워하겠죠'라고 적혀 있었죠.

'하지만, 하지만 전 이모가 멈추지 않을 거라는 걸 알아요. 이모의 철학이 그리할 수 있는 길잡이가 되겠지요. 전 이모가 가르쳐주신 아름다운 진리를 절대로 잊지 않을 거예요. 제가 어디에 있든, 우리가 얼마나 멀리 떨어져 있든, 전 남자답게 웃고, 무엇이든 받아들이라는 이모의 가르침을 기억할 겁니다.'

전 그 편지를 읽고 또 읽었어요. 마치 조카가 제 곁에서 이렇게 말을 건네는 것 같더군요.

'이모가 제게 가르친 대로 해보면 어때요? 무슨 일이 일어나도 멈추지 마세요. 이모의 남모를 슬픔은 미소 속에 숨기고 계속 나아가세요.'

그래서 전 일을 그만두지 않았어요. 억울해하며 반항하지 않기로 했어요. 전 이렇게 혼잣말을 되풀이했죠.

'이미 끝났다. 내가 그걸 바꿀 수 없다. 하지만 조카가 내게 원하는 대로 계속 나아갈 수 있고, 또 그렇게 할 것이다.'

전 온 마음과 힘을 일에 쏟았어요. 그리고 장병들에게, 그러니까 다른 사람들의 아들들에게 편지를 썼어요.

전 밤에는 성인 교육 강좌에 참여하며 새로운 관심사를 찾고 새로운 친구들을 사귀었죠. 제게 찾아온 변화가 믿기지 않았죠. 이제 영원히 사라진 과거에 더 이상 슬퍼하지 않아요. 지금 저는 조카가 원했던 대로 하루하루를 기쁘게 살고 있죠. 삶과 화해했어요. 제 운명을 받아들였어요. 지금 저는 더할 나위 없이 풍요롭고 온전한 삶을 살고 있어요."

오리건주 포틀랜드에 사는 엘리자베스 콘리는 우리가 모두 조만간 배워야 할 것을 먼저 배웠다. 피할 수 없는 현실을 받아들이고 그와 더불어 살아야 한다.

'이미 그러하니, 달라질 수 없다.'

이는 쉽게 얻을 수 있는 교훈이 아니다. 왕좌에 앉은 왕이라 해도 이 교훈을 계속 되새겨야 할 것이다. 고故 조지 5세는 버킹엄 궁전에 있는 그의 서재 벽에 이런 글귀를 액자에 넣어 걸어두었다.

'달을 따달라고 울거나 이미 엎질러진 물 때문에 우는 일이 없도록 가르치소서.'

쇼펜하우어는 똑같은 생각을 이런 식으로 표현했다.

"삶의 여정에 대비하는 과정에 가장 중요한 것은 두둑하게 비축한 체념이다."

분명 오로지 상황 때문에 우리가 행복하거나 불행해지지 않는다. 우리의 감정을 결정하는 것은 상황에 반응하는 방식이다. 예수 가라사대 "하나님의 나라는 너희 안에 있느니라"(누가복음 17장 21절 – 옮긴이). 지옥의 왕국 또한 바로 그곳에 있다.

우리는 누구나 재앙과 비극을 견디고 이겨낼 수 있다. 그럴 수 없다고 생각할지 모르지만, 스스로 활용하기만 한다면 우리를 끝까지 지킬, 놀랍도록 강력한 내적 자원이 우리에게 있다. 우리는 생각보다 강하다.

작고한 소설가 부스 타킹턴Booth Tarkington은 언제나 이렇게 말했다. "나는 삶이 내게 강요할 만한 모든 것을 받아들일 수 있다. 실명, 이 한 가지만 빼고. 실명은 견디지 못할 것 같다."

그러던 어느 날 60대에 접어든 타킹턴은 바닥에 깔린 카펫을 내려다보았다. 색들이 흐릿했다. 무늬를 알아볼 수 없었다. 그는 전문의를 찾아갔다. 그리고 자신이 시력을 잃고 있다는 비극적인 사실을 알게 되었다. 한쪽 눈은 거의 실명한 상태이고, 다른 한쪽 눈도 그 뒤를 따를 터였다. 그가 가장 두려워하던 일이 닥친 것이다.

타킹턴은 이 '최악의 참사'에 어떻게 반응했을까? 이런 생각이 들었을까? '올 것이 왔네! 이걸로 내 인생은 이제 끝이야!'라고 생각했을까? 그렇지 않다. 놀랍게도 그는 꽤 유쾌했다. 심지어 유머 감각까지 발휘했다.

그는 떠다니는 '얼룩들'이 성가셨다. 그것들이 눈 속에서 헤엄쳐 다니며 시야를 가렸다. 하지만 그는 가장 큰 얼룩이 시야를 가릴 때면 이렇게 말하곤 했다.

"안녕하십니까! 영감님이 또 오셨군요! 이 화창한 아침에 어디를 가시는 겁니까!"

운명이 어떻게 그런 영혼을 정복할 수 있을까? 정복할 수 없다. 완전히 눈이 멀 무렵에 타킹턴은 이렇게 말했다.

"나는 누군가가 다른 어떤 일을 받아들일 수 있듯이, 내가 실명을 받아들일 수 있다는 사실을 깨달았습니다. 전 오감을 전부 잃더라도 내 마음속에서 계속 살아갈 수 있다는 걸 압니다. 우리가 그걸 알든 모르든 상관없이 우리는 마음속에서 보고 마음속에서 사니까요."

시력을 회복할 수 있기를 바라며 타킹턴은 1년 동안 12번 이상 수술을 받았다. 그것도 부분 마취 상태로 받았다! 그가 그럴 수 없다고 불평했을까? 그는 그럴 수밖에 없다는 사실을 알았다. 피할 수 없다는 것을 알았다. 고통을 줄일 방법은 선선히 받아들이는 것뿐이었다.

그는 병원 특실을 마다하고 일반 병실에 입원해 다른 환자들과 함께 지냈다. 그들에게 힘을 북돋워 주려고 노력했다. 그리고 반복되는 수술을 받아야 했을 때(그것도 말짱한 정신으로) 자신이 얼마나 행운아인지 잊지 않으려고 노력했다. 그는 이렇게 말했다.

"정말 경이로워요! 과학 기술이 발달해서 인간의 눈처럼 섬세한 기관까지 수술할 수 있다니 얼마나 경이로운가요!"

12번 이상의 수술과 실명을 견뎌야 하는 상황에 보통 사람이었다면 신경이 극도로 곤두섰을 것이다. 그러나 타킹턴은 "이 경험을 더 행복한 경험과 바꾸지 않을 것"이라고 말했다.

그는 그 경험을 통해 수용을 배웠다. 삶이 그에게 건넬 수 있는 것 가운데 자기 힘으로 견딜 수 없는 것은 존재하지 않음을 배웠다. 존 밀턴John Milton이 깨달았듯이 '실명하는 것이 비참한 것이 아니라 실명을 견디지 못하는 것이 비참할 뿐'이라는 사실을 배웠다.

뉴잉글랜드의 유명한 페미니스트인 마거릿 풀러Margaret Fuller는 한때 "나는 우주를 받아들인다!"라는 말이 자신의 신조라고 밝혔다.

불평 많은 토머스 칼라일 옹은 영국에서 이 소식을 듣고 코웃음을 쳤다.

"맹세코, 그러셔야죠!"

그렇다. 여러분과 나도 맹세코, 피할 수 없는 현실을 받아들여야 한다.

우리가 불평하고, 반항하고, 억울해한다 해도 피할 수 없는 현실이 바뀔 리 없다. 하지만 우리 자신은 바뀔 것이다. 쉬운 일은 아니다. 나도 해봐서 안다.

한때는 나도 피할 수 없는 상황에 직면했을 때 받아들이려 하지 않았다. 바보짓을 하고, 불평하고 반항했다. 밤마다 지옥 같은 불면증에 시달렸다. 내가 원치 않는 모든 일을 스스로 불러들였다. 1년 동안 나를 괴롭힌 끝에 애초부터 내가 그 상황을 바꿀 수 없었다는 사실을 받아들여야 했다.

진작에 노시인 월트 휘트먼과 함께 이렇게 부르짖어야 했건만.

오, 밤, 폭풍, 굶주림,
비웃음, 재난, 좌절과 마주하기를
나무와 동물이 그러듯이.

나는 12년 동안 소를 가까이서 지켜보았지만, 가뭄이나 진눈깨비와 추위 때문에 목초가 메말랐다거나 사랑하는 수소가 다른 어린 암소에게 한눈을 판다고 뿔을 내는 뉴저지의 암소를 본 적이 없다. 동물들은 밤, 폭풍, 굶주림을 차분하게 마주한다. 그래서 신경 쇠약이나 위궤양에 걸리지 않는다. 발광하지도 않는다.

  내가 지금 우리에게 닥치는 온갖 역경에 그저 굴복하라고 주장하는 걸까? 어림없는 소리다! 그런 것은 그저 운명론일 뿐이다. 곤경에서 벗어날 기회가 있는 한 싸우자! 하지만 상식적으로 판단할 때 '이미 그러하니, 달라질 수 없는' 무언가에 직면했다면 우리의 분별력을 내세워 요모조모 살피며 달라지기를 갈망하지 말자.

  컬럼비아대학교의 고故 호크스 학장은 자신이 좌우명의 하나로 삼은 〈마더 구스의 노래Mother Goose〉의 한 소절을 전했다.

    하늘 아래 모든 병에는
    치료법이 있기도 하고 없기도 하지.
    있다면 찾아보고
    없다면 신경 쓰지 마.

  이 책을 쓰는 동안 나는 미국을 대표하는 수많은 사업가와 면담했다. 그리고 그들이 피할 수 없는 것을 받아들이며 남달리 걱정 없는 삶을 살았다는 사실에 깊은 인상을 받았다. 만일 그렇게 하지 않았다면 그들은 중압감에 무너졌을 것이다. 몇 가지 사례를 들어서 내 말이 무슨 뜻인지 살펴보자.

전국적인 페니 매장 Penney stores 체인의 창립자인 J.C. 페니는 이렇게 말했다.

"저는 전 재산을 잃어도 걱정하지 않습니다. 걱정해서 얻을 수 있는 게 없다는 걸 아니까요. 전 할 수 있는 최선을 다하고 결과는 신의 뜻에 맡깁니다."

포드 자동차 회사의 창립자 헨리 포드도 매우 비슷한 말을 전했다.

"제가 처리할 수 없는 일이 생기면 전 그 일이 알아서 굴러가도록 내버려둡니다."

크라이슬러 코퍼레이션 Chrysler Corporation 대표 K.T. 켈러 K.T. Keller 에게 걱정하지 않는 방법을 물었을 때 그는 이렇게 답변했다.

"힘든 상황에 직면했을 때 할 수 있는 일이 있다면 그 일을 합니다. 그게 할 수 없는 일이라면 그냥 잊어버립니다. 전 미래에 대해 걱정하지 않습니다. 미래에 무슨 일이 일어날지 아무도 알 수 없으니까요. 그 미래에 영향을 미칠 힘은 무척 많습니다! 어떤 사람도 무엇이 그 힘들을 일으키는지 알 수 없어요. 아니면 그것들을 이해할 수 없던지요. 그러니 뭐 하러 그걸 걱정하겠어요?"

K.T. 켈러를 철학자라고 부른다면 아마 그는 당황할 것이다. 그는 그저 훌륭한 사업가일 뿐이지만 우연히 1,900년 전 로마에서 철학자 에픽테토스 Epictetus 가 가르쳤던 철학을 깨달았다. 에픽테토스는 로마인들에게 "행복에 이르는 길은 단 하나이며 그것은 우리의 의지로 어쩔 수 없는 것들을 더 이상 걱정하지 않는 것"이라고 가르쳤다.

'신성한 사라divine Sarah'로 일컬어지는 사라 베른하르트Sarah Bernhardt는 피할 수 없는 상황과 더불어 사는 법을 깨우친 대표적인 여성이다. 반세기 동안 그녀는 4대륙 연극계의 여왕이자 지구상에서 가장 사랑받는 여배우로 군림했다.

그러다 71세에 전 재산을 잃고 빈털터리가 되었을 무렵 주치의인 파리의 포치Pozzi 교수는 그녀에게 다리를 절단해야 할지도 모른다고 통보했다. 대서양을 횡단하던 선상에서 폭풍우를 만났는데 그녀가 갑판에서 넘어지는 바람에 다리를 심하게 다쳤기 때문이었다.

그녀는 정맥염이 생겨서 다리가 오그라들었다. 통증이 극심해지자 의사는 다리를 절단해야 한다고 생각했다. 그는 성격이 난폭하고 드센 '신성한 사라'에게 그 얘기를 꺼내기가 두려웠다. 이 끔찍한 소식을 들으면 그녀의 히스테리가 폭발할 거라고 예상하고도 남았다. 하지만 그의 예상은 빗나갔다. 사라는 잠시 그를 바라보더니 조용하게 말했다.

"그래야 한다면 그래야죠."

그것은 운명이었다. 그녀가 수술실로 실려 가는 동안 그녀의 아들이 울면서 서 있었다. 그녀는 유쾌한 몸짓으로 아들에게 손을 흔들며 쾌활하게 말했다.

"어디 가지 마, 금방 나올 거야."

수술실로 가는 길에 그녀는 출연했던 연극의 한 장면을 연기했다. 누군가 그녀에게 기운을 내려고 이러는 거냐고 물었다. 그녀의 대답은 이러했다.

"아니요, 의료진을 응원하려고요. 긴장되실 테니까요."

수술에서 회복한 후 사라 베른하르트는 세계 투어를 시작했고, 7년 동안 더 관객들을 매료시켰다.

엘시 맥코믹 Elsie MacCormick은 《리더스 다이제스트 Reader's Digest》의 한 기사에서 다음과 같이 전했다.

"피할 수 없는 것과 더 이상 씨름하지 않을 때, 더 풍요로운 삶을 창조할 수 있는 에너지가 뿜어져 나온다. 피할 수 없는 일과 싸우는 동시에 새로운 삶을 창조할 만큼 감정과 활력이 넘치는 사람은 없다. 어느 한쪽을 선택하라. 피할 수 없는, 인생의 눈보라에 휘어지던가, 아니면 저항하다가 부러지던가!"

나는 미주리주에 있는 내 소유의 농장에서 그런 상황을 직접 목격했다. 나는 농장에 나무 20그루를 심었다. 처음에는 나무들이 놀랄 만큼 쑥쑥 자랐다. 그러던 중에 진눈깨비가 내려 크고 작은 가지들에 무거운 얼음 갑옷을 입혔다. 나무들은 그 무게에 우아하게 고개를 숙이는 대신 당당하게 버텼고, 결국 무게를 이기지 못하고 부러져 죽고 말았다. 북쪽 숲의 지혜를 배우지 못한 것이다.

나는 캐나다의 상록수림을 지나 수백 km를 여행했지만, 진눈깨비나 얼음 때문에 부러진 전나무나 소나무를 본 적이 없다. 이 상록수림은 구부러지는 법, 가지를 늘어트리는 법, 피할 수 없는 것과 더불어 사는 법을 알고 있다.

주짓수의 사부들은 제자들에게 "버드나무처럼 휘어져라. 참나무처럼 버티지 마라"라고 가르친다.

자동차 타이어는 왜 도로 위에서 그토록 모진 대접을 많이 받는 걸까? 처음에 제조업체들은 도로의 충격에 저항할 수 있는 타이어를 만드려고 노력했다. 하지만 타이어는 곧 너덜너덜하게 찢어졌다. 그래서 그들은 도로의 충격을 흡수하는 타이어를 만들었다. 그 타이어는 '견딜' 수 있었다. 우리도 삶이라는 험난한 도로에서 충격과 덜컥거림을 흡수하는 법을 배우면 더 오래 견디고 더 매끄러운 주행을 즐길 수 있을 것이다.

삶의 충격을 흡수하지 않고 저항한다면 우리에게 어떤 일이 일어날까? 버드나무처럼 휘어지기를 거부하고 참나무처럼 저항하기를 고집한다면 어떤 일이 일어날까? 답은 간단하다. 내적 갈등이 끊이지 않을 것이다. 우리는 걱정하고, 긴장하고, 부담감을 느끼고, 신경이 곤두설 것이다.

한 걸음 더 나아가 냉혹한 현실의 세계를 거부하고 스스로 만든 꿈의 세계로 후퇴한다면 온전한 정신으로 살지 못할 것이다.

전쟁 중에 겁에 질린 수백만 명의 병사들은 피할 수 없는 현실을 받아들이거나 그렇지 않으면 긴장감을 이기지 못하고 무너져야 했다. 뉴욕 글렌데일 76번가 7126번지에 사는 윌리엄 H. 카셀리우스 William H. Casselius를 예로 들어 이 사실을 설명해 보자. 다음은 뉴욕의 성인 교육 강좌에서 그가 함께 나누고 상을 받았던 이야기다.

"해안 경비대에 입대한 직후에 대서양 연안에서 가장 치열한 격전지로 꼽히는 곳으로 발령받았습니다. 폭발물 감독관으로 부임했죠. 상상해 보세요. 내가 폭발물 감독관이 되다니! 비스킷 판매원이 폭발물 감독관이 된 겁니다! 내 발아래에 수천 톤의 TNT가 있다는 생각만으로도 이 비스킷 판매원의 등골이 오싹해지기에 충분하죠.

단 이틀 동안 교육을 받았는데 그때 배운 내용은 훨씬 더 공포스러웠습니다. 전 제가 맡은 첫 번째 임무를 절대 잊지 못할 겁니다. 어둡고, 춥고, 안개가 자욱한 어느 날, 뉴저지주 바욘의 케이븐 포인트 탁 트인 잔교栈橋에서 명을 받았죠.

전 우리 함대의 5번 화물창에 배치되었습니다. 그 화물창에서 항만 노동자 5명과 함께 일해야 했죠. 그들은 무거운 짐은 거뜬하게 짊어졌으나 폭발물에 대해서는 전혀 몰랐습니다. 대형 고성능 폭탄을 옮기고 있었는데 폭탄마다 TNT가 1톤씩 들어있었죠. 그 낡은 배를 통째로 날려버릴 만큼의 폭발물이었습니다. 그런 폭탄이 케이블 두 줄로 내려지고 있었죠.

저는 속으로 이렇게 생각했어요.

'케이블이 하나라도 미끄러지거나 끊어지면 어쩌지! 맙소사!'

정말 무서웠습니다! 몸이 부들부들 떨리고 입이 말랐어요. 다리가 후들거리고 심장이 쿵쾅거렸습니다. 하지만 도망칠 수 없었어요. 그러면 탈영이 될 테니까요. 그건 내게 치욕스러운 일이고, 부모님께도

치욕스러운 일이 될 겁니다. 어쩌면 제가 총살을 당할지도 모르죠. 도망칠 수 없었습니다. 머물러야 했어요.

저는 그 대형 고성능 폭탄을 마구잡이로 취급하는 항만 노동자들만 마냥 쳐다보고 있었습니다. 금방이라도 배가 폭발할 것만 같았죠.

1시간 넘게 등골이 오싹해지는 공포를 겪은 후에 전 약간의 상식을 동원하기로 했습니다. 긍정적인 생각을 떠올렸죠.

'이봐! 그래서 폭탄이 널 날려버렸어! 그래서 어쨌다고! 이렇게 죽든 저렇게 죽든 넌 차이를 전혀 모를 거야! 오히려 그게 편히 죽는 방법일지도 모르지. 암에 걸려 죽는 것보다 훨씬 나을 거야. 바보처럼 굴지 마. 영원히 살기를 바랄 수는 없어! 이 일을 하지 않으면 총살감이지. 그러니 이 일을 좋아하는 편이 나을 거야.'

그렇게 몇 시간 동안 혼잣말을 하다 보니 마음이 편안해지기 시작했어요. 전 어쩔 수 없이 피할 수 없는 상황을 받아들이면서 마침내 걱정과 두려움을 극복했습니다.

전 그 교훈을 결코 잊지 못할 거예요. 지금은 바꿀 수 없는 일에 대해 걱정하고 싶은 마음이 들 때마다 어깨를 한 번 으쓱하고 '잊어버려'라고 말합니다. 이 방법이 효과가 있다는 걸 깨달았죠. 비스킷 판매원에게도 말입니다."

만세! 피나포어^{Pinafore}의 비스킷 판매원을 위해 박수 세 번 보냅시다! 그리고 덤으로 한 번 더!

십자가에 못 박힌 예수 그리스도의 죽음을 제외하고 역사상 가장 유명한 죽음의 장면은 소크라테스의 죽음이다. 지금으로부터 100만 년이 흐른 뒤에도 사람들은 여전히 플라톤이 그의 죽음을 묘사한 불후의 구절, 다시 말해 모든 문학 작품에서 가장 감동적이고 아름답다고 손꼽히는 구절을 읽고 소중히 간직할 것이다.

맨발의 늙은 소크라테스를 질투하고 시기한 몇몇 아테네인들이 그를 고발해 재판정에 올리고 사형을 선고받게 했다. 소크라테스에게 독배를 마시라고 건넬 때 친절한 간수는 이렇게 말했다.

"피할 수 없는 것은 의연하게 견뎌 보십시오."

소크라테스는 그의 말을 따랐다. 그는 신의 옷자락을 만지는 듯한 평온함과 체념으로 죽음을 맞이했다.

"피할 수 없는 것은 의연하게 견뎌 보라."

이 말은 기원전 399년에 나온 말이다. 하지만 걱정이 많은 이 세상에는 그 어느 때보다 오늘 이 말이 더 필요하다.

"피할 수 없는 것은 의연하게 견뎌 보라."

지난 8년 동안 나는 걱정을 없애는 방법과 조금이라도 관련이 있다 싶은 책과 잡지라면 거의 모두 읽었다. 그렇게 읽은 모든 글에서 내가 발견한 걱정에 관한 최고의 조언이 무엇인지 알고 싶은가? 그것은 여러분과 내가 욕실 거울에 붙여두고 세수할 때마다 마음속의 모든 걱정을 씻어낼 수 있는 다음의 기도문이다.

이 고귀한 기도문은 뉴욕 브로드웨이 120번로에 있는 유니온신학교 응용기독교학 교수인 라인홀드 니버 Reinhold Niebuhr 박사가 쓴 것이다.

'바꿀 수 없는 것을 평온하게 받아들이는 은혜와 바꿔야 할 것을 바꿀 수 있는 용기, 그리고 이 둘을 분별하는 지혜를 허락하소서.'

걱정하는 습관이 나를 무너트리기 전에 그 습관을 무너트리기 위한 규칙 4는 다음과 같다.

'피할 수 없다면 받아들여라.'

─◆─ 5 ─◆─
걱정거리에 '손절매'를 주문하라

증권거래소에서 돈 버는 방법을 알고 싶은가? 이 방법을 궁금해하는 사람이 100만 명은 넘을 것이다. 그리고 내가 답을 안다면 이 책은 어마어마한 가격에 팔릴 것이다. 하지만 몇몇 성공한 주식중개인이 이용하는 좋은 아이디어는 알고 있다.

다음은 뉴욕 이스트 42번로 17번지에서 투자상담가로 일하는 찰스 로버츠Charles Roberts가 내게 전한 사연이다.

"전 친구들이 주식 시장에 투자하라고 건넨 2만 달러를 들고 텍사스에서 뉴욕으로 올라왔어요. 주식 시장에 대해 잘 안다고 생각했건만 한 푼도 남김없이 돈을 몽땅 잃었습니다. 사실 큰 수익을 올린 거래도 몇 건 있었지만, 결국은 투자금을 전부 날리고 말았죠.

제 돈을 잃은 건 별로 신경 쓰지 않았어요. 하지만 그 정도는 감당할 여유가 있는 친구들이었어도 그들의 돈을 잃은 건 몹시 괴로웠습니다. 우리의 투자가 안타깝게도 그렇게 막을 내린 후에 전 친구들을 다시 마주하기가 불편했죠. 그러나 친구들은 의외로 그 일을 유쾌하게 넘겼을 뿐만 아니라 자신들이 구제불능의 낙관주의자라는 것까지 입증했죠.

전 그동안 제 주식거래 실적이 복불복이었고, 운과 다른 사람들의 의견에 따라 달라졌다는 걸 깨달았습니다. H.I. 필립스H.I. Phillips의 말처럼 '원칙도 없이 그때그때 귀동냥으로' 주식 시장을 배운 거죠.

전 제 실수를 곰곰이 생각하면서 시장에 복귀하기 전에 실수의 원인을 알아내기로 결심했습니다. 그래서 역대 최고의 성공을 거둔 투자가인 버튼 S. 캐슬Burton S. Castles을 어렵게 수소문해서 얼굴을 익히게 되었죠. 그는 다년간 해마다 성공했다는 명성을 누려온 데다가 제가 보기에 단순한 우연이나 행운으로는 그런 경력을 쌓을 수 없었으니, 그에게서 아주 많은 걸 배울 수 있겠다고 믿었습니다.

그는 그간의 제 거래 방식에 관해 몇 가지 질문을 하더니 제가 지금 주식거래에서 가장 중요하다고 생각하는 원칙을 알려주었죠. 그는 이렇게 말했어요.

'전 시장 약정에 모두 손절매stop-loss 주문을 넣습니다. 예를 들어 1주당 50달러에 주식을 매수한다면 곧바로 45달러에 손절매 주문을 넣는 거죠. 바꾸어 말하면 주식이 원가보다 5포인트 하락할 경우에 자동으로 매도해서 손실을 5포인트로 제한하는 겁니다.'

그 주식의 대가는 이렇게 말을 이어갔어요.

'처음부터 머리를 써서 투자하면 평균 10포인트, 25포인트, 심지어 50포인트까지 수익을 올릴 수 있죠. 그러니까 손실을 5포인트로 제한하면 반 이상 거래에 실패해도 거금을 벌 수 있겠죠?'

전 그 즉시 이 원칙을 채택해서 계속 이용했습니다. 그 덕분에 고객과 저는 큰 손해를 면할 수 있었어요.

전 얼마 후에는 손절매 원칙을 다른 방식으로 이용할 수 있다는 걸 깨달았습니다. 그래서 전 온갖 짜증과 분노가 떠오를 때마다 손절매 주문을 넣기 시작했죠. 마법처럼 효과가 있더군요.

이를테면 저와 점심을 같이 먹는 친구가 있는데 이 친구가 약속 시간을 잘 안 지켜요. 어떤 때는 점심시간이 거지반 지나도록 나타나지 않아서 제 속을 끓이곤 했죠. 그러다 결국 제가 걸어놓은 걱정거리에 대해 손절매 주문을 친구에게 알려줬어요. '빌, 널 기다리는 내 손절매 주문은 정확히 10분이야. 10분 이상 늦으면 우리의 점심 약속은 물 건너가는 거야. 그리고 난 가고 없을 거고.'"

나도 진작에 내 조급함, 성질머리, 자기 합리화 욕구, 후회, 그리고 모든 정신적, 감정적 스트레스에 손절매 주문을 넣을 만큼 분별력이 있었더라면 얼마나 좋았을까? 마음의 평화를 위협하는 상황을 가늠하고 이렇게 생각할 만한 분별력이 왜 없었을까?

'이봐, 데일 카네기, 이건 딱 요만큼 속을 끓일 만한 상황이야. 이 이상은 안 돼.'

왜 그러지 않았을까? 하지만 내 분별력을 스스로 인정할 만한 상황이 적어도 한 번은 있었다. 그것 역시 심각한 상황이었다. 내 꿈과 미래에 대한 계획, 그리고 다년간의 노력이 물거품이 되는 모습을 지켜봐야 했던 위기의 순간이었다. 자초지종을 털어놓겠다.

나는 30대 초반에 평생 소설을 쓰기로 결심했다. 그래서 제2의 프랭크 노리스Frank Norris나 잭 런던Jack London, 토머스 하디Thomas Hardy가 되기로 했다. 정말 진심이었기 때문에 2년 동안 유럽에서 지냈다. 1차 세계대전이 끝나고 돈을 마구 찍어내던 시기여서 달러로 큰돈 들이지 않고 살 수 있었다. 그곳에서 2년을 보내는 동안 내 대표작을 쓰고《눈보라Blizzard》라고 제목을 붙였다.

출판사에서 받은 반응이 다코타 평원을 가로지르는 눈보라처럼 차가웠으니 무척 자연스러운 제목이었다. 내 저작권 대리인이 나보고 그 작품이 시시하고 내가 소설에 적성이나 재능이 쓸모없다고 말했을 때 심장이 멈추는 것 같았다.

나는 멍한 상태로 그의 사무실을 나섰다. 그가 몽둥이로 내 머리를 내려쳤대도 그보다 더 멍하지는 않았을 것이다. 나는 망연자실했다. 내가 지금 인생의 갈림길에 서 있다는 사실을 깨달았고 그러니 중대한 결정을 내려야 했다. 어떻게 해야 할까? 어느 쪽으로 방향을 틀어야 할까? 나는 몇 주가 지나고 나서야 멍한 상태에서 벗어났다. '걱정거리에 손절매 주문을 넣어라'는 말을 들어본 적도 없는 때였다.

하지만 지금 돌이켜보니 내가 바로 그렇게 했다는 걸 알겠다. 나는 구슬땀 흘려가며 그 소설을 쓴 2년을 털어버리기로 했다. 그것이 귀한 실험이었다는 딱 그만큼의 가치만 인정했다. 그리고 그 자리에서 앞으로 나아갔다. 성인 교육 강좌를 기획하고 가르치는 본업으로 돌아와 여가 시간에 전기와 지금 여러분이 읽고 있는 이 글과 같은 비소설을 썼다.

그렇게 결정을 내린 것에 지금 내가 만족할까? 돌이켜보면 순수한 기쁨에 겨워 길거리에서 춤이라도 추고 싶은 심정이다! 나는 솔직히 그 이후로 단 하루도, 단 한 시간도 내가 제2의 토머스 하디가 아니라는 사실을 애석해한 적이 없다.

100년 전 어느 날 밤, 월든 연못 기슭의 숲에서 수리부엉이가 날카롭게 우는 소리를 들었을 때 헨리 소로는 손수 만든 거위 깃에 잉크를 찍어 일기에다 이렇게 썼다.

"어떤 물건의 값어치는 단기적이든 장기적이든 간에 그것과 맞바꾸어야 하는, 내가 삶이라 일컫는 것의 양이다."

바꾸어 말해 어떤 물건이 우리의 존재 자체에서 거둬가는 것을 따져볼 때 우리가 그것에 지나치게 큰 값을 치른다면 이는 어리석은 일이다.

그런데 W.S. 길버트^{W.S. Gilbert}와 아서 설리번^{Arther Sullivan}은 바로 그런 어리석은 짓을 하고 말았다. 그들은 즐거운 가사와 곡조를 창조하는 방법은 알았으나 삶의 즐거움을 창조하는 방법에 대해서는 안타까울 만큼 아는 게 없었다. 그들은 〈페이션스 Patience〉, 〈피나포어 Pinafore〉, 〈미카도 The Mikado〉 등 세상에 즐거움을 선사한 가장 아름다운 오페레타를 창작했다.

그러나 자신들의 성질을 주체하지 못했다. 그들은 한낱 카펫 한 장의 가격 탓에 몇 년의 세월을 괴롭게 보냈다!

설리번은 두 사람이 매입한 극장에 깔 새 카펫을 주문했다. 길버트는 청구서를 보자마자 길길이 뛰었다. 급기야 두 사람은 그 일로 법정 싸움을 벌였고, 평생 서로 말을 섞지 않았다. 설리번이 새 작품을 작곡해서 길버트에게 우편으로 보내면 길버트가 가사를 써서 다시 설리번에게 우편으로 보냈다.

한번은 두 사람이 함께 커튼콜에 답해야 했던 적이 있었지만, 그들은 무대 반대편에서 서로 다른 방향으로 인사를 하는 바람에 상대방의 얼굴을 보지 못했다. 그들은 링컨과는 달리, 자신의 분노에 손절매를 주문할 만한 분별력이 없었다.

남북전쟁 중에 링컨의 몇몇 친구가 링컨의 정적들을 비난하자 링컨은 이렇게 말했다.

"자네들이 나보다 개인적인 원한이 더 많군. 어쩌면 내 원한이 너무 적을지도 모르겠지만 난 원한이 도움된다고 생각한 적이 없다네. 싸우면서 인생의 절반을 허비할 만큼 인간에게 주어진 시간이 많지 않거든. 누구든 더 이상 나를 공격하지 않는다면 난 그에 대한 나쁜 기억은 남기지 않는다네."

나이가 지긋한 우리 에디스 숙모에게도 링컨의 용서하는 정신이 있었으면 얼마나 좋았을까. 에디스 숙모와 프랭크 삼촌은 저당잡힌 농장에서 살았다. 야생풀이 무성하고 척박한 땅과 열악한 수로 때문에 고생문이 훤한 곳이었다. 두 분은 한 푼이라도 아껴가며 힘들게 살아야 했다.

하지만 에디스 숙모는 커튼과 다른 물건들을 사서 허름한 집을 밝게 꾸미는 것을 좋아했다. 숙모는 미주리주 메리빌에 있는 댄 에버솔 Dan Eversole의 포목점에서 외상으로 이 소소한 사치품들을 사들였다.

프랭크 삼촌은 집안의 빛이 걱정스러웠다. 여느 농부들처럼 청구서가 쌓여가는 것이 몹시 싫었던 그는 숙모 몰래 댄 에버솔에게 숙모에게 외상을 주지 말라고 말했다. 숙모가 이 사실을 알았을 때 몹시 화를 냈으며, 거의 50년이 지난 후에도 그 일 때문에 여전히 화를 냈다. 내가 숙모에게 그 얘기를 들은 게 한두 번이 아니다.

우리가 마지막으로 만났을 때 숙모는 70대 후반이었다. 나는 숙모에게 이렇게 말했다.

"에디스 숙모, 솔직히 말해서 프랭크 삼촌이 숙모에게 창피를 준 건 잘못이지만, 그 일이 있은 지 이제 거의 반세기가 지났는데 아직도 불평하는 게 삼촌이 한 일보다 훨씬 더 큰 잘못이라고 생각지 않으세요?"

차라리 벽에다 대고 말하는 편이 나았을지 모르겠다. 에디스 숙모는 그녀가 품은 원한과 쓰라린 기억의 대가를 톡톡히 치렀다. 그 대가란 다름 아닌 마음의 평화를 얻지 못한 거였다.

　벤저민 프랭클린은 7세 때 이후 70년 동안 잊지 못할 실수를 저질렀다. 그 7세 꼬마는 호루라기와 사랑에 빠졌다. 호루라기에 너무 반한 나머지 장난감 가게에 들어가 모든 동전을 계산대에 쌓아놓고는 가격도 묻지 않은 채 호루라기를 달라고 했다.
　그는 70년 후 한 친구에게 보낸 편지에 "내 호루라기가 아주 마음에 들어서 호루라기를 불어대며 온 집안을 돌아다녔다"고 썼다. 그러나 그의 형과 누이들은 그가 호루라기의 원래 가격보다 훨씬 더 많은 돈을 냈다는 사실을 알고는 깔깔대며 웃었다. 그는 "분해서 울었다"고 했다.
　몇 년 후 세계적으로 이름을 날리고 프랑스 대사로 부임할 무렵까지도 프랭클린은 호루라기를 너무 비싸게 주고 샀다는 사실 때문에 그때 느낀 '억울함이 호루라기가 주는 기쁨보다 더 컸다'는 사실을 기억했다. 하지만 프랭클린이 얻은 교훈의 대가는 알고 보면 그리 비싸지 않았다.
　"어른이 되어 세상에 나와서 사람들의 행동을 관찰해보니 호루라기에 너무 많은 것을 바치는 사람들이 아주아주 많다는 생각이 들더군요. 간단히 말하면 인류가 겪는 불행의 상당 부분이 사물의 가치를 잘못 평가하고 호루라기에 너무 큰 대가를 치른 탓이라는 생각이 듭니다."

길버트와 설리번은 호루라기에 너무 큰 대가를 치렀다. 에디스 숙모도 마찬가지다. 데일 카네기도 그랬다. 그것도 여러 번. 그리고 세계 최고의 소설《전쟁과 평화》와《안나 카레니나》의 작가인 불멸의 레프 톨스토이 Lev Tolstoy도 그랬다.

《브리태니커 백과사전》에 따르면, 레프 톨스토이는 생의 마지막 20년 동안 '십중팔구 전 세계에서 가장 존경받는 사람'이었을 것이다. 1890~1910년까지 그가 세상을 떠나기 전 20년 동안 그의 얼굴을 보거나 목소리를 듣기 위해, 심지어 옷자락을 만져보기 위해 그의 집을 순례하는 추종자들의 발길이 끊이지 않았다.

그가 내뱉은 한 문장 한 문장은 마치 '신의 계시'라도 되는 듯이 노트에 기록되었다. 하지만 일상적인 생활을 보자면 톨스토이는 70세에도 7세의 프랭클린보다 분별력이 모자랐다! 분별력이란 것이 아예 없었다.

내 말은 이런 뜻이다. 톨스토이는 무척 사랑했던 한 소녀와 결혼했다. 사실 두 사람은 매우 행복해서 무릎을 꿇고 앉아 그렇게 순수한 천상의 황홀감을 느끼며 계속 살게 해달라고 하나님께 기도하곤 했다. 하지만 톨스토이가 결혼한 소녀는 천성적으로 질투심이 많았다.

그녀는 촌부처럼 차려입고 심지어 숲속까지 남편의 뒤를 밟곤 했다. 그들은 지독하게 싸웠다. 그녀는 자기 자식들까지 심하게 질투해서 딸의 사진에 총을 쏘아 구멍을 냈다. 아편 병을 입에 물고 마룻바닥을 데굴데굴 구르면서 죽어버리겠다고 협박까지 했다. 그러는 동안 아이들은 방 한구석에서 몸을 웅크린 채 겁에 질려 소리를 질렀다.

톨스토이는 어떻게 했을까? 음, 나는 그가 세간을 박살냈다고 해도 탓하지 않는다. 화가 날 만했다. 하지만 그는 그녀보다 훨씬 더 나쁜 짓을 했다. 비밀 일기를 썼다! 모든 잘못을 아내에게 뒤집어씌우는 일기를 쓴 것이다! 그것이 그의 '호루라기'였던 셈이다!

그는 후세 사람들이 그에게 죄를 묻지 않고 아내를 탓하게 만들기로 작정했다. 그의 아내는 어떻게 대응했을까? 당연히 일기장을 발기발기 찢어서 불태워 버렸다. 그리고 자기도 일기를 쓰기 시작했는데, 그 일기 안에서 톨스토이는 악당이었다. 심지어 남편은 집안의 악마이고 자신은 순교자라고 묘사한 《누구의 잘못인가?Whose Fault?》라는 제목의 소설까지 썼다.

무슨 목적을 위해서였을까? 이 두 사람은 왜 자신들에게 유일했던 집을 톨스토이가 '정신병원'이라고 일컫는 곳으로 바꿔놓았을까? 분명 몇 가지 이유가 있었다. 그 가운데 하나는 우리에게 깊은 인상을 심어주고 싶다는 그들의 불타는 열망이었다.

그렇다, 우리가 바로 그들이 걱정하던 후손이다! 그런데 우리가 지금 저승을 헤매며 그들의 잘잘못을 따지고 있는가? 그렇지 않다. 톨스토이의 문제를 생각하며 시간을 낭비하기에는 우리는 내 문제를 해결하는 것도 벅차다. 그런데 이 두 비참한 사람은 한낱 호루라기에 얼마나 큰 대가를 치렀는가! 그들은 영락없는 지옥에서 50년을 보냈다. "그만!"이라고 말할 만한 분별력이 없었던 탓이다. "당장 손절매 주문을 넣읍시다. 우리는 인생을 낭비하고 있는 거요. 이제 '이 이상은 안 돼'라고 합시다!"라고 말할 만한 가치 판단력이 없었던 탓이다.

그렇다. 솔직히 나는 바로 이 올바른 가치관이 진정한 마음의 평화를 얻을 수 있는 한 가지 비결이라고 믿는다. 그리고 우리가 일종의 개인적인 황금률, 우리 삶의 가치를 판단하는 황금률을 확립한다면 모든 걱정의 절반을 단번에 없앨 수 있다고 믿는다.

따라서 걱정하는 습관이 나를 무너트리기 전에 그 습관을 무너트리기 위한 규칙 5는 다음과 같다.

인생에서 가망 없는 일에 귀한 돈을 쓰고 싶은 유혹을 느낄 때면 잠시 멈추어 다음 3가지 질문을 스스로 물어보자.

1. 내가 걱정하는 이 일이 실제로 내게 얼마나 중요한가?
2. 어느 시점에서 이 걱정에 '손절매' 주문을 넣고 그 일을 잊어버려야 할까?
3. 이 호루라기에 정확히 얼마를 치를 것인가? 그것의 값어치보다 더 큰 대가를 치른 것은 아닌가?

6

톱밥에 톱질하지 마라

이 문장을 쓰는 지금 창밖을 내다보면 우리 집 정원에 있는 공룡 발자국이 보인다. 공룡 발자국이 셰일과 암석에 찍혀 있다. 내가 예일대학교 피바디 박물관Peabody Museum에서 사들인 것인데, 피바디 박물관 큐레이터가 보낸 편지에 따르면 1억 8천만 년 전에 생긴 발자국이다.

아무리 멍청한 사람이라도 1억 8천만 년 전으로 돌아가 그 발자국을 바꾸겠다는 생각은 꿈에도 하지 않을 것이다. 그래도 어쩌면 그것이 180초 전에 일어난 일을 그때로 되돌아가서 바꿀 수 없다고 걱정하는 것보다 더 어리석은 일은 아닐 것이다.

물론 180초 전에 일어난 일의 결과를 바꾸려고 무언가를 할 수는 있다. 하지만 그때 일어난 사건을 바꿀 수는 없다. 지구상에서 과거를 건설적으로 활용할 수 있는 방법은 단 하나, 과거의 실수를 냉정하게 분석하고 그로부터 교훈을 얻은 다음 잊어버리는 것이다.

나는 이것이 사실임을 안다. 하지만 항상 그럴 용기와 분별력이 있었을까? 몇 년 전 내가 겪었던 환상적인 경험에서 이 질문에 대한 답을 찾아보자. 나는 한 푼도 벌지 못하고 30만 달러가 넘는 돈을 날린 적이 있다. 자초지종은 이렇다.

나는 성인 교육 분야에서 대규모 사업을 시작하고, 여러 도시에 지점을 열고, 제경비와 광고에 아낌없이 돈을 썼다. 강의하느라 너무 바빠서 재정을 관리할 시간이나 생각이 없었다. 세상물정을 너무 몰라서 지출을 관리할 꼼꼼한 업무 관리자가 필요하다는 사실을 미처 깨닫지 못했다.

거의 1년이 지나고 나서 마침내 나는 정신이 번쩍 드는 충격적인 진실을 발견했다. 매출이 어마어마했는데도 수익이 전혀 없었다. 이 사실을 발견하고 나서 내가 해야 했던 두 가지 일이 있다.

첫째, 흑인 과학자 조지 워싱턴 카버 George Washington Carver가 은행이 파산하는 바람에 평생 모은 4만 달러를 잃었을 때 그의 모습을 본받아야 했다. 그는 파산한 상태라는 사실을 아느냐는 질문을 받았을 때 "네, 들었습니다"라고 답하고는 강의를 계속했다. 그 후 그는 잃어버린 돈을 머릿속에서 말끔히 지워버리고 다시는 입에 올리지 않았다.

둘째, 내 실수를 분석하고 길이 남을 교훈을 얻어야 했다.

하지만 솔직히 나는 이 두 가지 가운데 하나도 하지 않았다. 대신 걱정의 나락에 빠졌다. 몇 달 동안 멍한 상태에서 벗어나지 못했다. 잠도 못 자고 살도 빠졌다. 이 어마어마한 실수에서 교훈을 얻기는커녕 이보다는 사소해도 똑같은 실수를 저질렀다!

이런 내 어리석음을 인정하려니 창피하다. 하지만 나는 "무엇을 해야 좋을지를 20명에게 가르치는 것이 내가 가르친 것을 직접 실천하는 20명 가운데 1명이 되는 것보다 더 쉽다"는 사실을 오래전에 깨달은 사람이다.

내가 이곳 뉴욕에서 조지 워싱턴 고등학교에 다니며 브랜드와인 Brandwine 선생님 밑에서 배울 귀한 기회가 있었다면 얼마나 좋았을까! 브랜드와인 선생님은 뉴욕 브롱크스 우디크레스트 애비뉴 939번지의 앨런 손더스 Allen Saunders를 가르쳤던 분이다.

손더스는 보건 교사였던 브랜드와인 선생님에게 아주 소중한 교훈을 얻었다. 앨런 손더스는 자신의 사연을 전하면서 이렇게 말했다.

"전 겨우 10대 소년이었어요. 그때도 걱정이 많았죠. 제가 저지른 실수에 속을 끓이고 안달하곤 했어요. 시험지를 제출하고 나서는 낙제할까 봐 잠을 설치고 손톱을 물어뜯곤 했죠. 항상 내가 했던 일들을 곱씹고, 그러지 않았으면 좋았을 것이라고 안타까워하고, 내가 했던 말들을 되짚어보고, 더 그럴싸하게 말했다면 좋았을 것이라고 안타까워했어요.

그러던 어느 날 아침, 우리 반이 과학 실험실에 들어갔을 때 브랜드와인 선생님이 계셨고, 책상 가장자리에 물 한 병이 눈에 띄게 놓여있었어요. 우리는 모두 자리에 앉아 물병을 물끄러미 바라보며 선생님이 담당하는 보건 수업과 그게 무슨 관련이 있는지 궁금해했죠. 그런데 느닷없이 선생님이 자리에서 벌떡 일어나서 물병을 싱크대로 냅다 쏟아 넣고 이렇게 소리쳤어요.

'엎질러진 물은 주워 담을 수 없다!'

그런 다음 선생님은 우리에게 싱크대로 와서 물병의 잔해를 보라고 하셨죠. '잘 봐, 이 교훈을 앞으로 평생 기억하면 좋겠어. 물은 이미 배수구로 흘러 내려갔지. 아무리 법석을 떨고 머리를 쥐어뜯어도 한 방울도 되찾을 수 없어. 조금만 생각하고 예방했더라면 물이 엎질러지지 않았을지 모르지. 하지만 이제 너무 늦었어. 우리가 할 수 있는 건 툭툭 털고, 잊어버리고, 다음 일로 넘어가는 것뿐이야.'"

앨런 손더스는 내게 이렇게 말했다.

"그 한 번의 작은 시연은 제가 기하학과 라틴어를 잊어버린 후에도 오랫동안 기억에 남았습니다. 사실 고등학교 4년 동안 있었던 그 어떤 일보다 그 시연에서 현실적인 삶에 대해 더 많이 배웠습니다. 그것은 되도록 물을 엎지르지 말되 일단 엎질러서 배수구로 사라졌다면 그걸 완전히 잊으라고 가르쳤죠."

어떤 독자는 '엎질러진 물은 주워 담을 수 없다' 같은 진부한 격언에 너무 많은 의미를 부여한다고 코웃음을 칠 것이다. 나도 그것이 진부하고 평범하며 상투적이라는 걸 안다. 여러분이 1,000번쯤 들은 말이라는 걸 안다. 하지만 이런 흔해 빠진 격언에 모든 시대의 지혜가 응축된 진액이 담겨 있다는 사실도 안다.

이런 격언은 인류의 치열한 경험에서 나온 것이며 무수한 세대를 거쳐 전해 내려왔다. 역대 위대한 학자들이 쓴 걱정에 관한 글을 모조리 읽는대도 '다리를 건널 생각은 다리에 가서 하라', '엎질러진 물은 주워 담을 수 없다' 같은 진부한 속담보다 더 근본적이거나 심오한 것은 없을 것이다.

사실 코웃음을 치는 대신 이 두 속담을 적용한다면 이 책은 아예 필요 없을 것이다. 그리고 이 격언을 대부분 적용한다면 완벽에 가까운 삶을 살 수 있을 것이다. 하지만 적용하지 않은 지식은 힘이 없다. 이 책의 목적은 새로운 것을 전달하는 것이 아니라 이미 알고 있는 것을 상기시키고, 그것을 적용하기 위해 무언가 하라고 자극하는 것이다.

나는 오래된 진리를 새롭고 생생한 방식으로 표현하는 재능이 있는 고故 프레드 풀러 셰드 Fred Fuller Shedd 같은 분을 항상 존경했다. 《필라델피아 불리틴 Philadelphia Bulletin》의 편집자였던 그는 한 대학 졸업식의 연설에서 이런 질문을 던졌다.

"여러분 가운데 나무를 톱질해 본 사람이 몇 명이나 될까요? 손을 한번 들어봅시다."

학생들이 대부분 손을 들었다. 그러자 그는 "톱밥을 톱질해 본 사람은 몇 명이냐?"고 물었다. 손을 든 학생은 아무도 없었다. 셰드는 이렇게 큰소리로 말했다.

"당연히 톱밥에 톱질할 수는 없습니다. 이미 톱질을 했잖아요! 과거도 마찬가집니다. 이미 끝난 일을 걱정한다면 그건 톱밥에 톱질하려는 것과 다름없어요."

야구의 전설 코니 맥이 81세였을 때, 나는 그에게 패배한 경기 때문에 걱정한 적이 있냐고 물었다. 코니 맥은 이렇게 답변했다.

"물론 있죠. 예전에는 그랬습니다. 하지만 그런 어리석은 짓은 그만뒀어요. 그런다고 해서 얻어지는 게 없다는 걸 알았으니까요. 이미 개울로 흘러간 물로 물레방아를 돌릴 수는 없죠."

그렇다, 이미 개울로 흘러간 물로는 물레방아를 돌릴 수 없고, 통나무를 톱질할 수도 없다. 그러나 얼굴에 주름과 위장에 궤양을 생기게 할 수는 있다.

지난 추수감사절에 권투선수 출신 영화배우 잭 뎀프시와 저녁을 먹었다. 그는 칠면조와 크랜베리 소스를 먹으며 진 터니 Gene Tunney 에게 헤비급 챔피언 타이틀을 빼앗긴 시합에 관해 이야기했다. 당연히 그의 자존심은 큰 타격을 입었다.

"한창 시합하는 중에 갑자기 내가 노인네가 되었다는 생각이 들더군요. 10라운드가 끝났을 때 두 발로 서 있기는 했지만 그뿐이었습니다. 얼굴은 퉁퉁 붓고, 찢어지고, 눈은 제대로 뜰 수 없는 지경이었죠. 승리의 표시로 터니의 손을 들어 올리는 심판의 모습이 보였어요. 전 이제 세계 챔피언이 아니었죠. 빗속에서 군중을 뚫고 탈의실로 향했습니다. 제가 지나갈 때 어떤 사람은 제 손을 잡으려고 했고, 어떤 사람은 눈물을 글썽였죠.

1년 후에 다시 터니와 맞붙었습니다. 하지만 소용이 없었죠. 전 재기불능이었어요. 그 일에 대해 아예 걱정하지 않기는 어려웠지만 이렇게 되뇌었어요. '과거만 생각하고 살거나 이미 엎질러진 물을 주워 담으려 하지 말자. 이 충격을 견뎌내자.'"

그리고 잭 뎀프시는 본인의 다짐대로 했다. 어떤 방법을 썼을까? '나는 과거에 대해 걱정하지 않겠다'고 되뇌었을까? 아니다. 그러면 과거를 떠올릴 수밖에 없었을 것이다. 그는 대신 패배를 받아들이고 털어버린 다음 미래의 계획에 집중했다. 그러기 위해 브로드웨이의 잭 뎀프시 레스토랑Jack Dempsey Restaurant과 57번가의 그레이트 노던 호텔Great Northern Hotel을 운영했다.

그는 프로 복싱 대회를 추진하고 권투 전시회를 열었다. 건설적인 일로 바쁘게 움직이느라 과거에 대해 걱정할 시간도, 그럴 만한 계기도 없었다. 그는 "챔피언이었던 시절보다 지난 10년 동안 더 즐겁게 보냈다"고 말했다.

역사와 전기를 읽고 곤경에 처한 사람들을 관찰하면서 나는 걱정과 비극을 딛고 행복하게 살아가는 사람들의 능력에 끊임없이 놀라고 감동받는다.

예전에 나는 뉴욕 싱싱Sing Sing 교도소를 방문한 적이 있었는데, 그때 가장 놀라웠던 점은 수감자들이 일반 사람들 못지않게 행복해 보인다는 사실이었다.

당시 교도소장이었던 루이스 E. 로스Lewis E. Lawes에게 그렇게 말했더니, 그는 범죄자들이 처음 싱싱 교도소에 오면 대개 분개하고 억울해한다고 말했다.

하지만 몇 달이 지나면 좀 더 똑똑한 범죄자들은 대부분 자신의 불행을 털어버리고, 마음을 잡고, 교도소 생활을 차분하게 받아들이고, 최선을 다한다. 로스 소장은 정원사인 한 수감자가 교도소 담장 안에서 노래를 부르며 채소와 꽃을 가꾸었다는 이야기를 들려주었다.

노래를 부르며 꽃을 가꾸던 그 수감자는 우리보다 분별력이 훨씬 뛰어났다. 그는 다음과 같은 사실을 알고 있었다.

움직이는 손가락이 글을 쓴다.
그리고 다 쓰고 나서 옮겨간다.
네 모든 신앙과 지혜도
그것을 다시 불러 한 줄의 반도 지우게 하지 못하고
네 모든 눈물도 그것의 한마디도 씻어 없애지 못하리니.

그렇다면 헛되이 눈물을 흘릴 필요가 있을까? 물론 우리는 실수와 어리석음의 죄를 지었다!

그래서 어쨌단 말인가? 누구나 그렇지 않은가? 나폴레옹도 중요한 전투에 참전할 때마다 세 번에 한 번은 패배했다. 어쩌면 우리의 타율도 나폴레옹보다 나쁘지 않을 것이다. 그럴 수도 있지 않을까? 왕의 말과 부하들을 총동원해도 과거를 되돌릴 수는 없다.

그러므로 걱정하는 습관이 나를 무너트리기 전에 그 습관을 무너트리기 위한 다음과 같은 규칙 6을 기억하자.
'톱밥에 톱질하지 마라.'

3장 키포인트

걱정하는 습관을 무너트리는 6가지 규칙

규칙 1 : 바쁘게 움직여서 걱정을 몰아내라. '위버기버'를 치료하는 최고의 방법은 활동을 많이 하는 것이다.

규칙 2 : 사소한 일에 안달하지 마라. 그리고 사소한 일 때문에 행복을 파괴하지 마라.

규칙 3 : 평균의 법칙을 이용해 걱정을 몰아내라. '이런 일이 일어날 확률이 얼마나 될까'를 생각하라.

규칙 4 : 피할 수 없다면 받아들여라. 상황을 바꾸거나 수정할 수 없는 상황이라면 이렇게 생각하라.
'이미 그러하니, 달라질 수 없다.'

규칙 5 : 걱정에 '손절매' 주문을 넣어라. 불안의 가치가 얼마인지 판단하고 그 이상의 대가를 치르지 마라.

규칙 6 : 과거는 죽은 채로 묻어라. 톱밥에 톱질하지 마라.

4장

평화롭고 행복한 마음가짐을 기르는 7가지 방법

나는 마음의 평화와 삶에서 얻는 기쁨은
우리가 어떤 사람이고, 어디에 있고, 무엇을 가졌느냐가 아니라
오로지 우리의 마음가짐에 달려 있다고 굳게 믿는다.
외적인 조건과는 거의 무관하다.

1

삶을 바꿀 수 있는 한 문장

몇 년 전 한 라디오 프로그램에서 이런 질문을 받은 적이 있다.

"지금껏 얻은 가장 큰 교훈은 무엇인가요?"

답은 간단했다. 지금껏 내가 얻은 가장 중요한 교훈은 생각의 중요성이다. 여러분이 어떤 생각을 하는지만 알면 나는 여러분이 어떤 사람인지 알 수 있다. 생각이 사람을 만든다. 사람의 운명을 결정하는 핵심 요인은 마음가짐이다. 에머슨은 이렇게 말했다.

"온종일 무슨 생각을 하는가, 이것이 곧 그 사람을 만든다."

그 외에 다른 무엇이 될 수 있겠는가?

나는 지금 우리가 해결해야 할 가장 큰 문제, 사실 해결해야 할 거의 유일한 문제는 올바른 생각을 선택하는 것임을 확신한다. 그럴 수만 있다면 모든 문제를 해결할 수 있는 탄탄대로가 열릴 것이다. 로마 제국을 통치했던 위대한 철학자 마르쿠스 아우렐리우스Marcus

Aurelius는 한 문장으로 이를 요약했다. 이 한 문장이 우리의 운명을 결정할 수 있다.

"우리의 삶은 우리가 생각하는 대로 만들어진다."

그렇다, 행복한 생각을 하면 행복해질 것이다. 불행한 생각을 하면 불행해질 것이다. 병약한 생각을 하면 십중팔구 병에 걸릴 것이다. 실패를 생각하면 분명히 실패할 것이다. 자기연민에 빠져 허우적거린다면 모든 사람이 피하고 멀리할 것이다. 노먼 빈센트 필 Norman Vincent Peale 목사는 이렇게 말했다.

"여러분이 생각하는 여러분은 여러분이 아닙니다. 여러분의 생각, 그것이 여러분입니다."

지금 내가 모든 문제를 습관적으로 낙천적인 태도로 대하라고 주장하는 것일까? 그렇지 않다. 안타깝게도 삶은 생각만큼 단순하지 않다. 그래도 나는 부정적인 태도보다는 긍정적인 태도를 가져야 한다고 주장한다. 바꾸어 말하면 문제에 마음을 쓰되 걱정은 하지 말아야 한다. 마음을 쓰는 것과 걱정하는 것은 어떻게 다를까?

예를 들어 설명해 보자. 교통 체증이 심한 뉴욕의 거리를 지날 때마다 나는 내가 지금 하는 일에 마음을 쓰지만 걱정하지는 않는다. 마음을 쓴다는 것은 문제가 무엇인지 깨닫고 침착하게 단계를 밟아서 문제에 대처한다는 뜻이다. 걱정한다는 것은 미친 듯이 소득도 없이 제자리를 맴돈다는 뜻이다.

심각한 문제에 마음을 쓰면서도 고개를 똑바로 들고 옷깃에 꽃 한

송이를 꽂은 채 걸을 수 있다. 나는 로웰 토머스Lowell Thomas가 이런 모습으로 걷는 것을 본 적이 있다.

한번은 로웰 토머스의 유명한 영화를 상영하는 자리에 그와 함께 참석할 귀한 기회가 있었다. 1차 세계대전 당시 앨런비-로렌스Allenby-Lawrence의 출정을 그린 작품이었다. 토머스와 조수들은 여섯 곳의 전선에서 전쟁 장면을 촬영했다. 무엇보다도 T.E. 로렌스와 그가 이끄는 화려한 아라비아 군대의 화보 기록과 앨런비의 성지Holy Land 정복에 관한 영상 기록을 되살렸다.

〈팔레스타인의 앨런비와 아라비아의 로렌스와 함께With Allenby in Palestine and Lawrence in Arabia〉라는 제목으로 사진을 곁들였던 강연은 런던은 물론이고 전 세계에서 대단한 화제가 되었다. 그가 코번트 가든 로열 오페라 하우스에서 계속 그의 숭고한 모험담을 전하고 사진을 보여줄 수 있도록 런던 오페라 시즌이 6주 동안 연기되었다.

런던에서 선풍적인 성공을 거둔 후 여러 나라를 순회하는 성공적인 투어가 이어졌다. 그런 다음 인도와 아프가니스탄에서의 삶을 담은 영화 기록을 2년간 준비했다. 그런데 믿을 수 없을 만큼 여러 번 불운이 겹친 끝에 믿을 수 없는 일이 일어났다. 그가 런던에서 파산한 것이다. 그때 나는 그와 함께 있었다.

싸구려 식당에서 싸구려 음식을 먹어야 했던 기억이 난다. 스코틀랜드 출신의 유명 화가인 제임스 맥베이James McBey에게 빌린 돈이 없었다면 그마저도 불가능했을 것이다. 이야기의 요점은 이것이다.

어마어마한 빚과 크게 실망스러운 일들을 마주한 상황에서도 로웰 토머스는 마음을 쓰되 걱정은 하지 않았다. 그가 직면한 역경에 무릎 꿇는다면 채권자를 포함한 모든 사람에게 쓸모없는 존재가 될 거라는 사실을 알았다.

그래서 매일 아침 출근하기 전에 꽃 한 송이를 사서 옷깃에 꽂고 고개를 꼿꼿이 든 채 힘찬 걸음으로 옥스퍼드 스트리트를 활보했다. 긍정적이고 씩씩한 생각을 하고 패배에 굴복하지 않았다. 그에게 실패란 게임의 일부였고 정상에 오르고 싶은 사람이라면 반드시 거쳐야 할 유익한 훈련이었다.

마음가짐은 신체 능력에도 믿기 어려울 만큼 영향을 끼친다. 영국의 유명한 정신과 의사 J.A. 해드필드 J.A. Hadfield는 그의 훌륭한 책 《힘의 심리학 The Psychology of Power》에서 이 사실을 입증하는 놀라운 사례를 제시한다. 그는 다음과 같이 썼다.

"세 남성에게 정신적 암시가 근력에 미치는 영향을 연구하는 테스트에 참여해 달라고 부탁했다. 근력은 악력계를 쥐는 힘으로 측정했다."

그는 참가자들에게 온 힘을 다해 악력계를 쥐라고 말했다. 그는 세 가지 다른 조건에서 이 테스트를 진행했다. 정상적으로 깨어 있는 조건에서 테스트했을 때 그들의 평균 악력은 45kg이었다.

최면을 건 상태에서 그들이 매우 약하다고 말한 다음 테스트하자

악력은 정상의 3분의 1에도 미치지 못하는 13kg이었다. 이 가운데 한 명은 권투 선수였다. 그는 최면 상태에서 힘이 약하다는 말을 들었을 때 본인의 팔이 아기 팔처럼 쪼그라든 느낌이었다고 말했다.

그 후 해드필드는 세 번째로 세 남성에게 최면 상태에서 그들이 매우 강하다고 말한 후에 테스트를 진행했다. 이때 이들의 악력은 평균 64kg이었다. 힘에 대한 긍정적인 생각으로 머릿속이 충만해지자 실제 신체 근력이 거의 500% 증가한 것이다.

그것이 마음가짐의 믿을 수 없는 힘이다.

미국 역사에 기록된 놀라운 이야기를 예로 들어 생각의 마력을 설명해 보겠다. 책 한 권으로 쓸 수도 있는 이야기지만 간략하게 살펴보자. 남북전쟁이 끝난 후 서리가 내리던 10월의 어느 날 밤이었다. 오갈 데 없는 한 가난한 여인이 매사추세츠주 에임즈버리에 거주하는, 퇴역 해군 대령의 아내 '마더Mother' 웹스터의 대문을 두드렸다.

'마더' 웹스터가 문을 열자, 뼈만 앙상하게 남아 45kg을 넘을 것 같지 않은 연약하고 작은 생명체가 눈에 띄었다. 글로버Glover 부인이라는 이 낯선 여인은 밤낮을 가리지 않고 자신을 괴롭히는 중대한 문제를 생각하고 해결할 만한 집을 찾고 있다고 사정을 설명했다.

웹스터 부인이 이렇게 답했다.

"여기 머물지 않으실래요? 이 큰 집에 저 혼자밖에 없거든요."

'마더' 웹스터의 사위인 빌 엘리스Bill Ellis가 휴가차 뉴욕에서 올라오지 않았다면 글로버 부인은 하염없이 웹스터 부인의 집에 머물렀을지 모른다. 사위는 글로버 부인을 보자마자 "이 집에 부랑자를 둘 수 없다"라고 소리치면서 그 노숙자를 문밖으로 밀쳤다. 비가 세차게 내리고 있었다. 그녀는 한동안 빗속에서 떨며 서 있더니 머물 곳을 찾아 발걸음을 옮겼다.

이 이야기의 놀라운 대목은 지금부터 시작이다. 빌 엘리스가 쫓아낸 그 '부랑자'는 이 땅의 어떤 여인 못지않게 세상의 사고에 큰 영향을 끼칠 운명의 여인이었다. 그녀는 현재 수백만 명의 열렬한 추종자들에게 메리 베이커 에디 Mary Baker Eddy라고 알려져 있다. 바로 크리스천 사이언스 Christian Science 의 창시자이다.

하지만 이때까지만 해도 그녀가 삶에 대해 아는 건 병과 슬픔, 비극이 전부였다. 첫 번째 남편은 결혼하자마자 곧바로 세상을 떠났다. 두 번째 남편은 유부녀와 눈이 맞아 그녀를 버리고 떠났다. 훗날 그는 구빈원救貧院에서 세상을 떠났다. 그녀에게 아이는 아들 하나뿐이었다. 하지만 가난과 질병, 질투에 시달리던 그녀는 아들이 네 살이 되던 해에 어쩔 수 없이 아이를 포기했다. 이후 아들과는 소식이 완전히 끊겼고 31년 동안 만나지 못했다.

에디 여사는 본인의 건강이 좋지 않았던 터라 그녀가 '마음 치유의 과학'이라고 일컫던 것에 수년 동안 관심을 가졌다. 그러나 그녀는 매사추세츠주 린에서 삶의 극적인 전환점을 맞았다. 어느 추운 날 중심가를 걷던 중에 빙판길에서 미끄러져 넘어졌고 의식을 잃었다. 척추를 심하게 다친 그녀는 경련을 일으키며 몸부림을 쳤다. 주치의조차 그녀가 살아남지 못할 거라고 예상했다. 기적적으로 살아난다 해도 다시는 걷지 못할 거라고 단언했다.

메리 베이커 에디는 죽을 자리가 될 병상에 누워 《성경》을 펼쳤고, 그녀가 밝혔듯이 하나님의 인도에 따라 성 마태 Saint Matthew 의 다음 말씀을 읽게 되었다.

2절 : 침상에 누운 중풍 병자를 사람들이 데리고 오거늘 예수께서 그들의 믿음을 보시고 중풍 병자에게 이르시되 '작은 자야 안심하라 네 죄 사함을 받았느니라'

3절 : 어떤 서기관들이 속으로 이르되 '이 사람이 신성을 모독하도다'

4절 : 예수께서 그 생각을 아시고 이르시되 '너희가 어찌하여 마음에 악한 생각을 하느냐'

5절 : '네 죄 사함을 받았느니라 하는 말과 일어나 걸어가라 하는 말 중에 어느 것이 쉽겠느냐'

6절 : '그러나 인자가 세상에서 죄를 사하는 권능이 있는 줄을 너희로 알게 하려 하노라' 하시고 중풍 병자에게 말씀하시되 '일어나 네 침상을 가지고 집으로 가라' 하시니

7절 : 그가 일어나 집으로 돌아가거늘

(마태복음 9장 2~7절 – 옮긴이)

그녀는 예수 그리스도의 이 말씀이 그녀 안에 힘과 믿음, 치유의 힘을 샘솟게 함으로써 "즉시 병상에서 일어나 걸을 수 있었다"고 간증했다. 에디 여사는 다음과 같이 말했다.

"그 경험은 제게 '뉴턴의 사과'였습니다. 저와 다른 사람들에게 건강을 선사할 방법을 발견하는 길로 저를 인도했죠. 전 모든 원인은 마음이고 모든 결과는 마음의 현상이라는 과학적 확신을 얻었어요."

이렇게 해서 메리 베이커 에디는 새로운 종교를 창시하고 사제가 되었다. 바로 여성이 창시한 유일한 대형 종교로, 전 세계로 전파된 크리스천 사이언스다.

지금쯤 여러분은 십중팔구 '이 카네기라는 사람이 크리스천 사이언스를 포교하고 있구나'라고 생각할 것이다. 아니다. 오해다. 나는 크리스천 사이언스의 신도가 아니다. 하지만 살면 살수록 생각의 엄청난 힘을 더 강하게 확신하게 된다. 35년 동안 성인들을 가르친 경험을 통해 나는 남녀노소를 막론하고 생각을 바꾸면 걱정과 두려움, 온갖 질병을 몰아내고 삶을 변화시킬 수 있다는 사실을 알았다. 나는 안다! 거듭 말하노니 나는 안다!! 이런 믿을 수 없는 변화를 수백 번씩 보았다. 하도 자주 보다가 보니 이제 신기하지도 않다.

이 가운데 한 가지 변화가 미네소타주 세인트폴 웨스트 아이다호 스트리트 1469번지에 사는 내 수강생 프랭크 J. 웨일리 Frank J. Whaley 에게 일어났다. 그는 신경 쇠약에 걸렸다. 어째서 그랬을까? 걱정 때문이었다.

"모든 게 걱정스러웠습니다. 너무 말라서, 머리가 빠지는 거 같아서, 돈이 없어서 결혼을 못할까 봐, 좋은 아빠가 되지 못할까 봐, 결혼하고 싶은 여자와 헤어지게 될까 봐, 제대로 살지 못하는 것 같아서, 다른 사람들에게 좋은 인상을 주지 못할까 봐, 위궤양에 걸렸다는 생각에 걱정스러웠어요.

도대체 일을 할 수 없어서 직장을 그만뒀죠. 안전밸브가 없는 보일러처럼 제 속에 긴장이 쌓여갔어요. 견딜 수 없을 만큼 압박감이 심해져서 무언가를 포기해야만 했고, 그러다 결국 포기했습니다. 신경 쇠약에 걸려보지 않은 사람이라면 제발 걸리지 않게 해달라고 기도하세요. 어떤 육체의 고통도 괴로운 마음의 극심한 고통에 비할 수 없거든요.

신경 쇠약이 너무 심해져서 가족과도 대화를 나눌 수 없었습니다. 제 생각을 통제할 수 없었어요. 두려움에 사로잡혔습니다. 작은 소리만 나도 화들짝 놀랐어요. 모든 사람을 멀리했죠. 아무 이유도 없이 울음을 터뜨리곤 했습니다.

하루하루가 고통의 연속이었어요. 모든 사람이, 심지어 하나님한테도 버림받았다는 느낌이 들었죠. 강에 뛰어들어 모든 걸 끝내고 싶다는 충동까지 느꼈습니다.

환경을 바꾸면 도움이 될까 해서 플로리다로 여행을 떠나기로 결심했죠. 기차에 올랐을 때 아버지께서 편지를 건네며 플로리다에 도착해서 열어보라고 하셨어요. 관광 시즌이 한창일 때 플로리다에 도착했습니다. 호텔 방을 구할 수 없어서 한 정비소의 쪽방을 빌렸어요. 마이애미에서 출발하는 화물선에서 일자리를 얻으려고 했지만, 운이 따르지 않았죠. 그래서 해변에서 소일했어요. 집에 있을 때보다 더 비참하더군요. 그래서 아버지가 쓴 편지를 열어보았죠.

'아들아, 집에서 2,400km를 날아가도 달라진 게 없다는 기분이 들지, 그렇지 않니? 그럴 거라는 걸 난 이미 알았단다. 그건 네가 모든 문제의 원인을 싸 들고 가져갔기 때문이지. 바로 너 자신이란다. 네 몸이나 마음에는 아무 문제가 없어. 널 힘들게 하는 건 네가 만난 상황이 아니라 그 상황에 대한 네 생각이야. 마음속으로 생각하는 것, 그게 바로 그 사람이거든. 아들아, 이걸 깨달으면 집으로 돌아오거라. 병이 나을 테니.'

아버지의 편지를 읽고 화가 났습니다. 내가 원한 건 동정이었지 교훈이 아니었거든요. 너무 화가 나서 그 자리에서 절대 집으로 돌아가지 않겠다고 다짐했죠. 그날 밤 마이애미의 한 골목을 거닐다가 교회에 이르렀는데, 예배를 드리는 중이었어요. 마땅히 갈 곳도 없었던 터라 교회에 들어가서 설교를 들었죠.

'제 영혼을 정복하는 자는 도시를 점령하는 자보다 더 강하다.'

하나님의 거룩한 집에 앉아 아버지가 편지에 쓰셨던 것과 똑같은 말씀을 들으니 제 머릿속에 쌓인 잡동사니들이 싹 쓸려 내려간 기분이었습니다. 난생처음 맑은 정신으로 분별력 있게 생각할 수 있었어요. 제가 얼마나 어리석었는지 깨달았죠. 바꿔야 할 건 카메라 렌즈의 초점, 그러니까 내 마음뿐인데 온 세상과 온 세상 사람을 모조리 바꾸고 싶어 했던 제 모습을 깨닫고 충격을 받았습니다.

다음 날 아침, 나는 짐을 꾸려서 집으로 돌아갔어요. 일주일 후에는 다시 일터로 돌아갔고요. 넉 달 후에 전 잃을까 봐 내내 두려웠던 여자와 결혼했습니다. 지금 우리는 다섯 명의 아이와 화목한 가정을 꾸리고 있어요. 하나님은 물질적으로든 정신적으로든 제게 너그러운 분이셨습니다.

신경 쇠약에 걸렸을 때 전 열여덟 명의 직원을 관리하는 작은 부서의 야간 감독관이었어요. 지금은 450명이 넘는 직원을 책임지는 포장 용기 제조 담당 감독관입니다. 이제 삶이 훨씬 더 풍요롭고 우호적이에요. 전 지금 삶의 진정한 가치에 감사하고 있어요. (모든 사람의 삶이 그렇듯이) 슬그머니 불안한 순간이 찾아올 때는 카메라의 초점을 다시 맞추면 모든 게 괜찮아진다고 스스로 위로합니다.

솔직히 말해서 신경 쇠약에 걸린 게 오히려 다행입니다. 생각이 우리 몸과 마음에 얼마나 큰 힘을 발휘할 수 있는지를 어렵게 깨달았으니까요. 이제 저는 제 생각이 나를 거스르지 않고 내게 도움이 되도록 만들 수 있습니다. 제 모든 고통의 원인은 외적인 상황이 아니라 그 상황에 대한 제 생각이었다는 아버지의 말씀이 옳았다는 걸 이제는 알아요. 그 사실을 깨닫자마자 병이 나았고 그런 상태를 쭉 유지했죠."

이것이 프랭크 J. 웨일리의 경험이다.

나는 마음의 평화와 삶에서 얻는 기쁨은 우리가 어떤 사람이고, 어디에 있고, 무엇을 가졌느냐가 아니라 오로지 우리의 마음가짐에 달려 있다고 굳게 믿는다. 외적인 조건과는 거의 무관하다.

하퍼스 페리에서 미국 무기고를 탈취하고 노예들을 선동해 반란을 일으키려다 교수형을 당한 노예 해방론자 존 브라운John Brown을 예로 들어보자. 그는 자신을 담을 관 위에 앉은 채 교수대로 향했다. 그의 옆에 타고 있던 간수는 긴장하고 걱정스러워했지만 존 브라운 노인은 침착하고 냉정했다. 버지니아주의 블루리지산맥을 올려다보며 이렇게 소리쳤다.

"얼마나 아름다운 나라인가! 이때껏 실제로 볼 기회가 없었네."

아니면 영국인 최초로 남극점에 도달한 로버트 팰컨 스콧Robert Falcon Scott과 그의 동료들을 예로 들어보자. 그들의 귀환길은 십중팔구 인간이 겪은 가장 잔혹한 여정이었을 것이다. 식량이 떨어졌고 연료도 바닥이 났다. 열하루 동안 밤낮으로 지구의 끝자락 위로 눈보라가 사납게 휘몰아쳐서 더 이상 행진할 수 없었다. 남극의 얼음에 골이 파일 정도로 모질고 매서운 바람이었다.

스콧과 그의 동료들은 그들이 죽을 운명임을 알았다. 그들은 그런 만일의 사태에 대비해 대량의 아편을 들고 다녔다. 아편을 다량으로 복용하면 기분 좋게 잠이 들어 다시 깨지 않을 수 있었다. 그러나 그들은 아편에 의지하지 않고 "환희의 노래를 부르며" 세상을 떠났다. 이는 8개월 후 수색대가 꽁꽁 얼어붙은 그들의 시신과 함께 발견한 작별 편지에서 밝혀진 사실이었다.

그렇다, 용기와 침착함이라는 창의적인 생각을 소중히 간직한다면 관 위에 앉아 교수대를 향하면서 풍경을 즐길 수 있다. 혹은 굶주리고 얼어 죽어가는 동안 우리의 텐트를 '환희의 노래'로 가득 채울 수 있다.

밀턴은 300년 전 앞을 보지 못하는 상태로 이 같은 진리를 발견했다.

"마음은 그만의 고유한 공간이다. 그래서 그 안에서 지옥으로 천국을 만들고 천국으로 지옥을 만든다."

나폴레옹과 헬렌 켈러 Helen Keller는 밀턴의 말을 완벽하게 입증하는 예다. 나폴레옹은 영광, 권력, 부 등 인간이라면 대체로 갈망하는 모든 것을 가졌지만 세인트헬레나에서 "내 평생 행복한 날은 단 엿새도 없었다"고 말했다. 그에 반해 보지도, 듣지도, 말하지도 못했던 헬렌 켈러는 이렇게 자신 있게 말했다.

"나는 삶이 무척 아름답다는 사실을 깨달았다."

반세기를 살아오면서 내가 배운 게 있다면 "나 자신 외에 평화를 가져다줄 수 있는 것은 아무것도 없다"는 사실이다.

나는 랠프 월도 에머슨 Ralph Waldo Emerson이 자신감 Self-Reliance에 관한 수필의 맺음말에 쓴 말을 반복했을 뿐이다.

"정치적으로 승리하거나, 수익이 증가하거나, 병에서 회복하거나,

곁에 없던 친구가 돌아오는 등 외부 사건으로 말미암아 기분이 좋아져서 좋은 날이 여러분을 위해 준비되고 있다고 생각한다. 이 말을 믿지 마라. 결코 그럴 수 없다. 자신 외에는 그 어떤 것도 여러분에게 평화를 가져다줄 수 없다."

위대한 스토아학파의 철학자 에픽테토스는 몸에서 종양과 농양을 제거하는 것보다 마음에서 잘못된 생각을 제거하는 데 더 마음을 써야 한다고 경고했다.

이것은 에픽테토스가 1900년 전에 한 말이지만 현대 의학이 그의 말을 뒷받침할 것이다. G. 캔비 로빈슨 박사G. Canby Robinson는 존스홉킨스 병원에 입원한 환자 다섯 명 가운데 네 명이 정서적 긴장과 스트레스와 무관하지 않은 질환을 앓고 있다고 단언했다. 대개 기질성 장애 질환도 마찬가지이다. 그는 "결국 이런 질환의 뿌리는 삶의 문제와 삶에 대한 부적응으로 거슬러 올라간다"라고 단언했다.

프랑스의 위대한 철학자 몽테뉴Montaigne가 삶의 좌우명으로 삼은 한 문장이 있다.

"사람은 일어나는 일이 아니라 일어나는 일에 대한 본인의 의견 때문에 상처받는다."

그리고 일어난 일에 대한 우리의 의견은 전적으로 우리에게 달려 있다.

이 말은 무슨 의미일까? 걱정거리에 치여 신경이 버텨내지 못하고 곤두설 때, 그런 상황에서도 의지의 노력으로 마음가짐을 바꿀 수 있다고 여러분의 면전에 대고 말할 만큼 내가 두둑한 배짱이 있을까? 그렇다, 내 말이 정확히 그 말이다! 그리고 그것만이 아니다. 나는 어떻게 하면 되는지 그 방법까지 알려줄 것이다. 약간의 노력이 필요하겠지만 비법은 단순하다.

실용 심리학 분야의 최고 권위자 윌리엄 제임스는 다음과 같이 발언한 적이 있다.

"행동이 감정을 따르는 것처럼 보이지만 실제로는 행동과 느낌이 함께 움직이며 직접적으로 의지의 통제를 받는 행동을 조절함으로써 그렇지 않은 감정을 간접적으로 조절할 수 있다."

바꾸어 말하면 '마음먹는 것'만으로 감정을 곧바로 바꿀 수는 없지만, 행동은 바꿀 수 있다. 그리고 행동을 바꾸면 감정도 자동으로 바뀐다. 그는 다음과 같이 설명한다.

"따라서 기분이 좋지 않을 때 다시 기분이 좋아질 수 있는 주도적이고 자발적인 길은 이미 기분이 좋은 듯이 기분 좋게 바르게 앉아서 그렇게 행동하고 말하는 것이다."

이 단순한 속임수가 효과가 있을까? 마치 성형술처럼 효과적이다! 직접 시도해 보라. 활짝 환하게 꾸밈없는 미소를 짓고, 어깨를 쫙 펴고, 크게 깊이 숨을 한 번 쉰 다음 노래를 한 소절 불러보라. 노래가 여의찮으면 휘파람을 불어보라. 휘파람도 여의찮다면 그냥 흥얼거려라. 윌리엄 제임스가 한 말이 무슨 뜻인지 금세 깨달을 것이다. 다시 말해 대단히 행복한 모습을 연기하는 동안에 계속 비참하거나 우울하기란 물리적으로 불가능하다는 사실을 금세 깨닫게 될 것이다!

이것이 우리 삶에서 쉽게 기적을 일으킬 수 있는 자연의 한 가지 작은 기본 진리다. 캘리포니아에 사는 한 지인이 이 비밀만 알았더라도 24시간 만에 모든 불행을 말끔히 없앨 수 있었을 것이다. 그녀는 나이 지긋한 미망인이다. 슬픈 일이다. 나도 인정한다. 하지만 그녀가 행복하다는 듯이 행동하려고 노력할까? 그렇지 않다. 여러분이 그녀에게 안부를 물으면 그녀는 '아, 전 잘 지내요'라고 대답한다. 하지만 그녀의 표정과 목소리는 이렇게 말한다.

'오, 세상에, 내가 얼마나 힘들었는지 당신이 알아만 줘도 좋을 텐데!'

그녀는 자기 앞에서 행복해한다고 여러분을 나무라는 것 같다. 그녀보다 불쌍한 사람은 무수히 많다. 남편은 그녀가 여생을 보낼 수 있을 만큼 보험을 충분히 남겼고 결혼한 자녀들은 그녀에게 자기네 집에서 지내라고 말한다. 하지만 나는 그녀가 웃는 모습을 좀처럼 본 적이 없다. 그녀는 한 번에 몇 달씩 세 사위의 집에서 신세를 지면서도 그들이 모두 인색하고 이기적이라고 투덜댄다. 그녀는 자신의 노후를 위해 자기 돈을 알뜰하게 모으면서도 딸들이 자기에게 선물을 주지 않는다고 불평한다.

그녀는 자신은 물론이고 그녀의 불운한 가족을 괴롭히는 존재다! 하지만 꼭 그래야만 할까? 안타까운 일이다. 마음만 먹는다면 그녀는 불쌍하고, 괴롭고, 불행한 노파에서 사랑과 존경을 받는 가족 구성원으로 변모할 수 있다. 게다가 짐짓 유쾌한 것처럼 행동하기만 한다면, 불행하고 비참한 자신의 에고에 온 사랑을 낭비하는 대신에 작은 사랑을 베푸는 것처럼 행동하기만 한다면 이런 변모가 가능하다.

나는 인디애나주 텔시티 11번가 1335번지에 사는 H.J. 잉글러트 H.J. Englert라는 남자를 안다. 그는 이 비결을 발견한 덕분에 오늘까지 살아있다. 잉글러트는 10년 전 성홍열에 걸렸다. 성홍열에서 회복했을 때 그는 자신이 이미 신장 질환인 신장염에 걸린 상태임을 알게 되었다. 의사라면 심지어 돌팔이 의사까지 모조리 찾아다녔으나 병이 낫지 않았다고 한다.

그러다 얼마 전에 다른 합병증이 생겼다. 혈압이 치솟았다. 병원에 갔더니 최고 혈압이 214라는 진단이 나왔다. 그는 그 정도면 목숨이 위태로울 수 있고 상태가 악화하고 있으니 당장 신변을 정리하는 편이 좋다는 통보를 받았다.

그는 이렇게 말한다.

"저는 집으로 돌아가 보험금을 완납했는지 확인한 다음 저의 조물주에게 제 모든 잘못에 대해 용서를 구하고는 우울한 생각에 빠졌습니다.

전 모든 사람을 불행하게 만들었어요. 아내와 가족은 괴로워했고, 저는 우울함 속으로 깊이 파고들었죠. 그러나 일주일을 자기연민에 빠져 보낸 끝에 이렇게 생각했습니다.

'너 참 바보처럼 굴고 있구나! 1년은 더 살 수 있을 텐데, 살아 있는 동안이라도 행복해지려고 노력하는 게 어때?'

나는 어깨를 쫙 펴고, 얼굴에 미소를 띠고, 모든 게 정상이라는 듯이 행동하려고 노력했습니다. 처음에는 힘들었지만 억지로라도 즐겁고 쾌활해지려고 했어요. 이런 게 제 가족뿐만 아니라 제게도 도움이 되더군요.

가장 먼저, 기분이 좋아지기 시작한다는 게 느껴졌어요. 억지로 그런 척했던 만큼 기분이 좋아졌죠. 계속 좋아졌어요. 무덤에 들어갈 거라고 예상했던 시일이 몇 달 지난 오늘, 저는 행복하고 건강하며 살아 있을 뿐만 아니라 혈압까지 떨어졌습니다!

한 가지만 확실히 압니다. 제가 계속 '죽어간다'는 패배의 생각을 떠올렸다면 의사의 예측이 틀림없이 현실이 되었을 겁니다. 하지만 저는 세상의 그 어떤 것도 아닌 마음가짐의 변화로써 제 몸에 스스로 치유할 수 있는 기회를 주었습니다!"

여러분에게 한 가지 묻고 싶다. 유쾌하게 행동하고 건강과 용기라는 긍정적인 생각을 하는 것만으로도 이 사내의 생명을 구할 수 있다면, 우리가 우리의 사소한 슬픔과 우울함을 1분이라도 더 참아야 할 이유가 있을까? 쾌활하게 행동하는 것만으로도 행복해질 수 있는데 자신과 주변 사람들을 불행하고 우울하게 만들 이유가 있을까?

몇 년 전 나는 내 인생에 오래도록 깊은 영향을 남긴 작은 책 한 권을 읽었다. 제임스 레인 앨런 James Lane Allen이 쓴 《생각하는 대로 As a Man Thinketh》라는 제목의 책인데, 그 책에 다음과 같은 내용이 있다.

"누군가 사물과 다른 사람들을 대하는 생각을 바꾸면 그를 대하는 사물과 다른 사람들이 바뀐다는 사실을 발견할 것이다. 생각을 근본적으로 바꾸면 삶의 물질적 조건에 영향을 미칠 만한 파격적인 변화에 깜짝 놀랄 것이다. 사람은 자신이 원하는 게 아니라 있는 그대로의 자신을 끌어당긴다.

우리의 목적을 구체화하는 신성神性이 우리 자신 안에 있다. 그것은 바로 우리 자신이다. 누군가 성취하는 모든 것은 본인의 생각이 빚어낸 직접적인 결과다. 본인의 생각을 고양함으로써 출세하고, 극복하고, 성취할 수 있다. 생각을 고양하지 않으면 나약하고 영락하고 비참한 상태에 머물 것이다."

창세기에 따르면 창조주 하나님은 인간에게 드넓은 땅 전체를 지배할 수 있는 권한을 주었다. 대단한 선물이다. 하지만 나는 그런 위풍당당한 특권에는 관심이 없다. 내가 원하는 것은 자신에 대한 지배권뿐이다. 다시 말해 내 생각에 대한 지배권, 내 두려움에 대한 지배권, 내 마음과 정신에 대한 지배권을 원한다. 그리고 놀랍게도 나는 내가 원할 때 언제든지 내 행동을 통제하고 나아가 내 반응을 통제함으로써 놀라울 수준으로 이런 지배권을 손에 넣을 수 있다는 사실을 안다.

윌리엄 제임스의 이 말을 기억하자.

"우리가 악이라고 부르는 것의 대부분은 고통받는 사람의 내적 태도를 두려움에서 투쟁으로 바꾸기만 해도 흔히 견고하고 강인한 선으로 전환될 수 있다."

우리의 행복을 위해 싸우자!

유쾌하고 건설적인 생각을 위한 계획을 매일 실천함으로써 우리의 행복을 위해 싸워 보자. 그런 계획을 한 가지 소개할 것이다. 제목은 '오늘 하루만은'이다. 나는 그것이 무척 고무적인 계획이라는 사실을 들어서 수백 부를 복사해 나누어 주었다. 36년 전 고故 시빌 파트리지 Sibyl F. Partridge가 쓴 글이다. 여러분과 내가 이 계획을 실천한다면 우리의 걱정거리는 대부분 사라지고 프랑스인들이 말하는 우리 몫의 '삶의 기쁨 La Joie De Vivre'이 무한히 커질 것이다.

오늘 하루만은

1. 오늘 하루만은 행복하게 지낼 것이다.

"사람들은 대부분 스스로 마음먹은 만큼 행복해진다"라는 에이브러햄 링컨의 말은 진실이다. 행복은 내면에서 나오는 것이지 외적인 요소의 문제가 아니다.

2. 오늘 하루만은 있는 그대로에 나를 맞추려고 노력할 것이다.

모든 것을 내 욕망에 맞추려고 애쓰지 않을 것이다. 내 가족, 내 사업, 내 행운을 주어지는 대로 받아들이고 거기에 나를 맞출 것이다.

3. 오늘 하루만이라도 내 몸을 돌볼 것이다.

운동하고, 돌보고, 영양을 공급할 것이며 학대하거나 소홀히 하지 않을 것이다. 그래서 내 몸을 내 마음대로 움직일 수 있는 완벽한 기계로 만들 것이다.

4. 오늘 하루만이라도 마음의 힘을 키우려고 노력할 것이다.

쓸모 있는 것을 배울 것이다. 정신적인 게으름뱅이가 되지 않겠다. 노력과 생각, 집중이 필요한 글을 읽을 것이다.

5. 오늘 하루만은 세 가지 방법으로 내 영혼을 수련할 것이다.

남몰래 누군가에게 선행을 베풀 것이다. 윌리엄 제임스가 제안했듯이 그냥 수련을 위해 내가 하기 싫은 일을 적어도 두 가지 이상 실천할 것이다.

6. 오늘 하루만은 호감을 주는 사람이 될 것이다.

최대한 멋진 모습을 보이고, 최대한 어울리는 옷을 입고, 나지막하게 말하고, 예의 바르게 행동하고, 아낌없이 칭찬하고, 전혀 비판하지 않고, 어떤 일에도 흠을 잡지 않고, 아무도 통제하거나 개선하려고 애쓰지 않을 것이다.

7. 오늘 하루만 충실히 살기 위해 노력할 것이다.

내 삶의 모든 문제를 당장 해결하기 위해 애쓰지는 않을 것이다. 평생 해야 한다면 끔찍한 일이라도, 열두 시간이라면 할 수 있다.

8. 오늘만이라도 계획을 세울 것이다.

시간마다 무엇을 할 것인지 적어둘 것이다. 정확하게 따르지는 못하더라도 계획을 세울 것이다. 그러면 조급성과 우유부단이라는 두 가지 골칫거리가 사라질 것이다.

9. 오늘만큼은 30분 동안 혼자 조용히 쉴 것이다.

이 30분 동안 이따금 하나님을 떠올리며 내 삶을 좀 더 균형 잡힌 시각으로 바라볼 것이다.

10. 오늘 하루만이라도 두려워하지 않을 것이다.

특히 행복하게 지내고, 아름다운 것을 즐기고, 사랑하고, 내가 사랑하는 사람들이 나를 사랑한다는 사실을 믿기를 두려워하지 않을 것이다.

우리에게 평화와 행복을 선사할 정신적 태도를 개발할 수 있는 규칙 1은 다음과 같다.

'유쾌하게 생각하고 행동하라. 그러면 유쾌해질 것이다.'

2

앙갚음의 비싼 대가

몇 년 전 어느 날 밤, 옐로스톤 국립공원을 여행하던 중에 나는 다른 관광객들과 함께 소나무와 전나무가 울창한 숲이 마주 보이는 자리에 앉아 있었다. 회색곰을 보려고 기다리던 우리 앞에 이윽고 숲의 무법자인 회색곰이 나타났다. 회색곰은 환한 불빛이 비치는 곳으로 성큼성큼 걸어 나와 한 공원 호텔의 주방에서 버린 쓰레기를 게걸스럽게 먹기 시작했다.

산림 경비원인 마틴데일Martindale 소령이 말을 타고 앉아 한껏 들떠 있는 관광객들에게 곰에 관해 이야기했다. 그는 회색곰이 서구에서는 물소와 알래스카불곰을 제외한 모든 동물을 해치울 수 있다고 말했다. 하지만 그날 밤 환한 불빛 아래 회색곰이 숲에서 나와서 자기와 함께 먹도록 허락한 것은 한 동물, 둘도 아닌 한 동물뿐이라는 사실을 발견했다. 그것은 스컹크 한 마리였다.

회색곰은 그 강력한 앞발로 한 방만 날리면 스컹크쯤은 해치울 수 있는 걸 알고 있었다. 그런데 왜 그렇게 하지 않았을까? 그래봐야 득이 될 게 없다는 사실을 경험상 알기 때문이다.

나도 그 사실을 알았다. 미주리주의 농장에서 살던 어린 시절 나는 미주리의 울타리를 따라 네발 달린 스컹크를 잡으려고 덫을 놓았다. 어른이 되었을 때는 뉴욕의 보도에서 두 발 달린 스컹크 몇 마리를 마주쳤다. 나는 슬픈 경험을 통해 네발이든 두 발이든 간에 스컹크를 자극해봐야 득이 될 것이 없다는 사실을 깨달았다.

원수를 미워한다면 그것은 내 잠, 식욕, 혈압, 건강, 행복을 지배할 힘을 원수에게 주는 것과 다름없다. 그들이 얼마나 어떻게 괴롭히고 상처를 입히고 앙갚음하고 있는지만 알아도 신나게 춤출 것이다! 내 증오가 그들에게 해를 입히기보다는 나의 밤낮을 지옥의 소용돌이로 몰아넣는다.

다음과 같이 말한 사람은 누구일지 짐작하겠는가?

"이기적인 사람들이 여러분을 이용하더라도 앙갚음하려 하지 말고 깨끗이 잊어라. 앙갚음하려 한다면 상대보다는 자신에게 더 큰 상처를 입힌다."

이 말은 현실을 모르는 이상주의자가 한 말처럼 들릴 수 있다. 하지만 그렇지 않다. 밀워키 경찰청에서 발행한 공보에 실린 말이다.

앙갚음하려 할 때 어떤 식으로 여러분이 상처를 입게 될까? 여러 모로 상처를 입는다. 〈라이프〉 잡지에서는 심지어 여러분의 건강을 해칠 수도 있다고 말한다. 〈라이프〉에 따르면 고혈압 환자의 가장 큰 성격상 특징은 분노다. 분노가 만성화되면 만성 고혈압과 심장 질환이 따른다.

"네 원수를 사랑하라"라는 예수 그리스도의 말씀은 건전한 윤리만 설파한 것이 아니다. 20세기의 의학까지 설파한 것이다. "일곱 번을 일흔 번까지라도 용서하라"라고 말씀하셨을 때 예수 그리스도는 고혈압, 심장 질환, 위궤양, 기타 여러 질병을 예방하는 방법을 여러분과 내게 말씀하신 것이다.

최근 내 친구 하나가 심각한 심장 발작을 겪었다. 그녀의 주치의는 그녀를 침대에 눕게 하고 어떤 일이 있어도 화를 내지 말라고 지시했다. 의사들은 심장이 약한 사람이 분통을 터트리면 목숨을 잃을 수 있다는 사실을 안다. 목숨을 잃을 수도 있다! 몇 년 전 워싱턴주 스포캔에서 한 레스토랑 주인이 분통을 터트리다가 실제로 목숨을 잃었다. 지금 내 앞에 워싱턴주 스포캔 경찰서장 제리 스와트아웃Jerry Swartout이 보낸 편지가 놓여있다.

"몇 년 전, 스포캔에서 카페를 운영하던 68세의 윌리엄 팔카버William Falkaber라는 사내는 요리사가 커피를 마시면서 굳이 자기 컵 받침을 쓰겠다고 고집을 피우는 바람에 분노를 참지 못했고 결국 목숨을 잃었습니다. 카페 주인은 너무 분개하여 권총을 들고 요리사를 쫓아가다가 심부전으로 쓰러져 손에 총을 잡은 채 사망했죠. 검시관의 보고서에 따르면 분노가 심부전을 유발했다고 합니다."

"원수를 사랑하라"라고 말씀할 때 예수 그리스도는 또한 우리의 외모를 개선할 방법을 전한 것이다. 나는 증오 탓에 얼굴이 주름지고, 경직되고, 분노 탓에 얼굴이 일그러진 여인을 안다(여러분도 마찬가지일 것이다). 어떤 미용 시술도 기독교계의 용서, 부드러움, 사랑이 충만한 마음의 절반만큼 외모를 개선할 수는 없다.

증오는 심지어 음식을 즐길 수 있는 능력까지 파괴한다. 《성경》에서는 이를 다음과 같이 표현한다.

"채소를 먹으며 서로 사랑하는 것이 살진 소를 먹으며 서로 미워하는 것보다 나으니라."(잠언 15장 17절 – 옮긴이)

만일 우리가 증오 때문에 지치고, 피곤하고 긴장하고, 외모를 망치고, 심장에 문제가 일어나고, 수명을 단축한다는 사실을 우리의 원수가 안다면 흐뭇해하지 않을까?

설령 원수를 사랑할 수는 없더라도 적어도 자신은 사랑하자. 원수가 우리의 행복과 건강, 외모를 통제하지 못하도록 자신을 아주 사랑하자. 셰익스피어가 표현했듯이.

"원수를 위해 화로를 너무 뜨겁게 달구지 마라. 당신이 데일 수 있으니."

일곱 번을 일흔 번까지라도 원수를 용서해야 한다는 예수 그리스도의 말씀은 건전한 사업에 대해 설파한 것이다. 예를 들어, 이 글을 쓰는 지금 내 앞에는 스웨덴 웁살라 프로데가탄 24번지에 사는 조지 로나George Rona로부터 받은 편지가 놓여있다.

조지 로나는 수년간 비엔나에서 변호사로 일하다가 2차 세계대전 중에 스웨덴으로 피난을 떠났다. 돈이 없어서 일자리가 절실히 필요했다. 몇 가지 언어를 구사할 수 있었던 그는 수출입에 관여하는 어떤 회사의 연락 담당 직원으로 일하기를 희망했다. 대다수 회사에서는 전쟁 중이라 그런 서비스가 필요 없지만 일단 접수는 해놓겠다고 답변을 보냈다. 하지만 조지 로나에게 다음과 같은 편지를 보낸 사람이 있었다.

"당신은 우리 회사를 제대로 모르시는군요. 잘 알지도 못할뿐더러 어리석기까지 하네요. 연락 담당 직원은 필요하지 않습니다. 설령 필요하더라도 스웨덴어도 제대로 모르는 당신은 고용하지 않겠습니다. 당신의 편지는 온통 실수투성이입니다."

그 편지를 읽고 조지 로나는 도널드 덕만큼이나 화가 났다. 내게 스웨덴어를 제대로 모른다고 하다니 이 사람이 무슨 뜻인 줄은 알고나 한 말인가! 자기 편지도 실수투성이인 주제에! 그래서 조지 로나는 이 사람을 화나게 할 작정으로 편지를 썼다. 그러다가 그는 잠시 멈추고 이렇게 생각했다.

'잠깐만. 나는 어떻게 이 남자가 옳지 않다는 걸 알지? 내가 스웨덴어를 공부했어도 그게 내 모국어가 아니니 내가 전혀 모르는 실수를 할 수 있겠지. 만일 그렇다면 분명히 더 열심히 공부해야 하는 거잖아. 일자리를 구하고 싶다면 말이야. 의도한 것은 아니었지만 이 남자가 내게 호의를 베풀었을 수도 있겠군. 그가 기분 나쁜 말투로 자기 뜻을 전했다고 해서 내가 그에게 입은 신세가 달라지지는 않아. 그러니까 그에게 편지를 써서 그가 해준 일에 고맙다고 말할 거야.'

그래서 조지 로나는 이미 썼던 가시 돋친 편지를 찢어버리고 다음과 같은 내용의 편지를 새로 썼다.

"연락 담당 직원이 필요하지 않으신데도 제게 편지를 보내주다니 정말 친절하시군요. 무엇보다 제가 귀사에 대해 오해한 점을 사과드립니다. 제가 귀사에 편지를 쓴 건 사전 조사를 하다가 귀사가 해당 분야의 선두기업이라는 정보를 얻었기 때문입니다. 편지에 문법적인 오류가 있는 줄은 몰랐습니다. 죄송스럽고 부끄럽습니다. 이제 스웨덴어 공부에 더 열심히 매진하고 실수를 바로잡기 위해 노력하겠습니다. 자기 계발의 길로 나아갈 수 있도록 도와주신 당신께 고마움을 전하고 싶습니다."

며칠 후 조지 로나는 이 남자로부터 자신을 만나러 오라는 내용의 편지를 받았다. 로나는 그곳을 방문했고 일자리를 얻었다. 조지 로나는 부드러운 대답이 분노를 물리친다는 사실을 스스로 깨달았다.

원수를 사랑할 만큼 성자는 아닐지언정 자신의 건강과 행복을 위해 적어도 원수를 용서하고 잊어버리자. 그것이 지혜로운 일이다. 공자가 말했다.

"마음에 두지 않는 한, 억울한 일을 당하거나 도둑질을 당하는 것은 아무것도 아니다."

나는 예전에 아이젠하워 장군의 아들 존에게 아버지가 원한을 품은 적이 있느냐고 물었다. 존의 답변은 이러했다.

"아니요. 아버지는 마음에 들지 않는 사람에 대해 생각하느라 결코 단 1분도 낭비하지 않으세요."

화를 낼 수 없는 사람은 어리석지만, 화를 내지 않는 사람은 현명하다는 옛말이 있다.

윌리엄 J. 게이너William J. Gaynor 뉴욕 시장은 이를 정책으로 삼았다. 황색 언론의 맹렬한 비난을 받던 그는 한 미치광이의 총격을 받고 죽을 뻔했다. 병상에 누워 목숨을 구하기 위해 사투를 벌이던 그는 "매일 밤 나는 모든 것을, 모든 사람을 용서한다"라고 말했다.

너무 이상주의적인 말인가? 지나치게 낙천적인 말인가? 그렇다면 독일의 위대한 철학자이자 《염세주의 연구Studies in Pessimism》의 작자인 쇼펜하우어Schopenhauer에게 조언을 구해 보자.

그는 삶을 허무하고 고통스러운 모험이라고 생각했다. 걸음을 옮길 때마다 우울함이 뚝뚝 떨어졌지만, 쇼펜하우어는 절망의 깊은 곳에서 이렇게 울부짖었다.

"가능하다면 누구에게도 원한을 품지 말아야 한다."

나는 윌슨Wilson, 하딩Harding, 쿨리지Coolidge, 후버Hoover, 루스벨트, 트루먼Truman 등 여섯 명의 대통령을 보좌했던 버나드 바루크Bernard Baruch에게 정적들의 공격에 불안해하지 않았느냐고 질문한 적이 있다. 그는 이렇게 대답했다.

"어떤 사람도 나를 모욕하거나 방해할 수 없습니다. 그렇게 하도록 내버려두지 않을 겁니다."

우리가 허락하지 않는 한 그 누구도 우리를 모욕하거나 방해할 수 없다. 막대기와 돌로 내 뼈를 부러뜨릴 수 있지만, 말로는 결코 나를 해칠 수 없다.

오랜 세월 동안 인류는 예수 그리스도를 닮아 원수에게 원한을 품지 않은 사람들에게 촛불을 밝혔다. 나는 이따금 캐나다의 재스퍼 국립공원에 서서 서구 세계에서 가장 아름답다고 손꼽히는 산을 바라본다. 1915년 10월 12일 독일군의 총탄 앞에서 성녀처럼 죽음을 맞이한 영국 간호사 이디스 카벨Edith Cavell을 기리기 위해 그녀의 이름을 딴 산이다.

그녀의 죄목은 무엇이었을까? 그녀는 벨기에 자택에서 프랑스와 영국의 부상병들을 숨겨주고, 먹여주고, 간호하고, 그들이 네덜란드로 탈출할 수 있도록 도왔다. 그해 10월의 그 날 아침 영국인 군목이 그녀의 죽음을 준비하기 위해 브뤼셀의 군 교도소에 있는 그녀의 감방에 들어갔을 때 이디스 카벨은 지금까지 청동과 화강암에 새겨져 보존되고 있는 두 문장을 말했다.

"저는 애국심만으로는 충분하지 않다는 것을 깨달았습니다. 누구도 증오하거나 원망하지 않을 겁니다."

4년 후 그녀의 시신은 영국으로 옮겨졌고 웨스트민스터 사원에서 추모식이 열렸다. 오늘날 런던의 국립 초상화 미술관 맞은편에는 영국에서 손꼽는 불멸의 인물인 그녀의 화강암 동상이 있다.

원수를 용서하고 잊을 수 있는 한 가지 확실한 방법은 우리 자신보다 무한히 큰 어떤 대의에 몰두하는 것이다. 그러면 대의를 제외한 모든 것을 잊을 수 있으니, 우리가 마주치는 모욕과 적대감은 중요하지 않을 것이다.

1918년 미시시피의 소나무 숲에서 일어날 뻔했던 대단히 극적인 사건을 예로 들어보자. 바로 린치 사건이다! 유색인종 교사이자 목사였던 로런스 존스 Laurence Jones가 린치당할 위기에 처했다.

몇 년 전 나는 로런스 존스가 설립한 파이니 우즈 컨트리 스쿨을 방문해 학생들 앞에서 연설한 적이 있다. 그 학교는 오늘날 전국적으로 유명하지만 내가 언급하려는 사건은 그보다 훨씬 전에 일어났다. 1차 세계대전 중에 감정이 한창 고조된 시기의 일이다. 독일군이 흑인들을 선동해 반란을 일으킨다는 소문이 미시시피 중부 전역에 퍼져 있었다.

린치를 당할 위기에 처했던 로런스 존스는 앞서 말했듯이 흑인이었고, 자기 인종이 반란을 일으키도록 도왔다는 혐의를 받고 있었다. 교회 밖에서 잠시 멈춰 있던 한 무리의 백인 남성이 로런스 존스가 신도들에게 외치는 소리를 들었다.

"삶은 전투입니다. 이 전투에서 모든 흑인은 갑옷을 입고 생존과 성공을 위해 싸워야 합니다."

'싸워라!', '무장!'. 이 두 단어면 충분했다. 흥분한 젊은이들은 폭도들을 모집해 교회로 돌아왔다. 목사를 밧줄로 묶어 1,500m가 넘는 곳까지 끌고 갔다. 그리고 장작더미 위에 그를 세우고 성냥에 불을 붙였다. 그의 목을 매다는 동시에 화형에 처할 준비를 하고 있을 때 누군가 외쳤다.

"그를 태워죽이기 전에 빌어먹을 그 연설이나 한번 들어봅시다. 연설하라! 연설하라!"

로런스 존스는 장작더미 위에 서서 목에 밧줄을 두른 채 그의 삶과 대의를 위한 연설을 시작했다. 그는 1907년 아이오와대학교를 졸업했다. 훌륭한 인품과 학업성적, 음악적 재능 덕분에 학생과 교수진 할 것 없이 모든 사람에게 인기가 있었다. 졸업한 후에는 사업계에 진출하라는 한 호텔경영자의 제안을 거절했고 음악 공부에 자금을 지원해 주겠다는 한 부호의 제안도 거절했다.

왜 그랬을까? 어떤 비전을 불태우고 있었기 때문이다. 부커 T. 워싱턴 Booker T. Washington의 전기를 읽으면서 그는 가난에 시달리고 배우지 못한 흑인들을 교육하는 데 일생을 바치겠다는 포부가 생겼다. 그래서 남부에서 가장 낙후된 지역으로 향했다. 미시시피주 잭슨에서 남쪽으로 약 40km 떨어진 곳이었다. 시계를 1.65달러에 전당을 잡혀서 숲속에서 나무 그루터기를 책상으로 삼아 학교를 시작했다.

로런스 존스는 자신을 린치하기 위해 기다리고 있던 그 성난 사내들에게 학교 교육을 받지 못한 소년소녀들을 교육해 훌륭한 농부, 기계공, 요리사, 가정부로 양성하면서 겪어야 했던 어려움을 이야기했다. 그리고 파이니 우즈 컨트리 스쿨을 설립하는 힘든 과정에 도움을 주었던 백인 남자들에 관해 이야기했다. 그들은 존스가 교육사업을 계속할 수 있도록 땅, 목재, 돼지, 소, 돈을 주었다.

훗날 그를 목매달고 불태우려고 길 위로 끌고 간 사람들이 밉지 않았냐는 질문을 받았을 때, 로런스 존스는 큰 뜻을 이루느라 너무 바빠서, 자신보다 더 큰 무언가에 몰두하느라 미워할 시간이 없었다고 답했다. 그는 이렇게 말했다.

"저는 다툴 시간도 없고, 후회할 시간도 없습니다. 아무리 비열하게 구는 사람이라도 내가 그를 억지로 증오하게 만들 수는 없습니다."

로런스 존스가 자신이 아니라 대의를 위해 진지하고 감동적인 웅변으로 호소하자 폭도들은 누그러지기 시작했다. 마침내 무리 속에 있던 한 남부군 참전 용사가 입을 열었다.

"이 청년이 진실을 말하고 있다고 믿습니다. 전 그가 언급한 백인 남자들의 이름을 알고 있습니다. 그는 훌륭한 일을 하고 있습니다. 우리가 실수한 겁니다. 그를 목매달기보다는 도와야 합니다."

남부군 참전 용사는 군중 사이로 모자를 건네며 파이니 우즈 컨트리 스쿨의 설립자를 교수형에 처하기 위해 모였던 바로 그 사람들로부터 52달러 40센트의 성금을 모았다. "나는 다툴 시간도 없고, 후회할 시간도 없다. 아무리 비열하게 구는 사람이라도 내가 그를 억지로 증오하게 만들 수는 없다"라고 말한 사람을 위해서 말이다.

에픽테토스는 우리가 뿌린 대로 거두며, 운명은 거의 언제나 우리의 못된 짓에 대가를 치르게 만든다고 1,900년 전에 지적했다. 그는 다음과 같이 말했다.

"장기적으로 보면 모든 사람은 본인의 잘못에 대한 대가를 치르게 될 것이다. 이를 기억하는 사람은 누구에게도 화를 내지 않고, 누구에게도 분개하지 않으며, 누구를 욕하지 않고, 누구를 비난하지 않고, 누구를 불쾌하게 하지 않고, 누구도 미워하지 않을 것이다."

미국 역사상 링컨만큼 비난과 증오를 받고 배신을 당한 사람은 십중팔구 없을 것이다. 하지만 헌든 Herndon의 훌륭한 전기에 따르면 링컨은 결코 자신의 호불호를 기준으로 사람을 판단하지 않았다.

그는 어떤 임무를 맡겨야 할 때 그의 적들도 그 어떤 사람에 못지않게 그 임무를 잘 해낼 수 있다고 생각했다. 그를 비방하거나 개인적으로 냉대한 사람이라도 그 자리의 적임자라면 링컨은 친구에게나 다름없이 선뜻 그 사람에게 그 자리를 맡겼다. 내가 알기로는 정적이라는 이유로, 또는 자기가 싫어한다는 이유로 어떤 사람을 해임한 적이 없다.

링컨은 매클렐런 McClellan, 수어드 Seward, 스탠턴 Stanton, 체이스 Chase 등 그가 손수 고위직에 임명했던 바로 그 사람들로부터 비난을 받고 모욕을 당했다. 그러나 그의 법률 파트너인 헌든에 따르면 링컨은

"누구든 자신이 행한 일 때문에 찬사를 받거나 아니면 행하거나 행하지 않은 일 때문에 비난을 받아서는 안 된다"라고 믿었다. 그것은 "우리는 모두 지금과 앞으로 영원히 그렇듯이 조건, 상황, 환경, 교육, 후천적 습관, 유전 형질로 만들어진 인간"이기 때문이다.

어쩌면 링컨의 말이 옳을 것이다. 만일 여러분과 내가 적들과 똑같은 신체적, 정신적, 정서적 특성을 물려받았다면, 그리고 살면서 그들에게 일어난 일이 우리에게도 일어났다면, 우리도 그들과 똑같이 행동할 것이다. 달리 행동할 수 없을 것이다.

미국의 법조인 클래런스 대로 Clarence Darrow가 말하곤 했듯이 모든 것을 알면 모든 것을 이해하게 되며, 그러면 판단과 정죄를 위한 여지가 남지 않는다. 그러니 원수를 미워하는 대신 어여삐 여기고 삶이 우리를 그들처럼 만들지 않은 것에 하나님께 감사하자. 원수에게 비난과 원한을 차곡차곡 쌓는 대신 이해, 동정, 도움, 용서, 기도를 베풀자.

나는 매일 밤 《성경》을 읽거나 《성경》 구절을 암송한 다음 무릎을 꿇고 '가족 기도 합시다'라고 말하던 가정에서 자랐다. 미주리주의 외로운 농가에서 예수 그리스도의 말씀을 암송하는 아버지의 목소리가 아직도 귓전에 맴돌며 인간이 자신의 이상을 간직하는 한 그 말씀은 계속 되풀이될 것이다.

"네 원수를 사랑하라. 너희를 욕되게 하는 자들을 축복하라. 너희를 미워하는 자들에게 선을 행하라. 그리고 너희를 모욕하고 핍박하는 자들을 위해 기도하라."(마태복음 – 옮긴이)

아버지는 예수 그리스도의 말씀대로 살려고 노력했고 그 말씀은 아버지에게 이 땅의 선장들과 임금들이 헛되이 찾던 내면의 평화를 주었다.

우리에게 평화와 행복을 선사할 마음가짐을 기르기 위해 기억해야 할 규칙 2는 다음과 같다.
'원수보다 우리 자신에게 더 큰 상처를 줄 수 있으니, 원수에게 앙갚음하려 애쓰지 말자. 아이젠하워 장군처럼 마음에 들지 않는 사람에 대해 생각하는 데 단 1분도 낭비하지 말자.'

3

배은망덕 때문에
걱정하지 않는 방법

나는 최근 텍사스에서 한 사업가를 만났는데, 그는 몹시 분개하고 있었다. 그를 만나면 그가 15분 이내에 그 얘기를 꺼낼 것이라고 귀띔받았는데 아니나 다를까, 정말 그랬다. 그의 화를 돋운 그 사건은 11개월 전에 일어난 일이었지만 그는 아직도 분을 삭이지 못했다. 그 일 말고는 그에게 다른 이야깃거리가 없었다. 그가 34명의 직원에게 각각 300달러씩 총 1만 달러의 크리스마스 보너스를 줬는데 아무도 고맙다는 말을 하지 않았다는 것이다. 그는 "한 푼도 주지 말았어야 했건만"이라며 몹시 분해서 투덜댔다.

공자는 "화내는 사람은 언제나 독으로 가득 차 있다"라고 말했다. 이 남자는 온통 독으로 가득해서 나는 솔직히 그가 불쌍했다. 그의 나이는 예순 살 정도였다. 생명 보험 회사에서는 평균적으로 우리가 앞으로, 80세에서 우리의 현재 나이를 뺀 수치의 3분의 2 이상을 살

것이라고 계산한다. 그러니 이 남자는 운이 좋으면 아마 14~15년 정도 살 수 있을 것이다. 하지만 그는 이미 지난 일 때문에 괴로워하고 분개하면서 그에게 남은 몇 년 가운데 거의 1년을 허비하고 있었다. 나는 그가 불쌍했다.

그는 원망과 자기 연민에 빠지는 대신 왜 직원들이 고마워하지 않았는지 스스로 물어볼 수 있었다. 어쩌면 그가 돈은 적게 주고 일을 많이 시켰을지 모른다. 직원들이 크리스마스 보너스를 선물이 아니라 마땅히 받을 돈이라고 여겼을 수 있다. 아니면 그가 너무 비판적이고 다가가기 힘든 사람이어서 아무도 감사를 표현할 엄두가 나지 않았거나 그러고 싶은 마음이 들지 않았을지 모른다. 그것도 아니라면 어차피 수익의 대부분이 어쨌든 세금으로 나가기 때문에 그가 보너스를 줬다고 생각했을 수 있다.

반면에 직원들이 이기적이고, 인색하고, 예의가 없는 사람일 수 있다. 경우의 수는 많다. 그 일에 관해서는 나도 여러분만큼이나 아는 바가 없다. 하지만 나는 시인 겸 문학평론가인 사무엘 존슨Samuel Johnson 박사가 한 말은 알고 있다.

"감사하는 마음은 위대한 수양의 결실이다. 상스러운 사람들에게서는 찾을 수 없다."

내가 전달하고자 하는 요지는 이것이다. 이 남자가 감사를 기대하는 인간적이지만 고통스러운 실수를 저질렀다. 그는 단지 인간의 본성을 몰랐을 뿐이다.

만일 여러분이 한 사람의 목숨을 구했다면 그가 감사할 것이라고 기대하는가? 아마 그럴 것이다. 그런데 유명한 형사 전문 변호사에서 판사로 전향한 사무엘 레보비츠 Samuel Leibowitz는 전기의자에서 사형당할 뻔한 78명의 목숨을 구해냈다! 이 가운데 사무엘 레보비츠에게 감사를 표하거나 그에게 애써 크리스마스카드를 보낸 사람은 몇 명일까? 맞춰보라. 그렇다. 한 명도 없었다.

예수 그리스도는 어느 날 오후 10명의 나병환자를 고치셨는데, 그 나병환자들 가운데 그분께 감사 인사를 하러 온 사람은 몇 명일까? 단 한 명이었다. 누가복음에서 찾아보라. 예수 그리스도께서 제자들을 돌아보며 물으셨다.

"나머지 아홉은 어디 있느냐?"

그들은 모두 떠났다. 감사의 말도 없이 자취를 감추었다! 한 가지 묻고 싶다. 여러분이나 나, 혹은 텍사스의 이 사업가는 어째서 작은 호의를 베풀고 예수 그리스도보다 더 많은 감사를 기대하는 것일까?

그리고 돈이 문제라면 어떨까! 글쎄, 그건 훨씬 더 가망이 없다. 미국의 기업인 찰스 슈와브 Charles Schwab는 내게 은행의 자금으로 주식 시장에 투기했던 한 은행원을 구해준 적이 있다고 말했다. 이 사람이 교도소에 가지 않도록 그 돈을 치렀다. 그 직원이 고마워했을까? 오, 그랬다. 아주 잠시. 그런 다음에는 슈와브에게 등을 돌리고, 욕하고 비난했다! 자신을 감옥에서 구해준 은인을 말이다!

만일 여러분이 한 친척에게 100만 달러를 주면 그가 고마워할 것이라고 기대하는가? 앤드루 카네기Andrew Carnegie는 바로 그랬다. 하지만 앤드루 카네기가 무덤에서 살아 돌아왔다면 자신에 대해 악담하는 그 친척을 보고 충격을 받았을 것이다! 그 친척은 왜 그랬을까? 공익 자선 단체에는 3억 6,500만 달러를 기부한 앤드루 노인네가, 친척의 표현을 빌자면 "단돈 100만 달러로 그를 쳐냈기" 때문이었다.

이런 게 인간의 본성이다. 인간의 본성은 지금껏 언제나 인간의 본성이었고 십중팔구 죽을 때까지 변하지 않을 것이다. 그러니 본성을 받아들이는 것이 어떨까? 가장 지혜로운 사람으로 손꼽히던 로마 제국의 통치자 마르쿠스 아우렐리우스처럼 현실을 직시하면 어떨까? 아우렐리우스는 어느 날 일기장에 이렇게 적었다.

"나는 오늘 너무 말이 많은 사람들, 그러니까 이기적이고 자기중심적이며 배은망덕한 사람들을 만날 것이다. 하지만 그런 사람들이 없는 세상은 상상할 수 없으니 놀라거나 속상해하지 않겠다."

일리가 있지 않은가? 우리가 사람들이 고마움을 모른다며 투덜대고 돌아다닌다면 무엇을 탓해야 할까? 인간의 본성일까, 아니면 인간의 본성에 대한 우리의 무지일까? 고마워하기를 기대하지 말자. 그러다가 이따금 고맙다는 말을 듣는다면 뜻밖의 기쁨으로 다가올 것이다. 고맙다는 말을 듣지 못하더라도 속상하지 않을 것이다.

내가 전달하고자 하는 이 장의 첫 번째 요점은 이것이다. 사람들이 고마움을 잊어버리는 건 자연스러운 일이다. 따라서 감사를 기대하며 살아간다면 그것은 마음의 고통으로 직행하는 길이다.

내 지인 가운데 뉴욕에 사는 한 여성이 있다. 그녀는 외롭다며 항상 투덜댔다. 그녀의 친척들은 아무도 그녀를 가까이하고 싶어 하지 않았고 그건 당연한 일이었다. 누군가 그녀를 찾아가면 그녀는 몇 시간이고 옛날이야기를 늘어놓는다. 홍역과 볼거리, 백일해에 걸린 조카들이 다 나을 때까지 간호했던 이야기, 몇 년 동안 먹여주고 재워줬던 이야기, 한 명은 경영대학원에 보내주고, 다른 한 명은 결혼할 때까지 자기 집에서 같이 지낸 이야기 등 자기가 조카들에게 어떻게 했는지 이야기한다.

조카들이 그녀를 보러 갈까? 이따금 의무감 때문에 가긴 한다. 하지만 조카들은 이런 방문을 두려워한다. 몇 시간 동안 앉아서 은근한 질책을 들어야 한다는 사실을 알기 때문이다. 쓰디쓴 불평과 자기 연민에 찬 한숨 소리가 뒤섞인 끝도 없는 이야기가 그들을 기다리고 있다. 게다가 지분대고, 을러대고, 못살게 굴어도 조카들이 그녀를 보러오지 않을 때 그녀가 쓰는 '비장의 무기'가 있다. 그녀는 심장 발작을 일으킨다.

진짜 심장 발작일까? 그렇다. 의사들의 말로는 그녀는 '긴장성 심장'을 가지고 있고 심계항진을 앓고 있다. 그러나 의사들은 그녀를 위해 할 수 있는 게 전혀 없다고 덧붙인다. 그녀의 문제는 감정적인 것이기 때문이다.

이 여성이 진정으로 원하는 건 사랑과 관심이다. 그런데 그녀는 그것을 '감사하는 마음'이라고 표현한다. 그런데 그 감사와 사랑을 결코 받을 수 없다. 그녀가 그것을 요구하기 때문이다. 그녀는 그것을 당연히 받아야 할 몫이라고 생각한다.

그녀와 같은 사람이 수천만 명에 이른다. '배은망덕'과 외로움, 방치 때문에 병이 난 사람 말이다. 그들은 사랑받기를 갈망한다. 하지만 이 세상에서 그들이 사랑받을 방법은 더 이상 사랑을 요구하지 않고 보답을 기대하지 않으면서 사랑을 쏟는 것뿐이다.

100% 비현실적이고 상상 속에나 가능한 이상주의처럼 들리는가? 그렇지 않다. 이건 상식이다. 우리가 간절히 바라는 행복을 찾을 수 있는 좋은 방법이다. 나는 알고 있다. 다름 아닌 우리 집에서 이런 일이 일어나는 걸 직접 목격했기 때문이다.

우리 부모님은 다른 사람을 돕는 기쁨을 느끼기 위해 기부를 했다. 우리 집은 가난했고 항상 빚에 쪼들렸다. 그런데도 부모님은 아이오와주 카운실블러프스에 있는 고아원, 크리스천 홈Christian Home에 매년 돈을 보냈다. 직접 방문한 적은 없었다. 십중팔구 편지를 빼면 부모님의 선물에 대한 감사 인사는 전혀 받지 못했을 테지만 두 분은 충분한 보답을 받았다. 감사 인사를 바라거나 기대하지 않고 아이들을 돕는다는 기쁨을 느꼈기 때문이다.

독립한 후에 나는 크리스마스가 되면 언제나 부모님께 수표를 보내면서 두 분만을 위한 호사를 좀 누리시라고 권했다. 하지만 그런 일은 좀처럼 없었다. 내가 크리스마스를 며칠 앞두고 집에 돌아왔을 때 아버지는 아이들은 많은데 음식과 땔감 살 돈이 없는 마을의 어떤 '과부'에게 석탄과 식료품을 사주었다고 말씀하셨다. 이 선물을 통해 그분들은 얼마나 큰 기쁨을 얻었는가! 그것은 대가를 바라지 않고 베풀면서 느끼는 기쁨이었다!

아리스토텔레스가 묘사한 이상적인 인간, 즉 가장 행복할 만한 가치가 있는 사람에 아버지가 거의 부합했을 것이라고 나는 믿는다. 아리스토텔레스는 이렇게 말했다.

"이상적인 사람은 다른 사람에게 호의를 베풀면서 기쁨을 느끼지만, 다른 사람이 그에게 호의를 베푸는 것을 부끄러워한다. 호의를 베푸는 것은 우월함의 표시이지만, 호의를 받는 것은 열등함의 표시이기 때문이다."

내가 전달하고자 하는 이 장의 두 번째 요점은 이것이다. 행복을 찾고 싶다면 감사하는 마음이나 배은망덕에 관한 생각일랑 그만두고 베풂이 주는 내면의 기쁨을 위해 베풀자.

부모들이 배은망덕한 자식들 때문에 눈물을 흘린 세월이 수천 년이 넘는다. 셰익스피어의 리어왕도 이렇게 한탄했다.

"감사할 줄 모르는 자식을 둔다는 것은 뱀의 이빨보다 더 날카롭구나!"

그런데 우리가 아이들에게 감사하라고 가르치지 않는다면 아이들이 왜 감사해야 할까? 그런 아이들이 감사할 줄 모르는 것은 잡초만큼이나 자연스러운 것이다. 감사하는 마음은 장미와 같다. 장미처럼 양분과 물을 주고, 가꾸고, 사랑하고, 보호해야 한다.

우리 아이들이 감사할 줄 모른다면 누구를 탓해야 할까? 어쩌면 우리 자신일 것이다. 다른 사람에게 감사를 표현하는 법을 우리가 가르친 적이 없는데 어떻게 아이들이 우리에게 감사하기를 기대할 수 있을까?

내가 아는 시카고의 한 남자는 의붓아들들이 배은망덕하다고 불평할 만한 이유가 있다. 그는 박스 공장에서 뼈 빠지게 일했지만, 일주일에 40달러도 벌지 못했다. 그는 한 미망인과 결혼했는데 그녀는 돈을 빌려 장성한 그녀의 두 아들을 대학에 보내라고 남편을 설득했다. 그는 주급 40달러로 식비, 집세, 연료비, 옷값은 물론이고 어음 상환금까지 내야 했다. 4년 동안 노예처럼 일하면서 이렇게 생활했지만 한 마디 불평도 하지 않았다.

그가 고맙다는 인사를 받았을까? 그렇지 않았다. 그의 아내는 모든 걸 당연하게 여겼고 아들들도 마찬가지였다. 그들은 의붓아버지에게 신세를 진다고 생각하기는커녕, 고맙다는 마음조차 없었다!

누구의 잘못일까? 아들들의 잘못일까? 물론 그렇지만 어머니의 잘못이 훨씬 더 컸다. 그녀는 아이들에게 '부채감'이라는 짐을 지우는 건 부끄러운 일이라고 생각했다. 그녀는 아들들이 '빚을 지고 시작하기'를 원하지 않았다. 그래서 이렇게 말해야 한다고 전혀 생각지 않았다.

"너희들이 대학 공부를 하도록 도와주다니 네 아버지가 얼마나 훌륭한 분이니!"

대신 '최소한 그 정도는 해야지'라는 태도를 보였다.

그녀는 아들들을 위한다고 생각했지만, 실제로는 세상이 그들을 먹여 살려야 한다는 위험한 생각을 심어주고 세상에 내보낸 것이었다. 한 아들이 고용주에게 돈을 '빌리려다' 결국 감옥에 갔으니 위험한 생각이었던 것은 틀림없다!

아이들은 부모가 가르치는 대로 자란다는 사실을 기억해야 한다. 예를 들어 미니애폴리스의 웨스트 미네할라 파크웨이 144번지에 사는 우리 이모 비올라 알렉산더 Viola Alexander는 감사할 줄 모르는 아이들 때문에 불평할 이유가 전혀 없는 여성의 훌륭한 예다.

내가 어렸을 때 비올라 이모는 우리 외할머니를 집으로 모셔 와서 사랑으로 돌보았고, 이모의 시어머니 또한 똑같이 모셨다. 비올라 이모네의 난로 앞에 앉아 계시던 두 할머니의 모습이 지금도 눈에 선하다.

두 분이 비올라 이모에게 '성가신 존재'였을까? 아마 이따금 그랬을 것이다. 하지만 이모의 태도를 보면 그랬을 거라는 생각은 전혀 할 수 없다. 그녀는 두 어머니를 사랑했다. 그래서 두 분이 원하는 건 무엇이든 받아주면서 집처럼 편히 지내도록 했다.

더구나 비올라 이모에게는 여섯 명의 자녀가 있었다. 그러나 할머니들을 집에 모신다고 해서 본인이 특별히 훌륭한 일을 하고 있다거나 어떤 찬사를 받을 자격이 있다고 전혀 생각하지 않았다. 이모에게 그것은 당연한 일이었고, 옳은 일이었고, 원하는 일이었다.

비올라 이모는 지금 어디서 지낼까? 그녀는 이제 남편을 여읜 지 20년이 넘었고 장성한 다섯 자녀가 있다. 각자 가정을 꾸린 아이들은 서로 어머니를 모시겠다고 성화다! 이모의 아이들은 그녀를 무척 좋아한다. '감사하는 마음' 때문일까? 천만의 말이다! 그것은 사랑이다. 순수한 사랑이다. 그 아이들은 어린 시절 내내 온정과 빛나는 인간애 속에서 숨 쉬며 자랐다. 이제 상황이 바뀌었으니, 그들이 사랑을 돌려주는 게 당연하지 않을까?

감사할 줄 아는 아이로 키우려면 우리가 먼저 감사할 줄 알아야 한다는 사실을 기억하자. "아이들은 귀가 밝다"라는 말을 기억하고 말을 조심하자. 이를테면 앞으로 아이들 앞에서 누군가의 친절을 깎아내리고 싶은 마음이 들 때면 잠시 멈추자. 결코 이렇게 말하지 말자.

"사촌 수가 크리스마스 선물로 보낸 행주 좀 봐. 직접 뜨개질 한 거야. 돈이 한 푼도 안 들었어!"

무심코 할 수 있는 말이지만 아이들이 듣고 있다. 그러니 이렇게 말하는 편이 좋다.

"사촌 수가 크리스마스 선물로 이걸 만들기 위해 쓴 시간을 생각해 봐! 정말 다정하지 않니? 지금 당장 감사 편지를 쓰자."

그러면 아이들은 무의식적으로 칭찬과 감사의 습관을 익힌다.

감사할 줄 모르는 사람 때문에 화내고 걱정하지 않기 위한 규칙 3은 다음과 같다.

1. 감사할 줄 모른다고 걱정하는 대신 그럴 거라고 예상하자.

예수 그리스도가 하루에 나병환자 열 명을 고쳐주었으나 그분에게 감사한 사람은 단 한 명이었음을 기억하자. 우리가 예수 그리스도보다 더 많은 감사를 받을 거라고 기대해야 할까?

2. 베푸는 기쁨을 위해 베풀자.

행복을 찾는 유일한 방법은 감사를 기대하는 것이 아니라 베푸는 기쁨을 위해 베푸는 것임을 기억하자.

3. 감사하는 마음은 '길러지는' 특성임을 기억하자.

그러니 우리 아이들이 감사할 줄 아는 사람이 되길 원한다면 감사할 줄 알도록 가르쳐야 한다.

◆ 4 ◆

100만 달러를 준다면
지금 가진 것을 포기하겠는가?

나는 해럴드 애벗 Harold Abbott을 오랫동안 알고 지냈다. 그는 현재 미주리주 웨브시티의 사우스 매디슨 애비뉴 820번지에 거주한다. 그는 한때 내 강좌의 매니저였다. 어느 날 캔자스시티에서 그를 만났는데, 그가 자동차로 나를 미주리주 벨턴 Belton에 있는 내 농장으로 데려다주었다. 차를 타고 가는 동안 나는 그에게 어떻게 걱정을 하지 않느냐고 물었고 그는 결코 잊지 못할 감동적인 이야기를 들려주었다. 그는 다음과 같이 말했다.

"예전에는 걱정이 많았는데 1934년 어느 봄날 웨브시티의 웨스트 도허티 스트리트를 걷던 중에 제 모든 걱정거리를 날려버리는 한 광경을 목격했습니다. 10초 만에 모든 상황이 끝났지만, 이전 10년 동안 배운 것보다 그 10초 동안 더 많은 삶의 지혜를 배웠죠.

전 2년 동안 웨브시티에서 식료품점을 운영하고 있었어요. 그러다 저축한 돈을 모두 날렸을뿐더러 빚까지 생겨서 이후 7년 동안 갚아야 했습니다. 식료품점은 그 전주 토요일에 이미 문을 닫았고, 저는 그때 캔자스시티로 일자리를 구하러 갈 여비를 빌리러 상업과 광업 은행Merchants and Miners Bank에 가던 길이었습니다.

저는 마치 패잔병처럼 걷고 있었죠. 투지와 믿음을 다 잃은 상태였습니다. 그러다 갑자기 다리가 없는 한 사내가 거리를 내려오는 모습이 눈에 들어왔어요. 그는 롤러스케이트 바퀴가 달린 작은 나무판 위에 앉아 있었습니다. 양손에 쥔 나무토막으로 길을 밀면서 앞으로 나아가더군요.

제가 그와 마주친 건 그가 길을 건넌 후에 몇 cm 정도 되는 연석을 넘어 인도로 자기 몸을 들어 올리기 시작한 무렵이었습니다. 그가 작은 나무판을 비스듬히 기울이는 순간 저와 눈이 마주쳤어요. 그는 환하게 웃으며 제게 씩씩하게 인사를 건넸습니다.

'안녕하세요, 선생님. 화창한 아침이네요. 그죠?'

그를 바라보고 서 있다가 전 제가 얼마나 부자인지 깨달았죠. 제게는 두 다리가 있었고, 걸을 수도 있었습니다. 자기 연민에 빠졌던 제가 부끄럽더군요. 그 사내가 다리가 없어도 행복하고, 유쾌하고, 자신만만하다면 다리가 있는 나는 분명히 그럴 수 있다고 생각했죠. 벌써 가슴이 뛰는 게 느껴졌어요.

전 은행에 100달러만 대출해달라고 요청할 생각이었습니다. 하지만 이제 200달러를 부탁할 용기가 생겼죠. 그래서 나는 은행에다 일자리를 구하러 캔자스시티에 가고 싶다고 자신 있게 말했어요. 그렇게 해서 대출을 받고 일자리를 구했죠. 요즘은 욕실 거울에 다음과 같은 글을 붙여놓고 매일 아침 면도를 할 때 읽습니다.

'나는 신발이 없어서 우울했다, 길에서 발이 없는 남자를 마주칠 때까지.'"

이스턴 항공사 사장 에디 리켄배커Eddie Rickenbacker는 태평양에서 조난을 당해서 동료들과 함께 3주 동안 구명뗏목을 타고 표류한 적이 있었다. 내가 그때 얻은 가장 큰 교훈이 무엇이냐고 물었을 때 그의 답변은 이랬다.

"그 경험에서 얻은 가장 큰 교훈은, 마시고 싶을 때 마실 수 있는 맑은 물과 먹고 싶을 때 먹을 수 있는 음식이 있다면 어떤 것에도 불평하지 말아야 한다는 겁니다."

시사잡지《타임Time》에서는 과달카날(태평양 남서부에 있는 솔로몬제도의 섬 – 옮긴이)에서 부상 당한 한 하사에 관한 기사를 실었다. 이 하사는 포탄 파편이 목에 박혀 일곱 번이나 수혈을 받았다. 그는 군의관에게 보내는 쪽지에서 "제가 살 수 있을까요?"라고 물었다. 군의관은 "살 수 있다"고 답장을 했다. 하사는 또 다른 쪽지를 써서 물었.

"제가 말을 할 수 있을까요?"

이번에도 대답은 "할 수 있다"였다. 그런 다음 또 한 번 더 메모를 썼다.

"그럼, 도대체 내가 지금 뭘 걱정하고 있는 걸까요?"

지금 당장 멈추어 스스로 물어보라.

"내가 도대체 무엇을 걱정하고 있는 걸까?"

십중팔구 여러분은 그것이 비교적 중요하지 않고 사소하다는 사실을 발견할 것이다.

우리 삶의 약 90%는 옳고 10%는 틀린 것이다. 행복해지고 싶다면 옳은 90%에 집중하고 잘못된 10%를 무시하면 된다. 걱정하고 괴로워하며 위궤양에 걸리고 싶다면 잘못된 10%에 집중하고 훌륭한 90%를 무시하면 된다.

영국의 여러 청교도식 교회에는 "생각하라, 그리고 감사하라"라는 문구가 새겨져 있다. 우리 마음에도 이 글귀를 새겨야 한다. "생각하라, 그리고 감사하라." 감사해야 할 모든 것을 생각하고, 우리가 누리는 모든 혜택과 은혜에 대해 하나님께 감사해야 한다.

《걸리버 여행기 Gulliver's Travels》의 작가 조너선 스위프트 Jonathan Swift는 영문학계에서 가장 지독한 염세주의자였다. 그는 세상에 태어난 자신이 너무 딱해서 생일날이면 검은 옷을 입고 금식할 정도였다. 그러나 이 영문학계 최고의 염세주의자는 절망 속에서도 건강을 주는 유쾌함과 행복의 위대한 힘에 찬사를 보냈다. 그는 "세계 최고의 의사는 닥터 식이요법, 닥터 평온, 닥터 유쾌남"이라고 자신 있게 말했다.

여러분과 나는 이를테면 우리의 놀라운 재산, 이를테면 알리바바의 전설적인 보물을 훨씬 능가하는 재산에 주의를 집중함으로써 온종일 매시간 '닥터 유쾌남'의 서비스를 무료로 받을 수 있다. 10억 달러를 준다면 두 눈을 팔겠는가? 두 다리를 무엇과 바꾸겠는가? 손? 청력? 자녀? 가족? 여러분의 자산을 모두 합쳐보라. 그러면 록펠러, 포드, 모건 가문이 축적한 부를 모두 합쳐서 준대도 여러분이 가진 것을 팔지 않을 것임을 알게 될 것이다.

그런데 우리는 이 모든 것에 감사하는가? 아니다. 쇼펜하우어가 말했듯이 우리는 우리가 가진 것은 좀처럼 생각지 않고 우리에게 부족한 것만 항상 생각한다. 그렇다, 우리가 가진 것은 좀처럼 생각지 않고 항상 부족한 것만 생각하는 경향은 이 세상의 가장 큰 비극이다. 모르긴 몰라도 그것이 역사상 모든 전쟁과 질병보다 더 많은 불행을 초래한 주범일 것이다.

그 바람에 존 파머John Palmer가 평범한 남자에서 늙은 투덜이로 변했고, 가정이 거의 파탄이 날 뻔했다. 그에게 직접 들은 얘기다.

파머는 뉴저지주 패터슨의 19번가 30번지에 거주한다. 그는 다음과 같이 사연을 전했다.

"전 제대하고 얼마 지나지 않아 자영업을 시작했습니다. 밤낮으로 열심히 일했죠. 모든 것이 순조로웠습니다. 그러다 문제가 시작되었죠. 부품과 자재를 구할 수 없었어요. 사업을 포기해야 하는 상황이 올까 봐 두려웠습니다.

걱정을 너무 많이 하다 보니 평범한 남자에서 늙은 투덜이로 변해

버렸죠. 그때는 몰랐는데 지금 돌아보니 제가 너무 심술을 부리고 까다롭게 굴어서 행복한 가정을 잃기 직전이었습니다. 그러던 어느 날 저와 함께 일하는 젊은 상이용사가 이렇게 말하더군요.

'당신은 마치 이 세상에서 혼자만 괴롭다는 듯이 행동하죠. 한동안 가게 문을 닫아야 한다고 합시다. 그게 뭐 어쨌다는 거죠? 상황이 괜찮아지면 다시 시작하면 되잖아요. 당신은 감사할 게 많습니다. 그런데도 항상 투덜대죠. 이봐요, 전 당신이라면 좋겠네요. 절 보세요. 팔은 하나뿐이고 얼굴은 총상으로 반이 날아갔죠. 그래도 불평하지 않아요. 당신이 계속 불평하고 푸념한다면 사업은 물론이고 건강과 가정, 친구들까지 잃을 겁니다!'

그 말이 제게 급제동을 걸었습니다. 제가 얼마나 복이 많았는지 깨닫게 해주었죠. 저는 그 자리에서 다시 예전 모습으로 돌아가겠다고 다짐했고, 그 다짐을 지켰습니다."

내 친구 루실 블레이크 Lucile Blake는 자기에게 부족한 것을 걱정하지 않고 자기가 가진 것에 만족하는 법을 배우기 전까지 비극의 끝자락에서 두려움에 떨어야 했다.

나는 몇 년 전 컬럼비아대학교 언론대학원에서 단편 소설 작법을 공부하던 중에 루실을 처음 만났다. 9년 전, 그녀는 일생일대의 큰 충격을 받았다. 당시 그녀는 애리조나주 투손에 살고 있었다. 그녀가 내게 들려준 이야기는 다음과 같다.

"전 애리조나대학교에서 오르간을 공부하고, 시내에 있는 스피치 클리닉에서 강의하고, 제가 머물던 데저트 윌로 랜치Desert Willow Ranch에서 음악 비평 수업을 진행하는 등 정신없이 바쁘게 살고 있었어요. 밤에는 파티와 무도회, 승마 모임에 다녔죠. 그러다 어느 날 아침 쓰러졌습니다. 심장이 문제였어요! 의사 선생님은 '침대에 누워 1년 동안 절대 안정을 취해야 한다'라고 말했죠. 다시 건강해질 거라고 믿으라는 격려의 말은 없었어요.

1년을 누워 있어야 한다니! 병자가 되다니! 어쩌면 죽을지도 몰라! 전 겁에 질렸어요! 왜 이 모든 일이 내게 일어났을까? 내가 무슨 짓을 했기에 이런 일을 당한 걸까? 저는 흐느끼고 목 놓아 울었죠. 몹시 괴로웠고 도무지 받아들일 수가 없었습니다. 하지만 의사의 조언대로 침대에 누워 있었어요. 제 이웃인 예술가 루돌프Rudolf 씨가 제게 이렇게 말하더군요.

'당신은 지금 침대에 누워 1년을 보내는 게 비극이라고 생각하시겠죠. 하지만 그렇지 않을 겁니다. 생각할 시간과 자신에 대해 알 수 있는 시간이 생길 겁니다. 앞으로 몇 달 동안 지금껏 살아오는 동안보다 영적으로 더 성장할 거예요.'

전 마음을 가라앉히고 새로운 가치관을 세우기 위해 노력했습니다.

영감을 주는 책을 몇 권 읽었어요. 어느 날 라디오에서 '자신의 의식 속에 있는 것만 표현할 수 있다'는 진행자의 말을 들었습니다. 이미 여러 번 들어본 말이었지만, 새삼스레 마음속 깊이 와닿아서 뿌리를 내렸죠. 전 삶의 기준으로 삼을 생각, 그러니까 기쁨, 행복, 건강에 관한 생각만 떠올리기로 결심했습니다.

매일 아침 눈을 뜨자마자 감사해야 할 모든 것들을 되짚어보았어요. 통증이 없는 것. 사랑스러운 어린 딸. 시력. 청력. 라디오에서 들리는 아름다운 음악. 책 읽을 시간. 좋은 음식. 좋은 친구들. 제가 무척 쾌활하고 문병하러 오는 사람이 너무 많다 보니 의사 선생님이 한 번에 한 명만 특정 시간에 한해서 출입을 허용한다는 글을 붙였을 정도였답니다.

그로부터 9년이 지났고 지금 저는 충만하고 활동적으로 생활하고 있습니다. 지금은 침대에 누워서 지낸 그 한 해를 매우 고맙게 생각하고 있죠. 애리조나에서 보낸 그 1년은 제 인생에서 가장 소중하고 행복한 시간이었어요. 매일 아침 축복의 개수를 헤아리던 그 시절의 습관이 아직 남아 있습니다. 난 그 습관을 가장 소중한 재산으로 손꼽고 있어요. 곧 죽을 거라는 두려움을 느낄 때가 되어서야 그동안 사는 법을 제대로 배우지 못했다는 사실을 깨닫다니 부끄럽습니다."

친애하는 루실 블레이크, 당신은 깨닫지 못할지 모르지만 200년 전 사무엘 존슨 박사가 배운 사실을 당신도 똑같이 배웠다. 존슨 박사는 이렇게 말했다.

"어떤 일에서든 가장 좋은 면을 보는 습관은 연봉 1,000파운드만큼의 가치가 있다."

이는 낙관주의 전문가가 아니라, 20년간 불안에 시달리며 헐벗고 굶주린 끝에 마침내 당대의 가장 저명한 작가이자 가장 고명한 대화자가 된 한 남자가 한 말이다.

수필가 겸 비평가인 로건 피어솔 스미스Logan Pearsall Smith는 많은 지혜를 몇 마디 단어로 함축해 다음과 같이 표현했다.

"삶에서 목표로 삼아야 할 두 가지가 있다. 첫째는 원하는 것을 얻는 것이고, 그다음은 그것을 즐기는 것이다. 가장 현명한 인간들만이 두 번째 목표를 달성한다."

주방에서 설거지하는 일조차 짜릿한 경험으로 만드는 방법이 궁금한가? 그렇다면 보르그힐드 달Borghild Dahl의 놀라운 용기에 관한 감동적인 책을 읽어보라.《나는 보고 싶었다I Wanted to See》라는 제목의 책이다.

이 책은 50년 동안 사실상 실명 상태였던 한 여성의 작품이다. 그녀는 다음과 같이 썼다.

"나는 눈이 하나뿐이고 그마저도 심한 흉터가 덮고 있어서 눈의 왼쪽에 있는 작은 틈을 통해 보이는 게 내가 볼 수 있는 전부였다. 책을 얼굴에 바짝 갖다 대고 하나 남은 내 눈을 있는 힘껏 왼쪽으로 돌려야 읽을 수 있었다."

그런데도 그녀는 동정받거나 '특이한' 사람으로 취급되는 것을 거부했다. 어린 시절에는 다른 아이들과 사방치기를 하고 싶었으나 땅에 그려진 금을 볼 수 없었다. 그래서 다른 아이들이 집으로 돌아간

후에 땅에 엎드려서 금이 그려진 자리에 눈을 바짝 대고 기어 다녔다. 그녀는 친구들과 함께 뛰놀던 놀이터의 구석구석을 외웠고 덕분에 머지않아 달리기 놀이의 달인이 되었다. 집에서는 큰 글씨 책을 속눈썹이 지면에 스칠 정도로 눈에 바짝 대고 읽었다. 그녀는 미네소타대학교에서 문학사, 컬럼비아대학교에서 문학 석사 학위를 받았다.

미네소타주 트윈 밸리의 작은 마을에서 강의를 시작한 그녀는 사우스다코타주 수폴스에 있는 오거스타나칼리지의 언론학과 문학 담당 교수가 되기까지 승승장구했다. 그곳에서 13년 동안 학생들을 가르치면서 여성회관에서 강의하고 책과 작가에 관한 라디오 강연을 진행했다. 그녀는 이렇게 말했다.

"마음 한구석에는 항상 실명에 대한 두려움이 잠재되어 있었다. 이를 극복하기 위해 나는 삶에 대한 유쾌하고 거의 법석을 떤다 싶을 정도로 유쾌한 태도를 보였다."

그러던 1943년, 그녀가 52세가 되던 해에 기적이 일어났다. 유명한 메이오 클리닉에서 수술을 받은 것이다. 이제 그녀의 시력은 이전보다 40배나 좋아졌다.

새롭고 흥미진진한 아름다움의 세계가 그녀 앞에 펼쳐졌다. 이제 그녀는 부엌 싱크대에서 설거지하는 일조차 짜릿하다는 사실을 발견했다. 책에는 이렇게 쓰여 있다.

"설거지통에 감긴 폭신폭신한 하얀 비누 거품을 가지고 놀기 시작한다. 비누 거품에 손을 담그고 조그마한 비눗방울 하나를 집어 올린다. 비눗방울을 빛에 비춰본다. 그러면 비눗방울 하나에서 작은 무지개의 찬란한 색깔들이 보인다."

그녀는 주방 싱크대 위의 창문을 통해 '자욱하게 내리는 눈 사이로 날아가는 참새의 회색과 검은색이 섞인 날개의 퍼덕임'을 보았다.

그녀는 비눗방울과 참새를 바라보고 황홀감을 느끼며 다음과 같은 말로 책을 마무리했다.

"나는 속삭이듯이 말한다. '주여, 하늘에 계신 우리 아버지, 감사합니다. 감사합니다.'"

설거지를 할 수 있고 비누 거품 속의 무지개와 눈 속을 날아다니는 참새를 볼 수 있어서 하나님께 감사한다고 상상해 보라. 우리는 스스로 부끄러워해야 한다. 우리는 살아온 모든 나날 동안 아름다운 동화의 나라에서 살았지만, 눈이 너무 멀어서 보지 못했고, 부족함이 너무 없어서 즐기지 못했다.

걱정을 멈추고 삶을 시작하기 위한 규칙 4는 다음과 같다.
'걱정거리가 아니라 축복을 헤아려라.'

5
나를 찾고 나답게 살아라

나는 노스캐롤라이나주 마운트 에어리에 사는 이디스 올레드^{Edith Allred} 부인으로부터 편지를 한 통 받았다. 부인은 편지에 다음과 같이 썼다.

"어린 시절 전 지극히 예민하고 소심했습니다. 항상 몸무게가 많이 나갔고 볼살 탓에 실제보다 더 뚱뚱해 보였죠. 시대에 뒤떨어진 사고방식을 갖고 계셨던 어머니는 옷을 예쁘게 입는 건 바보 같은 짓이라 생각하셨어요. 어머니는 항상 '넉넉한 옷은 입어도 꽉 끼는 옷은 찢어진다'라고 말씀하셨고, 저에게도 그 신조에 따라 옷을 입히셨죠.

전 파티에 가거나 재미있게 놀아본 적이 없습니다. 학교에 다닐 때도 다른 아이들과 어울려 야외 활동을 해본 적이 없었어요. 심지어 체육 시간에도 말이죠. 병적일 만큼 소심했어요. 제가 남들과 '다르고' 완전히 불편한 존재라고 느꼈습니다.

성인이 되어 몇 살 연상의 남자와 결혼했어요. 하지만 전 변하지 않았죠. 시댁은 온 집안이 침착하고 자신감 넘쳤어요. 그들은 저와는 그냥 다른 이상적인 사람들이었습니다. 저는 그들처럼 되려고 최선을 다했지만 그러지 못했어요. 시댁에서 저를 밖으로 끄집어내려 할수록 저는 안으로만 파고들었죠.

전 신경질적이고 예민해졌습니다. 친구들을 모두 피했어요. 초인종 소리조차 무서울 만큼 상태가 나빠졌죠! 전 실패자였어요. 나 스스로 그 사실을 알았고 남편도 알게 될까 봐 두려웠습니다. 그래서 사람들 앞에서는 즐거운 척 연기를 하려고 애쓰면서 과장되게 행동했죠.

전 제가 그런다는 걸 알았어요. 그러고 나면 며칠 동안 비참한 기분이 들곤 했죠. 급기야 너무 불행해져서 더 이상 존재할 의미를 찾을 수가 없었습니다. 자살을 생각하기 시작했죠."

무엇이 이 불행한 여성의 삶을 바꾸었을까? 그냥 우연한 말 한마디였다!

올레드 여사는 다음과 같이 말을 이었다.

"스쳐 지나가는 말 한마디가 제 온 인생을 바꿔놓았습니다. 어느 날 시어머니가 자녀 양육법에 관해 얘기하시던 중에 이렇게 말씀하셨어요.

'난 항상 아이들에게 무슨 일이 일어나든지 자기 모습대로 살아야

한다고 강조했단다. 자기 모습대로.'

그 말 한마디가 계기가 되었어요! 불현듯 제가 내게 맞지 않는 패턴에 나를 꿰맞추려고 애쓰다가 이 모든 불행을 자초했다는 생각이 들었습니다.

전 하룻밤 사이에 달라졌어요! 있는 그대로의 나로 변하기 시작했죠. 제 성격을 연구하려고 노력했어요. 제가 어떤 사람인지 알아내려고 노력했어요. 제 장점을 연구했죠. 색상과 스타일을 최대한 배워서 제게 어울리는 방식으로 옷을 차려입었습니다. 친구를 사귀려고 노력했어요. 처음에는 소규모로 시작해서 단체에 가입했죠.

사람들이 절 어떤 프로그램에 참여시켰을 때는 겁이 나기도 했어요. 하지만 말할 때마다 조금씩 용기가 생겼죠. 시간이 오래 걸리긴 했지만, 지금은 전에는 상상하지 못했던 만큼 행복합니다. 아이들을 키우면서 그런 쓰라린 경험을 통해 제가 얻은 교훈을 항상 가르쳤죠. '무슨 일이 일어나든지 언제나 나답게 살아라!'라는 교훈을요."

제임스 고든 길키 James Gordon Gilkey 박사는 "나답게 살고자 하는 이 문제는 역사만큼이나 오래되고 인간의 삶만큼이나 보편적인 문제"라고 말한다. 숱한 신경증과 정신병, 콤플렉스의 이면에 숨겨진 근원에는 나답게 살지 않고자 하는 이 문제가 자리하고 있다. 아동 교육을 주제로 열세 권의 책과 수천 건의 신문 기사를 쓴 안젤로 파트리 Angelo Patri 는 "정신적으로나 육체적으로 내가 아닌 다른 사람이 되기를 간절히 바라는 사람만큼 비참한 사람은 없다"라고 말한다.

할리우드에는 내가 아닌 다른 사람이 되고자 하는 이런 욕구가 차고 넘친다. 할리우드에서 가장 유명한 감독으로 손꼽히는 샘 우드 Sam Wood는 젊은 배우 지망생들을 대할 때 가장 큰 골칫거리가 바로 이 문제라고 말한다. 그들을 있는 그대로의 모습으로 만드는 게 어렵다는 것이다. 그들은 모두 라나 터너 Lana Turner나 클라크 게이블 Clark Gable 같은 배우가 되고 싶어 한다. 샘 우드는 그들에게 언제나 이렇게 말한다.

"대중은 이미 그런 맛은 봤어. 이제 그들은 다른 맛을 원한다고."

〈굿바이, 미스터 칩스 Good-bye, Mr. Chips〉, 〈누구를 위하여 종은 울리나 For Whom the Bell Tolls〉 등의 영화를 연출하기 전에 샘 우드는 다년간 부동산업계에서 일하며 판매에 소질을 길렀다. 그는 사업계의 원칙이 영화계에도 적용된다고 단언한다. 원숭이처럼 남의 흉내만 내어서는 성공할 수 없다. 앵무새가 되지 말아야 한다. 샘 우드는 이렇게 말한다.

"자신이 아닌 다른 사람을 흉내 내는 사람은 가능한 한 빨리 탈락시키는 편이 가장 안전하다는 사실을 경험으로 배웠습니다."

나는 최근 소코니-배큠 석유 회사(모빌 석유의 전신 - 옮긴이)의 인사 담당 이사인 폴 보인턴 Paul Boynton에게 입사 지원자들이 저지르는 가장 큰 실수가 무엇이냐고 물었다. 6만 명이 넘는 구직자들을 면접하고 《취업에 성공하는 6가지 방법 6 Ways to Get a Job》이라는 제목의 책까지 발표한 사람이니 그는 당연히 알아야 한다. 그는 이렇게 대답했다.

"구직자들이 저지르는 가장 큰 실수는 자기 모습을 있는 그대로 보이지 않는다는 것입니다. 그들은 흔히 긴장을 풀고 느긋하게 완전히 솔직해지는 대신 면접자가 원할 거라고 짐작되는 대답을 하려고 애쓰죠."

하지만 그런 방법은 효과가 없다. 가짜를 원하는 사람은 아무도 없기 때문이다. 가짜 돈을 원하는 사람이 없듯이 말이다.

한 전차 기관사의 딸은 큰 대가를 치르고 그 교훈을 얻었다. 그녀는 가수가 간절히 되고 싶었다. 하지만 외모가 받쳐주지 않았다. 그녀는 입이 컸고, 뻐드렁니였다. 뉴저지의 한 나이트클럽에서 처음으로 사람들 앞에서 노래를 부를 때, 그녀는 윗입술을 아래로 당기며 치아를 가리려고 애썼다. '매혹적인 척' 연기하려고 애쓴 것이다. 결과는 어땠을까? 그녀는 웃음거리가 되고 말았다. 공연이 바야흐로 실패할 참이었다.

그런데 나이트클럽에 있던 한 남자가 이 소녀의 노래를 듣고 재능이 있다고 생각했다. 그는 다음과 같이 직설적으로 말했다.

"이봐요, 당신의 공연을 지켜보고 있는데 당신이 뭘 숨기려고 애쓰는지 알겠네요. 치아가 부끄럽군요."

소녀는 당황했지만 남자는 말을 멈추지 않았다.

"그게 뭐 어떤가요? 뻐드렁니가 있다는 게 무슨 범죄라도 되나요?

감추려고 애쓰지 말아요! 입을 벌리세요. 그러면 창피해하지 않는 모습을 보고 관객들이 당신을 좋아할 겁니다. 더군다나 당신이 감추려고 애쓰는 그 뻐드렁니가 큰돈을 벌어줄지도 모르잖아요!"

캐스 데일리Cass Daley는 그의 조언을 받아들여 뻐드렁니 생각은 잊었다. 그때부터는 오로지 관객만 생각했다. 입을 활짝 벌리고 열정적으로 즐겁게 노래했고 그 결과 영화와 라디오의 톱스타가 되었다. 급기야 그녀를 흉내 내는 코미디언까지 등장했다!

저명한 심리학자 윌리엄 제임스가 보통 사람이 잠재된 정신 능력의 10%밖에 개발하지 못한다고 단언했을 때 그는 자기 모습을 발견하지 못한 사람들을 지칭한 것이다. 그는 다음과 같은 글을 남겼다.

"우리가 가진 잠재력에 비하면 우리는 절반만 깨어 있는 셈이다. 우리가 사용하는 신체적, 정신적 자원은 극히 일부에 지나지 않는다. 요컨대 그 결과 인간은 자신의 한계에 훨씬 못 미치는 삶을 산다. 다양한 종류의 힘을 가지고 있음에도 이를 습관적으로 사용하지 못한다."

우리에게도 그런 능력이 있다. 그러니 다른 사람들과 다르다고 걱정하느라 단 한순간이라도 낭비하지 말자. 이 세상에서 여러분은 새로운 존재다. 태초 이래로 여러분과 똑같은 사람은 존재하지 않았고 앞으로 다가올 모든 시대에도 여러분과 똑같은 사람은 존재하지 않을 것이다.

유전학이라는 신흥과학의 정보에 따르면 여러분은 아버지가 물려준 23개 염색체와 어머니가 물려준 23개 염색체가 합쳐진 결과다. 이 46개의 염색체 안에 여러분이 무엇을 물려받을지를 결정하는 모든 것이 담겨 있다.

만화가 겸 인간유전학 전문 작가인 암람 셰인필드Amram Scheinfeld는 각 염색체에 "수십~수백 개의 유전자가 존재할 수 있으며 어떤 경우에는 유전자 한 개가 한 개인의 삶 전체를 바꿀 수 있다"고 말한다. 우리는 참으로 '무시무시하고도 경이로운 방식으로' 만들어졌다.

여러분의 부모님이 만나 짝이 된 이후라도 콕 집어서 여러분이라는 사람이 태어날 확률은 3억 분의 1에 불과하다! 바꾸어 말하면 여러분에게 3억 명의 형제자매가 있다고 해도 그들은 모두 여러분과 달랐을 것이다. 이 모든 게 어림짐작일까? 아니다, 과학적 사실이다. 이에 대해 더 궁금한 게 있다면 공공 도서관에서 암람 셰인필드가 쓴 《당신과 유전You and Heredity》이라는 제목의 책을 빌려보라.

내가 나답게 산다는 주제에 대해 확신을 가지고 이야기할 수 있는 것은 내가 그것에 깊이 공감하고 있기 때문이다. 쓰라리고 값비싼 경험을 통해 깨달은 것이라 내가 지금 무슨 말을 하는지 잘 안다.

어떤 경험인지 설명하자면, 미주리주의 옥수수밭에서 뉴욕으로 처음 왔을 때 나는 미국극예술아카데미에 등록했다. 나는 배우가 되고 싶었다. 성공의 지름길이라고 생각했던 기발한 아이디어, 너무 간단하고 확실한 아이디어가 있었던 나로서는 어째서 수천 명의 야심 찬 사람이 아직 이 아이디어를 발견하지 못했는지 이해가 되지 않았다. 바로 이런 아이디어였다.

"존 드루John Drew, 월터 햄든Walter Hampden, 오티스 스키너Otis Skinner 등 당대의 유명한 배우들이 어떻게 성공했는지 연구할 것이다. 그런 다음 그들의 최대 장점을 모방해서 나를 그 모든 것을 한데 버무린 화려하고 성공적인 모음집으로 만들 것이다."

얼마나 어리석고 터무니없는 생각이었는지! 나는 내 삶의 몇 년을 다른 사람을 모방하면서 허비해야 했다. 그러다 마침내 나는 나 자신이어야 하고 다른 누구도 될 수 없다는 생각이 미주리주 촌놈의 단단한 머리를 뚫고 들어왔다.

그 고통스러운 경험에서 나는 평생 잊지 못할 교훈을 얻어야 했건만 실상은 그렇지 않았다. 내가 배우지 못했다. 나는 너무 멍청했다. 처음부터 다시 배워야 했다. 몇 년 후, 나는 책을 쓰기 시작했다. 그것이 직장인을 위한 대중 연설 분야에서 최고 걸작이 되기를 희망했다. 이 책을 쓰면서도 이전에 연기를 배울 때와 똑같이 어리석은 생각을 떠올렸다.

다른 여러 작가의 아이디어를 빌려서 한 권의 책에 모두 담을 것이다. 그러면 만물상 같은 책이 될 터였다. 그래서 나는 대중 연설에 관한 수십 권의 책을 구해 그들의 아이디어를 내 원고에 접목하면서 1년을 보냈다.

그러다 결국 내가 바보짓을 하고 있다는 사실을 다시금 깨달았다.

다른 사람들의 아이디어를 뒤섞어놓은 범벅 같은 이 글은 너무나도 인위적이고 따분해서 어떤 직장인도 열심히 읽을 성싶지 않았다. 그래서 나는 1년간의 작업물을 쓰레기통에 버리고 처음부터 다시 시작했다. 이번에는 이렇게 되뇌었다.

'넌 데일 카네기의 결점과 한계를 모두 가진 데일 카네기가 되어야 해. 다른 사람이 될 수는 없어.'

그래서 다른 사람들의 모음집이 되려는 시도를 그만두고, 소매를 걷어붙이고 애초에 했어야 하는 일을 했다.

연설가이자 연설 강사로서 내 경험과 관찰 결과, 그리고 신념을 바탕으로 대중 연설에 관한 교재를 썼다. 나는 월터 롤리 Walter Raleigh 경이 얻은 교훈을 배웠다. (이분은 여왕이 지나갈 수 있도록 진흙탕에 자신의 코트를 펼친 월터 경이 아니라 1904년 옥스퍼드 영문학 교수였던 월터 롤리 경이다) 월터 롤리는 "내가 셰익스피어에 비견할 책은 못 써도 내 책은 쓸 수 있다"고 말했다.

여러분 자신이 되어라. 어빙 벌린 Irving Berlin이 고故 조지 거슈윈 George Gershwin에게 건넸던 지혜로운 조언을 실천하라. 벌린과 거슈윈이 처음 만났을 때 벌린은 유명인이었지만 거슈윈은 틴 팬 앨리 Tin Pan Alley에서 주급 35달러를 받고 일하며 생활고에 시달리던 젊은 작곡가였다. 거슈윈의 재능이 인상 깊었던 벌린은 거슈윈에게 당시 그가 벌던 연봉의 거의 세 배를 주겠다며 그의 음악 비서직을 제안했다. 그러고는 이렇게 조언했다.

"그래도 이 제안은 받아들이지 말게나. 그러면 이류 벌린으로 전락할 수도 있다네. 하지만 자네 자신이 되겠다고 밀고 나간다면 언젠가는 일류 거슈윈이 될 수 있을 걸세."

거슈윈은 그 조언을 마음에 새기고 천천히 당대에 주목할 만한 미국 작곡가의 반열에 올랐다.

찰리 채플린 Charlie Chaplin, 윌 로저스 Will Rogers, 메리 마거릿 맥브라이드 Mary Margaret McBride, 진 오트리 Gene Autry, 그리고 수백만 명의 다른 사람이 이 장에서 내가 강조하고자 하는 교훈을 얻어야 했다. 그들도 나와 똑같이 고생 끝에 배워야 했다.

찰리 채플린이 처음 영화에 출연하기 시작했을 때 영화감독은 채플린에게 당시 인기 있던 독일 코미디언을 흉내 내도록 억지로 시켰다. 찰리 채플린은 자기 모습대로 연기하면서 비로소 성공을 거두었다.

밥 호프 Bob Hope에게도 비슷한 경험이 있다. 그는 수년간 뮤지컬 연기를 하다가 입담을 발휘하며 자기 모습을 찾고 나서야 비로소 성공을 거두었다.

윌 로저스는 수년간 보드빌(춤과 노래 등을 곁들인 가볍고 풍자적인 통속 희극-옮긴이) 공연에서 한마디 말도 없이 밧줄만 돌렸다. 그는 자신의 독특한 유머 감각을 발견하고 밧줄을 돌리는 동시에 말하기 시작하면서 성공을 거두었다.

메리 마거릿 맥브라이드는 처음 방송에 출연했을 때 아일랜드 출신 코미디언을 따라 하려 했으나 실패했다. 그러다 그냥 있는 그대로 미주리주 출신의 평범한 시골 소녀의 모습을 보여주면서 뉴욕에서 가장 인기 있는 라디오 스타로 손꼽히게 되었다.

진 오트리가 텍사스 사투리를 쓰지 않으려고 애쓰면서 도시 남자처럼 차려입고 고향이 뉴욕이라고 우겼을 때 사람들은 그저 그의 뒤에서 비웃었다. 하지만 밴조를 튕기며 카우보이 발라드를 부르기 시작했을 때 진 오트리는 두각을 나타내며 영화와 라디오에서 모두 세계 제일의 인기 카우보이로 부상했다.

여러분은 이 세상에서 새로운 존재다. 그것을 기뻐하라. 자연이 내게 준 것을 최대한 활용하라. 결국 모든 예술은 작가 자신의 이야기다. 내가 가진 것만 노래할 수 있다. 내 모습만 그릴 수 있다. 내 경험과 환경, 유전 형질이 빚어낸 모습이 되어야 한다.

좋건 나쁘건 간에 나만의 작은 정원을 가꾸어야 한다. 좋건 나쁘건 간에 인생이라는 오케스트라에서 나만의 작은 악기를 연주해야 한다.

에머슨은 '자신감'에 관한 수필에서 다음과 같이 말했다.

"누구나 교육을 받다 보면 어떤 사실에 대한 확신에 이르는 때가 온다. 질투는 무지이고, 모방은 자살행위이며, 좋건 나쁘건 간에 자신의 운명은 자기 몫으로 받아들여야 하고, 드넓은 우주가 선으로 가득하다 해도 자기 몫으로 주어진 땅에서 자기가 땀 흘리지 않는다면 옥수수 한 알도 손에 넣을 수 없다는 사실 말이다. 누군가에게 내재한 힘은 본질적으로 새로운 것이고 자신이 무엇을 할 수 있는지는 오로지 그 사람만 알 수 있으며 시도하기 전까지는 그 자신도 알 수 없다."

에머슨은 이런 식으로 표현했다. 하지만 작고한 시인 더글러스 맬럭 Douglas Malloch은 이렇게 표현했다.

그대가 언덕 꼭대기의 소나무가 될 수 없다면
골짜기의 관목이 되어라.
골짜기의 관목이 될 수 없다면
시냇가에서 가장 멋진 작은 관목이 되어라.
나무가 될 수 없다면 덤불이 되어라.

덤불이 될 수 없다면 한 포기 풀이 되어라.
그래서 어떤 큰길을 더 행복한 길로 만들어라.
월척이 될 수 없다면 중간치가 되어라.
그러나 호수에서 가장 힘찬 중간치가 되어라!

우리가 모두 선장이 될 수는 없다.
우리는 선원이 되어야 한다.
이 자리에는 우리의 몫이 있다.
중대한 일이 있고 그보다 못한 일이 있다.
그리고 우리가 해야 할 일은 가까이에 있다.

그대가 큰길이 될 수 없다면 그냥 오솔길이 되어라.

태양이 될 수 없다면 별이 되어라.

이기고 지는 것은 크기가 정하지 않는다.

그대가 어떤 사람이든 최고의 모습이 되어라!

걱정에서 벗어나 평화와 자유를 얻을 수 있는 규칙 5는 다음과 같다.

'다른 사람을 흉내 내지 말자. 나를 찾고 나답게 살자.'

6

시디신 레몬이 생기면
달콤한 레모네이드를 만들어라

이 책을 쓰는 동안 하루는 시카고대학교에 들러 로버트 메이너드 허친스Robert Maynard Hutchins 총장을 만났다. 내가 그에게 어떻게 걱정을 하지 않을 수 있냐고 묻자, 그는 이렇게 답변했다.

"전 시어스, 로벅 앤드 컴퍼니Sears, Roebuck and Company의 회장이셨던 고故 줄리어스 로젠월드Julius Rosenwald의 조언을 따르려고 항상 노력했습니다. '시디신 레몬이 생기면 달콤한 레모네이드로 만들어라.'"

이것이 훌륭한 교육자의 행동 방식이다. 하지만 어리석은 사람은 정반대로 행동한다. 삶이 그에게 먹지도 못하는 레몬을 건네면 그는 포기하고 이렇게 말한다.

"난 두 손 들었어. 이게 내 운명이야. 한 번도 기회가 없었어."

그런 다음 세상을 원망하고 자기 연민에 빠져 허우적댄다. 하지만 이럴 때 지혜로운 사람은 이렇게 말한다.

"이렇게 운이 나쁠 때 내가 무엇을 배울 수 있을까? 어떻게 하면 이 상황을 개선할 수 있을까? 어떻게 이 레몬을 레모네이드로 만들 수 있을까?"

평생 인간과 인간이 가진 숨겨진 힘의 보고寶庫를 연구한 위대한 심리학자 알프레트 아들러는 인간의 경이로움으로 가득 찬 한 가지 특성이 "마이너스를 플러스로 바꾸는 힘"이라고 단언했다.

다음은 내가 아는 한 여성의 흥미롭고 고무적인 이야기다. 그녀의 이름은 셀마 톰슨Thelma Thompson이고 뉴욕시 모닝사이드 드라이브 100번지에 살고 있다. 그녀는 자신의 경험담을 전하며 다음과 같이 말했다.

"전쟁 중에 남편은 뉴멕시코의 모하비 사막 근처에 있는 육군 훈련 캠프에 주둔하고 있었어요. 전 남편과 가까이에서 살려고 그곳으로 갔죠. 그곳이 싫었습니다. 진저리날 만큼 싫었어요. 살다가 그렇게 불행했던 적은 없었습니다. 남편이 작전을 수행하러 모하비 사막으로 출동하면 전 작은 오두막집에 혼자 남았죠.

더위를 견디기가 힘들었습니다. 선인장 그늘에 들어가도 섭씨 50도가 넘었어요. 얘기를 걸 사람이라고는 멕시코인과 아메리카 원주민뿐이었는데 그 사람들은 영어를 못했죠. 바람이 끊임없이 부는 통에 제가 먹는 모든 음식과 숨 쉬는 공기는 온통 모래투성이였습니다!

전 너무 비참하고 나 자신이 너무 딱해서 부모님께 편지를 썼어요. 다 포기하고 집으로 돌아간다고 말씀드렸죠. 이제 단 한 순간도 견딜 수가 없다, 차라리 감옥에 가는 편이 낫겠다고요! 제 편지에 대한 아버지의 답장은 단 두 줄이었습니다. 그것은 제 기억 속에 항상 맴도는 두 줄, 제 인생을 송두리째 바꿔놓은 두 줄이었죠.

두 사람이 감옥에서 창살 밖을 내다보았다.
한 사람은 진흙탕을 보았고 나머지 한 사람은 별을 보았다.

전 그 두 줄을 되풀이해서 읽었어요. 부끄럽다는 생각이 들더군요. 그래서 지금 내 상황에서 좋은 점을 찾기로 결심했습니다. 별을 보기로 한 거죠.

원주민들과 친해졌는데 그들의 반응에 제가 깜짝 놀랐어요. 제가 그들의 직물과 도자기에 관심을 보이자, 관광객들에게 팔지 않았던 아끼는 작품을 선물로 주더군요. 저는 선인장과 유카, 조슈아 나무의 매혹적인 모양을 요모조모 뜯어보았습니다. 프레리도그에 대해 배우고, 사막의 해넘이를 감상하고, 수백만 년 전 사막의 모래가 바다 바닥이었을 때 그곳에 남겨진 조개껍데기를 찾아보기도 했죠.

제가 이렇게 변한 건 무엇 때문이었을까요? 모하비 사막은 변하지 않았어요. 원주민들도 변하지 않았죠. 하지만 저는 변했습니다. 제 마음가짐을 바꾸었으니까요.

그렇게 해서 비참한 경험이 제 인생에서 가장 흥미진진한 모험으로 바뀌었죠. 전 제가 발견한 이 신세계로부터 자극을 받고 신이 났습니다. 정말 신이 나서 《빛나는 성벽 Bright Ramparts》이라는 제목으로 소설까지 썼어요. 내가 스스로 만든 감옥에서 벗어나 별을 발견한 겁니다."

셀마 톰슨, 당신이 발견한 건 그리스인들이 기원전 500년에 가르쳤던 오랜 진리다.

"가장 좋은 것이 가장 힘든 것이다."

해리 에머슨 포스딕은 20세기에 이 진리를 되풀이했다.

"행복은 대부분 쾌락이 아니라 극복이다."

그렇다. 레몬을 레모네이드로 바꾸는 성취감과 승리감, 그리고 극복이다.

플로리다에서 내가 방문했던 행복한 농부는 독한 레몬을 레모네이드로 만들었다. 처음 농장을 샀을 때 그는 실망했다. 땅이 너무 척박해서 과일을 재배하거나 돼지를 키울 수 없었다. 떡갈나무와 방울뱀 외에는 아무것도 자라지 않았다. 그런데 문득 아이디어가 떠올랐다. 부채를 자산으로 바꿀 아이디어였다.

방울뱀을 최대한 활용할 생각이었다. 놀랍게도 그는 방울뱀 고기를 통조림으로 만들기 시작했다. 몇 년 전 그를 방문했을 때 알게 된 사실인데 방울뱀 농장을 보기 위해 관광객이 해마다 2만 명씩 몰려들고 있었다. 사업은 날로 번창했다. 방울뱀의 송곳니에서 추출한 독은 연구소로 보내서 독살 방지 독소로 만들었고, 방울뱀 가죽은 비싼 가격에 팔려 여성용 신발과 핸드백으로 변신했다. 방울뱀 고기 통조림은 세계 각지의 고객에게 배송되었다.

나는 그곳에서 그림엽서를 한 장 사서 그 마을의 지역 우체국에서 우편으로 보냈다. 마을의 이름은 독한 레몬을 달콤한 레모네이드로 바꾸었던 한 사람을 기념하고자 '플로리다주 래틀스네이크 rattlesnake(방울뱀)'로 이미 변경되어 있었다.

몇 번이고 미국 전역을 이리저리 여행하면서 나는 '마이너스를 플러스로 바꾸는 힘'을 발휘한 수십 명의 사람을 만날 귀한 기회를 얻었다.

《신에게 맞선 12인 Twelve Against the Gods》의 작가 고故 윌리엄 볼리토 William Bolitho는 그것을 이런 식으로 표현했다.

"삶에서 가장 중요한 것은 이익을 이용하는 것이 아니다. 그건 바보라도 할 수 있다. 정말 중요한 것은 손해에서 이익을 얻는 것이다. 그러려면 지성이 필요하며, 현명한 사람과 바보의 차이는 이 지성이다."

볼리토가 이렇게 말한 것은 철도 사고로 한쪽 다리를 잃은 후였다. 하지만 나는 양쪽 다리를 모두 잃고 마이너스를 플러스로 바꾸었던 한 남자를 알고 있다. 그의 이름은 벤 포트슨 Ben Fortson이다.

나는 조지아주 애틀랜타의 한 호텔 엘리베이터에서 그를 만났다. 엘리베이터에 올라탔을 때 한쪽 구석에 두 다리가 없는 사내가 유쾌해 보이는 얼굴로 휠체어에 앉아 있었다. 자기가 가려는 층에 엘리베이터가 멈추자, 그는 내게 휠체어를 좀 더 편하게 움직일 수 있도록 한쪽 구석으로 비켜줄 수 있냐고 친절하게 물었다. 그가 "불편하게 해서 죄송하다"라고 말할 때 푸근하고 마음이 따뜻해지는 미소가 그의 얼굴을 환하게 밝히고 있었다.

엘리베이터에서 내려 내 방으로 갔을 때 내 머릿속에는 이 유쾌한 장애인 생각밖에 떠오르지 않았다. 그래서 나는 그를 찾아가 사연을 전해달라고 부탁했다.

그가 웃음을 지으며 이렇게 말했다.

"1929년에 일어난 일이었어요. 전 밭에다 콩의 버팀대로 쓸 가래나무 장대를 자르러 나갔습니다. 내 자동차에 장대를 싣고 집으로 돌아오던 길이었어요. 급회전하려던 바로 그 순간 갑자기 장대 하나가 자동차 밑으로 미끄러져 들어갔는데 조향 장치가 말을 듣지 않았어요. 자동차가 제방 위로 튕겨 나갔고 전 나무에 세게 부딪쳤습니다. 척추를 다쳤어요. 다리가 마비되었죠. 그때 저는 스물네 살이었고 그 이후로 한 걸음도 걷지 못했습니다."

스물네 살에 평생 휠체어를 타고 살아야 한다는 선고를 받았다니! 어떻게 그렇게 담대하게 받아들일 수 있었냐고 물었더니 그는 이렇게 대답했다.

"담대하지 않았어요."

그는 난리를 치며 반항했다고 한다. 자신의 운명에 분노했다. 하지만 세월이 흐르면서 저항해 봐야 괴로움만 커질 뿐이라는 사실을 알았다. 그는 이렇게 말한다.

"마침내 다른 사람들이 나를 친절하고 예의 바르게 대한다는 사실을 깨달았습니다. 그러니 내가 할 수 있는 최소한의 일은 그들에게 친절하고 예의 바르게 대하는 것이었죠."

나는 오랜 세월이 지난 지금 그 사고가 끔찍한 불행이었다고 생각하느냐고 물었다. 그는 곧바로 다음과 같이 대답했다.

"아니요. 지금 와 생각하면 사고가 난 게 차라리 다행인 것 같습니다."

그가 말하기를, 충격과 분노를 극복한 다음 그에게는 다른 세상이 펼쳐졌다. 책을 읽기 시작해서 훌륭한 문학에 대한 애정을 키워갔다. 14년 동안 줄잡아 1,400권의 책을 읽었다. 그 책들 덕분에 새로운 지평이 열리면서 그의 삶은 상상할 수 없을 만큼 더 풍요로워졌다. 그는 좋은 음악을 듣기 시작했다. 예전에는 지루하다고 느꼈을 법한 교향곡에 전율을 느낀다. 하지만 가장 큰 변화는 생각할 시간이 생겼다는 사실이다. 그는 말한다.

"난생처음 세상을 바라보고 진정한 가치를 이해하게 되었어요. 이전에 갈구했던 것들이 대부분 전혀 가치가 없다는 걸 깨달을 수 있었죠."

책을 읽은 덕분에 그는 정치에 눈을 뜨고, 사회 문제를 공부하고, 휠체어에 앉아 연설했다! 그는 사람들을 알게 되었고 사람들도 그를 알게 되었다. 현재 벤 포트슨은 여전히 휠체어에 앉아 있지만 조지아주의 국무장관이 되었다!

지난 35년 동안 뉴욕에서 성인 교육 강좌를 진행하면서 사람들이 대학에 진학하지 않은 것을 가장 후회한다는 사실을 발견했다. 그들은 대학 교육을 받지 못한 걸 대단한 핸디캡으로 여기는 것 같다. 내가 아는 바로는 꼭 그렇지만은 않다. 고등학교를 졸업하지 않고 성공한 사람이 얼마든지 있다.

그래서 나는 이런 수강생들에게 초등학교도 마치지 못한 한 남자의 이야기를 이따금 들려주곤 한다. 그는 지독하게 가난한 환경에서 자랐다. 아버지가 세상을 떠났을 때는 아버지의 친구들이 돈을 추렴해서 아버지를 모실 관을 마련해야 했다. 이후 어머니는 우산 공장에서 하루 10시간씩 일하고 집에 일감을 가져와서 밤 11시까지 일했다.

이런 환경에서 자란 소년이 어느 날 교회 동아리에서 주최하는 아마추어 연극에 참여했다. 연기를 하면서 짜릿함을 느낀 소년은 대중연설로 시선을 돌렸다. 이를 계기로 그는 정계에 입문했다. 서른 살에 뉴욕주 의원에 당선되었다.

하지만 그는 안쓰러울 만큼 그런 책임을 맡을 준비가 전혀 되지 않았다. 실제로 그는 내게 솔직히 무슨 일을 하는 건지 전혀 몰랐다고 말했다. 그는 자신이 채결해야 할 길고 복잡한 법안을 공부했지만, 그에게 그것은 외계어나 다름없었다. 그는 숲에는 들어가 본 적도 없는데 산림 관련 위원회 위원이 되었을 때 걱정스럽고 당황스러웠다. 은행 계좌 하나 없는데 주 금융 위원회 위원이 되었을 때도 걱정스럽고 당황스러웠다.

그가 내게 고백했듯이, 너무 주눅이 든 나머지 어머니에게 패배를 인정하는 게 창피하지 않았다면 의원직을 사임했을 것이다. 그는 지푸라기라도 잡는 심정으로 하루에 16시간씩 공부해 무지라는 레몬을 지식의 레모네이드로 바꾸기로 마음먹었다. 그렇게 해서 지역 정치인에서 전국적인 유명 인사로 변신했고 남달리 두각을 나타낸 그를 〈뉴욕 타임스〉에서는 "뉴욕에서 가장 사랑받는 시민"이라고 일컬었다.

이 이야기의 주인공은 앨 스미스 Al Smith 다.

자기만의 정치 독학 프로그램을 시작하고 10년이 지난 후 앨 스미스는 뉴욕주 정계에 현존하는 가장 위대한 권위자가 되었다. 그는 뉴욕 주지사에 네 번 당선되었는데 이는 전무후무한 기록이다. 1928년에는 민주당 대통령 후보로 출마했다. 초등학교 졸업장밖에 없는 그에게 컬럼비아, 하버드 등 6개 명문대학교에서 명예 학위를 수여했다.

앨 스미스는 마이너스를 플러스로 바꾸기 위해 하루 16시간씩 열심히 노력하지 않았다면 이런 모든 일이 가능하지 않았을 것이라 말했다.

니체가 정의하는 초인은 "궁핍함을 견디는 것은 물론이고, 그것을 사랑하는 사람"이었다.

위업을 달성한 사람들의 경력을 연구할수록 나는 핸디캡을 안고 출발했기 때문에 성공한 사람이 무척 많다는 사실을 더욱 깊이 확신하게 된다. 그 핸디캡이 더 많이 노력해서 더 많은 보상을 받으라는 자극제가 되었다. 윌리엄 제임스가 말했듯이.

"우리의 약점이 뜻밖에도 우리를 돕는다."

어쩌면 밀턴이 시각장애인이어서 더 훌륭한 시를 쓰고 베토벤이 청각장애인이어서 더 훌륭한 음악을 작곡했을지 모른다.

헬렌 켈러의 빛나는 경력은 그녀에게 시각장애와 청각장애가 있었기에 가능했고 탁월했다.

만일 차이콥스키가 비극적인 결혼 생활 때문에 좌절해서 자살을 생각할 지경까지 내몰리지 않았다면, 그의 삶이 비참하지 않았다면, 불후의 명곡《비창 교향곡》을 작곡할 수 없었을 것이다.

도스토옙스키와 톨스토이의 삶이 지난하지 않았다면 불후의 소설을 쓸 수 없었을 것이다.

지구상의 생명체에 관한 과학적 개념을 바꿔놓은 한 사나이는 "내가 그렇게 병약하지 않았다면 지금처럼 많은 작업을 하지 못했을 것"이라는 글을 남겼다. 이는 자신의 병약함이 뜻밖의 도움을 주었다는 찰스 다윈Charles Darwin의 고백이다.

영국에서 다윈이 태어나던 그 날 켄터키주의 숲속 통나무집에서는 또 다른 아기가 태어났다. 이 아기 또한 병약함에서 도움을 받았다. 그의 이름은 바로 에이브러햄 링컨이었다. 만일 그가 상류 가정에서 길러져 하버드에서 법학 학위를 받고 행복하게 결혼 생활을 했다면 마음속 깊은 곳에 항상 맴돌던 말을 발견하고 게티즈버그에서 불멸의 명언으로 남길 수 없었을 것이다. 두 번째 취임식에서 낭송한 성스러운 시를 발견하지 못했을 것이다. 어떤 통치자도 생각하지 못한 그 아름답고 고귀한 구절 말이다.

"누구에게도 악의를 품지 않고, 모두에게 자선을 베풀며……."

해리 에머슨 포스딕은 그의 책 《꿰뚫어 보는 힘 The Power to See it Through》에 다음과 같이 썼다.

"누군가 삶의 지침으로 삼을 만한 스칸디나비아 속담이 있다. '북풍이 바이킹을 만들었다'라는 속담이다.

안전하고 쾌적한 생활, 어려움이 없는 것, 안락함이 저절로 사람을 선하거나 행복하게 만든다는 생각은 대체 어디에서 온 것일까? 오히려 자기 연민에 빠진 사람은 푹신한 방석에 앉아서도 자신을 연민하지만, 역사적으로 품성과 행복은 언제나 좋은 상황, 나쁜 상황, 무관심한 상황을 막론하고 어떤 상황에서든 개인의 책임을 짊어진 사람들의 몫이었다. 따라서 되풀이하노니, 북풍이 바이킹을 만들었다."

너무 낙담해서 시디신 레몬을 달콤한 레모네이드로 바꿀 수 있다는 희망마저 잃었다고 가정해 보자. 그렇다고 해도 시도해야 하는 두 가지 이유, 밑져 봐야 본전인 두 가지 이유가 있다.

첫째, 혹시 성공할지도 모른다.

둘째, 설령 성공하지 못한다 해도, 마이너스를 플러스로 바꾸려는 시도만으로도 우리는 과거가 아닌 미래를 바라보고, 부정적인 생각을 긍정적인 생각으로 바꾸고, 창의적인 에너지를 발산하고 바쁘게 움직이게 되며 그러면 지나간 일에 대해 슬퍼할 시간이나 경향이 사라질 것이다.

세계적인 바이올리니스트 올레 불Ole Bull이 파리에서 연주회를 열었던 적이 있었다. 그때 갑자기 바이올린의 A줄이 끊어졌다. 하지만 올레 불은 무심하게 세 줄로만 그 곡을 끝냈다. 해리 에머슨 포스딕은 "A줄이 끊어지더라도 세 줄로 마무리하는 것이 바로 삶"이라고 말한다.

그것은 그저 삶이 아니다. 그것은 삶을 넘어 삶의 승리다!

내게 그럴 수 있는 권한이 있다면 윌리엄 볼리토의 이 말을 녹슬지 않는 청동으로 새겨 전국의 모든 학교에 걸고 싶다.

"삶에서 가장 중요한 것은 이익을 이용하는 것이 아니다. 그건 바보라도 할 수 있다. 정말 중요한 것은 손해에서 이익을 얻는 것이다. 그러려면 지성이 필요하며, 현명한 사람과 바보의 차이는 이 지성이다."

우리에게 평화와 행복을 선사할 마음가짐을 기르기 위해 규칙 6을 실천하자.

'운명이 시디신 레몬을 건네면 달콤한 레모네이드를 만들기 위해 노력하자.'

7

2주 안에
우울증을 치료하는 방법

이 책을 쓰기 시작할 무렵 나는 '나의 걱정 극복담'을 전하는 가장 유익하고 감동적인 실화에 200달러의 상금을 내걸었다.

이 대회의 심사위원은 이스턴 항공사의 에디 리켄배커 사장과 링컨 메모리얼 대학교의 스튜어트 W. 매클렐런드 Stewart W. McClelland 박사, 그리고 라디오 뉴스 분석가 H.V. 칼텐본 H.V. Kaltenborn 세 명이었다. 접수된 이야기 가운데 두 편이 심사위원단에서 우열을 가리기 힘들 정도의 수작이었다. 그래서 우리는 상금을 나누기로 결정했다.

다음은 공동 수상한 작품 가운데 미주리주 스프링필드 커머셜 스트리트 1067번지에 거주하며, 미주리주 위저 모터 세일즈에 근무하는 C.R. 버튼 C.R. Burton 의 이야기다. 버튼은 내게 보낸 편지에 다음과 같이 썼다.

"저는 아홉 살에 어머니를 여의고 열두 살에 아버지를 여의었습니다. 아버지는 돌아가셨지만, 어머니는 19년 전 어느 날 돌연 집을 나가셔서 그 이후로 한 번도 뵌 적이 없어요. 어머니가 데려간 두 여동생도 마찬가지고요. 어머니는 집을 나가신 지 7년이 지나도록 제게 편지 한 통 보내지 않았어요.

아버지는 어머니가 떠나고 3년 후에 사고로 세상을 떠나셨죠. 아버지는 동업자와 함께 미주리의 작은 마을에 카페를 하나 매입했는데, 아버지가 출장으로 자리를 비운 사이에 동업자가 카페를 팔고 현금을 챙겨 달아났습니다. 아버지는 빨리 돌아오라는 한 친구의 전보를 받고 급히 오시다가 캔자스주 설라이나에서 교통사고로 목숨을 잃었습니다.

가난하고 연로하고 몸도 성치 않은 고모 두 분이 우리 형제자매 가운데 셋을 데려가셨어요. 저와 남동생은 아무도 원치 않았죠. 우리는 마을 사람들 손에 맡겨졌습니다. 고아라는 딱지를 붙이고 그런 취급을 받을지도 모른다는 두려움이 떠나질 않았어요. 우리의 두려움은 곧 현실이 되었죠.

전 한동안 마을의 한 가난한 집에서 지냈어요. 하지만 어려운 시절이었던 데다가 가장이 실직하는 바람에 그 집은 더 이상 저를 먹여 살릴 형편이 되지 않았습니다. 그래서 로프틴 Loftin 씨 부부가 저를 마을에서 18km 떨어진 그들의 농장으로 데려가 함께 살게 해주셨죠.

70살인 로프틴 씨는 대상포진으로 병상에 누워 지내셨어요. 그는 제게 '거짓말을 하지 않고, 도둑질하지 않고, 시키는 대로만 하면' 그곳에 머물 수 있다고 말씀하셨죠. 이 3가지 명령은 제게 《성경》 말씀이 되었어요. 전 그 3가지를 철저히 지키며 살았습니다.

학교에 입학했지만 등교한 첫 주에는 집으로 돌아와 아기처럼 엉엉 울었어요. 다른 아이들이 저를 못살게 굴고, 제 주먹코를 놀려대고, 멍청하다고 말하면서 '엄마 아빠도 없는 놈'이라고 불렀거든요. 그 말이 너무 상처가 되어서 아이들과 한판 붙고 싶었죠.

하지만 저를 거둬주신 농부 로프틴 씨는 '붙어서 싸우는 것보다 싸움을 멀리하는 사람이 더 큰 사람이라는 걸 항상 기억하라'라고 말씀하셨죠. 이후로 전 계속 싸우지 않았는데 한 애가 학교 마당에서 닭똥을 집어 들어 제 얼굴에 던지던 날이 있었습니다. 저는 그 애를 두들겨 패줬죠. 그랬더니 친구가 두어 명 생기더군요. 그 친구들이 그 녀석은 맞아도 싸다고 말해주었어요.

로프틴 부인이 사주신 새 모자는 제 자랑거리였습니다. 그런데 어느 날 상급반의 한 여자애가 제가 쓰고 있던 모자를 잡아채 가서는 거기에 물을 채워서 망가뜨렸어요. 그 여자애는 '네 단단한 머리를 물로 적셔놔야 뻥튀기처럼 터지지 않을' 거라고 말했죠.

나는 학교에서는 울지 않았지만, 집에서는 엉엉 울곤 했어요. 그러던 어느 날 로프틴 부인께서 이 모든 고민과 걱정거리에서 벗어나 원수를 친구로 바꾸는 조언을 해주셨습니다.

'랠프, 네가 아이들에게 관심을 가지고 그들을 위해 얼마나 많은 일을 할 수 있는지 알아본다면 그 애들이 더 이상 널 괴롭히거나 '엄마 아빠도 없는 놈'이라고 놀리지 않을 거야.'

저는 부인의 조언을 따랐죠. 열심히 공부했고 머지않아 1등까지 했어요. 하지만 제가 두 팔을 걷어붙이고 아이들을 도왔기 때문에, 시샘을 받는 일은 없었습니다.

저는 몇몇 아이들의 숙제와 작문을 도와주었어요. 어떤 아이들에게는 토론문을 완벽하게 작성해 주었죠. 한 친구는 제 도움을 받는다는 사실을 부모님께 털어놓기가 쑥스러웠던 모양이에요. 그래서 자기 엄마에게 주머니쥐를 사냥하러 간다고 말하곤 했죠. 그러고는 로프틴 씨의 농장에 와서 제가 그의 과제를 도와주는 동안 개들을 헛간에 묶어 두었어요. 저는 한 친구를 위해 독후감을 써주었고 며칠 동안은 저녁에 한 여자아이의 수학 공부를 도와주었습니다.

그러던 중에 우리 동네에 죽음의 사자가 들이닥쳤습니다. 초로의 두 농부가 사망했고 한 여성은 남편에게 버림을 받았어요. 네 가족 가운데 남자라고는 저 하나뿐이었죠. 저는 2년 동안 이 미망인들을 도왔습니다. 등하굣길에 농장에 들러 나무를 베고, 우유를 짜고, 가축에게 먹이를 주고 물을 먹였습니다. 그러자 제가 저주가 아니라 축복을 받는 사람으로 변했더군요. 모든 사람이 저를 친구로 받아주었어요.

해군에서 제대하고 집으로 돌아왔을 때 저는 그들의 진심을 알 수 있었죠. 집으로 돌아온 첫날 200명이 넘는 농부들이 저를 보러 왔답니다. 개중에는 차를 몰고 130km나 되는 거리를 온 사람들도 있었고, 그들이 제게 보인 관심은 진심이었어요. 저는 지금껏 다른 사람들을 돕느라 바쁘고 행복하게 지냈기 때문에 걱정거리가 거의 없습니다. 그날 이후 13년 동안 '엄마 아빠 없는 놈'이라는 소리는 한 번도 듣지 못했어요."

C.R. 버튼 만세! 그는 친구를 얻는 방법을 알고 있다! 그리고 걱정을 극복하고 인생을 즐기는 방법도 알고 있다.

워싱턴주 시애틀의 작고한 프랭크 루프Frank Loope 박사도 마찬가지다. 그는 23년 동안 관절염으로 병상에 누워 있었다. 하지만 일간지 〈시애틀 스타〉의 스튜어트 위트하우스Stuart Whithouse는 내게 이런 편지를 보냈다.

"제가 루프 박사를 여러 번 인터뷰했는데, 그분보다 더 이타적이거나 더 풍요로운 삶을 누린 사람은 본 적이 없습니다."

병상에 누워 있는 이 환자가 어떻게 그렇게 풍요로운 삶을 누렸을까? 내가 예상 답안을 두 가지 제시해 보겠다. 그가 불평하고 비판하면서 그렇게 할 수 있었을까? 아니다. 자기 연민에 빠져서 관심의 중심이 되고 자기에게 맞춰달라고 모든 사람에게 요구했을까? 그렇지 않다. 이것도 틀렸다.

그는 영국 황태자의 좌우명인 "이히 디엔Ich dien" 즉 "나는 봉사하노라"를 본인의 구호로 삼음으로써 그렇게 할 수 있었다. 다른 환자들의 이름과 주소를 모아서 용기를 북돋우는 행복의 편지를 보냄으로써 그들과 자신을 응원했다. 사실 그는 환자에게 위문편지 쓰기 동아리를 조직해 서로 편지를 주고받을 기회를 제공했다. 그리고 마침내 '환자들의 모임 Shut-in Society'이라는 전국적인 단체를 결성했다.

그는 병상에 누워서도 한해에 평균 1,400통의 편지를 썼고, 바깥 활동이 힘든 사람들을 위해 라디오와 책을 구해 수천 명의 환자에게 기쁨을 선사했다.

루프 박사와 다른 많은 사람의 가장 큰 차이점은 무엇이었을까? 이것뿐이다. 루프 박사에게는 목적과 사명을 가진 사람의 내면에서 불타는 빛이 있었다. 그는 자신보다 훨씬 더 고귀하고 의미 있는 이념에 쓰임 받고 있다는 사실에 기뻐했다. 그는 버나드 쇼의 말처럼 "세상이 나를 행복하게 만들기 위해 온 힘을 다하지 않는다며 투덜대는 자기중심적인 작은 불평불만 덩어리"가 되지 않았다.

다음은 위대한 정신과 의사인 알프레트 아들러의 글에서 읽은 가장 놀라운 문장이다. 그는 우울증 환자들에게 이렇게 말하곤 했다.

"이 처방을 따르면 2주 안에 완치될 수 있습니다. 어떻게 하면 누군가를 기쁘게 해줄 수 있을지 매일 생각해 보세요."

선뜻 믿기 어려운 말이라 내가 아들러 박사의 훌륭한 책《다시 일어서는 용기 What Life Should Mean to You》에서 몇 페이지를 인용해 설명해야 할 듯싶다(어쨌든 반드시 읽어야 할 책이 있기 마련이다).

아들러는 《다시 일어서는 용기》에서 다음과 같이 말한다.

"우울증은 다른 사람을 향해 오랫동안 계속된 분노와 비난과 같은 것이다. 보살핌과 동정, 지지를 얻을 목적으로 환자가 자신의 죄책감 때문에 낙담하는 모습을 보일 뿐이다. 우울증 환자의 첫 기억은 일반적으로 이런 것이다.

'소파에 눕고 싶었는데 오빠가 거기에 누워 있던 게 기억나요. 제가 너무 많이 울어서 오빠가 일어나야만 했죠.'

우울증 환자는 흔히 자살함으로써 복수하려는 경향이 있으며, 그래서 의사가 가장 먼저 조심해야 할 것은 자살의 구실을 제공하지 않는 것이다. 나 역시 치료의 제1 규칙으로 '좋아하지 않는 일은 절대 하지 말라'고 제안함으로써 긴장을 풀어주려고 노력한다.

매우 사소해 보이지만 나는 그것이 모든 문제의 근원에 닿을 수 있다고 믿는다. 우울증 환자가 원하는 대로 할 수 있다면 누구를 비난할 수 있을까? 어디에다 복수해야 할까? 나는 환자에게 이렇게 말한다.

'극장에 가고 싶거나 휴가를 떠나고 싶다면 그렇게 하십시오. 도중에 마음이 바뀌면 그만두세요.'

이것은 누구에게나 가장 좋은 상황이다. 우월함을 얻으려고 노력하는 환자에게는 만족감을 준다. 그는 하나님과 같은 존재가 되어 원하는 대로 할 수 있다. 그런 한편으로 이것은 환자의 삶의 방식에 그리 쉽게 들어맞지 않는다. 그는 다른 사람들을 지배하고 비난하기를 원하는데 다른 사람들이 그의 뜻에 따른다면 그들을 지배할 도리가 없다. 이 규칙이 고통을 크게 덜어주며 그래서 내 환자 중에서 자살한 사람은 한 명도 없었다.

대개 환자는 이렇게 대답한다.

'근데 하고 싶은 게 없어요.'

이 대답을 너무 자주 들은 터라 나는 그것에 미리 대비해 두었다. 나는 '그럼 하기 싫은 일을 하지 마세요'라고 말한다.

하지만 이따금 '온종일 침대에 누워 있고 싶다'라고 대답하는 환자가 있다. 내가 그렇게 하라고 하면 그러고 싶은 마음이 사라질 것임을 나는 안다. 못하게 막으면 전쟁을 시작할 것임을 안다. 그래서 나는 언제나 동의한다.

이것이 한 가지 규칙이다. 또 다른 규칙은 환자들의 생활방식을 더 직접적으로 공격한다. 나는 그들에게 이렇게 말한다.

'이 처방을 따르면 2주 안에 완치할 수 있습니다. 어떻게 하면 누군가를 기쁘게 할 수 있을지 매일 생각해 보세요.'

이 말이 그들에게 어떤 의미일지 지켜보라. 그들은 '어떻게 하면 누군가를 걱정시킬 수 있을까'라는 생각에 사로잡혀 있다. 그들의 대답은 흥미롭다. 어떤 환자들은 이렇게 말한다.

'그건 제게 아주 쉬울 거예요. 평생 그랬으니까요.'

그들은 결코 그런 적이 없다. 나는 잘 생각해 보라고 요청한다. 그들은 잘 생각해 보지 않는다. 나는 그들에게 다음과 같이 말한다.

'잠이 오지 않을 때 어떻게 하면 누군가를 기쁘게 해줄지 생각하면서 시간을 활용할 수 있습니다. 그러면 당신의 건강에 큰 도움이 될 겁니다.'

다음 날 그들을 만나면 이렇게 묻는다.

'제가 제안했던 거 잘 생각해 보셨나요?'

그들은 '어젯밤에는 잠자리에 들자마자 바로 잠들었다'라고 대답한다. 물론 이 모든 일은 일말의 우월함이 없이 겸손하고 우호적인 태도로 진행해야 한다.

'전 못할 것 같아요. 너무 걱정스러워요'라고 말하는 환자도 있을 것이다. 나는 그들에게 이렇게 말한다.

'걱정을 그만두라는 말이 아닙니다. 하지만 걱정하면서 이따금 다른 사람들을 생각할 수 있죠.'

나는 그들의 관심이 항상 다른 사람들을 향하도록 유도하고 싶다. 다음과 같이 말하는 사람이 많다.

'제가 왜 다른 사람을 기쁘게 해야 하나요? 다른 사람들은 나를 기쁘게 하려고 하지 않는데요.'

나는 이렇게 대꾸한다.

'당신은 당신의 건강을 생각해야 합니다. 다른 사람들은 나중에 고통을 겪을 겁니다.'

'선생님이 제안하신 걸 잘 생각해 봤다'라고 말하는 환자는 극히 드물다. 내 모든 노력은 전적으로 환자의 사회적 관심을 높이는 방향에 맞춰져 있다. 나는 진짜 병의 원인이 협동심의 부족이라는 사실을 알고 있고 환자도 그것을 알았으면 한다.

동등하고 협력적인 기반 위에서 다른 사람과 관계를 맺을 수 있을 때 그는 곧바로 치유된다. 종교가 요구하는 가장 중요한 임무는 항상 '네 이웃을 사랑하라'라는 것이다. 다른 사람에게 관심이 없는 인간이 삶의 가장 큰 어려움을 겪고 다른 사람에게 가장 큰 상처를 준다. 그런 인간으로부터 모든 인간의 실패가 발생한다.

우리가 인간에게 요구하는 모든 것, 그리고 우리가 그에게 줄 수 있는 최고의 칭찬은 그가 좋은 동료이자 다른 모든 사람의 친구, 사랑하고 결혼할 수 있는 진정한 파트너라는 사실이다."

아들러 박사는 우리에게 매일 선행을 실천하라고 권한다. 선행이란 무엇인가? 선지자 무함마드는 "선행이란 다른 사람의 얼굴에 기쁨의 미소가 떠오르게 하는 것"이라고 말했다.

매일 선행을 실천하면 선행을 실천하는 사람에게 어째서 그토록 놀라운 효과가 일어나는 것일까?

다른 사람을 기쁘게 하려고 노력하다 보면 자신에 관한 생각을 멈출 수 있기 때문이다. 우리의 걱정과 두려움, 우울증을 일으키는 바로 그 일을 멈추는 것이다.

뉴욕의 525번가에서 문Moon 비서 학원을 운영하는 윌리엄 T. 문 여사William T. Moon는 우울증을 극복하기 위해 2주 동안 누군가를 기쁘게 할 방법을 고민할 필요가 없었다. 그녀는 알프레트 아들러의 조언을 한 단계 더 발전시켰다. 어쩌면 13단계 더 발전시켰을 것이다. 그녀는 2주가 아니라 단 하루 만에 고아 두 명을 기쁘게 할 방법을 생각하면서 우울증을 극복했으니 말이다. 그녀의 사연은 이러했다.

"5년 전 12월 저는 슬픔과 자기 연민에 푹 빠져 있었습니다. 결혼해서 행복하게 살았는데 몇 년 만에 남편을 잃었거든요. 크리스마스 연휴가 다가올수록 슬픔은 더욱 깊어졌어요. 평생 혼자 크리스마스를 보낸 적이 없다 보니 이번 크리스마스가 점점 가까워지는 게 두려웠죠.

친구들이 크리스마스를 함께 보내자고 초대했는데 즐거운 분위기를 감당할 엄두가 나지 않았습니다. 어떤 파티에서든 제가 분위기를 깰 거라는 걸 알았으니까요. 그래서 친구들의 친절한 초대를 거절했죠. 크리스마스이브가 다가올수록 자기 연민이 더욱 무겁게 저를 짓눌렀어요.

사실 여느 사람들처럼 저도 감사할 일이 많았습니다. 크리스마스이브 오후 3시에 퇴근해서 자기 연민과 우울함을 떨치려고 5번가를 정처 없이 걸었어요. 5번가는 즐겁고 행복한 사람들로 붐비고 있었죠. 그 광경을 보니 다시는 돌아오지 못할 행복한 시절의 추억이 떠올랐습니다.

아무도 없는 아파트로 돌아가야 한다고 생각하니 견딜 수가 없었어요. 나는 혼란스러웠고 어떻게 해야 할지 떠오르지 않았죠. 눈물을 걷잡을 수 없었습니다. 한 시간 남짓 정처 없이 걷다 보니 버스 터미널이 앞에 보이더군요. 남편과 내가 모험 삼아 무작정 낯선 버스를 탔던 기억이 떠올랐습니다. 그래서 정류장에서 가장 먼저 눈에 띄는 버스에 올랐죠.

허드슨강을 건너 한참을 달리고 있는데 '마지막 정류장입니다, 부인'이라고 말하는 버스 차장의 목소리가 들렸어요. 그래서 버스에서 내렸습니다. 이름도 모르는 마을이었어요. 조용하고 평화로운 작은 곳이었죠! 집으로 돌아가는 다음 버스를 기다리는 동안 주택가를 걸어 올라갔습니다.

한 교회를 지나는데 〈고요한 밤 거룩한 밤〉의 아름다운 선율이 들려오더군요. 교회 안으로 들어갔는데 오르간 연주자를 빼고는 아무도 없었어요. 저는 눈에 띄지 않게 의자에 앉았습니다. 화려하게 장식한 크리스마스트리의 불빛이 마치 달빛 속에서 춤추는 무수히 많은 별처럼 보였죠.

느릿느릿한 음악을 듣고 있자니 아침부터 한 끼도 먹지 않은 탓에 졸음이 밀려왔어요. 저는 수고하고 무거운 짐진 자(마태복음 11장 28절-옮긴이)였고, 그래서 천천히 잠에 빠졌습니다. 피곤하고 몸이 무거웠기 때문에 곧바로 잠이 들었죠.

잠에서 깨었을 때 전 거기가 어딘지 분간을 못 했어요. 겁이 났습니다. 제 앞으로 크리스마스트리를 구경하러 온 듯싶은 두 아이가 보였어요. 한 여자아이가 절 가리키며 '산타할아버지가 저분을 데려오신 건가?'라고 말했죠.

제가 잠에서 깨었을 때 이 아이들도 잔뜩 겁을 먹고 있었어요. 전 아이들에게 해치지 않을 테니 겁먹지 말라고 말했죠. 아이들의 옷차림은 남루했습니다. 아이들에게 엄마, 아빠는 어디 계시냐고 물었더니 '우리에겐 엄마, 아빠가 없다'라고 답하더군요. 저보다 훨씬 더 불우한 고아 두 명을 만난 거죠.

애들을 보니 슬픔과 자기 연민에 빠졌던 제가 부끄러웠습니다. 전 크리스마스트리를 구경시키고 애들을 가게로 데려가서 같이 간단히 허기를 채웠어요. 그리고 사탕과 몇 가지 선물을 사주었죠. 제 외로움은 씻은 듯이 사라지고 없었습니다. 그 두 아이가 제게 진정한 행복과 나를 잊는 법을 선사한 겁니다.

아이들과 이야기를 나누면서 내가 얼마나 운이 좋았는지 깨달았죠. 어린 시절 부모님의 사랑과 다정함으로 환하게 빛났던 크리스마스를 떠올리며 하나님께 감사했습니다. 그 두 아이는 제가 그들에게 베푼 것보다 훨씬 더 많은 것을 제게 베풀었어요. 그 경험을 통해 내가 행복해지려면 다른 사람을 행복하게 해야 한다는 사실을 다시금 깨달았습니다.

행복은 전염된다는 걸 알게 되었죠. 베풂으로써 받게 되는 겁니다. 누군가를 돕고 사랑을 베풀면서 저는 걱정과 슬픔, 자기 연민을 극복하고 새로 태어난 것 같았어요. 그때는 물론이고 그 이후로도 저는 새로 태어난 사람이었습니다."

자신을 잊고 건강과 행복을 얻은 사람들의 이야기만으로 책 한 권을 쓸 수 있을 것이다. 미국 해군에서 가장 유명한 여성으로 손꼽히는 마거릿 테일러 예이츠 Margaret Tayler Yates를 예로 들어보자.

예이츠 부인은 소설가다. 하지만 일본이 진주만의 미국 함대를 공습했던 그 운명적인 날 아침 그녀에게 일어난 실제 이야기는 그녀가 쓴 어떤 추리소설보다도 흥미진진하다.

예이츠 부인은 심장이 좋지 않아 1년 넘게 병상에 누워 있었다. 하루 24시간 가운데 22시간을 침대에서 보냈다. 그녀의 가장 긴 외출은 정원을 산책하며 햇볕을 쬐는 것이었다. 그때마저도 가정부의 팔에 의지해 걸어야 했다. 당시에는 그녀 자신도 남은 생을 환자로 보낼 거라고 예상했다고 한다. 그녀는 이렇게 말했다.

"일본군이 진주만을 공격해서 안일한 내 생활에서 나를 끄집어내지 않았다면 다시는 진정한 삶을 살지 못했을 겁니다."

예이츠 여사는 자신의 사연을 전하면서 다음과 같이 말했다.

"이 일이 일어났을 때는 모든 게 혼돈과 혼란이었어요. 폭탄 하나가 우리 집의 지척에서 터지는 바람에 나는 그 충격으로 침대에서 떨어졌죠. 군용 트럭들이 히캄 기지 Hickam Field, 스코필드 병영 Scofield Barracks, 카네오헤 베이 비행장 Kaneohe Bay Air Station 으로 달려가 육군과 해군 병사들의 가족을 공립학교로 피난시켰습니다. 그곳에서 적십자사는 이들을 받아줄 여분의 방이 있는 사람들에게 전화를 걸고 있었죠.

제 침대 옆에 전화기가 있다는 것을 알았던 적십자사 직원들은 제게 정보 전달 센터 역할을 맡아달라고 부탁했어요. 그래서 전 육군과 해군의 부인들과 아이들이 어디에서 지내고 있는지 계속 정보를 확인했고 적십자사에서는 모든 해군과 육군 병사에게 가족들이 어디에 있는지 확인하려면 제게 전화를 걸라고 지시했습니다.

제 남편 로버트 롤리 예이츠 Robert Raleigh Yates 중령이 무사하다는 사실은 곧 확인했어요. 전 남편의 생사를 모르는 부인들을 격려하고 남편을 잃은 부인들을 위로하려고 노력했습니다. 그런데 그 수가 너무 많았어요. 해군과 해병대 장교와 사병 2,177명이 전사했고 960명이 실종되었죠.

처음에는 침대에 누워서 전화를 받았어요. 그러다가 침대에 앉아서 전화를 받았습니다. 결국은 너무 바빠지고 흥분된 나머지 내가 아프다는 걸 깡그리 잊어버리고 침대에서 나와 탁자 옆에 앉았죠. 나보다 훨씬 더 어려운 사람들을 도우면서 나에 대해서는 완전히 잊어버렸습니다. 매일 밤 8시간씩 규칙적으로 잠을 잘 때 외에는 다시는 침대 신세를 지지 않았죠.

일본군이 진주만을 공격하지 않았다면 전 아마 평생 반쯤 환자처럼 살았을 겁니다. 저는 침대에서 지내면서 편안했어요. 항상 남의 수발을 받았고, 그래서 건강을 회복하겠다는 의지를 나도 모르게 잃고 있었다는 걸 이제야 깨달았습니다.

진주만 공격은 미국 역사상 최대 비극으로 꼽히지만 제게는 내 평생 일어난 최고의 사건일 겁니다. 그 끔찍한 위기에서 전 꿈에도 생각지 못했던 힘을 얻었어요. 내게 쏟았던 관심을 다른 사람들에게 집중했죠. 그 위기는 대단하고, 결정적이고, 중요한 무언가를 제게 주었습니다. 나를 생각하거나 챙길 시간은 이제 없어졌어요."

정신과 의사에게 도움을 요청하는 사람들 가운데 3분의 1은 마거릿 예이츠처럼 다른 사람을 돕는 데 관심을 가지면 십중팔구 치료가 될 것이다. 나만의 생각일까? 그렇지 않다. 카를 융 Carl Jung 도 거의 비슷한 말을 했다. 다른 사람이 안다면 그는 당연히 알고 있어야 한다. 융은 다음과 같이 말했다.

"내 환자 가운데 약 3분의 1은 임상적으로 정의할 수 있는 신경증이 아니라 삶의 무의함과 공허함으로 고통받고 있다."

달리 표현하자면 인생길을 가면서 남의 차에 편승하려고 애쓰지만, 자동차들은 줄줄이 그들을 지나쳐 버린다. 그래서 시시하고, 무의미하고, 쓸모없는 삶을 끌어안고 정신과 의사에게 달려간다. 배를 놓쳐버리고 부두에 서서 자신을 뺀 모든 사람을 탓하고 세상이 자신의 이기적인 욕망을 충족시켜야 한다고 요구한다.

지금 여러분은 혼자 이렇게 중얼거릴지 모른다.

"글쎄. 그다지 감명 깊은 얘기는 아니네. 나도 크리스마스이브에 두 고아를 만나면 관심을 가질 수 있지. 내가 진주만에 있었다면 기꺼이 마거릿 테일러 예이츠처럼 행동했을 거야. 하지만 난 상황이 달라. 내 삶은 평범하고 지루하다고. 하루에 8시간씩 따분한 일을 하지. 내겐 극적인 일이 일어나지 않아. 어떻게 다른 사람을 돕는 일에 관심을 가질 수 있겠어? 그리고 왜 그래야 하지? 그게 나한테 무슨 이득이 된다고?"

충분히 설득력 있는 질문이다. 내가 한 번 답해보겠다. 여러분의 일상이 아무리 평범하다 해도 여러분은 분명히 매일 사람들을 만날 것이다. 그 사람들을 어떻게 대하는가? 그냥 우두커니 쳐다보기만 하는가, 아니면 무엇이 그들을 움직이게 하는지 알아보려 하는가?

이를테면 집배원은 해마다 수백km씩 걸어 다니면서 여러분의 집까지 우편물을 배달한다. 그런데 수고스럽더라도 그가 어디에 사는지 알아보거나 그들의 가족사진을 보여 달라고 부탁한 적이 있는가? 다리가 아프거나 일이 따분하지 않냐고 물어본 적이 있는가?

식료품 가게에서 일하는 소년, 신문 판매원, 구두닦이 아저씨는 어떤가? 이들은 인간이다. 고민과 꿈, 남모르는 야망이 가득한 인간이다. 그들은 또한 누군가에게 그런 것을 공유할 기회를 간절히 바라고 있다. 하지만 그럴 기회를 그들에게 준 적이 있는가? 그들의 삶에 열렬하게 진심으로 관심을 보인 적이 있는가?

내가 말하는 것은 바로 그런 유의 것들이다. 세상을 더 나은 곳으로 만들겠다고 해서 꼭 플로렌스 나이팅게일이나 사회 개혁가가 될 필요는 없다. 내일 아침부터 여러분이 만나는 사람들과 함께 시작할 수 있다!

그게 여러분에게 무슨 이득이 될까? 행복감이 훨씬 더 커진다! 만족감이 커지고 나에 대한 자부심이 생긴다! 아리스토텔레스는 이런 태도를 "지혜로운 이기심"이라고 일컬었다. 조로아스터 Zoroaster 는 이렇게 말했다.

"다른 사람에게 선을 행하는 것은 의무가 아니다. 자신이 더욱 건강해지고 행복해진다는 점에서 그것은 기쁨이다."

벤저민 프랭클린은 이를 아주 간단하게 표현했다.

"다른 사람에게 선행을 베푸는 것은 자신에게 가장 큰 선행을 베푸는 것이다."

뉴욕 심리 상담 센터의 헨리 C. 링크 Henry C. Link 소장은 다음과 같이 말한다.

"현대 심리학의 어떤 발견도, 자아실현과 행복에 자기희생이나 훈련이 얼마나 필요한지에 대한 과학적 증거만큼 중요하지 않다."

다른 사람을 배려하면 자신에 대한 걱정을 멈출 수 있을 뿐만 아니라 친구를 많이 사귀고 즐겁게 지낼 수 있다. 어떻게 하면 될까? 예일대학교의 윌리엄 라이언 펠프스 교수에게 그가 쓰는 방법을 물은 적이 있다. 다음은 그가 전해준 방법이다.

"저는 호텔이나 이발소, 상점에 들어갈 때마다 만나는 모든 사람에게 항상 기분 좋은 한 마디를 건넵니다. 그들을 그냥 기계의 부품이 아니라 하나의 인격체로 대하는 말을 건네려고 노력하죠.

가끔 상점의 여직원에게 눈이나 머리카락이 아름답다고 칭찬합니다. 이발사에게는 온종일 서서 일하면 피곤하지 않냐고 묻곤 하죠. 어떻게 이발사가 되었는지, 이 일을 한 지는 얼마나 되었는지, 그리고 머리를 잘라준 사람들이 얼마나 많은지 묻곤 합니다.

그들이 답을 찾을 수 있도록 제가 돕기도 하죠. 사람들에게 관심을 보이면 그들은 환한 즐거움의 미소를 띱니다. 저는 제 가방을 옮겨준 포터와 자주 악수를 해요. 그러면 그는 새로운 활력을 얻고 온종일 상쾌한 기분을 느끼죠.

어느 무더운 여름날, 저는 점심을 먹으러 뉴헤이븐 철도의 식당칸으로 갔어요. 사람이 하도 많아서 식당칸은 찜통 같았고 서비스도 느렸습니다.

마침내 종업원이 짬을 내서 메뉴를 가져왔을 때 저는 '오늘 같은 날에 저 푹푹 찌는 주방에서 젊은 친구들이 요리하느라 고생이 많겠어요'라고 말했죠. 그러자 승무원이 악담을 하기 시작했습니다. 몹시 분해하는 어조였어요. 처음에 저는 그가 화가 났다고 생각했습니다. 그는 큰 소리로 이렇게 말하더군요.

'세상에, 말도 마세요. 사람들은 여기 와서 음식에 대해 불평을 늘어놓죠. 그들은 서비스가 느리다고 난리를 치고 덥다고, 가격이 비싸다고 씩씩거립니다. 전 19년 동안 불평하는 소리를 들어왔는데 저기 찜통 같은 주방에서 일하는 요리사들을 안쓰러워하는 분은 당신이 처음이자 유일합니다. 당신 같은 고객이 더 많다면 얼마나 좋을까요.'"

펠프스 교수는 말을 이었다.

"그 종업원이 놀란 건 제가 흑인 요리사들을 그저 거대한 철도라는 기관의 일개 부품이 아니라 인간으로 생각했기 때문이었어요. 사람들이 원하는 건 인간으로서의 작은 관심이죠.

전 길에서 예쁜 개를 데리고 나온 사람을 만나면 항상 개의 예쁜 외모에 대해 한마디를 합니다. 가던 길을 계속 가다가 뒤를 돌아보면 그 사람이 개를 쓰다듬으며 칭찬하는 모습을 자주 보게 되죠. 제가 예쁘다고 한 말 때문에, 그 사람도 새삼스럽게 자기 개가 예뻐 보인 겁니다.

한 번은 영국에서 양치기를 만나서 잘 생기고 영리한 양치기 개를 진심으로 칭찬한 적이 있었어요. 전 양치기에게 개를 어떻게 길들이냐고 물었습니다. 그 자리를 떠나고 나서 뒤를 흘끗 돌아보니 양치기의 어깨에 발을 올리고 서 있는 개와 개를 쓰다듬고 있는 양치기가 보이더군요. 제가 양치기와 개에게 보인 약간의 관심 때문에 양치기가 흐뭇했던 게지요. 덕분에 개도 행복해지고 저도 행복해졌어요."

포터와 악수하고, 푹푹 찌는 주방의 요리사를 안쓰러워하고, 사람들에게 그의 개가 정말 멋지다고 말하는 사람을 상상할 수 있는가? 그런 사람이 속상해하고 걱정하다가 정신과 의사에게 도움을 청한다고 상상할 수 있는가? 못할 것이다. 그렇지 않은가? 당연히 그럴

4장 평화롭고 행복한 마음가짐을 기르는 7가지 방법

수 없다. 중국 속담에서는 이를 이런 식으로 표현한다.

"장미꽃을 전하는 사람의 손에는 언제나 장미향이 남는다 送人玫瑰 手留余香, 송인매괴수유여향."

예일대학교의 펠프스에게는 이 말을 전할 필요가 없다. 그는 이미 알고 있었다. 그 말대로 살고 있었다.

남성 독자들은 다음 이야기를 건너뛰어도 좋다. 흥미롭지 않을 것이다. 걱정이 많고 불행한 한 소녀가 어떻게 몇몇 남자로부터 청혼을 받았는지에 관한 이야기다. 그 소녀는 지금 할머니가 되었다.

몇 년 전 나는 그 할머니 부부의 집에서 하룻밤을 묵었다. 강연을 하기 위해 그 마을에 들렀던 것인데, 다음 날 아침 할머니는 80km나 운전해서 뉴욕 센트럴행 본선 기차를 탈 수 있도록 나를 데려다주었다. 우리는 친구를 사귀는 것에 관해 이야기를 나누었고 그녀는 이렇게 말했다.

"카네기 씨, 지금껏 누구에게도, 심지어 남편에게도 털어놓지 않은 얘기를 하려고 합니다."

(그런데 여러분이 상상하는 것만큼 재미있는 얘기는 아닐 것이다) 그녀는 필라델피아의 명문 가정에서 자랐다고 한다.

"제 유년기와 성년기의 비극은 우리 집이 가난하다는 사실이었어요. 우리는 명문 집안의 다른 소녀들처럼 밝게 지내지 못했죠. 고급 옷은 입어본 적이 없었어요. 내 몸에 맞지 않거나 대개 유행이 지난 옷을 입었죠. 너무 창피하고 부끄러워서 울다가 잠든 적이 많았어요.

마침내 순전히 될 대로 되라는 심정으로 한 가지 생각을 떠올렸습니다. 디너 파티의 파트너들에게 개인적인 경험과 생각, 미래 계획에 대해 말해달라고 부탁하는 것이었죠. 딱히 그들의 대답이 궁금해서 이런 질문들을 했던 건 아니었어요. 그냥 내 파트너가 제 보잘것없는 옷차림을 보지 못하게 하려고 그랬던 거죠.

그런데 이상한 일이 일어났어요. 제가 이 젊은이들의 말을 귀담아 듣고 그들에 대해 더 많이 알게 되면서 그들의 말에 진짜 흥미가 생기는 겁니다. 너무 흥미로워서 이따금 제 옷차림 따위는 잊어버렸죠.

그런데 정말 놀라웠던 건 따로 있어요. 그러니까 상대방의 말을 잘 들어주고 자신의 이야기를 해달라고 부추기는 제 모습에 그들이 행복해하더군요. 그래서 조금씩 저는 우리 사교 모임에서 가장 인기 있는 여자가 되었고 이들 중에 세 남자가 제게 청혼했답니다."

이 장을 읽는 몇몇 독자들은 이렇게 말할 것이다.

"다른 사람에게 관심을 가지라는 이런 얘기는 모두 다 헛소리야! 순전히 종교적인 허튼소리라고! 나와는 상관없는 얘기들뿐이야! 난 실속을 챙길 거야. 지금 내가 가질 수 있는 건 죄다 가질 거야. 지금 당장 가질 거야. 그리고 다른 멍청이들은 다 보내버릴 거야!"

여러분의 생각이 그렇다면 말릴 수는 없다. 그런데 여러분이 옳다면 예수 그리스도, 공자, 석가모니, 플라톤, 아리스토텔레스, 소크라테스, 성 프란치스코 등 역사상 위대한 철학자와 스승이 모두 틀렸다는 뜻이 될 것이다. 하지만 여러분이 종교 지도자들의 가르침에 콧방귀를 뀔 수도 있으니 나는 두 무신론자에게 조언을 구할 것이다.

케임브리지대학교의 교수이자 당대의 가장 저명한 학자로 손꼽히는 A.E. 하우스먼A.E. Housman의 조언부터 살펴보자. 1936년 하우스먼은 케임브리지대학교에서 "시의 이름과 본질The Name and Nature of Poetry"에 관해 연설했다. 이 연설에서 그는 다음과 같이 밝혔다.

"역사상 가장 위대한 진리이자 가장 심오한 도덕적 발견은 예수 그리스도의 이 말씀입니다. '제 목숨을 얻는 자는 잃을 것이요, 나를 위하여 제 목숨을 잃는 자는 얻으리라(마태복음 10장 39절 - 옮긴이).'"

그것은 우리가 평생 목회자들에게 들었던 말이다. 그러나 하우스먼은 무신론자이자 비관론자였다. 자살을 깊이 고민했던 사람이었다. 그래도 자기 자신만 생각하는 사람은 풍요로운 삶을 살지 못할 것이라고 여겼다. 그런 사람은 비참해질 것이다. 그에 반해 남을 섬기면서 자신을 잊은 사람은 삶의 기쁨을 발견할 것이다.

하우스먼의 말에 별 감동이 없다면 20세기의 가장 저명한 미국 무신론자에게 조언을 구해 보자. 바로 시어도어 드라이저Theodore Dreiser다. 드라이저는 모든 종교를 동화라며 조롱하고 "삶이란 멍청이가 들려주는, 소리와 분노로 가득하고 아무 의미도 없는 이야기"라고 생각했다. 하지만 "남을 섬기라(마태복음 20장 26절)"라는 예수 그리스도의 위대한 원칙을 신봉했다. 그는 다음과 같이 말했다.

"자기 삶에서 기쁨을 끌어내려면 자신뿐만 아니라 다른 사람을 생각하고 더 나은 세상을 만들 계획을 세워야 한다. 그의 기쁨은, 다른 사람들 안에서 그가 찾는 기쁨과 다른 사람들이 그의 안에서 찾는 기쁨에 달려 있기 때문이다."

드라이저의 말처럼 우리가 "다른 사람들을 위해 더 나은 세상을 만들 거라면" 서두르자. 시간이 아깝다. "나는 이 길을 단 한 번만 지나갈 것이다. 그러니 내가 할 수 있는 선행이나 내가 보여줄 수 있는 친절은 지금 당장 행동에 옮기자. 그것을 미루거나 소홀히 하지 말자. 다시는 이 길을 지나지 않을 테니."

걱정을 몰아내고 평화와 행복을 가꿀 수 있는 규칙 7은 다음과 같다.

'다른 사람에게 관심을 가짐으로써 자신을 잊어버려라. 매일 누군가의 얼굴에 기쁨의 미소를 떠오르게 할 선행을 실천하라.'

4장 키포인트
평화롭고 행복한 마음가짐을
기르는 7가지 방법

규칙 1 : '내 삶은 내 생각이 만드는 것'이니 평화, 용기, 건강, 희망의 생각으로 마음을 채우자.

규칙 2 : 원수보다 우리 자신에게 더 큰 상처를 줄 수 있으니, 원수에게 앙갚음하려 애쓰지 말자. 아이젠하워 장군처럼 마음에 들지 않는 사람에 대해 생각하는 데 단 1분도 낭비하지 말자.

규칙 3 :

   a. 감사할 줄 모른다고 걱정하는 대신 그럴 거라고 예상하자. 예수 그리스도가 하루에 나병환자 10명을 고쳐주었으나 그분에게 감사한 사람은 단 한 명이었음을 기억하자. 우리가 예수 그리스도보다 더 많은 감사를 받을 거라고 기대해야 할까?

   b. 행복을 찾는 유일한 방법은 감사를 기대하는 것이 아니라 베푸는 기쁨을 위해 베푸는 것임을 기억하자.

   c. 감사하는 마음은 '길러지는' 특성임을 기억하자. 그러니 우리 아이들이 감사할 줄 아는 사람이 되길 원한다면 감사할 줄 알도록

가르쳐야 한다는 사실을 기억하자.

규칙 4 : 당신의 걱정거리가 아니라 축복을 헤아려라.

규칙 5 : 다른 사람을 흉내 내지 말자. "질투는 무지"이고 "모방은 자살행위"이니 나를 발견하고 나답게 살자.

규칙 6 : 운명이 시디신 레몬을 건네면 달콤한 레모네이드를 만들자.

규칙 7 : 다른 사람을 위해 소소한 행복을 창조하도록 노력함으로써 내 불행을 잊어버리자. "다른 사람에게 선행을 베푸는 것은 자신에게 가장 큰 선행을 베푸는 것이다."

5장

걱정을 극복하기 위한 황금률

우리가 인체나 전기, 가스 엔진의 신비를 이해하지 못한다고 해서

그것을 사용하고 즐길 수 없는 것은 아니다.

기도와 종교의 신비를 이해하지 못한다고 해서

종교가 선사하는 더 풍요롭고 행복한 삶을 누릴 수 없는 것도 아니다.

1
우리 부모님의 걱정 극복법

앞서 말했듯이 나는 미주리주의 한 농장에서 태어나서 자랐다. 당시 여느 농부들과 마찬가지로 우리 부모님도 근근이 먹고살았다. 어머니는 시골 학교의 교사였고 아버지는 한 달에 12달러를 받는 농장의 삯일꾼이었다. 어머니는 내 옷뿐만 아니라 빨랫비누까지 손수 만들었다.

1년에 한 번 돼지를 팔았을 때를 빼면 집안에 현금이 있을 때가 거의 없었다. 우리는 우리 집에서 난 버터와 달걀을 식품점에서 밀가루와 설탕, 커피로 맞바꾸었다. 내가 12살이었을 때 나를 위해 쓸 수 있는 돈은 1년에 50센트도 되지 않았다. 독립기념일 축하 행사에 가던 날 아버지가 내게 마음대로 쓰라며 10센트를 주셨던 게 아직도 기억난다. 그때 세상이 다 내 것 같았다.

나는 1.6km를 걸어서 교실이 하나뿐인 시골 학교에 다녔다. 눈이 많이 쌓이고 온도가 영하 28도까지 떨어질 때도 걸어 다녔다. 14세가 될 때까지 고무신이나 덧신을 가져보지 못했다. 길고 추운 겨울 동안 나는 발이 마를 날이 없었고 항상 시렸다. 어린 나는 겨울에 발이 뽀송뽀송하고 따뜻한 사람이 있을 거라고는 꿈에도 생각지 못했다.

부모님은 하루 16시간씩 뼈 빠지게 일했지만 우리는 끊임없이 빚에 쪼들리고 불운에 시달렸다. 아주 오래전 기억 가운데 한 가지는 원 헌드레드 앤드 투 강이 범람해 우리 집 옥수수와 건초용 풀밭을 모조리 쓸어버린 모습이었다. 7년 동안 한 해를 제외하고 매년 홍수가 나서 우리 집 농작물을 망쳐버렸다. 해마다 돼지가 콜레라로 죽었고 우리는 돼지들을 불태웠다. 지금도 눈을 감으면 돼지의 살이 불에 타는 고약한 냄새가 떠오른다.

한 해는 홍수가 나지 않았다. 옥수수가 풍작이 났고 우리는 목축용 소를 사서 농사지은 옥수수를 먹여 키웠다. 하지만 홍수 때문에 옥수수 농사를 망친 해와 결과는 다를 바 없었다. 시카고 시장의 소 시세가 떨어지는 바람에 소를 키워 우리가 얻은 이문은 30달러였다. 1년 내내 일한 대가가 고작 30달러였다!

우리는 무슨 일을 하든지 손해를 봤다. 아버지가 사들인 새끼 노새가 아직도 생각난다. 3년 동안 먹이고 사람을 고용해 길들인 다음 테네시주 멤피스까지 운반했는데 3년 전에 산 가격보다 더 싼값에 팔았다.

10년 동안 힘들고 고되게 일했지만, 우리는 무일푼이었고 오히려 엄청난 빚까지 지게 되었다. 우리는 농장을 담보로 대출을 받았다. 아무리 열심히 노력해도 대출 이자조차 갚을 수 없었다. 담보를 보유한 은행에서는 아버지를 괄시하고 모욕하며 농장을 빼앗겠다고 협박했다.

그때 아버지는 47세였다. 30년 넘게 열심히 일했는데 아버지에게 남은 것은 빚과 굴욕뿐이었다. 받아들이기 어려운 현실이었다. 아버지는 걱정에 사로잡혔다. 건강이 나빠졌고 식욕을 잃었다. 온종일 밭에서 고된 육체노동을 했건만 약을 먹어야만 식욕이 생겼다. 살도 빠졌다. 의사는 어머니에게 아버지가 6개월 안에 돌아가실 거라고 말했다.

걱정에 너무 시달린 나머지 아버지는 살고 싶다는 의욕마저 잃었다. 내게 여러 번 말씀하셨듯이, 어머니는 아버지가 말에게 먹이를 주고 소젖을 짜러 축사에 갔다가 돌아올 때가 지났다 싶으면 혹시나 자살한 건 아닌지 두려워서 축사까지 가보곤 했다.

어느 날 아버지는 메리빌에 갔다가 은행 직원으로부터 담보를 압류하겠다는 협박을 당했다. 돌아오는 길에 아버지는 원 헌드레드 앤드 투 강에 가로놓인 다리 위에서 말을 멈춰 세우고 마차에서 내렸다. 그러고는 한참을 서서 강물을 내려다보며 당장 뛰어내려 모든 것을 끝내야 할지 고민했다.

몇 년 후에 아버지는 그때 뛰어내리지 않은 것이 오로지 어머니의 깊고, 흔들리지 않고, 기쁨이 충만한 믿음 때문이었다고 말했다. 어머니는 우리가 하나님을 사랑하고 그분의 계명을 지킨다면 모든 일이 잘될 것이라고 믿었네. 어머니가 옳았다. 결국에는 모든 일이 잘되었다. 아버지는 행복하게 42년을 더 살다가 1941년 여든아홉의 나이로 세상을 떠났다.

그 오랜 고난과 아픔의 세월 동안 어머니는 걱정하지 않았다. 기도하면서 모든 문제를 하나님에게 맡겼다. 매일 밤 우리가 잠자리에 들기 전에 《성경》한 장을 읽곤 했다. 어머니나 아버지는 위로가 되는 《성경》말씀을 자주 읽었다.

"내 아버지 집에 거할 곳이 많도다. 내가 너희를 위하여 처소를 예비하러 가노니 나 있는 곳에 너희도 있게 하리라." (요한복음 14장 2절)

그런 다음 우리 가족은 모두 그 외로운 미주리 농가의 의자 앞에 무릎을 꿇고 하나님의 사랑과 보호를 구하며 기도했다.

윌리엄 제임스는 하버드대학교 철학과 교수로 재직할 때 "걱정을 치료하는 최고의 방법은 당연히 종교적 신앙"이라고 말했다.

꼭 하버드를 가야만 이 사실을 알 수 있는 것은 아니다. 우리 어머니는 미주리주의 한 농장에서 그것을 깨달았다. 홍수, 빚, 재앙, 그 어떤 것도 어머니의 행복하고, 찬란하고, 승리하는 영혼을 억누르지 못했다. 일하면서 노래하는 어머니의 목소리가 지금도 들리는 듯하다.

평화, 평화로다,
하늘 위에서 내려오네,

그 사랑의 물결이 영원토록

내 영혼을 덮으소서.

(찬송가 〈내 영혼의 그윽히 깊은 데서〉 중에서 – 옮긴이)

어머니는 내가 종교 활동에 헌신하기를 원했다. 나는 해외 선교사가 되는 길을 진지하게 생각했다. 그러던 중에 대학에 진학했고, 세월이 흐르면서 차츰 변화가 일어났다.

나는 생물학, 과학, 철학, 비교종교학을 공부했다. 《성경》이 어떻게 쓰였는지에 관한 책도 읽었다. 《성경》의 여러 주장에 의문이 생기기 시작했다. 당시 농촌의 목회자들이 가르치는 편협한 교리들을 의심하기 시작했다. 혼란스러웠다. 월트 휘트먼이 그랬듯이 "예사롭지 않고 갑작스러운 의문이 내 안에서 꿈틀거리는 것을 느꼈다". 무엇을 믿어야 할지 몰랐다. 삶의 목적이 보이지 않았다. 기도를 그만두었다. 나는 불가지론자가 되었다.

이제 모든 생명에 아무런 계획과 목적이 없다고 믿었다. 2억 년 전 지구를 어슬렁대던 공룡이나 인간이나 신성한 목적이 없기는 매한가지라고 믿었다. 공룡과 마찬가지로 인류도 언젠가는 사라질 거라고 여겼다. 과학의 가르침에 따르면 태양은 서서히 식어가는 중인데 온도가 10%만 내려가도 지구에는 어떤 형태의 생명체도 존재할 수 없다.

선한 하나님이 자신의 형상대로 인간을 창조했다는 생각을 비웃었다. 어둡고, 차갑고, 생명이 없는 우주를 선회하는 수십억 개의 태양이 맹목적인 힘을 통해 창조되었다고 믿었다. 어쩌면 애초에 창조되지 않았을지도 모른다. 어쩌면 시공간이 항상 존재했듯이 태양들이 무한한 시간 동안 존재했을지 모른다.

내가 지금 이 모든 질문에 대한 답을 안다고 주장하는 것 같은가? 그렇지 않다. 우주의 신비, 생명의 신비를 설명할 수 있는 사람은 아무도 없다. 우리는 신비에 둘러싸여 있다. 인체의 작용은 심오한 신비다. 전기도 신비롭다. 갈라진 벽 틈에 피어난 꽃도 신비롭다. 창밖의 푸른 잔디도 신비롭다.

제너럴 모터스 연구소General Motors Research Laboratories의 천재적인 연구소장 찰스 F. 케터링은 풀이 초록색인 이유를 알아내고자 매년 사비로 3만 달러를 안티오크칼리지에 기부했다. 그는 풀이 햇빛, 물, 이산화탄소를 포도당으로 바꾸는 방법을 알아내면 인류의 문명을 바꿀 수 있다고 단언했다.

자동차 엔진의 작동조차 심오한 신비다. 제너럴 모터스 연구소는 실린더의 스파크가 어떻게, 왜 폭발을 일으켜 자동차를 작동시키는지 알아내고자 다년간 시간과 거액을 투자했다. 그리고 아직 답을 찾지 못했다.

우리가 인체나 전기, 가스 엔진의 신비를 이해하지 못한다고 해서 그것을 사용하고 즐길 수 없는 것은 아니다. 기도와 종교의 신비를 이해하지 못한다고 해서 종교가 선사하는 더 풍요롭고 행복한 삶을 누릴 수 없는 것도 아니다. 마침내 나는 산타야나^{Santayana}의 말에 담긴 지혜를 깨달았다.

"인간은 삶을 이해하기 위해서가 아니라 삶을 살기 위해 창조되었다."

나는 예전으로 돌아갔다. 종교로 돌아갔다고 말하려 했으나 그것은 정확한 표현이 아닐 것이다. 나는 새로운 개념의 종교를 향해 다가갔다. 이제 교회를 분열시키는 교리의 차이에는 전혀 관심이 없다.

하지만 전기와 좋은 음식과 물이 내게 어떤 역할을 하는지에 관심을 가지듯이 종교가 내게 어떤 역할을 하는지에 지대한 관심을 가진다. 전기와 음식, 물은 내가 더 풍요롭고 충만하며 행복한 삶을 사는 데 도움이 된다.

종교는 이보다 훨씬 더 큰 도움을 준다. 종교는 영적 가치를 선사한다. 윌리엄 제임스의 말처럼 "삶에 대한 새로운 열정, 넘치는 활력, 더 풍요롭고 충만하며 만족스러운 삶"을 선사한다. 믿음, 희망, 용기를 준다. 긴장, 불안, 두려움, 걱정을 몰아낸다. 삶의 목적과 방향을 제시한다. 더 큰 행복을 안긴다. 충실한 건강을 선사한다. "소용돌이치는 삶의 모래사막 한가운데 평화의 오아시스"를 스스로 만들 수 있도록 돕는다.

350년 전 프랜시스 베이컨$^{Francis\ Bacon}$이 한 말이 옳았다.

"얕은 철학은 사람의 마음을 무신론에 경도시킨다. 그러나 깊은 철학은 사람의 마음을 종교로 인도한다."

사람들이 과학과 종교의 갈등을 이야기하던 시절이 있었다. 하지만 이제 시대가 변했다. 최신 과학인 정신의학에서 예수의 가르침을 가르치고 있다. 왜 그럴까? 정신과 의사들이 기도와 깊은 신앙으로써 과반수 질병의 원인인 걱정, 불안, 긴장, 두려움을 몰아낼 수 있음을 실감하기 때문이다. 선구적인 정신의학자 A.A. 브릴 A.A. Brill 박사는 "실로 종교적인 사람은 신경증에 걸리지 않는다"라고 말했다.

종교가 진실이 아니라면 삶은 무의미하다. 비극적인 익살극과 같다.

나는 헨리 포드가 세상을 떠나기 몇 년 전에 그와 면담한 적이 있다. 그를 만나기 전에는 세계 최고의 기업을 창립하고 경영하면서 보낸 오랜 세월의 피로감이 그의 얼굴에 나타날 것이라고 예상했다. 그랬기 때문에 일흔여덟의 나이에 차분하고 건강하며 평온한 그의 모습에 나는 놀랄 수밖에 없었다. 내가 그에게 걱정한 적이 있느냐고 물었더니 그는 이렇게 대답했다.

"아니요. 저는 하나님이 만사를 주관하고 계시고 하나님께 제 조언은 필요 없다고 믿습니다. 하나님이 책임지고 계시니 결국에는 만사가 형통할 거라고 믿습니다. 그러니 걱정할 것이 뭐가 있겠어요?"

오늘날에는 정신과 의사들조차도 현대판 복음 전도사로 나서고 있다. 그들은 내세의 지옥 불이 아니라 현세의 지옥 불, 즉 위궤양, 협심증, 신경 쇠약, 정신이상이라는 지옥 불을 피하고 싶으면 종교에 귀의하라고 권한다. 심리학자와 정신과 의사의 가르침의 실례가 궁금하다면 헨리 C. 링크 박사의 《종교로의 귀환 The Return to Religion》

을 읽어보라. 공공 도서관에 비치되어 있을 것이다.

그렇다. 기독교라는 종교는 영감을 불러일으키고 건강을 선사하는 활동이다. 예수 그리스도는 이렇게 말했다.

"내가 온 것은 양으로 생명을 얻게 하고 더 풍성히 얻게 하려는 것이라."(요한복음 10장 10절 – 옮긴이)

예수 그리스도는 당대에 종교로 통용되던 메마른 형식과 죽은 의식을 비난하고 공격했다. 그는 반역자였다. 세상을 뒤엎을 것이라고 예고하는 새로운 종류의 종교를 전파했다. 그리하여 십자가에 못 박혔다. 그는 종교가 사람을 위해 존재해야 하는 것이지 사람이 종교를 위해 존재하는 게 아니라고 가르쳤다. 사람이 안식일을 위해 만들어진 것이 아니라 안식일이 사람을 위해 만들어졌다고 가르쳤다.

예수 그리스도는 죄보다는 두려움에 대해 더 많이 이야기했다. 잘못된 종류의 두려움은 죄다. 바꾸어 말하면 건강을 해치는 죄인 동시에 예수 그리스도가 옹호한 더 풍요롭고, 더 충만하고, 더 행복하고, 용기 있는 삶을 가로막는 죄이다. 에머슨은 "기쁨의 과학 교수 Professor of the Science of Joy"라고 자칭했다. 예수 그리스도 역시 "기쁨의 과학"을 가르치는 스승이었다. 그는 제자들에게 "기뻐하고 뛰놀라"(누가복음 6장 23절 변형 – 옮긴이)라고 명했다.

예수 그리스도는 종교에서 중요한 건 단 2가지라고 단언했다. 마음을 다해 하나님을 사랑하는 것, 이웃을 내 몸과 같이 사랑하는 것이다. 이를 알든 모르든 상관없이 이를 실천하는 자는 종교적인 사람이다.

이를테면 오클라호마주 털사에 사는 내 장인어른 헨리 프라이스Henry Price가 그런 사람이다. 장인어른은 황금률에 따라 살려고 노력한다. 비열하거나 이기적이거나 정직하지 못한 행동은 할 줄 모른다. 그는 기독교인이 아니며 스스로 불가지론자라고 생각한다. 나는 동의할 수 없다!

어떤 사람이 기독교인일까? 존 베일리에게 답을 들어보자. 그는 분명 에든버러대학교에서 가장 출중한 교수였을 것이다. 그의 생각은 이렇다.

"기독교인이 된다는 것은 특정한 사상을 머리로 받아들이거나 특정한 규칙에 순응하는 게 아니라 특정한 성령을 소유하고 특정한 삶에 참여하는 것이다."

그것이 기독교인의 기준이라면 우리 장인어른이야말로 숭고한 기독교 신자다.

현대심리학의 아버지라 일컫는 윌리엄 제임스는 친구인 토마스 데이비슨Thomas Davidson 교수에게 보낸 편지에서 세월이 흐를수록 "하나님 없이 살아가기가 갈수록 힘들다"라고 털어놓았다.

앞에서 심사위원들이 걱정에 관한 최고의 이야기를 선정하려고 했을 때, 두 작품의 우열을 가리기가 어려워 상금을 나누었다고 언급했다. 공동 1위를 차지한 두 번째 이야기는 "하나님 없이는 살아갈 수 없다"라는 사실을 고생 끝에 깨달은 한 여성의 잊을 수 없는 경험이다.

나는 이 여성을 메리 쿠시먼Mary Cushman이라고 부르겠지만 실명은 아니다. 그녀의 자녀와 손자들이 혹시라도 그녀의 사연을 책에서 보고 당황할 경우를 고려해 나는 그녀의 신분을 밝히지 않기로 동의했다. 하지만 그녀는 실존 인물이다. 확실한 실존 인물이다. 몇 달 전 그녀는 내 책상 옆에 놓인 안락의자에 앉아 자신의 사연을 전했다. 그녀의 사연은 다음과 같다.

"경기가 좋지 않았을 때 우리 남편의 주급은 18달러였습니다. 남편이 걸핏하면 아파서 돈을 받지 못했으니까 그 돈도 없을 때가 많았죠. 남편에게 사소한 사고가 잇따라 일어났어요. 거기에다가 남편은 이하선염과 성홍열을 앓았고 연거푸 독감에 걸렸죠.

우리는 손수 지었던 작은 집을 잃었습니다. 식품점의 외상값이 50달러였고 먹여 살려야 할 아이들은 5명이나 되었어요. 이웃들에게 빨랫감과 다림질감을 받아와 돈을 벌었고 구세군 매장에서 중고 옷가지를 사다가 수선해서 아이들에게 입혔죠.

전 걱정 때문에 병이 날 지경이었어요. 어느 날 우리에게 외상을 주었던 식료품점 주인이 연필 두어 자루를 훔쳤다며 그때 11살이던 우리 아들을 몰아세웠다더군요.

아들은 제게 그 이야기를 전하면서 울먹거렸습니다. 그 아이는 정직하고 섬세한 아이예요. 그래서 다른 사람들이 보는 앞에서 그랬다면 틀림없이 수치심과 모욕감을 느꼈을 겁니다. 그게 제 인내심을 무너뜨리는 마지막 한 방이었습니다. 우리가 견뎌온 온갖 불행이 주마등처럼 스쳤고 미래에 대한 희망은 전혀 보이지 않았어요.

그때 제가 한동안 제정신이 아니었나 봅니다. 저는 세탁기를 멈추고 5살이던 어린 딸을 침실로 데려가서는 종이와 헝겊으로 창문과 틈새를 막았죠. 딸아이가 '엄마, 뭐 하는 거야'라고 물었고 나는 '여기로 바람이 좀 들어와서'라고 대답했습니다. 그러고는 침실에 있던 가스히터를 켰어요. 그리고 불을 붙이지 않았죠. 딸과 나란히 침대에 누웠더니 딸이 이렇게 말하더군요.

'엄마, 이상해요. 우리 좀 전에 일어났잖아요!'

하지만 전 이렇게 말했어요.

'괜찮아, 잠깐 낮잠 자는 거야.'

그리고 히터에서 가스가 빠져나가는 소리를 들으면서 눈을 감았습니다. 그 가스 냄새를 평생 잊지 못할 겁니다.

그때 어디선가 음악이 들리는 것 같았어요. 진짜 들은 거였습니다. 부엌에 있는 라디오를 끄는 걸 깜빡 잊었던 거죠. 이미 그런 건 상관없었습니다. 그런데 음악은 계속 흘러나왔고 이윽고 누군가 옛날 찬송가를 부르는 소리가 들렸어요.

    죄짐 맡은 우리 구주 어찌 좋은 친군지
    걱정 근심 무거운 짐 우리 주께 맡기세

주께 고함 없는 고로 복을 받지 못하네

사람들이 어찌하여 아뢸 줄을 모를까!

(찬송가 〈죄짐 맡은 우리 구주〉 중에서)

그 찬송가를 들으면서 제가 가슴 아픈 실수를 저질렀다는 걸 깨달았습니다. 그동안 전 혹독한 싸움을 혼자 치르려고 애썼던 겁니다. 기도로써 모든 것을 하나님께 맡기지 않았죠. 저는 벌떡 일어나서 가스를 잠그고, 문을 열고, 창을 올렸습니다.

그날 온종일 울면서 기도했어요. 도와달라고 기도하지 않았습니다. 대신 하나님이 제게 베푼 축복, 그러니까 5명의 훌륭한 아이들, 저마다 건강하고 착하고 몸과 마음이 튼튼한 아이들을 주신 것에 감사하는 데 제 온 마음을 바쳤죠. 그렇게 은혜를 모르는 짓은 다시 하지 않겠다고 하나님에게 약속했어요. 그리고 그 약속을 지켰습니다.

집을 날리고 월세 5달러에 작은 시골 학교 교사를 얻어 이사해야 했을 때도 그곳을 주신 하나님께 감사했어요. 적어도 추위와 비를 피할 곳이 있음에 감사했습니다. 상황이 더 나빠지지 않은 것에 대해 진심으로 감사했고, 하나님께서 제 기도를 들었다고 믿어요.

시간이 지나면서 상황이 나아졌죠. 물론 하룻밤에 나아진 건 아닙니다. 하지만 경기가 좀 풀리면서 돈벌이가 좀 나아졌어요. 전 대형 컨트리클럽의 휴대품 보관소에서 일하며 부업으로 스타킹을 팔았죠. 한 아들은 대학 학비에 보태려고 농장에서 일하며 아침저녁으로 소 13마리의 젖을 짰답니다. 이제 아이들은 다 장성해서 결혼했고 착한 손자도 셋이 생겼어요. 그리고 가스를 틀어놓았던 그 끔찍한 날을 돌아보면 너무 늦지 않게 저를 '깨어나게 한' 하나님에게 거듭 감사하게 됩니다. 만일 그때 그 일을 멈추지 않았다면 얼마나 큰 기쁨을 놓쳤을까요! 얼마나 많은 멋진 날들을 영원히 잃어버렸을까요! 이제 삶을 저버리고 싶어 하는 누군가의 얘기를 들을 때마다 이렇게 외치고 싶습니다.

'그러지 마세요! 멈추세요!'

우리가 겪는 가장 암울한 순간은 잠시뿐이고 그 순간이 지나면 미래가 찾아옵니다."

미국에서는 평균 35분마다 한 명이 자살한다. 평균 120초마다 한 명이 정신이상이 된다. 이런 자살의 대부분과 비극적인 정신이상의 다수는 이들이 종교와 기도에서 위안과 평안을 찾을 수만 있었다면 분명 예방할 수 있었을 것이다.

현존하는 가장 뛰어난 정신과 의사로 손꼽히는 카를 융 박사는 그의 저서 《영혼을 찾는 현대인 Modern Man in Search of a Soul》에서 이렇게 말한다.

"지난 30년 동안 지구상의 모든 문명국가의 사람들이 내게 상담을 요청했다. 나는 수백 명의 환자를 치료했다. 내 환자 가운데 인생의 후반부에 접어든 환자, 그러니까 35세 이상의 환자들은 하나같이 최후의 수단으로 종교적 인생관을 찾는 데 어려움을 겪는다. 그들은 모두 시대를 막론하고 살아있는 종교가 신도들에게 베풀었던 걸 잃어버린 탓에 병에 걸렸다고 해도 과언이 아니며 그들 중에서 자신의 종교적 관점을 되찾지 못한 사람이 진정으로 치유된 사례는 없었다."

이는 굵은 글씨로 반복하고 싶을 만큼 중요한 구절이다.

윌리엄 제임스도 거의 비슷한 의미의 말을 전했다.

"신앙은 인간이 살아가는 한 가지 힘이며 신앙이 완전히 사라진다는 것은 곧 붕괴를 의미한다."

석가모니 이후 가장 위대한 인도 지도자인 고故 마하트마 간디 또한 기도의 지속적인 힘에서 영감을 얻지 못했다면 무너졌을 것이다. 내가 무슨 근거로 이렇게 말할까?

간디가 직접 그렇게 말했기 때문이다. 간디는 다음과 같은 글을 남겼다.

"기도가 없었다면 나는 오래전에 미치광이가 되었을 것이다."

이와 비슷한 간증을 하는 사람이 족히 수천 명은 될 것이다. 이미 말했듯이 우리 아버지도 어머니의 기도와 신앙이 아니었다면 강물로 뛰어내렸을 것이다. 십중팔구 지금 정신병원에서 울부짖는 수천 명의 괴로운 영혼이 삶의 싸움을 홀로 치르려 하지 않고 절대적인 존재에 도움을 청했다면 구원받을 수 있었을 것이다.

우리가 괴롭힘을 당하고 우리의 능력이 한계에 도달할 때 "전쟁터에는 무신론자가 없다"며 절박하게 하나님에게 의지하는 사람이 많다. 하지만 왜 절박해질 때까지 기다려야 할까? 매일 새롭게 힘을 내면 어떨까? 왜 굳이 일요일까지 기다려야 할까? 나는 몇 년 전부터 습관적으로 평일 오후에 아무도 없는 교회를 찾곤 했다. 너무 급하고 바쁘게 움직이다 보니 영적인 것을 생각할 시간을 단 몇 분도 낼 수 없을 때면 이렇게 혼잣말한다.

'잠깐, 데일 카네기, 잠깐만 기다려. 왜 그렇게 열을 내며 급하게 바삐 움직이는 건가, 친구? 잠시 멈춰서 생각할 여유를 가져보게나.'

그럴 때 나는 흔히 처음 눈에 띄는 교회로 들어간다. 비록 개신교 신자이긴 해도 평일 오후에 5번가에 있는 성 패트릭 성당에 자주 들른다. 그리고 30년 후에 나는 죽고 없겠지만 모든 교회에서 가르치는 위대한 영적 진리는 영원하다는 사실을 되새긴다. 눈을 감고 기도한다. 그러면 마음이 차분해지고 몸이 편안해지며 관점이 명확해지고 가치관을 재평가하는 데 도움이 된다. 여러분에게 이 습관을 추천해도 될까?

지난 6년 동안 이 책을 집필하면서 나는 기도로 두려움과 걱정을 이긴 사람들의 구체적인 사례와 수백 건의 실례를 수집했다. 내 서류함에는 사례사로 두툼해진 폴더들이 있다. 대표적인 예로, 낙담하고 실의에 빠진 도서 영업사원 존 R. 앤서니John R. Anthony의 이야기를 살펴보자. 앤서니는 현재 텍사스주 휴스턴에서 험블 빌딩에 사무실을 두고 변호사로 일하고 있다. 다음은 그가 내게 전한 이야기다.

"22년 전 저는 개인 법률 사무소를 닫고 미국 법률 서적 회사의 영업사원이 되었습니다. 제 전문 분야는 변호사들에게 없어서는 안 될 법률 서적 전집을 판매하는 일이었죠.

저는 업무 교육을 제대로 철저하게 받았습니다. 모든 직접 판매 상담법과 예상할 수 있는 모든 거부에 대처할 설득력 있는 답변을 배웠죠. 가망 고객에게 전화를 걸기 전에 그 사람의 변호사로서의 평판, 업무의 성격, 정치 성향, 취미 등을 숙지했어요. 그리고 상담하는 동안 그 정보를 충분히 활용했죠. 하지만 뭔가 제대로 되지 않았어요. 주문을 못 받았거든요!

점점 용기를 잃었죠. 몇 날 며칠 몇 주가 지나면서 노력을 배가하고 또 배가했으나 그래도 경비를 충당할 만큼 판매 계약을 체결하지 못했어요. 마음속에 두려움과 공포감이 점점 커졌습니다. 사람들에게 전화하기가 두려웠어요. 가망 고객의 사무실에 들어가기도 전에 공포감이 너무 심해져서 문밖에서 복도를 왔다 갔다 하거나 아니면 건물 밖으로 나가 주변을 돌아다녔죠.

그렇게 귀중한 시간을 길바닥에 뿌리고 순전히 의지력을 발휘해 문을 부술 만큼의 용기가 생겼다고 최면을 걸었어요. 그런 다음 가망 고객이 안에 없기를 바라면서 떨리는 손으로 문손잡이를 힘없이 돌렸습니다.

영업부장은 주문을 더 받아오지 못하면 상품 선지급을 중단하겠다고 으름장을 놓더군요. 집에 가면 아내가 장 볼 돈을 좀 달라고 애원하다시피 했어요. 걱정이 떠나질 않았습니다. 날이 갈수록 저는 점점 절박해졌죠. 어떻게 해야 할지 떠오르지 않았어요.

이미 말했듯이 고향에서 제 개인 법률 사무소를 닫았고 제 고객들을 포기했었죠. 이제 빈털터리가 되었습니다. 호텔비 낼 돈도 없었어요. 고향에 돌아갈 표를 살 돈도 없었고, 설령 표가 있다고 해도 실패자가 되어 돌아갈 용기가 나지 않았습니다. 결국 여느 때와 다름없이 수확 없는 하루를 비참하게 마치고 호텔 방으로 무거운 발걸음을 옮겼죠. 이제 마지막이라고 생각했어요. 나조차 부인할 수 없을 만큼 전 철저한 실패자였습니다.

상심하고 침울해진 채 어느 길로 가야 할지 갈피를 잡지 못했어요. 죽든 살든 상관없었습니다. 태어난 것조차 후회스러웠죠. 그날 저녁에 먹은 거라고는 따뜻한 우유 한 잔이 전부였습니다. 그것도 감지덕지해야 할 상황이었어요.

그날 밤 왜 사람들이 자포자기해서 호텔 창문을 열고 뛰어내리는지 이해가 되더군요. 용기가 있었다면 저도 그렇게 했을지도 모릅니다. 대체 삶의 목적이 무엇인지 고민하기 시작했어요. 잘 모르겠더라고요. 도무지 답을 찾지 못했습니다.

의지할 사람이 딱히 없어서 저는 하나님께 의지했습니다. 기도를 시작했어요. 전능하신 하나님께 저를 둘러싸고 있는 어둡고 짙은 절망의 광야를 빠져나올 수 있는 빛과 분별력과 길잡이를 주시기를 간구했죠. 주문을 받을 수 있도록 도와달라고, 아내와 아이들을 먹여 살릴 수 있는 돈을 달라고 간구했어요.

　기도를 마치고 눈을 떴을 때 외로운 호텔 방의 서랍장 위에 놓인 《기드온 성경 Gideon Bible》이 보였습니다. 그 《성경》을 펼쳐서 예수 그리스도의 아름다운 불멸의 약속을 읽었어요. 틀림없이 오랜 세월 동안 외롭고, 걱정하고, 상처받은 수많은 사람에게 영감을 주었을 약속이었죠. 바로 예수 그리스도께서 제자들에게 걱정하지 않는 방법에 대해 하신 말씀이었습니다.

> 그러므로 내가 너희에게 이르노니, 목숨을 위하여 무엇을 먹을까, 무엇을 마실까, 몸을 위하여 무엇을 입을까 염려하지 말라. 목숨이 음식보다 중하지 아니하며, 몸이 의복보다 중하지 아니하냐? 공중의 새를 보라. 심지도 않고, 거두지도 않고, 창고에 모아들이지도 아니하되, 너희 하늘 아버지께서 기르시나니. 너희는 이것들보다 귀하지 아니하냐? 그런즉 너희는 먼저 그의 나라와, 그의 의를 구하라. 그리하면 이 모든 것을 너희에게 더하시리라. (마태복음 6장 25~33절의 일부 – 옮긴이)

　제가 기도하고 그 말씀을 읽는 동안 기적이 일어났어요. 저의 신경성 불안이 사라진 겁니다. 불안, 두려움, 걱정이 마음이 따뜻해지는 용기와 희망, 승리의 믿음으로 바뀌었죠.

　호텔비를 낼 돈이 부족했지만 전 행복했습니다. 몇 년 만에 처음으로 아무 걱정 없이 잠자리에 들어서 푹 잤어요.

다음 날 아침 가망 고객의 사무실이 열릴 때까지 참을 수 없었습니다. 그 아름답고 쌀쌀하고 비가 내리는 날 당차고 자신만만한 발걸음으로 첫 번째 가망 고객의 사무실 문을 향해 다가갔어요. 손잡이를 단단하게 흔들림 없이 잡고 돌렸죠. 안으로 들어가서는 활기차게 고개를 들고 고객에게 곧장 다가가 적절하게 품위를 갖추고 미소를 지으며 이렇게 말했습니다.

'안녕하세요, 스미스 씨! 저는 올 아메리칸 법률 서적 회사All-American Lawbook Company의 존 R. 앤서니입니다!'

그 역시 웃음 띤 얼굴로 손을 내민 채 의자에서 일어나면서 이렇게 대답했어요.

'아, 네, 네, 만나서 반갑습니다. 앉으세요!'

그날 제가 올린 매출이 몇 주 동안 올린 것보다 더 많았습니다. 그날 저녁 전 전쟁 영웅처럼 당당하게 호텔로 돌아왔어요! 다른 사람이 된 기분이었습니다. 승리의 마음가짐을 새롭게 얻었으니 다른 사람이 된 거죠. 그날 밤은 따뜻한 우유로 저녁을 때우지 않았어요. 그럴 리가 없죠! 곁들이를 제대로 갖춘 스테이크를 먹었어요. 그날부터 제 매출은 급증했습니다.

21년 전 그 절망적인 밤 텍사스주 애머릴로의 작은 호텔에서 새롭게 태어났습니다. 다음 날 외적인 상황은 몇 주 동안 실패를 거듭할 때와 똑같았지만 제 내면에는 엄청난 일이 일어났어요. 하나님과 저와 관계를 불현듯 깨달은 겁니다. 한낱 인간은 혼자일 때 쉽게 패배할 수 있으나 하나님의 힘을 내면에 품고 살아있는 사람은 천하무적입니다. 저는 압니다. 제 삶에서 그 힘이 작동하는 것을 보았으니까요.

'구하라, 그러면 너희에게 주실 것이요. 찾으라, 그러면 찾을 것이요. 문을 두드리라, 그러면 너희에게 열릴 것이니.'"(마태복음 7장 7절 - 옮긴이)

일리노이주 하일랜드 8번로 1421번지에 사는 L.G. 비어드 L.G. Beaird 부인은 엄청난 비극을 마주했을 때 무릎을 꿇고 "오, 주님, 내 원대로 마시옵고 아버지의 원대로 되기를 원하나이다"(누가복음 22장 42절 - 옮긴이)라고 기도함으로써 평화와 평온을 찾을 수 있었다.

그녀는 지금 내 앞에 놓인 편지에 다음과 같이 썼다.

"어느 날 저녁 전화벨이 울렸어요. 14번 울리고 나서야 용기를 내서 수화기를 들었습니다. 병원에서 온 전화일 거라고 짐작했지만 너무 무서웠거든요. 우리 아들이 위독한 건 아닐지 두려웠어요. 아들은 뇌수막염에 걸린 상태였죠. 이미 페니실린을 투여했으나 체온이 급격히 떨어졌고, 의사 선생님은 병이 뇌로 옮겨가면 뇌종양으로 발전해 사망할 수도 있다고 염려하셨어요.

전화는 제가 두려워했던 바로 그 전화였답니다. 병원에서 걸려 온 전화였죠. 의사 선생님이 우리에게 당장 오면 좋겠다고 하셨어요.

대기실에 앉아서 남편과 제가 겪었던 고통을 어쩌면 당신이 상상할 수 있겠지요. 다른 사람들은 모두 아기를 안고 있었지만, 우리는 우리 아기를 다시 안을 수 있을지 걱정하면서 빈손으로 앉아 있었어요.

마침내 호출을 받고 진료실로 들어갔을 때 의사 선생님의 표정은 남편과 저를 공포에 떨게 하기에 충분했습니다. 그의 말은 더 공포스러웠죠. 의사 선생님은 우리에게 우리 아기가 생존할 확률이 4분의 1밖에 안 된다고 말했어요. 그리고 다른 아는 의사가 있으면 그 의사에게 연락해 보라고 덧붙이시더군요.

집으로 돌아오는 길에 남편이 두 주먹을 불끈 쥐고 운전대를 내리치면서 '버츠, 저 작은 녀석을 포기할 수 없어'라고 말했어요. 남자가 우는 모습을 보신 적이 있나요? 유쾌한 경험은 아니었어요. 차를 세우고 이야기를 나눈 후에 우리는 교회에 들러서 기도하자고 결정했습니다. 우리 아기를 데려가시는 것이 하나님의 뜻이라면 우리의 뜻을 그분께 맡기겠다고 말이죠. 저는 교회 의자에 앉아 눈물을 흘리며 이렇게 기도했습니다.

'내 원대로 마시옵고 아버지의 원대로 되기를 원하나이다.'

그 말을 입 밖에 내는 순간 기분이 나아지더군요. 오랫동안 느끼지 못했던 평온함이 밀려왔습니다. 집으로 돌아오는 길 내내 저는 '오 하나님, 내 원대로 마시옵고 아버지의 원대로 되기를 원하나이다'라는 말을 반복했어요.

그날 밤 일주일 만에 처음으로 잠을 푹 잤습니다. 며칠 후에 의사 선생님이 전화해서 바비가 고비를 넘겼다고 말씀하셨죠. 이제 4살이 된 튼튼하고 건강한 아들을 주신 하나님께 감사합니다."

내가 알기로 종교를 여성과 어린아이, 목회자의 전유물로 여기는 남자들이 있다. 그들은 홀로 전장에서 싸울 수 있는 '사나이'라는 사실을 자랑스러워한다.

세계에서 가장 유명한 '사나이'들이 매일 기도한다는 사실을 이런 남자들이 알게 된다면 얼마나 놀랄까? 이를테면 '사나이' 잭 뎀프시는 잠자리에 들 때마다 반드시 기도한다고 말했다. 밥을 먹을 때도 반드시 하나님께 먼저 감사한다고 말했다. 시합을 준비하며 훈련할 때는 매일 기도하고, 시합 중에는 매 라운드의 벨이 울리기 직전에 항상 기도한다고 말했다. 그가 말하기를 "기도가 용기와 자신감을 가지고 시합하도록 돕는다".

'사나이' 코니 맥은 기도를 하지 않으면 잠이 안 온다고 내게 말했다.

'사나이' 에디 리켄배커는 기도가 자신의 목숨을 구했다고 믿는다는 사실을 말했다. 그는 매일 기도한다.

제너럴 모터스와 유나이티드 스테이츠 스틸 United States Steel 의 고위 임원과 국무부 장관을 역임했던 '사나이' 에드워드 R. 스테티니어스 Edward R. Stettinius 는 매일 아침저녁으로 지혜와 인도를 구하며 기도한다고 말했다.

당대 최고의 금융가였던 '사나이' J. 피어폰트 모건 J. Pierpont Morgan 은 토요일 오후에 이따금 월스트리트의 어귀에 있는 트리니티 교회에 가서 무릎을 꿇고 기도했다.

'사나이' 아이젠하워는 영국과 미국 군대의 최고 사령관을 맡기 위해 영국으로 향할 때《성경》한 권만 들고 비행기에 올랐다.

'사나이' 마크 클라크 Mark Clark 장군은 전쟁 중에 매일《성경》을 읽고 기도했다고 말했다. 장제스 장군과 '엘 알라메인의 몬티 Monty of El Alamein'로 불리는 몽고메리 장군(2차 세계대전 당시 영국 장군 – 옮긴이)도 마찬가지였다. 트라팔가르 Trafalgar 해전의 영웅 넬슨 제독도 다르지 않았다. 워싱턴 장군, 로버트 E. 리 Robert E. Lee (남북전쟁 당시 남부 동맹군 최고 사령관 – 옮긴이), 스톤월 잭슨(남북전쟁 당시 남부 연합의 장군 – 옮긴이), 그리고 수많은 위대한 군대 지도자들도 그랬다.

이 '사나이'들은 윌리엄 제임스의 말에 담긴 진리를 발견했다.

"우리와 하나님 사이에는 상호 관계가 있다. 그분의 영향력에 우리를 맡김으로써 우리의 가장 심오한 운명이 성취된다."

이를 깨닫고 있는 '사나이'들이 많다. 현재 7,200만 명의 미국인이 교회에 다닌다. 역사상 가장 많은 사람이다. 앞서 말했듯이 과학자들조차 종교에 의지하고 있다.《인간의 조건 Man, the Unknown》을 집필하고 과학자에게 수여되는 최고의 영예인 노벨상을 받은 알렉시 카렐 박사를 예로 들어보자. 카렐 박사는 리더스 다이제스트의 한 글에서 이렇게 말했다.

"기도는 사람이 뿜어낼 수 있는 가장 강력한 형태의 에너지이다. 기도는 지상의 중력만큼이나 실재하는 힘이다. 의사로서 나는 다른 모든 치료법이 실패한 후에 고요한 기도의 노력으로 질병과 우울에서 벗어난 사람들을 목격했다. 마치 라듐 같은 기도는 빛을 발하는 자연발생적인 에너지의 원천이다.

기도를 통해 인간은 모든 에너지의 무한한 원천에 자신을 온전히 맡김으로써 유한한 에너지를 증강하고자 한다. 기도할 때 우리는 우주를 돌아가게 하는 무궁무진한 원동력과 나를 잇는다. 이 힘의 일부가 우리의 필요에 맞게 배분되기를 기도한다.

간구하는 중에도 우리의 인간적인 결핍이 채워지고 우리는 강해지고 회복된 상태로 일어난다. 열렬한 기도 속에서 하나님에게 나아갈 때마다 우리는 영혼과 육체를 모두 더 나은 방향으로 변화시킨다. 누구든 한순간만이라도 기도한다면 좋은 결과를 얻을 수 있다."

버드 제독은 "나를 무궁무진한 원동력과 잇는다"가 무슨 의미인지 안다. 그는 그렇게 할 수 있는 능력 덕분에 인생에서 가장 힘든 시련을 이겨냈다. 그는 자신의 책 《홀로》에서 이 이야기를 전한다.

1934년 버드 제독은 남극 로스 배리어 Ross Barrier의 만년설 아래에 깊숙이 파묻힌 오두막에서 5개월을 보냈다. 그는 남위 78도에 존재하는 유일한 생명체였다. 그의 오두막 위로 눈보라가 몰아쳤고 기온은 섭씨 영하 63도까지 떨어졌으며 끝도 없는 밤이 그를 빈틈없이 둘러싸고 있었다. 그러다 어느 순간 그는 난로에서 새어 나오는 일산화탄소에 천천히 중독되고 있다는 사실을 발견하고 기겁했다!

그렇다면 어떻게 해야 할까? 도움을 청할 수 있는 가장 가까운 곳은 200km 정도 떨어져 있어서 그에게 오려면 몇 달이 걸릴 수 있었다. 난로와 환기 시스템을 고쳐보려 했지만 연기가 계속 새어 나왔다.

연기 때문에 그는 이따금 정신을 잃기도 했다. 의식을 완전히 잃은 채 바닥에 누워 있었다. 먹지도 못하고 잠도 못 잤다. 몸이 너무 약해져서 좀처럼 침대에서 일어나지 못했다. 다음 날 아침에 눈을 뜨지 못할까 봐 두려웠던 적이 많았다. 그는 자기가 그 오두막에서 죽을 것이고 시신은 그칠 줄 모르는 눈에 덮여 가려질 것이라고 굳게 믿었다.

무엇이 그의 목숨을 구했을까? 절망의 수렁에 빠져 있던 그는 어느 날 일기장을 꺼내 삶의 철학을 애써 적어보았다. 그는 "우주에서 인간은 혼자가 아니다"라고 적었다. 머리 위의 별들과 별자리와 행성들의 질서 정연한 움직임, 영원한 태양이 언젠가 때가 되면 돌아와 남극의 황폐한 지역까지 빛을 비출 것이라고 여겼다. 그리고 일기장에 이렇게 적었다.

"나는 혼자가 아니다."

리처드 버드를 구한 것은 그가 지구 끝자락의 얼음 구멍 속에서조차 혼자가 아니라는 이 깨달음이다. 그는 계속해서 이렇게 덧붙였다.

"그 깨달음이 나를 버티게 했다. 사는 동안 자기 내면에 존재하는 모든 자원을 거의 소진하는 사람은 거의 없다. 한 번도 사용하지 않은 힘의 깊은 우물이 있다."

리처드 버드는 하나님을 의지함으로써 그 힘의 우물을 개발하고 그 자원을 이용하는 법을 배웠다.

글렌 A. 아널드 Glenn A. Arnold는 버드 제독이 극지방의 만년설 속에서 배운 것과 같은 교훈을 일리노이주의 옥수수밭에서 얻었다. 일리노이주 칠리코시의 베이컨 빌딩에서 보험 중개인으로 일하는 아널드는 걱정 극복에 대한 연설을 다음과 같이 시작했다.

"8년 전 저는 내 인생에서 마지막이라고 생각하며 현관문 자물쇠를 열쇠로 잠갔습니다. 그러고는 자동차에 올라타서 강을 향해 출발했죠. 전 실패자였습니다."

그리고 계속해서 이렇게 말했다.

"한 달 전에 제 작은 세상 전체가 제 머리 위로 무너져 내렸어요. 운영하던 전기제품 사업이 위기에 처했죠. 집에서는 어머니가 사경을 헤매고 계셨고 아내는 둘째를 임신하고 있었습니다. 병원비가 늘어 갔어요. 우리는 사업을 시작할 때 자동차, 가구 등을 있는 대로 저당 잡히고 대출을 받았습니다. 들어놓은 보험에서도 약관 대출을 받았죠.

그런데 전부 사라졌습니다. 전 더는 견딜 수가 없었어요. 그래서 이 비참한 상황을 끝내야겠다고 결심하고 차에 올라타서 강으로 향했던 겁니다.

저는 시골로 몇 km를 운전해서 길가에 차를 세웠어요. 차에서 내려서는 바닥에 주저앉아 어린아이처럼 울었습니다. 그러다 진짜 생각하기 시작했어요. 무시무시한 걱정의 쳇바퀴를 맴도는 대신 건설적으로 생각하려고 노력했죠.

'내 상황이 얼마나 나쁜 거지? 더 나빠질 수 있을까? 정말 가망이 없는가? 어떻게 하면 나아질 수 있을까?'

그러다가 그때 그 자리에서 주님께 온 문제를 맡기고 처리해달라고 간구하기로 마음먹었어요. 나는 기도했습니다. 열심히 기도했어요. 마치 내 인생이 기도에 달려 있다는 듯이 기도했죠. 사실 실제로 그랬습니다.

그러자 이상한 일이 일어났어요. 내 모든 문제를 나보다 더 큰 권능에 맡기자마자 몇 달 동안 느끼지 못했던 마음에 평화가 찾아왔습니다. 나는 울먹거리고 기도하면서 30분쯤 그 자리에 앉아 있었을 겁니다. 그러고 나서 집으로 돌아가 아이처럼 잠이 들었어요.

다음 날 아침 잠에서 깰 때 전 자신감을 느꼈습니다. 하나님의 인도하심에 의지하고 있었으니 더 이상 두려워할 게 없었어요. 그날 아침 전 고개를 똑바로 들고 지역 백화점에 들어갔습니다. 전기제품 부서에 판매원으로 일하고 싶다고 당당하게 말했죠. 나는 일자리를 얻을 거라고 자신했고 실제로 그랬습니다.

전쟁통에 가전제품 업계 전체가 무너졌지만, 그때까지는 그 일을 잘 해냈어요. 그 후에는 생명보험 영업을 시작했는데, 그때도 저의 '위대한 길잡이 Great Guide'의 관리를 받았죠. 그게 불과 5년 전이네요. 이제는 세금을 다 내고, 영리한 세 아이와 멋진 가족이 있고, 내 집을 장만했고, 차를 새로 샀고, 2만 5천 달러의 생명보험에도 가입해 두었었어요.

돌이켜보면 모든 걸 잃고 우울증에 빠져 강으로 달려갔던 게 오히려 다행입니다. 그 비극 덕분에 하나님을 의지하는 법을 배웠으니까요. 그리고 지금 나는 꿈에도 생각지 못했던 평화와 자신감을 얻었습니다."

종교적 믿음은 왜 우리에게 평화와 평온, 그리고 인내를 선사하는 것일까? 윌리엄 제임스의 답을 들어보자.

"찰랑거리는 수면에 격랑이 쳐도 바닷속 깊은 곳은 동요하지 않는다. 더욱 방대하고 영구적인 실재를 견뎌내는 사람에게 시시각각 변하는, 개인적인 운명의 우여곡절은 상대적으로 하찮은 일로 보인다. 따라서 진정으로 종교적인 사람은 흔들리지 않고 평정심으로 충만하며 하루하루 마주하는 어떤 의무라도 담담하게 받아들일 준비가 되어 있다."

걱정스럽고 불안하다면 하나님을 의지해보는 건 어떨까? 이마누엘 칸트 Immanuel Kant가 말했듯이 "우리에게 그런 믿음이 필요하니 하나님에 대한 믿음을 받아들이는 것"은 어떨까? 지금 우리 자신을 "우주를 돌아가게 하는 무궁무진한 원동력"에 연결하면 어떨까?

선천적으로나 후천적으로나 종교적인 사람이 아니더라도, 심지어 회의주의자라 할지라도 기도는 실용적이기 때문에 생각보다 훨씬 더 많은 도움을 줄 수 있다. '실용적'이라니 무슨 뜻일까? 신을 믿든 믿지 않든 상관없이 모든 사람이 공유하는 3가지 기본적인 심리적 욕구를 기도가 충족시켜 준다는 뜻이다.

1. 기도는 우리를 괴롭히는 문제를 말로 정확히 표현하는 데 도움이 된다.

모호하고 애매한 상태인 문제를 해결하기란 거의 불가능하다. 기도하는 것은 어떤 의미에서 종이에 문제를 적는 것과 비슷하다. 문제를 해결하고자 심지어 하나님에게라도 도움을 요청하려면 반드시 말로 표현해야 한다.

2. 기도는 우리에게 짐을 나눈다는 느낌, 혼자가 아니라는 느낌을 준다.

가장 무거운 짐, 가장 고통스러운 문제를 오로지 홀로 감당할 수 있을 만큼 강인한 사람은 드물다. 때로는 너무 내밀한 성격의 고민이라 가장 가까운 친척이나 친구에게도 털어놓을 수 없다. 그럴 때는 기도가 답이다. 정신과 의사라면 누구든 우리가 울적하고 긴장하고 정신적 고통에 시달릴 때 누군가에게 고민을 털어놓는 것이 치료에 효과적이라고 말한다. 다른 사람에게 말할 수 없을 때는 언제든지 하나님께 말할 수 있다.

3. 기도는 능동적인 행동의 원칙을 가동한다.

기도는 행동으로 나아가는 첫걸음이다. 무언가 성취하게 해달라고 기도하는 사람은 기도에서 혜택을 얻는다. 바꾸어 말하면 기도를 실현하기 위해 매일매일 어떤 행동을 취한다. 세계적으로 유명한 한 과학자는 이렇게 말했다.

"기도는 사람이 생성할 수 있는 가장 강력한 형태의 에너지다."

그렇다면 기도를 활용하지 않을 이유가 있을까? 자연의 신비한 힘이 우리를 보살피고 있다면 하나님, 알라, 성령 등 어떤 이름으로 부르든 상관없이 그 신비한 힘의 정의를 두고 다툴 필요가 있을까?

지금 당장 이 책을 덮고, 침실로 가서 문을 닫고, 무릎을 꿇고, 마음의 짐을 내려놓으면 어떨까? 종교를 잃은 상태라면 전능한 하나님에게 믿음을 되살려달라고 간구하라.

"오 하나님, 저는 더 이상 홀로 싸울 수 없습니다. 당신의 도움과 사랑이 필요합니다. 저의 모든 실수를 용서해 주십시오. 제 마음에서 모든 악을 씻어내 주십시오. 저에게 평화와 고요함, 건강의 길을 보여주시고 원수까지도 사랑으로 채워주세요."

기도하는 법을 모른다면 700년 전 성 프란치스코가 쓴 이 아름답고 감동적인 기도문을 따라 해보라.

"주여, 저를 평화의 도구로 써 주소서. 미움이 있는 곳에 사랑을, 다툼이 있는 곳에 용서를, 의혹이 있는 곳에 믿음을 가져오는 자 되게 하소서. 절망이 있는 곳에 희망을, 어둠이 있는 곳에 광명을, 슬픔이 있는 곳에 기쁨을 가져오는 자 되게 하소서.

오, 거룩하신 주여. 위로받기보다는 위로하고, 이해받기보다는 이해하며, 사랑받기보다는 사랑하게 하여 주소서. 저희는 줌으로써 받고, 용서함으로써 용서받으며 죽음으로써 영생을 얻기 때문입니다."

걱정을 극복하기 위한 황금률은 다음과 같다.
'나보다 더 큰 권능을 믿고 의지하며 기도하라.'

5장 키포인트
걱정을 극복하기 위한 황금률

규칙 1 : 나보다 더 큰 권능을 믿고 의지하며 기도하라.
- a. 기도는 우리를 괴롭히는 문제를 말로 정확히 표현하는 데 도움이 된다.
- b. 기도는 우리에게 짐을 나눈다는 느낌, 혼자가 아니라는 느낌을 준다.
- c. 기도는 능동적인 행동의 원칙을 가동한다.

6장

비판에 대해 걱정하지 않는 방법

나는 나를 부당하게 비난하는 사람들을 막을 수는 없지만
내게는 그보다 훨씬 더 중요한 결정권이 있음을 이미 수년 전에 깨달았다.
부당한 비난에 흔들릴 것인지,
흔들리지 않을 것인지는 내가 결정할 수 있다.

1

죽은 개를 걷어차는 사람은 없음을 기억하라

1929년 교육계에 일어난 어떤 사건이 전국적으로 큰 돌풍을 일으켰다. 미국 각지의 학자들이 이 사건을 직접 목격하기 위해 시카고로 몰려들었다.

이로부터 몇 년 전 로버트 허친스Robert Hutchins라는 청년은 웨이터, 벌목공, 가정교사, 빨랫줄 판매원 등 다양한 직업을 전전하면서 예일대학교를 졸업했다. 그로부터 불과 8년이 흐른 후에 그는 미국에서 네 번째로 부유한 대학인 시카고대학교의 총장으로 부임했다. 그의 나이 고작 서른이었다. 대단하다!

연로한 교육자들은 고개를 절레절레 흔들었다. '신동'에 대한 비판이 봇물 터지듯이 터졌다. 너무 애송이다, 경험이 없다, 그의 교육 개념은 현실성이 없다 등 이런저런 말이 많았다. 심지어 언론까지 공격에 가세했다.

그가 부임하던 날 한 친구가 로버트 메이너드 허친스의 아버지에게 "오늘 아침에 자네 아들을 비난하는 신문 사설을 읽고 충격을 받았다"고 말했다.

아버지 허친스는 이렇게 답했다.

"그러게, 심하더군. 하지만 죽은 개를 걷어차는 사람은 없다는 걸 기억하게."

그렇다. 그리고 중요한 개일수록 사람들은 그 개를 걷어차면서 더 큰 만족감을 느낀다. 훗날 에드워드 8세가 되는 영국 황태자(현재 윈저 공작)는 이 사실을 어쩔 수 없이 뼈저리게 깨닫게 되었다. 그는 당시 데번셔의 다트머스칼리지에 재학 중이었다. 아나폴리스의 미국 해군 사관학교에 해당하는 학교였다.

왕자가 14세쯤일 때 일어난 일이었다. 어느 날 한 해군 장교가 울고 있는 왕자를 발견하고 무슨 일이냐고 물었다. 처음에는 말하지 않으려 하던 왕자는 결국 사실을 털어놓았다. 사관생도들이 그를 걷어찬다는 것이었다. 사관학교 총장은 그 생도들을 불러서 왕자는 불평하지 않았으나 왜 왕자만 그렇게 거칠게 다루는 건지 알고 싶었다고 설명했다.

사관생도들은 한참 망설이고 발끝으로 바닥을 툭툭 차더니 마침내 다음과 같이 고백했다. 자기네가 영국 해군의 지휘관과 함장이 되었을 때, 왕년에 국왕을 발로 걷어찼노라고 자랑하고 싶었다는 것이었다.

그러니 사람들에게 걷어차이고 비판을 받을 때, 그것은 종종 걷어차는 사람이 여러분을 중요하다고 생각하기 때문임을 기억하라. 그것은 여러분이 무언가를 성취하고 있으며 주목할 만한 가치가 있다는 뜻이다. 자기보다 더 나은 교육을 받았거나 더 성공한 사람들을 비난함으로써 천박한 만족감을 얻는 사람이 많다.

예컨대 나는 이 장을 집필하는 동안 한 여성으로부터 구세군 창설자인 윌리엄 부스 William Booth 대장을 비난하는 편지를 받았다. 내가 방송에서 부스 대장을 칭찬했더니 이 여성이 내게 편지를 쓴 것이었다. 편지에는 부스 대장이 가난한 사람들을 돕기 위해 모금한 돈 가운데 800만 달러를 횡령했다고 쓰여 있었다. 물론 터무니없는 비난이었다.

하지만 이 여성은 진실에는 관심이 없었다. 그녀는 자기보다 훨씬 높은 위치에 있는 사람을 비방해서 얻을 수 있는 야비한 만족감을 원했던 것이다. 나는 그 여자의 편지를 쓰레기통에 던져버리고 그 여자와 결혼하지 않은 것에 하나님에게 감사했다. 그녀의 편지는 부스 대장에 대해 전혀 알려주지 않았지만, 그녀에 대해 많은 것을 알려주었다. 쇼펜하우어가 몇 년 전에 한 말이 떠올랐다.

"저속한 사람들은 위인들의 잘못과 어리석음에서 큰 기쁨을 느낀다."

예일대학교 총장을 저속한 사람이라고 생각하기는 어렵다. 하지만 예일대학교 전 총장인 티머시 드와이트Timothy Dwight는 미국 대통령 선거에 출마한 한 남자를 비난하면서 큰 기쁨을 느낀 것으로 보인다. 그 총장은 이 사람이 대통령에 당선되면 "우리의 아내와 딸들이 합법적인 매춘의 희생자가 되어, 멀쩡한 정신으로 치욕을 당하고 허울은 그럴듯해도 속은 더럽혀져서 품위와 미덕을 잃은 폐인, 하나님과 인간의 혐오 대상으로 전락할 수 있다"라고 경고했다.

히틀러에 대한 비난인 모양이다. 그렇지 않을까? 하지만 그렇지 않다. 그것은 토머스 제퍼슨Thomas Jefferson에 대한 비난이었다. 어떤 토머스 제퍼슨을 말하는 걸까? 미국 독립선언서의 저자이자 민주주의의 수호성인인 불멸의 토머스 제퍼슨은 분명 아니겠지? 맞다. 바로 그 사람이다.

"위선자", "협잡꾼", "살인자나 다를 바 없는 사람"이라고 비난받은 미국인은 누구일까? 한 신문의 풍자만화에는 단두대 위에 오른 그의 모습이 그려져 있었다. 단두대에는 그의 머리를 잘라낼 큰 칼이 준비되어 있었다. 군중은 말을 타고 거리를 지나는 그를 향해 조롱하고 야유를 보냈다. 그는 누구였을까? 조지 워싱턴이다.

남북전쟁 당시 북군 장군이었던 율리시스 그랜트Ulysses Grant는 지독한 경험을 했다. 1862년 그랜트 장군은 북부로서는 처음으로 결정적인 승리를 거두었다. 어느 날 오후에 거둔 승리, 하룻밤 사이에 그랜트를 전국적인 우상으로 만든 승리, 멀리 유럽까지 엄청난 영향을 미친 승리, 메인주에서 미시시피강 제방까지 교회 종을 울리고 모닥

불이 타오르게 한 승리였다.

그러나 그 위대한 승리를 거둔 지 6주 만에 북부의 영웅이었던 그랜트는 체포되었고 그의 군대를 빼앗겼다. 그는 굴욕감과 절망감에 눈물을 흘렸다.

미국 그랜트 장군이 최고의 승리를 거둔 순간 체포된 이유는 무엇일까? 그것은 대체로 오만한 상관들의 질투와 시기를 샀기 때문이다.

부당한 비판에 대해 걱정하고 싶은 마음이 든다면 규칙 1을 기억하라.

'부당한 비판은 흔히 칭찬의 다른 얼굴이다. 죽은 개를 걷어차는 사람은 없다는 사실을 기억하라.'

2

이렇게 하면 비판 때문에 상처받지 않을 수 있다

    나는 '매의 눈'을 가진 노장, 스메들리 버틀러 Smedley Butler 소장과 면담한 적이 있다. '지옥의 사자' 버틀러! 그를 기억하는가? 미 해병대를 지휘한 가장 화려하고 허세가 많은 장군이었다.

    젊은 시절 그는 인기에 몹시 집착했고 모든 사람에게 좋은 인상을 남기고 싶어 했다. 그 시절에는 사소한 비판에도 상심하고 괴로워했다. 그는 해병대에서 30년을 몸담는 동안 강하게 단련이 되었다고 털어놓았다. 그는 다음과 같이 말했다.

    "전 호된 꾸지람을 듣고 모욕을 당했으며 똥개, 뱀, 스컹크라는 비난을 받았습니다. 조교들에게는 욕설을 들었죠. 차마 입에 담을 수 없는 온갖 욕을 다 들었어요. 그래서 속상하냐고요? 천만에요! 이제 누가 절 욕하는 소리가 들려도 그게 누군지 궁금해하지도 않습니다."

    어쩌면 '매의 눈'을 가진 노장 버틀러는 비판 따위는 안중에도 없었을지 모른다. 하지만 한 가지는 확실하다. 우리는 대부분 다른 사람이 우리에게 던지는 작은 조롱과 비난을 너무 심각하게 받아들인다.

몇 년 전 〈뉴욕 선 New York Sun〉의 한 기자가 내 성인 교육 강좌의 공개 수업에 참석해 나와 내 일에 대해 비아냥거리던 때가 기억난다. 나는 그것을 개인적인 모욕으로 받아들였다. 그 잡지의 집행위원회 위원장인 길 호지스 Gill Hodges에게 전화를 걸어 조롱하기보다는 사실에 입각한 기사를 실으라고 요구했다. 기자가 저지른 죄에 합당한 처벌을 내려야 마땅하다고 생각한 것이다.

지금은 그렇게 행동한 게 부끄러울 따름이다. 신문을 산 사람 가운데 그 기사를 읽은 사람은 절반에 지나지 않았고, 그 기사를 읽은 사람 가운데 절반은 그 기사를 순전히 오락거리로 여겼으며, 그 기사를 읽으며 히죽거리던 사람 가운데 절반은 몇 주 만에 그 기사 따위는 깡그리 잊었을 거라는 걸 이제야 깨닫는다.

우리를 생각하거나 우리에 대한 소문에 신경 쓰는 사람은 없다. 그들은 아침을 먹기 전이든 먹고 나서든 한밤중이 되어서든 상관없이 오로지 그들 자신에 대해서만 생각한다. 그들은 우리가 죽었다는 소식보다 자신의 사소한 골칫거리를 수천 배 더 걱정한다.

가장 친한 6명 가운데 한 명이 우리에 대해 거짓을 말하고, 우리를 조롱하고, 배신하고, 등에 칼을 꽂고, 박대하더라도 자기 연민에 빠지지 말자. 그 대신 예수 그리스도가 바로 그런 일을 당했다는 사실을 상기하자.

예수 그리스도의 가장 친한 친구 12명 가운데 한 명은 요즘 돈으로 약 19달러에 해당하는 뇌물을 받고 배신자가 되었다. 그 가장 친한 열두 친구 가운데 또 다른 한 명은 예수 그리스도가 곤경에 처하자마자 대놓고 그를 버리고, 그를 모른다고 3번이나 부인하고, 맹세까지 서슴지 않았다. 6분의 1의 확률이다! 예수 그리스도가 이런 일을 당했다. 그런데 어찌 우리가 더 높은 확률을 기대해야 할까?

나는 나를 부당하게 비난하는 사람들을 막을 수는 없지만 내게는 그보다 훨씬 더 중요한 결정권이 있음을 이미 수년 전에 깨달았다. 부당한 비난에 흔들릴 것인지, 흔들리지 않을 것인지는 내가 결정할 수 있다.

이 점에 관해 명확하게 짚고 넘어가자. 모든 비판을 무시하자는 말이 아니다. 절대 그렇지 않다. 부당한 비판만 무시하자는 말이다. 예전에 엘리너 루스벨트에게 부당한 비판에 어떻게 대처했느냐고 물은 적이 있다. 그녀가 숱한 비판을 받았다는 건 알만한 사람은 안다. 역대 영부인 가운데 그녀만큼 열렬한 친구와 이보다 더 격렬한 적이 많은 사람은 분명코 없을 것이다.

어린 시절 엘리너는 사람들이 무슨 말을 할지 두려워할 만큼 병적으로 소심했다. 어느 날 비난당할까 봐 너무 두려운 나머지 시어도어 루스벨트Theodore Roosevelt의 누이인 고모에게 조언을 구했다. 그녀는 이렇게 말했다.

"바이Bye 고모, 하고 싶은 일들이 있는데 비난을 받을까 봐 겁이

나요."

시어도어 루스벨트의 누이는 엘리너의 눈을 바라보며 이렇게 말했다.

"네가 옳다는 걸 마음속으로 알고 있다면 사람들이 하는 말에는 신경 쓰지 마."

엘리너 루스벨트는 몇 년 후 백악관에서 지낼 때 그 조언이 암벽만큼 든든한 버팀목이 되었다고 전했다. 고모는 모든 비판을 피할 수 있는 유일한 방법은 드레스덴Dresden 도자기 인형처럼 선반 위에 가만히 있는 것이라고 말했다.

"마음속으로 옳다고 느끼는 일을 하렴. 어차피 비판은 받을 거야. 해도 욕을 먹고, 안 해도 욕을 먹을 거야."

이것이 그녀의 조언이다.

고故 매슈 C. 브러시Matthew C. Brush가 월스트리트 40번지에 있는 아메리칸 인터내셔널 코퍼레이션American International Corporation의 대표로 있을 때 나는 그에게 비판에 민감했던 적이 있냐고 물었다. 그는 다음과 같이 대답했다.

"네, 초창기에는 비판에 매우 민감했어요. 그때는 회사의 모든 직원이 절 완벽한 사람으로 생각하기를 간절히 바랐죠. 그러지 않으면 걱정스러웠어요. 절 비판하는 누군가의 마음에 들려고 애를 썼죠. 그런데 그 사람과 잘 지내보려고 한 행동이 다른 누군가를 화나게 하는 겁니다. 그래서 그 누군가와 잘 지내보려고 하면 또 다른 누군가의 벌집을 쑤셔놓곤 했어요. 비난을 받고 싶지 않아서 상처받은 사람의 감정을 달래고 다독이려고 애쓸수록 오히려 적이 더 늘어나더군요. 그래서 결국 이렇게 생각했습니다.

'군중보다 윗자리에 있으면 비판받기 마련이다. 그러니 익숙해져야 한다.'

이렇게 생각하니까 무척 도움이 되었어요. 그때부터 저는 할 수 있는 최선을 다한 다음 비판의 빗줄기를 온몸으로 고스란히 받아내기보다는 낡은 우산을 펴 들고 비를 피하자는 원칙을 세웠습니다."

작곡가 겸 음악평론가 딤스 테일러 Deems Taylor는 한 걸음 더 나아갔다. 비판의 빗줄기를 온몸으로 고스란히 받아냈을 뿐만 아니라 그냥 웃어넘겼다. 그것도 공식적인 자리에서 웃어넘겼다. 일요일 오후 라디오로 중계된 뉴욕 필하모닉 심포니 오케스트라의 콘서트에서 중간 휴식 시간에 그가 해설하고 있을 때 한 여성의 편지를 받았다. 그 여성은 그에게 "거짓말쟁이, 배신자, 뱀, 멍청이"라고 욕을 했다.

다음 주 방송에서 테일러는 수백만 명의 청취자에게 이 편지를 읽어주었다. 그의 저서 《인간과 음악 Of Men & Music》에서 밝힌 바에 따르면, 며칠 후 같은 여성으로부터 또 한 통의 편지를 받았는데, 그녀는 편지에서 "여전히 테일러가 거짓말쟁이, 배신자, 뱀, 바보라는 그녀의 변함없는 의견을 표현"했다.

테일러는 그냥 "'내 얘기가 마음에 안 들었나 보군'이라고 생각했다". 비판을 그런 식으로 받아들이는 사람에게 감탄하지 않을 수 없다. 그의 평온함과 흔들리지 않는 침착함, 유머 감각이 감탄스럽다.

찰스 슈와브는 프린스턴대학교 학생들에게 연설하던 중에 그의 제철소에서 일하던 한 독일 노인에게 배운 점을 일생일대의 교훈으로 손꼽는다고 털어놓았다. 이 노인은 다른 철강 노동자들과 격렬한 언쟁에 휘말렸는데 다른 노동자들이 그를 강물에 내동댕이쳤다. 슈와브는 그때를 이렇게 회상한다.

"그가 진흙탕 범벅이 된 채 제 사무실로 들어왔을 때, 그를 강물에 내동댕이친 사람들에게 뭐라고 말했냐고 물었어요. 그랬더니 '그냥 웃었다'라고 하더군요."

슈와브는 그 독일 노인의 말을 자신의 좌우명으로 삼았다.

'그냥 웃어라.'

부당한 비판의 희생자가 되었을 때 이 좌우명이 특히 유용하다. 내 말을 되받아치는 사람의 말은 되받아칠 수 있다. 그런데 '그냥 웃는' 사람에게는 무슨 말을 할 수 있겠는가?

링컨이 그의 잔인한 비판자들에게 일일이 대응하는 게 어리석다는 사실을 깨닫지 못했다면 남북전쟁의 중압감에 무너졌을지도 모른다. 링컨은 결국 다음과 같이 소신을 밝혔다.

"나를 향한 모든 공격에 되받아치는 건 고사하고 읽어라도 보겠다고 애를 쓴다면 차라리 다른 일을 알아보는 편이 나을 것이다. 난 할 수 있는 최선을 다하고 있고 끝까지 최선을 다할 것이다. 내가 옳았다는 결론이 난다면 나에 대해 무슨 나쁜 말을 하든지 상관없다. 내가 틀렸다는 결론이 난다면 천사 10명이 내가 옳았다고 맹세한대도 아무 소용이 없을 것이다."

 부당하게 비난받을 때, 규칙 2를 기억하라.
 '최선을 다하라. 그리고 낡은 우산을 펴 들고 빗줄기를 온몸으로 고스란히 맞지 않도록 하라.'

3

내가 저지른 어리석은 일들

　내 개인 서류함에는 'FTD'라는 이름의 폴더가 있다. '내가 저지른 어리석은 짓들Fool Things I Have Done'의 줄임말이다. 이 폴더에는 내가 줄곧 죄책감을 느끼는 어리석은 일들에 대한 기록을 넣어 둔다. 이따금 비서에게 이 메모들을 받아 적게도 하지만, 너무 사적이고 어리석은 일이라 그러기가 창피할 때는 직접 적는다.

　나는 15년 전에 'FTD' 폴더에 넣었던, 데일 카네기에 대한 몇몇 비판을 아직도 기억한다. 만일 내가 자신에게 온전히 정직했다면 지금쯤 서류함에는 이 'FTD' 메모들이 차고 넘쳤을 것이다. 나는 사울 왕이 2,000년 전에 했던 말을, 진심을 담아 반복할 수 있다.

　"나는 어리석은 짓을 많이 했고 아주 많은 잘못을 저질렀다."

　'FTD' 폴더를 꺼내서 나에 대한 비판을 직접 적은 글을 다시 읽어 보면, 내가 앞으로 직면할 가장 어려운 문제에 대처하는 데 도움이 된다. 바로 데일 카네기의 경영 문제다.

예전에는 내 문제를 다른 사람의 탓으로 돌렸지만 나이가 들면서 (바라건대 더 지혜로워지면서) 최종적으로 분석해 보니 내 불행은 거의 모두 내 책임이었다. 나이가 들면서 이 사실을 깨달을 사람이 많다. 나폴레옹은 세인트 헬레나에서 다음과 같이 말했다.

"나 이외의 누구에게도 내가 몰락한 책임을 물을 수 없다. 나의 가장 큰 적은 나였고 내 비참한 운명의 원인 또한 나였다."

내가 알기로 자기 평가와 자기 관리의 대가였던 한 사람을 소개하겠다. 그의 이름은 H.P. 하월 Howell이었다. 1944년 7월 31일 뉴욕 앰배서더 호텔의 약국에서 갑작스럽게 사망했다는 소식이 미국 전역에 전해졌을 때 월스트리트는 충격에 빠졌다. 그가 미국 금융계의 리더로, 월스트리트 56번지에 있는 미국 상업 은행 및 신탁 회사 Commercial National Bank and Trust Company의 이사회 의장이자 여러 대기업의 이사를 맡고 있었기 때문이었다.

그는 정규 교육을 거의 받지 못했고 농촌 상점의 점원으로 일했다. 그 후에 U.S. 스틸의 여신 담당 관리자가 되어 사회적 지위와 영향력을 높이던 중이었다.

내가 성공의 비결을 설명해달라고 요청했을 때 하월은 "하루 동안의 모든 약속을 알 수 있는 약속 기록부를 수년 동안 썼다"라고 밝혔다.

"우리 가족은 토요일 밤에는 내가 필요한 계획은 전혀 세우지 않습니다. 제가 매주 토요일 저녁의 일정 시간을 자기 점검과 1주간의 업무에 대한 검토와 평가를 위해 할애한다는 걸 알기 때문이죠. 저는 저녁 식사가 끝나면 혼자 자리를 떠서 약속 기록부를 펴고 월요일 아침부터 있었던 모든 면담, 토론, 회의에 대해 깊이 생각합니다.

'그때 어떤 실수를 저질렀나? 내가 올바르게 판단한 일은 무엇이었나? 어떤 방식으로 성과를 개선할 수 있었을까? 그 경험에서 어떤 점을 배울 수 있을까?' 등을 스스로 물어보죠. 이따금 이렇게 주간 검토를 하다가 아주 우울해집니다. 때로는 제가 저지른 큰 실수 때문에 화들짝 놀라기도 하죠.

물론 세월이 흐르면서 이런 실수는 점점 줄어들어요. 해마다 계속했던 이 자기 분석 시스템이 제가 지금껏 시도한 다른 어떤 것보다도 제게 많은 도움이 되었습니다."

어쩌면 하월이 벤저민 프랭클린에게 이 아이디어를 빌렸을지 모른다. 프랭클린이 토요일 밤까지 기다리지 않았다는 점만 다르다. 그는 매일 밤 자신을 엄격하게 점검했다. 그는 자신에게 13가지 심각한 결함이 있다는 사실을 발견했다. 그 가운데 3가지는 시간을 낭비하는 것, 사소한 일로 속을 끓이는 것, 사람들과 논쟁하고 반박하는 것이었다.

현명한 벤저민 프랭클린은 이런 결점을 없애지 않으면 발전할 수 없다는 사실을 깨달았다. 그래서 일주일 동안 매일 자신의 한 가지 단점과 싸웠고, 매일 그 난타전의 승자를 적었다. 다음 날에는 또 다른 나쁜 버릇을 골라서는 글러브를 끼고 벨이 울리면 코너에서 나와 싸웠다. 프랭클린은 2년이 넘는 기간 동안 매주 자기의 결점과 맞붙는 이 싸움을 계속했다.

그가 미국이 배출한 가장 사랑받고 가장 영향력 있는 인물로 손꼽힌 것은 당연한 일이다.

엘버트 허버드 Elbert Hubbard는 이렇게 말했다.

"사람은 누구나 매일 적어도 5분 동안은 어리석다. 지혜는 그 제한을 넘지 않는 데 있다."

소인배는 사소한 비판에도 화를 내지만, 지혜로운 사람은 자신을 비난하고 책망하며 "길을 놓고 그와 다투었던" 사람들로부터 배우려고 노력한다. 월트 휘트먼은 다음과 같이 말했다.

"당신을 칭찬하고 부드럽게 대하며 당신을 위해 길을 비켜주는 사람들에게만 교훈을 얻었는가? 당신을 거부하고 당신에게 저항하고 당신과 길을 놓고 다투는 사람들에게서는 큰 교훈을 얻지 못했는가?"

우리나 우리의 일을 비판할 때까지 기다리기보다는 우리가 선수를 치자. 우리가 우리의 가장 혹독한 비평가가 되자. 적들이 말 한마디 하기 전에 우리의 모든 약점을 찾아내어 고치자. 찰스 다윈은 바로 그렇게 했다. 사실 그는 비평하면서 15년을 보냈다. 사연인즉 이렇다.

다윈은 불후의 명저인 《종의 기원 The Origin of Species》을 탈고했을 때, 자신의 혁명적인 창조 개념을 발표하면 학계와 종교계에 큰 파장을 일으킬 것이라는 사실을 깨달았다. 그래서 스스로 비평가가 되어 15년 동안 데이터를 점검하고, 자신의 추론에 이의를 제기하고, 결론을 비판했다.

가령 누군가 여러분을 "빌어먹을 멍청이"라고 비난했다고 하자. 어떻게 하겠는가? 화를 내겠는가? 분개하겠는가? 링컨은 이렇게 했다.

링컨의 전쟁부 장관이었던 에드윈 M. 스탠턴 Edwin M. Stanton은 링컨을 "빌어먹을 멍청이"라고 불렀던 적이 있다. 스탠턴은 링컨이 자기 업무에 간섭했다고 분개했다. 링컨이 한 이기적인 정치인의 비위를 맞추기 위해 특정 연대의 이동 명령을 승인했기 때문이었다.

스탠턴은 링컨의 명령을 따르지 않겠다고 거부했을뿐더러 그런 명령을 승인하다니 빌어먹을 멍청이라며 링컨을 욕했다. 어떤 일이 벌어졌을까? 스탠턴이 한 말을 전해 들은 링컨은 차분하게 답했다.

"스탠턴이 나를 멍청이라고 말했다면, 그 말이 틀림없이 맞을 걸세. 그가 틀리는 법은 거의 없으니까. 내가 직접 가봐야겠군."

링컨은 스탠턴을 보러 갔다. 스탠턴은 그 명령이 잘못되었다고 링컨을 납득시켰고 링컨은 명령을 철회했다. 링컨은 진지하고, 지식에 근거하며, 돕고자 하는 마음에서 나온 비판이라면 기꺼이 받아들였다.

우리도 그런 비판을 기꺼이 받아들여야 한다. 우리는 4번 중 3번

넘게 옳았으면 좋겠다는 기대조차 품을 수 없다. 어쨌든 대통령으로 재직할 당시 시어도어 루스벨트가 기대할 수 있는 것은 그 정도가 전부였다. 당대에 가장 깊이 있는 사상가였던 아인슈타인은 자신의 결론이 99%가 틀렸다고 고백했다!

프랑스 작가 라 로슈푸코 La Rochefoucauld는 "우리에 관해서는 적들의 의견이 우리의 의견보다 진실에 더 가깝다"라고 말했다.

나는 웬만하면 이 말이 진실일 것이라는 사실을 안다. 하지만 신중하게 행동하지 않으면, 누군가가 나를 비판하기 시작할 때 나는 즉시 반사적으로 방어적인 자세를 취한다. 나를 비판하려는 사람이 무슨 말을 하려는지 감조차 잡지 못했을 때도 말이다. 그럴 때마다 나는 내게 정이 뚝 떨어진다.

우리는 누구나 비판이나 칭찬이 정당한지와 관계없이 비판에는 분개하고 칭찬은 덥석 받아들이는 경향이 있다. 우리는 논리적인 동물이 아니라 감정적인 동물이다. 우리의 논리란 감정이라는 깊고, 어둡고, 폭풍우가 몰아치는 바다에 던져진 쪽배와 같다. 우리는 대부분 지금 자신을 꽤 긍정적으로 평가한다. 하지만 지금으로부터 40년이 흐른 후에는 지금의 자신을 돌아보며 비웃을지 모른다.

'역사상 가장 유명한 소도시 신문 편집자'였던 윌리엄 앨런 화이트 William Allen White는 50년 전의 젊은 자신을 "자만심으로 가득하고 뻔뻔한 멍청이, 거만한 젊은 바리새인, 안일한 반동분자"라고 묘사했다. 20년 후 우리도 어쩌면 지금의 자신을 묘사할 때 이와 비슷한 형용사를 사용하고 있을지도 모를 일이다. 그럴지도 모르겠다. 누가 알겠는가?

앞 장에서 나는 부당한 비난을 받을 때 어떻게 해야 하는지에 대해 이야기했다. 또 다른 방법을 생각해 보자. 부당하게 비난받았다는 생각에 분노가 치밀어 오르면 잠시 멈춰 이렇게 생각해 보자.

"잠깐만, 난 완벽하지 않아. 아인슈타인이 99% 틀렸다고 인정했다면, 난 최소한 80%는 틀렸겠지. 어쩌면 이런 비판을 받아 마땅할지도 몰라. 그렇다면 고마워하고 거기에서 뭔가 얻으려고 노력해야 해."

펩소덴트 컴퍼니 Pepsodent Company 대표인 찰스 럭먼 Charles Luckman 은 밥 호프를 출연시키기 위해 수백만 달러를 지출했다. 그는 프로그램을 칭찬하는 편지는 쳐다보지 않아도 비판적인 편지는 꼭 보겠다고 고집했다. 거기에서 무언가를 배울 수 있다는 사실을 알았기 때문이다.

포드 컴퍼니는 자사의 경영과 운영의 문제점을 파악하겠다는 간절한 마음에서 최근 직원들을 대상으로 설문조사를 실시하고 회사를 비판해달라고 요청했다.

내가 아는 한 전직 비누 판매원은 심지어 비판을 요구하곤 했다. 그가 처음 콜게이트 Colgate 의 비누를 판매할 때 쉽게 주문을 받지 못했다. 그는 직장을 잃을까 봐 걱정했다. 비누나 가격에는 아무 문제가 없다는 것을 알았기에 문제는 틀림없이 자신이라고 생각했다.

그는 판매에 실패하면 종종 무엇이 문제인지 알아내려고 애쓰면서 동네를 돌아다니곤 했다. 내가 너무 막연하게 얘기했나? 열정이 부족했나? 때때로 그는 상점으로 돌아가서 이렇게 말하곤 했다.

"비누를 팔려고 돌아온 게 아닙니다. 당신의 조언과 비판을 구하러 왔어요. 몇 분 전에 제가 당신에게 비누를 팔려고 했을 때 제가 뭘 잘못했는지 말씀해 주시겠습니까? 당신은 저보다 훨씬 더 경험이 많고 성공한 분이잖아요. 비판의 말씀을 부탁드립니다. 사정 보지 말고 솔직하게 말씀해 주세요."

이런 태도 덕분에 그는 많은 친구와 귀중한 조언을 얻었다.

그는 지금 어떻게 되었을까? 현재 그는 세계 최대 비누 제조업체인 콜게이트-팜올리브-피트 비누 회사Colgate-Palmolive-Peet Soap Company의 대표가 되었다. 그의 이름은 E.H. 리틀E.H. Little이다. 지난해 그는 240,141달러를 벌어 미국 연 수입 순위에서 15위를 차지했다.

H.P. 하월, 벤저민 프랭클린, E.H. 리틀이 한 일을 하려면 대인배가 되어야 한다. 이제 아무도 보지 않을 때 거울을 살짝 보면서 내가 그런 대인배인지 자문해 보라.

비판에 대해 걱정하지 않기 위한 규칙 3을 살펴보자.

'우리가 저지른 어리석은 일을 기록하고 스스로 비판하자. 완벽한 사람이 되기를 바랄 수 없으니 E.H. 리틀을 본받자. 편견이 없고 유용하며 건설적인 비판을 부탁하자.'

6장 키포인트
비판에 대해
걱정하지 않는 방법

규칙 1 : 부당한 비판은 흔히 칭찬의 다른 얼굴이다. 그것은 여러분이 질투와 시기의 대상이라는 뜻이다. 죽은 개를 걷어차는 사람은 아무도 없다는 사실을 기억하라.

규칙 2 : 최선을 다하라. 그런 다음 낡은 우산을 펴 들고 빗줄기를 온몸으로 고스란히 맞지 않도록 하라.

규칙 3 : 우리가 저지른 어리석은 일을 기록하고 스스로 비판하자. 완벽한 사람이 되기를 바랄 수 없으니 E.H. 리틀을 본받자. 편견이 없고 유용하며 건설적인 비판을 부탁하자.

7장

피로와 걱정을 방지하고 높은 에너지와 활력을 유지하는 6가지 방법

깨어 있는 시간의 절반 정도를 직장에서 보내고,

일에서 행복을 찾지 못하면 그 어디에서도

행복을 찾지 못할 수도 있다는 사실을 되새겨라.

1

활동 시간을 하루에
한 시간 늘리는 방법

내가 걱정 방지에 관한 책에서 피로를 방지하는 법에 관한 장을 쓰는 이유는 무엇일까? 답은 간단하다.

피로가 종종 걱정을 낳거나 아니면 적어도 걱정에 취약하게 만들기 때문이다. 의대생이라면 누구나 피로가 흔한 감기와 그 밖의 수백 가지 질병에 대한 신체 저항력을 떨어트린다고 말할 테고, 정신과 의사라면 누구나 피로가 두려움과 걱정이라는 감정에 대한 저항력까지 떨어트린다고 말할 것이다. 따라서 피로를 방지하면 대개 걱정을 방지할 수 있다.

"대개 걱정을 방지할 수 있다"라는 말은 완곡한 표현이다. 에드먼드 제이콥슨 Edmund Jacobson 박사는 훨씬 더 직설적으로 표현한다. 제이콥슨 박사는 이완에 관한 두 권의 책을 썼다. 《점진적 이완법 Progressive Relaxation》과 《당신은 긴장을 풀어야 한다 You Must Relax》가

바로 그것이다. 그리고 시카고대학교 임상 생리학 연구소의 소장으로서 수년간 이완을 의료 행위의 한 방법으로 이용하는 연구를 진행했다.

그는 어떤 긴장 상태나 감정적인 상태가 "완전한 이완 상태에서는 존재할 수 없다"라고 단언한다. 바꾸어 말하면 긴장을 풀면 걱정을 계속할 수 없다.

따라서 피로와 걱정을 방지하기 위한 첫 번째 규칙은 이것이다. 자주 휴식을 취하라. 피곤해지기 전에 휴식을 취하라.

그것이 왜 그토록 중요할까? 피로는 놀라운 속도로 누적되기 때문이다. 미 육군은 반복적인 시험을 통해 다년간의 군사 훈련으로 단련된 젊은 남성도 1시간마다 10분씩 군장을 내려놓고 휴식을 취하면 행군을 더 잘하고 더 오래 버틸 수 있다는 사실을 발견했다. 그래서 육군은 그렇게 행군하도록 지시한다.

여러분의 심장은 미 육군만큼이나 지혜롭다. 여러분의 심장은 매일 철도 유조차를 가득 채울 수 있을 만큼의 혈액을 여러분의 전신으로 내보낸다. 24시간마다 1m 높이의 플랫폼에 20톤의 석탄을 퍼서 올릴 수 있을 만큼의 에너지를 쓴다. 이 엄청난 양의 작업을 50년, 70년, 어쩌면 90년 동안 계속한다. 어떻게 견딜 수 있을까? 하버드 의과대학의 월터 B. 캐넌 Walter B. Cannon 박사가 이를 다음과 같이 설명한다.

"사람들은 대부분 심장이 쉬지 않고 일하고 있다는 식으로 생각한다. 사실 한 번 수축한 후에는 일정한 휴식기가 있다. 분당 70회의 적당한 속도로 박동할 때 심장은 실제로 24시간 가운데 9시간 동안만 일한다. 휴식 시간을 모두 합치면 하루에 총 15시간이 된다."

2차 세계대전 중에 60대 후반에서 70대 초반이었던 윈스턴 처칠은 대영제국의 전쟁을 지휘하면서 매년 하루 16시간씩 일할 수 있었다. 경이로운 기록이다. 그의 비결은 무엇이었을까?

그는 매일 아침 11시까지 침대에 누워서 신문을 읽고, 지시를 내리고, 전화를 걸고, 중요한 회의를 진행했다. 점심을 먹고 나면 다시 한번 잠자리에 들어 한 시간 동안 잠을 잤다. 저녁이면 다시 한번 잠자리에 들어 두 시간을 자고 8시에 저녁을 먹었다. 그는 피로를 풀지 않았다. 피로를 풀 필요가 없었다. 그는 피로를 미리 방지했다. 자주 휴식을 취했기 때문에 자정을 훌쩍 넘긴 시간까지 생기 넘치고 건강하게 일할 수 있었다.

존 D. 록펠러는 2가지 놀라운 기록을 세웠다. 그는 당대에 세계적으로 전례가 없는 막대한 부를 축적했을 뿐만 아니라 98살까지 살았다. 어떻게 그럴 수 있었을까? 물론 가장 큰 이유는 장수하는 유전자를 물려받았다는 점이었다. 또 다른 이유는 매일 정오에 사무실에서 30분 동안 낮잠을 자는 습관이었다. 그는 사무실 소파에 누워 낮잠을 자곤 했는데, 미국 대통령조차도 존 D. 록펠러가 낮잠을 자는 동안에는 그와 통화를 할 수 없었다!

다니엘 W. 조셀린 Daniel W. Josselyn은 그의 훌륭한 책 《왜 피곤해지는가 Why Be Tired》에서 다음과 같이 말한다.

"휴식은 아무것도 하지 않는 것이 아니다. 휴식은 회복이다."

짧은 휴식 시간의 회복력은 매우 높아서 단 5분의 낮잠이라도 피로를 방지하는 데 도움이 된다! 야구의 거장 코니 맥은 경기를 앞둔 오후에 낮잠을 안 자면 5회쯤에 몹시 지친다고 말했다. 하지만 단 5분이라도 잠을 자면 하루에 두 경기를 치러도 피로감을 느끼지 않고 버틸 수 있었다.

내가 엘리너 루스벨트에게 백악관에 머물렀던 12년 동안 어떻게 그렇게 고된 일정을 소화할 수 있었냐고 물었을 때 그녀는 사람들을 만나거나 연설을 하기 전에 종종 의자나 작은 소파에 앉아 눈을 감고 20분 동안 휴식을 취했다고 말했다.

나는 최근 매디슨 스퀘어 가든의 분장실에서 진 오트리를 면담했다. 그는 그곳에서 열린 로데오 세계선수권대회의 인기 스타였다. 그의 분장실에 들어갔을 때 군용 간이침대가 눈에 띄었다. 진 오트리는 이렇게 말했다.

"매일 오후 공연 중간중간 저기에 누워 1시간 정도 낮잠을 잡니다. 할리우드에서 영화를 찍을 때는 큰 안락의자에서 휴식을 취하며 하루에 두세 번 10분 정도 낮잠을 자곤 하죠. 낮잠을 자고 나면 엄청나게 개운해져요."

에디슨은 자신의 어마어마한 에너지와 지구력의 원동력은 원할 때마다 잠을 자는 습관이라고 말했다.

나는 80세 생일을 바로 앞둔 헨리 포드를 면담한 적이 있다. 매우 젊고 건강해 보이는 그의 모습에 놀라서 비결이 뭐냐고 물었다. 그는 "앉을 수 있을 때 서 있지 않고 누울 수 있을 때 결코 앉아 있지 않는다"라고 답했다.

'현대 교육의 아버지'라고 일컬어지는 호러스 만 Horace Mann도 나이가 점점 들어가면서 똑같이 했다.

나는 할리우드의 한 영화감독에게 비슷한 방법을 시도해 보라고 권유했다. 그는 기적 같은 효과를 경험했노라고 털어놓았다. 이 사람은 다름 아닌 메트로-골드윈-메이어 Metro-Goldwyn-Mayer, MGM의 최고 감독으로 손꼽히는 잭 처톡 Jack Chertock이다.

몇 년 전 나를 찾아왔을 때 그는 MGM사의 단편 부문 부장이었다. 지칠 대로 지친 그는 강장제, 비타민, 약 등 모든 것을 다 먹어보았다. 어떤 것도 도움이 되지 않았다. 나는 그에게 매일 휴가를 가라고 제안했다. 어떤 방법을 제안했을까? 사무실에서 소속 작가들과 회의하는 동안 몸을 쭉 펴고 휴식을 취하는 것이었다.

2년 후 나와 다시 만났을 때 그는 이렇게 말했다.

"기적이 일어났습니다. 제 주치의가 그렇게 표현하더군요. 전에는 의자에 앉아 긴장한 채로 단편영화 아이디어를 의논하곤 했죠. 이제는 회의하는 동안 사무실 소파에 누워 있습니다. 이렇게 기분이 좋았던 적은 20년 만에 처음이에요. 하루에 일하는 시간이 2시간 더 늘었지만, 피로감을 거의 느끼지 않습니다."

어떻게 하면 여러분에게 이 방법을 적용할 수 있을까? 속기사라면 발명가 에디슨이나 영화제작자인 새뮤얼 골드윈Samuel Goldwyn처럼 사무실에서 낮잠을 잘 수 없고, 회계사라면 소파에 누워 상사와 재무제표에 대해 논의할 수 없다.

하지만 소도시에 거주하는 사람이라 점심을 먹으러 집에 다녀올 수 있다면 점심을 먹고 나서 10분 정도 낮잠을 잘 수 있다. 조지 C. 마셜George C. Marshall 장군이 그랬듯이 말이다. 그는 전시에 군대를 지휘하느라 너무 바쁘니 정오에는 꼭 쉬어야겠다고 생각했다.

만일 여러분이 50세가 넘었는데 너무 바빠서 쉴 시간이 없다는 생각이 든다면 가입할 수 있는 모든 생명보험에 당장 가입하라. 요즘에는 죽음이 한창때 느닷없이 찾아온다.

한낮에 낮잠을 잘 수 없다면 적어도 저녁을 먹기 전에 1시간 정도 누워보라. 하이볼 한 잔보다 돈이 적게 들고, 길게 보면 5,467배 더 효과적이다. 저녁 5~7시쯤에 1시간 정도 잠을 잘 수 있다면 활동 시간을 하루에 1시간 늘릴 수 있다. 어째서 그럴까? 어떻게 하면 될까? 저녁 먹기 전의 쪽잠 1시간과 밤잠 6시간을 합쳐서 7시간을 자면 8시간 내리 자는 것보다 우리 몸에 더 이롭기 때문이다.

육체노동자는 더 많이 쉴수록 더 많이 일할 수 있다. 프레더릭 테일러Frederick Taylor는 베들레헴 철강 회사Bethlehem Steel Company에서 과학 관리 엔지니어로 일하는 동안 이를 입증했다.

그는 노동자들이 매일 한 사람당 약 12.5톤의 무쇠를 화물차량에 싣고 정오쯤에 몹시 지친다는 사실에 주목했다. 그는 피로 관련 요인을 빠짐없이 과학적으로 연구한 끝에 이 사람들이 하루에 12.5톤이 아니라 47톤의 선철을 적재해야 한다고 발표했다! 그는 그들이 현재 작업량의 4배에 가깝게 일하고 지치지 않을 수 있다고 판단했다. 하지만 이를 증명해야 했다!

테일러는 슈미트라는 사람을 선택해 스톱워치에 맞춰 일해달라고 요청했다. 그는 시계를 들고 슈미트를 내려다보며 이렇게 지시했다. "이제 '무쇠'를 들고 걸으세요. 이제 앉아서 쉬세요. 이제 걸으세요. 이제 쉬세요."

무슨 일이 일어났을까? 슈미트는 매일 47톤의 무쇠를 운반한 한편 다른 사람들은 한 사람당 12.5톤 밖에 운반하지 못했다. 그리고 프레더릭 테일러가 베들레헴에 근무한 3년 동안, 슈미트는 어김없이 이 페이스를 유지했다. 슈미트가 이렇게 할 수 있었던 이유는 지치기 전에 휴식을 취했다는 데 있다. 그는 1시간 가운데 대략 26분 일하고 34분 쉬었다. 쉬는 시간이 일하는 시간보다 많았지만, 다른 사람보다 4배에 가까운 작업을 해냈다!

이것이 그저 떠도는 소문일까? 그렇지 않다. 프레더릭 윈즐로 테일러의 《과학적 관리의 원칙 Principles of Scientific Management》에서 그 기록을 직접 확인할 수 있다.

거듭 말하노니 군대에서 하는 것처럼 하라. 즉, 자주 휴식을 취하라. 피곤해지기 전에 쉬는 습관을 들이면 활동 시간을 하루에 한 시간 늘릴 수 있다.

2
피로의 원인과 대처법

놀랍고 중요한 사실 한 가지를 전하겠다. 정신노동만으로는 피곤해지지 않는다. 터무니없는 소리처럼 들릴 것이다. 하지만 몇 년 전 과학자들은 피로의 과학적 정의인 '작업 능력 저하'에 이르지 않고 인간의 뇌가 얼마나 오래 노동할 수 있는지 알아내려고 노력했다. 놀랍게도 이들은 뇌가 활동할 때는 뇌를 통과하는 혈액이 피로 징후를 전혀 보이지 않는다는 사실을 발견했다!

일용직 노동자가 일하는 동안 정맥에서 혈액을 채취하면 '피로 독소'와 피로 생성물이 정맥에 가득하다. 하지만 알베르트 아인슈타인의 뇌에서 혈액 한 방울을 채취하면 일과가 끝나도 피로 독소가 전혀 보이지 않을 것이다.

뇌에 관해서 말하자면 뇌는 "8시간이나 12시간 활동한 다음에도 시작할 때와 똑같은 질과 속도로 일할 수 있다". 뇌는 전혀 지치지 않는다. 그렇다면 여러분은 왜 피곤해지는 것일까?

정신과 의사들은 대부분의 피로가 정신적, 정서적 태도에서 비롯된다고 강조한다. 영국에서 가장 뛰어난 정신과 의사로 손꼽히는 J. A. 해드필드 J.A. Hadfield 는 그의 책 《힘의 심리학 The Psychology of Power》에서 다음과 같이 말한다.

"우리가 겪는 피로는 상당 부분 정신적 원인에 기인한다. 사실 순전히 육체적 원인에 기인한 피로는 드물다."

미국의 매우 저명한 정신과 의사 A.A. 브릴 A.A. Brill 박사는 더 구체적으로 말한다. 그는 이렇게 단언한다.

"건강 상태가 좋은 사무직 노동자의 피로는 100% 심리적 요인, 즉 정서적 요인 때문에 생긴다."

어떤 종류의 정서적 요인이 사무직 (혹은 앉아서 일하는) 노동자를 피곤하게 만들까? 기쁨일까? 만족감일까? 아니다! 천만의 말이다! 권태, 분노, 인정받지 못한다는 느낌, 허무함, 조급함, 불안, 걱정 같은 정서적 요인 때문에 앉아서 일하는 노동자들이 몹시 지치고, 감기에 잘 걸리고, 생산성이 떨어지고, 신경성 두통을 안고 집으로 향한다. 그렇다, 우리는 우리의 감정이 신체에 긴장을 유발하기 때문에 피곤해진다.

메트로폴리탄 생명보험 회사 Metropolitan Life Insurance Company 는 피로에 관한 자료에서 이 점을 지적했다. 이 대형 생명보험 회사는 다음과 같이 전한다.

"오로지 힘든 노동으로 인한 피로는 양질의 수면이나 휴식으로 대부분 치료할 수 있다. 피로의 3대 원인은 걱정, 긴장, 감정적 동요다. 육체노동이나 정신노동이 원인인 듯이 보일 때 실상 이 3가지가 원인인 경우가 많다. 긴장된 근육은 일하는 근육이라는 사실을 기억하라. 긴장을 풀어라! 중요한 임무를 위해 에너지를 절약하라."

지금, 여러분이 있는 바로 그 자리에 잠시 멈추어 자신을 점검해 보라. 이 글을 읽으면서 얼굴을 찡그리고 있지 않은가? 미간에서 긴장이 느껴지는가? 의자에 편안하게 앉아 있는가? 아니면 등이 구부정하지는 않은가? 얼굴 근육이 긴장되어 있는가? 몸 전체가 낡은 헝겊 인형처럼 흐물대거나 늘어져 있지 않다면, 바로 이 순간 여러분의 신경과 근육이 긴장하고 있다는 뜻이다. 여러분은 지금 신경성 긴장과 신경성 피로를 일으키고 있다!

정신노동을 할 때 이런 불필요한 긴장이 생기는 이유는 무엇일까? 조셀린은 다음과 같이 설명한다.

"가장 큰 걸림돌은 열심히 일하려면 노력한다는 느낌이 들어야 하고 그렇지 않으면 제대로 하지 않는 것이라는, 거의 보편적인 믿음이다."

그래서 우리는 집중할 때 얼굴을 찡그린다. 등이 구부정해진다. 노력의 동작을 취하기 위해 근육을 동원하는데, 이는 뇌의 작업에 전혀 도움이 되지 않는다.

놀랍고도 비극적인 진실을 알려주겠다. 싱가포르에서 만취한 7명의 선원처럼 흥청망청 돈을 낭비하는 건 꿈에도 상상하지 않는 수백만 명의 사람들이 자신의 에너지는 낭비하고 흥청망청 써댄다.

이런 긴장성 피로를 해결할 방법은 무엇일까? 첫째도 힘 빼기! 둘째도 힘 빼기! 셋째도 힘 빼기이다! 일을 하는 동안 휴식하는 법을 배워라!

이게 쉬운 일일까? 그렇지 않다. 십중팔구 평생 몸에 밴 습관들을 바꿔야 할 것이다. 하지만 삶에 획기적인 변화가 일어날 수 있으니 노력할 만한 가치는 있다! 윌리엄 제임스는 그의 수필 《힘 빼기의 복음The Gospel of Relaxation》에서 다음과 같이 말했다.

"미국인에게 나타나는 과도한 긴장감과 경련, 가쁜 호흡과 강렬하고 고통스러운 표정은 나쁜 습관일 뿐 그 이상도 이하도 아니다."

긴장은 습관이다. 긴장을 푸는 것도 습관이다. 그리고 나쁜 습관은 없앨 수 있고 좋은 습관은 들일 수 있다.

여러분은 어떻게 긴장을 푸는가? 마음부터 긴장을 푸는가, 아니면 신경부터 푸는가? 둘 다 아니다. 여러분은 언제나 근육부터 긴장을 푼다.

시험 삼아 한번 해보자. 시범을 보이기 위해 눈부터 시작해 보겠다. 이 단락을 끝까지 읽고 나면 몸을 젖히고, 눈을 감고, 눈을 향해 나지막이 이렇게 말한다.

"내려놓아라. 내려놓아라. 긴장하지 마라. 인상을 찡그리지 마라.

내려놓아라. 내려놓아라."

이 과정을 아주 천천히 1분 동안 되풀이하라.

몇 초쯤 지나서 눈의 근육이 이대로 따르는 걸 느끼지 못했는가? 모종의 손이 긴장을 말끔히 닦아낸 듯이 느껴지지 않았는가? 믿기 어렵겠지만 여러분은 그 1분 만에 긴장을 푸는 기술의 핵심과 비밀을 모두 체험했다. 턱, 얼굴 근육, 목, 어깨, 전신에 똑같은 과정을 반복할 수 있다.

하지만 가장 중요한 기관은 눈이다. 시카고대학교의 에드먼드 제이콥슨 박사는 심지어 눈 근육을 완전히 이완시킬 수 있다면 모든 골칫거리를 잊을 수 있다고 말했다! 신경성 긴장을 완화하는 데 눈이 중요한 이유는 눈이 신체가 소비하는 모든 신경 에너지 가운데 4분의 1을 소모하기 때문이다. 그래서 시력이 완벽하게 건강한데도 '눈의 피로'를 호소하는 사람이 많다. 그들이 눈을 긴장시키기 때문이다.

유명 소설가 비키 바움Vicki Baum은 어린 시절 만난 한 노인에게서 평생 가장 중요한 교훈을 얻었다. 그녀는 넘어지는 바람에 무릎이 찢어지고 손목을 다쳤다. 노인이 그녀를 일으켜 세웠다. 한때 서커스의 광대였던 그는 비키의 옷을 털어주며 이렇게 말했다.

"네가 다친 건 힘을 빼는 방법을 모르기 때문이란다. 낡아서 헐렁헐렁해진 양말이 되었다고 생각해야 해. 자, 내가 방법을 알려주마."

노인은 비키 바움과 다른 아이들에게 넘어지는 법, 공중제비 도는 법, 재주 넘는 법을 가르쳐주었다. 그러고는 항상 이렇게 강조했다.

"널 낡고 헐렁헐렁한 낡은 양말이라고 생각하렴. 그런 다음 힘을 빼야 해!"

짬이 날 때 거의 어디에서든 긴장을 풀 수 있다. 긴장을 풀겠다고 애쓰지 말아야 한다. 긴장을 푼다는 것은 힘을 주거나 노력하지 않는 상태다. 편안하게 힘을 빼겠다고 생각하라. 눈과 얼굴 근육에서 긴장을 푼다고 생각하면서 이렇게 되풀이해서 말하라.

"내려놓아라… 내려놓아라… 내려놓고 긴장을 풀어라."

얼굴 근육에서 몸의 중심으로 흐르는 에너지를 느껴라. 아기처럼 긴장이 없는 상태라고 생각하라.

위대한 소프라노 갈리쿠르치Galli-Curci는 그렇게 하곤 했다. 소프라노 헬렌 젭슨Helen Jepson은 갈리쿠르치가 공연 전에 의자에 앉아 모든 근육의 긴장을 풀고 실제로 아래턱이 축 처질 만큼 힘을 뺀 모습을 본 적이 있다고 말했다. 훌륭한 습관이다. 그 습관 덕분에 그녀는 지나치게 긴장하지 않고 무대에 오를 수 있었다. 게다가 피로까지 예방할 수 있었다.

다음은 긴장을 푸는 법을 배우는 데 도움이 될 5가지 제안이다.

1. 이 주제에 관한 한 최고 수작으로 손꼽히는 책을 읽어보라.

바로 데이비드 해럴드 핑크David Harold Fink 박사의 《신경성 긴장으로부터의 해방Release from Nervous Tension》이다.

2. 틈틈이 휴식을 취하라.

헐렁헐렁해진 낡은 양말처럼 몸에 힘을 빼라. 나는 일할 때 얼마나 힘을 빼야 하는지 되새길 수 있도록 낡은 밤색 양말 한 짝을 책상 위에 올려놓는다. 양말이 없다면 고양이도 좋다. 햇빛 아래서 곤히 잠든 새끼 고양이를 안아본 적이 있는가? 새끼 고양이를 안아보면 젖은 신문지처럼 양쪽으로 축 처질 것이다. 인도의 요가 수행자들조차 힘 빼기 기술을 익히고 싶으면 고양이를 관찰하라고 말한다.

나는 피곤한 고양이, 신경 쇠약에 걸린 고양이, 불면증이나 걱정, 위궤양으로 고통받는 고양이를 본 적이 없다. 고양이처럼 긴장을 푸는 법을 배우면 분명히 이런 재앙을 피할 수 있을 것이다.

3. 가능한 한 편안한 자세로 일하라.

몸의 긴장은 어깨 통증과 신경성 피로를 유발한다는 사실을 기억하라.

4. 하루에 네다섯 번 자신을 점검하고 이렇게 자문하라.

'내가 실제보다 일을 더 어렵게 만들고 있는가? 내가 지금 하는 일과 상관없는 근육을 사용하지 않는가?'

그러면 긴장을 푸는 습관을 익히는 데 도움이 될 것이다. 그리고 데이비드 해럴드 핑크 박사의 말처럼 "심리학을 가장 잘 아는 사람들에게는 십중팔구 이 습관이 있다."

5. 하루를 마무리할 때 다음과 같이 자문하면서 다시 한번 자신을 시험해 보라.

'내가 얼마나 피곤한가? 내가 피곤하다면 그것은 내가 한 정신적인 일이 아니라 그 일을 한 방식 때문일 것이다.'

다니엘 W. 조셀린은 이렇게 말한다.

"나는 하루가 끝났을 때 얼마나 피곤한지가 아니라 얼마나 피곤하지 않은지를 기준으로 성과를 측정한다. 하루를 마무리할 때 유난히 피곤하거나 신경이 예민해지면 양과 질 면에서 모두 비효율적인 하루였다는 걸 확실히 알 수 있다."

모든 사업가가 이 같은 교훈을 배운다면 '고혈압'으로 인한 사망률은 하룻밤 사이에 줄어들 것이다. 그리고 피로와 걱정으로 무너진 사람들이 요양소와 정신병원을 가득 채우지 않을 것이다.

요컨대 정신노동만으로는 피곤해지지 않는다. 우리의 감정이 신체에 긴장을 유발하기 때문에 피곤해진다. 이런 긴장성 피로를 해결하려면, 일을 하는 동안 휴식하는 법을 배워라!

3

가정주부가 피로를 멀리하고 젊음을 유지하는 방법

지난해 가을 어느 날 내 동료가 세계에서 가장 특이한 의학 강좌에 참석하기 위해 보스턴으로 향했다. 그것은 보스턴 진료소^{Boston Dispensary}에서 일주일에 한 번 열린다. 이 강의에 참석하는 환자들은 입원하기 전에 철저한 정기 건강검진을 받는다.

그런데 사실 이 강좌는 심리 치료다. 전에는 초창기 회원의 제안에 따라 '사고 통제 강좌^{Thought Control Class}'라고 일컬었던 이 강좌의 공식 명칭은 응용 심리학 강좌이지만, 강좌의 실제 목적은 걱정으로 병든 사람들을 치료하는 것이다. 그리고 이들 환자 가운데 상당수는 정서적으로 불안한 주부다.

걱정하는 사람들을 위한 그런 강좌는 어떻게 시작되었을까? 1930년 윌리엄 오슬러 경의 제자였던 조지프 H. 프랫^{Joseph H. Pratt} 박사가 관찰한 바로는, 보스턴 진료소를 찾은 외래 환자 가운데 상당수가 겉보기에는 신체적으로 전혀 문제가 없었다. 그러나 그들은 사실상 육체가 물려받은 거의 모든 증상을 보이고 있었다.

한 여성은 '관절염'에 걸려 손가락이 아프다 보니 아예 손을 쓰지 못했다. 또 다른 여성은 '위암'의 극단적인 증상으로 고통에 시달리고 있었다. 그런가 하면 요통, 두통, 만성 피로, 막연한 통증과 고통에 시달리는 여성도 있었다. 그들은 실제로 이런 고통을 느꼈다. 그러나 아주 철저하게 건강검진을 진행한 결과 그들은 신체적으로 아무런 문제가 없는 것으로 나타났다. 과거의 의사들이라면 그것이 모두 상상의 병, 마음의 병이라고 말했을 것이다.

하지만 프랫 박사는 이 환자들에게 "집으로 돌아가서 잊어버려라"라고 말해 봐야 아무 소용이 없다는 사실을 깨달았다. 그는 환자들 가운데 대부분은 아프고 싶어서 아픈 것이 아님을 알았다. 병을 잊어버리는 게 말처럼 쉽다면 그들 스스로 그렇게 할 것이다. 그렇다면 어떻게 할 수 있을까?

그는 강좌를 개설했다. 의학 세계의 회의주의자들이 등 뒤에서 일제히 의심의 목소리를 높였지만 말이다. 그리고 강좌는 기적적인 효과를 거두었다! 이 강좌가 시작된 이후 18년 동안 수천 명의 환자가 이 강좌를 통해 '완치'되었다. 환자들 가운데 일부는 수년 동안 참석하고 있다. 마치 교회에 다니듯이 착실하게 출석한다.

내 조교가 9년 넘게 한 번도 빠지지 않고 참석하는 한 여성과 이야기를 나누었다. 그녀는 처음 병원에 갔을 때 부유신장이라는 신장 질환과 심장 질환이 있다고 철석같이 믿었다. 너무 걱정하고 긴장한 나머지 이따금 눈이 침침하고 한동안 앞이 보이지 않았다. 하지만 지금은 자신감이 있고 쾌활하며 건강이 매우 좋다. 외모는 40살 정도로밖에 보이지 않지만, 한 손자를 무릎에 재우고 있었다. 그녀는 이렇게 말했다.

"예전에는 가족 문제로 걱정이 너무 많아서 차라리 죽고 싶었습니다. 하지만 이 치료 강좌에 참석하면서 걱정하는 게 쓸데없다는 걸 배웠죠. 걱정을 멈추는 법을 배웠어요. 이제 제 삶은 평온합니다."

이 강좌의 의료 자문인 로즈 힐퍼딩 Rose Hilferding 박사는 "신뢰할 수 있는 사람에게 고민을 털어놓는 것"이 걱정을 덜어주는 한 가지 좋은 방법이라고 말했다.

"우리는 이를 카타르시스라고 부르죠. 환자들이 이 강좌에 오면 마음에서 걱정이 사라질 때까지 오랫동안 고민을 말할 수 있어요. 혼자 고민하고 혼자 삭이는 것은 중증 신경성 긴장을 유발합니다. 누구든 고민을 공유해야 해요. 걱정을 공유해야 합니다. 이 세상에 기꺼이 들어주고 이해할 수 있는 누군가가 있다고 느껴야 합니다."

내 조교는 자기 고민을 털어놓으면서 속이 후련하다고 느끼는 한 여성을 직접 지켜보았다. 그녀는 집안에 걱정거리가 있었는데 처음 말문을 열었을 때는 마치 한껏 감아놓은 용수철 같았다. 그러다가 점차 이야기를 계속하면서 차분해지기 시작했다. 면담이 끝날 무렵 그녀는 오히려 웃고 있었다.

문제가 해결되었을까? 아니다. 그렇게 쉬운 문제가 아니었다. 변화를 일으킨 것은 누군가와 나눈 대화, 약간의 조언과 인간적인 공감이었다. 정말 변화를 일으킨 것은 말 한마디에 담긴 엄청난 치유의 가치였다!

정신 분석은 어느 정도 이 같은 말의 치유력에 바탕을 둔다. 프로이트 시대부터 분석가들은 환자가 말할 수 있다면, 그냥 말만 할 수 있다면 내면의 불안에서 벗어날 수 있다는 사실을 알았다. 왜 그럴까? 어쩌면 대화를 통해 문제를 더 깊이 통찰하고 더 이성적으로 생각할 수 있기 때문일 것이다. 완벽한 해답을 아는 사람은 없다. 하지만 누구나 알다시피 '뱉어내면' 또는 '가슴에 담긴 것을 시원하게 털어놓으면' 거의 곧바로 속이 후련해짐을 느낄 수 있다.

그러니 앞으로 감정적인 문제가 생기면 주변에서 이야기를 들어줄 사람을 찾아보면 어떨까? 물론 눈에 띄는 모든 사람에게 징징대면서 자신을 괴롭히라는 뜻이 아니다. 신뢰할 수 있는 사람을 정해서 약속을 잡는 것이 바람직하다. 이를테면 친척, 의사, 변호사, 목사, 성직자를 선택할 수 있다. 그런 다음 그 사람에게 이렇게 말한다.
"당신의 조언이 필요합니다. 제게 문제가 있는데 제가 그걸 말로 표현하는 동안 들어주셨으면 좋겠어요. 어쩌면 당신이 제게 조언을 주실 수 있을 겁니다. 제가 보지 못하는 각도를 보실 수도 있을 거예요. 하지만 그렇지 못하더라도 제가 이야기하는 동안 그냥 가만히 들어주시기만 해도 큰 도움이 될 겁니다."

하지만 솔직히 그런 사람이 없다고 느끼는 사람이 있다면 보스턴 진료소와는 전혀 관련이 없는 생명 구하기 연맹 Save-a-Life League을 소개하겠다. 이 연맹은 세계에서 가장 특이한 조직으로 손꼽힌다. 원래는 자살을 시도하는 사람들을 구하기 위해 결성되었다. 하지만 세월이 흐르면서 불행하고 정서적인 도움이 필요한 사람들에게 영적인 조언을 제공하는 것으로 그 범위를 확장했다.

나는 생명 구하기 연맹을 찾는 사람들과 상담하는 로나 B. 보넬 Lona B. Bonnell과 잠시 이야기를 나누었다. 그녀는 내게 이 책의 독자들로부터 편지를 받으면 기꺼이 답장하겠다고 말했다. 뉴욕시 5번가 505번지에 있는 생명 구하기 연맹에 편지를 보내면 여러분의 편지와 고민이 철저히 비밀로 유지될 것이다. 솔직히 말하면 상담할 수 있는 사람을 직접 찾아가서 이야기하는 편이 더 큰 도움이 될 것이다. 하지만 여의치 않다면 이 연맹에 편지를 써보면 어떨까?

따라서 보스턴 진료소의 강좌에서 이용하는 한 가지 주된 방법은 대화를 통해 문제를 해결하는 것이다. 하지만 이 강좌에서는 주부들이 가정에서 실천할 수 있는 몇 가지 다른 방법을 제공한다.

1. 공책이나 스크랩북에 '감동을 주는' 글을 모아라.

그 안에 개인적으로 마음에 와닿거나 기운을 북돋아 주는 시나 짧은 기도문, 명언을 붙일 수 있다. 비 내리는 오후에 기분이 가라앉을 때 어쩌면 이 책에서 우울함을 떨쳐낼 비법을 찾을 수 있을 것이다. 진료소의 많은 환자가 수년 동안 공책을 만들어왔다. 그들은 이 공책을 영혼의 '주사'라고 일컫는다.

2. 다른 사람의 단점을 너무 오랫동안 생각하지 마라!

물론 여러분의 남편에게 결점이 있다! 그가 성자였다면 그는 여러분과 결혼하지 않았을 것이다. 그렇지 않은가?

한 수강생은 잔소리가 심하고, 바가지를 긁고, 독살스러운 아내로 변해가는 자신을 발견했다. 그녀는 "남편이 죽으면 어떻게 하시겠습니까?"라는 질문을 받고 생각을 바꾸었다. 이 질문에 충격을 받은 그녀는 곧바로 자리에 앉아 남편의 모든 장점을 목록으로 작성했다. 그녀가 작성한 목록은 꽤 길었다.

앞으로 남편이 독재자처럼 보일 때 같은 방법을 시도하면 어떨까? 장점 목록을 읽고 나면 그가 바로 여러분이 만나고 싶어 할 남자임을 깨달을 것이다!

3. 이웃에 관심을 가져라!

같은 동네에서 더불어 사는 사람들에게 우호적이고 건전한 관심을 가져라. 자신이 너무 '배타적'이어서 친구가 없다고 괴로워하던 한 여성은 앞으로 만날 한 사람을 주인공으로 이야기를 만들어 보라는 제안을 받았다.

그녀는 전차 안에서 눈에 보이는 사람들을 위한 배경과 설정을 짜기 시작했다. 그들이 그때껏 어떤 삶을 살았을지 상상하려고 노력했다. 어느새 그녀는 어디를 가나 사람들에게 말을 걸고 있었다. 그리고 지금은 '고통'에서 치유되어 주변을 둘러보는 행복하고 매력적인 사람이 되었다.

4. 오늘 밤 잠자리에 들기 전에 내일 할 일의 일정표를 작성하라.

이 강좌에서 밝혀졌듯이 끝도 없이 이어지는 집안일과 처리해야 할 일로 말미암아 압박감과 괴로움을 느끼는 주부가 많았다. 해도 해도 일은 끝이 없었다. 그들은 시간에 쫓기고 있었다. 이런 조급함과 걱정을 해소하기 위해 매일 밤 다음날의 일정표를 작성해야 한다는 의견이 나왔다.

어떤 일이 일어났을까? 그들은 더 많은 일을 해냈다. 피로가 훨씬 줄었다. 자부심과 성취감을 느꼈다. 휴식과 '치장'을 위한 시간이 남았다.

5. 마지막으로 긴장과 피로를 멀리하라.

긴장을 풀어라! 긴장을 풀어라! 긴장과 피로만큼 빠른 노안의 지름길은 없다. 그 어떤 것도 사람의 생기와 외모를 그토록 심하게 망가트릴 수 없다!

내 조교가 보스턴 사고 통제 강좌에 앉아 있는 1시간 동안 진료소 소장인 폴 E. 존슨Paul E. Johnson 교수는 앞 장에서 이미 논의한 긴장을 풀기 위한 여러 규칙을 검토했다. 다른 사람들과 함께 10분간 이완 운동을 끝내고 조교는 의자에 똑바로 앉은 채 잠이 들 뻔했다! 왜 몸의 긴장을 풀라고 그토록 강조하는 것일까? 다른 의사들과 마찬가지 이 심리 치료 강좌는 사람들의 걱정을 없애려면 그들이 긴장을 풀어야 한다는 사실을 알기 때문이다!

그렇다. 주부들이여, 긴장을 풀어라! 주부에게는 한 가지 큰 장점이 있다. 원할 때 누울 수 있다. 맨바닥에도 누울 수 있다. 참 이상하게도 딱딱한 바닥이 스프링 내장 침대보다 긴장을 풀기에 더 좋다. 그것은 저항력이 더 크기 때문이며 척추에도 이롭다.

자, 그럼, 이제 집에서 할 수 있는 몇 가지 운동을 소개하겠다. 일주일 동안 시도해 보라. 그리고 여러분의 외모와 성향에 어떤 변화가 있는지 지켜보라!

  a. 피곤할 때마다 바닥에 납작하게 눕는다. 한껏 기지개를 켠다. 그러고 싶다면 뒹굴어도 좋다. 이 과정을 하루에 2번 반복한다.

  b. 눈을 감는다. 존슨 교수가 추천한 대로 이런 말을 해도 좋다.

  "태양이 머리 위로 빛나고 있다. 하늘은 푸르고 반짝인다. 자연은 평온하고 세상을 지배하고 있다. 그리고 나는 자연의 자녀로서 우주와 조화를 이루고 있다."

  혹은 기도를 하면 훨씬 더 좋다.

  c. 오븐에 고기를 넣어둔 참이라 누울 수가 없다면, 그리고 시간적 여유가 없다면 의자에 앉아서도 거의 같은 효과를 얻을 수 있다. 등받이가 직각인 딱딱한 의자가 긴장을 풀기에 가장 좋다. 이집트 좌상처럼 의자에 똑바로 앉아서 손바닥을 아래로 향한

채 손을 허벅지 위에 얹는다.

d. 이제 발가락에 천천히 힘을 준다. 그리고 힘을 뺀다. 다리 근육을 긴장시킨다. 그리고 이완한다. 목 근육까지 천천히 올라오면서 몸의 모든 근육에 이 동작을 반복한다. 그런 다음 마치 축구공처럼 머리를 마구 이리저리 돌린다. (앞 장에서와 마찬가지로) 근육에 계속 이렇게 말한다.

"내려놓아라… 내려놓아라…."

e. 느리고 안정된 호흡으로 신경을 진정시킨다. 심호흡한다. 인도 요가 수도자들의 말처럼, 리듬에 맞춰 숨 쉬는 호흡은 신경을 진정시키는 매우 효과적인 방법이다.

f. 얼굴의 주름과 미간을 떠올리며 주름을 모두 부드럽게 편다. 걱정, 다시 말해 미간과 입가에 있는 주름을 푼다. 하루에 2번씩 이렇게 하면 마사지를 따로 받을 필요가 없을지 모른다.
어쩌면 주름이 안팎으로 사라질지 모른다!

피로를 멀리하고 젊음을 유지하려면 감동적인 글을 모으고, 이웃에게 우호적인 관심을 가져라. 내일의 일정표를 오늘 밤 잠들기 전에 작성하라. 다른 사람의 단점은 너무 오래 생각하지 말고, 긴장을 멀리하라.

4

피로와 걱정을 예방하는
4가지 좋은 업무 습관

바람직한 업무 습관

1. 당면문제와 관련된 서류를 제외한 모든 서류를 책상에서 치워라.

시카고와 북서부 철도Chicago and North-western Railway 사장인 롤런드 L. 윌리엄스Roland L. Williams는 다음과 같이 말한다.

"책상에 다양한 문제에 관련된 서류가 쌓여 있다면 당면문제를 제외한 모든 서류를 책상에서 치울 때 훨씬 더 쉽고 정확하게 업무를 처리할 수 있습니다. 저는 이를 '깔끔한 집안 정리'라고 부르는데, 이것이 효율성을 향한 첫 번째 단계입니다."

워싱턴 DC의 의회 도서관Library of Congress을 방문하면 시인 알렉산더 포프Alexander Pope가 썼던 한 문장이 천장에 적혀 있다.

"질서는 천국의 첫 번째 법칙이다."

직장에서도 질서는 첫 번째 법칙이어야 한다. 하지만 이 법칙을 잘 따르고 있을까? 그렇지 않다. 일반 직장인의 책상에는 몇 주 동안 들여다보지 않은 서류들이 난장판을 이룬다. 실제로 한 뉴올리언스New Orleans 신문의 발행인은 자기 책상을 비서가 정리하다가 2년 동안 안 보이던 타자기를 발견했다고 말한 적이 있다!

답하지 않은 우편물과 보고서, 메모가 어수선하게 어질러진 책상을 보기만 해도 혼란과 긴장, 걱정이 생기기에 충분하다. 이 정도에서 그치지 않는다. '해야 할 일은 많은데 시간이 없다'라는 생각을 끊임없이 되살리면 걱정하다 못해 긴장과 피로에 시달릴 뿐만 아니라 고혈압, 심장 질환, 위궤양까지 생길 수 있다.

펜실베이니아대학교 의과 대학원의 교수인 존 H. 스토크스John H. Stokes 박사는 미국 의사협회 전국 학술대회에서 〈유기 질환의 합병증으로서의 기능성 신경증Functional Neuroses as Complications of Organic Disease〉이라는 제목의 논문을 발표했다. 이 논문에서 스토크스 박사는 '환자의 정신 상태에서 찾아야 할 것What to Look for in the Patient's State of Mind'이라는 제목 아래에 11가지 질환을 나열했다. 다음은 그 목록의 첫 번째 항목이다.

"반드시 해야만 한다는 강박감이나 의무감, 그냥 해야 하는 일들이 앞에 끝없이 펼쳐져 있는 느낌".

그런데 책상을 정리하거나 결정을 내리는 일 같은 기본적인 절차가 이처럼 높은 압박감, 반드시 해야 한다는 느낌, '해야 할 일이 앞에 끝없이 펼쳐져 있다'라는 느낌을 피하는 데 어떻게 도움이 될 수 있을까?

유명한 정신과 의사인 윌리엄 L. 새들러William L. Sadler 박사는 이 간단한 장치를 이용해 신경 쇠약을 피한 환자의 이야기를 들려준다. 이 사람은 한 시카고 대기업의 임원이었다. 새들러 박사의 진료실에 왔을 때 그는 긴장하고 초조해하며 걱정이 많았다. 자신이 나락을 향해 가고 있다는 사실을 알았지만 일을 그만둘 수가 없었다. 도움이 필요했다.

새들러 박사는 이렇게 말한다.

"이 남성이 내게 자기 사연을 이야기하는 중에 제 전화벨이 울렸습니다. 병원에서 온 전화였는데, 전 그 문제를 미루는 대신 그 자리에서 바로 결정을 내렸죠. 저는 가능하면 항상 그 자리에서 바로 문제를 해결합니다.

그 전화를 끊자마자 다시 전화벨이 울리더군요. 이번에도 긴급한 문제였기 때문에 시간을 들여 의논했습니다. 제 동료가 위독한 환자에 관해 조언을 구하러 제 진료실로 찾아왔을 때 세 번째로 상담이 중단되었죠. 동료와 이야기를 마친 다음 전 내담자를 바라보며 기다리게 해서 미안하다고 사과했습니다. 그런데 그가 이미 밝아져 있더군요. 완전히 달라진 표정이었죠."

남자는 새들러에게 다음과 같이 말했다.

"사과 안 하셔도 됩니다, 선생님! 지난 10분 동안 제게 무슨 문제가 있는지 감이 잡혔습니다. 회사로 돌아가서 업무 습관을 고쳐야겠어요. 가기 전에 선생님 책상을 좀 살펴봐도 될까요?"

새들러 박사는 책상의 서랍들을 열어 보였다. 사무용품을 제외하고는 모두 비어 있었다. 환자가 이렇게 말했다.

"끝내지 못한 업무는 어디에 보관하시나요?"

새들러는 "다 끝냈어요!"라고 답했다.

"그러면 답장하지 못한 우편물은 어디에 보관하시나요?"

"다 답장했습니다! 답장하기 전에는 편지를 내려놓지 않는 게 제 규칙이거든요. 곧바로 비서에게 답장을 받아적게 합니다."

6주가 지난 후 이 임원이 새들러 박사를 자기 집무실로 초대했다. 그는 다른 사람이 되었다. 그의 책상도 다른 책상이 되었다. 그는 책상 서랍을 열어 책상 안에 보류한 업무가 없다는 사실을 보여주었다. 이 임원은 이렇게 말했다.

"6주 전까지만 해도 전 집무실 2곳에 3개의 책상을 쓰고 있었고 내 업무에 파묻혀 있었죠. 해도 해도 일이 끊이질 않았습니다. 선생님과 이야기를 나누고 돌아와서 한 트럭분쯤 되는 보고서와 오래된 서류를 정리했죠. 이제는 한 책상에서 일하고, 떠오르는 대로 일을 해결하고, 마무리하지 않은 업무가 산더미처럼 쌓여 긴장하고 걱정하는 일은 없어요. 그런데 가장 놀라운 사실은 제가 완전히 회복되었다는 겁니다. 이제 제 건강에 더는 아무 이상이 없답니다!"

전 미국 대법원장 찰스 에번스 휴스 Charles Evans Hughes는 "사람은 과로로 죽지 않는다. 그들은 에너지 소진과 걱정으로 죽는다"라고 말했다. 그렇다. 에너지가 소진되고 일을 끝내지 못할 것 같아서 걱정하다가 죽는다.

2. 중요한 순서대로 일을 처리하라.

전국적인 규모인, 시티즈 서비스 컴퍼니 Cities Service Company의 창립자 헨리 L. 도허티 Henry L. Dougherty는 아무리 많은 연봉을 받더라도 2가지 능력을 갖추기란 거의 불가능하다고 말했다.

그 2가지 귀중한 능력이란 첫째는 생각하는 능력이고, 둘째는 중요한 순서대로 일을 처리하는 능력이다.

맨손으로 시작해 12년 만에 펩소덴트 컴퍼니의 대표 자리까지 올라간 찰스 럭먼은 연봉 10만 달러를 받았고 연봉 외에도 백만 달러를 벌었다. 이 청년은 자신의 성공 비결로 헨리 L. 도허티가 언급한 2가지 능력을 꼽았다. 찰스 럭먼은 다음과 같이 말했다.

"아주 어린 시절부터 전 새벽 5시에 일어났습니다. 다른 어느 때보다 생각을 잘할 수 있는 시간이죠. 전 이 시간에 해야 할 일을 중요한 순서대로 정리하면서 하루를 계획합니다."

미국에서 가장 성공한 보험 설계사로 손꼽히는 프랭클린 베트거는 하루를 계획하기 위해 아침 5시까지 기다리지 않는다. 그는 전날 밤에 이튿날 계획을 세운다. 일정 금액의 보험을 판매하겠다는 목표를 정한다. 만일 목표를 달성하지 못하면 그 이튿날에 그 금액을 더

하는 식으로 목표를 세운다.

내가 오랜 경험을 통해 깨달은 바로는 사람들이 항상 중요한 순서대로 일을 처리하지는 못한다. 어떤 종류의 일을 먼저 처리하겠다고 계획을 세우는 편이 일을 진행하면서 즉흥적으로 처리하는 것에 비해 더할 나위 없이 좋다.

조지 버나드 쇼가 중요한 일을 먼저 한다는 엄격한 규칙을 실천하지 않았다면 십중팔구 작가로서 실패하고 평생 은행 출납원으로 남았을지 모른다. 그는 계획한 대로 매일 5페이지씩 글을 써야 했다. 그 계획과 그것을 실행에 옮기려는 그의 집요한 결단이 그를 구원했다. 그 계획을 통해 그는 지루하고 힘들었던 9년 동안 하루 5페이지씩 글 쓰는 일을 계속할 힘을 얻었다. 비록 그 9년 동안 합해서 30달러, 그러니까 하루에 고작 1페니꼴로 벌었지만 말이다.

3. 어떤 문제에 직면했는데 결정을 내리는 데 필요한 사실들을 알고 있다면 그때 그 자리에서 바로 해결하라. 결정을 계속 미루지 마라.

내 수강생이었던 고故 H.P. 하월에 따르면, 그가 U.S. 스틸의 이사회 임원이었을 때 이사회가 사안을 질질 끄는 경우가 많았고, 여러 가지 문제를 논의했으나 결정을 내리는 일은 극히 드물었다. 그래서 어떻게 되었을까? 이사회 임원들이 저마다 보고서 뭉치를 집으로 들고 가 검토해야 했다.

결국 하월은 한 번에 1가지씩 문제를 상정해서 결정을 내리자고 이사회를 설득했다. 차일피일 미루거나 연기하는 건 허용되지 않는다. 결정을 내리려면 추가적인 사실이 필요할 수 있다. 어떤 일을 하거나 아무 일도 하지 않아야 할 수 있다. 하지만 각 문제에 결정을 내리고 나서 다음 문제로 넘어갔다.

하월은 그 결과가 놀랍고 고무적이었다고 말했다. 의사 예정표가 깨끗해졌다. 달력이 깨끗해졌다. 임원들이 제각기 보고서 뭉치를 집으로 들고 갈 필요가 없어졌다. 해결되지 않은 문제에 대한 걱정도 사라졌다.

U.S. 스틸의 이사회뿐만 아니라 우리에게도 좋은 규칙이다.

4. 조직하고, 위임하고, 감독하는 법을 배워라.

다른 사람에게 책임을 위임하는 법을 배우지 않고 모든 일을 직접 처리하겠다고 고집하다가 일찌감치 무덤에 제 발로 들어가는 직장인이 많다. 그러면 어떻게 될까? 그런 사람은 세부 사항과 혼란에 압도당한다. 조급함, 걱정, 불안, 긴장감에 사로잡힌다.

책임을 위임하는 법을 배우기란 어렵다. 나도 안다. 나도 무척 힘들었다. 더구나 엉뚱한 사람에게 권한을 위임했을 때 어떤 참사가 일어날 수 있는지 경험을 통해 배웠다. 하지만 권한을 위임하기가 어렵더라도 걱정과 긴장, 피로를 피하고 싶은 경영자라면 반드시 권한을 위임해야 한다.

사업을 크게 벌여놓고 조직하고, 위임하고, 감독하는 법을 배우지 않은 사람은 대개 50대나 60대 초반에 긴장과 걱정으로 말미암아 심장 질환을 얻는다. 구체적인 사례를 원하는가? 지역 신문의 부고란을 보라.

피로와 걱정을 예방하려면 당면문제와 무관한 모든 서류를 책상에서 치우고, 중요한 순서대로 일을 처리하라. 결정을 미루지 말고 그때 그 자리에서 바로 하라. 조직하고, 위임하고, 감독하는 법을 배워라.

◆ 5 ◆
피로, 걱정, 분노를 유발하는 권태를 몰아내는 방법

피로를 일으키는 한 가지 주된 원인은 권태다. 우리 주변에서 흔히 볼 수 있는 속기사 앨리스의 경우를 예로 들어보겠다. 어느 날 밤 앨리스는 완전히 녹초가 되어 집에 돌아왔다.

그녀는 피곤해 보였다. 실제로 피곤했다. 머리도 아프고 허리도 아팠다. 너무 지친 나머지 저녁밥을 기다리지 않고 곧바로 자고 싶었다. 그녀의 어머니가 밥 먹으라고 애원했다. 앨리스는 식탁에 앉았다.

그때 전화가 울렸다. 남자 친구였다! 댄스파티에 가자고 초대했다! 그녀의 눈이 반짝거렸다. 기운이 샘솟았다. 그녀는 서둘러 위층으로 올라가 앨리스표 파란색 드레스를 입고 새벽 3시까지 춤을 추었고, 집에 돌아왔을 때 전혀 지치지 않았다. 오히려 너무 설레서 잠을 이룰 수 없었다.

앨리스가 8시간 전에 피곤해 보이고 피곤하게 행동했을 때 정말 진심으로 피곤했을까? 물론 그랬다. 그녀는 자기의 일과 어쩌면 자기의 삶이 권태로워서 지쳐 있었을 것이다. 세상에는 앨리스 같은 사람이 수백만 명에 이른다. 여러분도 그 가운데 한 명일 수 있다.

피로 유발이 육체적 노력보다 감정적 태도에 관련이 더 많다는 것은 주지의 사실이다. 몇 년 전 조지프 E. 바맥Joseph E. Barmack 박사는 《심리학 아카이브Archives of Psychology》에 자신이 진행한 일부 실험의 보고서를 발표했다. 권태가 어떻게 피로를 유발하는지 입증하는 보고서였다.

바맥 박사는 한 집단의 학생들에게 그가 알기로 그들이 거의 관심이 없을 만한 일련의 테스트를 진행했다. 결과는 어땠을까? 학생들은 피로와 졸음, 두통과 눈의 피로를 호소하고 짜증스러워했다. 어떤 경우에는 심지어 배탈이 나기도 했다. 이 모든 것이 '상상'이었을까?

그렇지 않다. 이 학생들을 대상으로 신진대사 검사를 진행했다. 테스트 결과 어떤 사람이 권태로울 때 신체의 혈압과 산소 소비량이 실제로 감소하며 일에 흥미와 즐거움을 느끼기 시작하면 곧바로 전신의 신진대사가 회복되었다!

흥미롭고 신나는 일을 할 때는 피곤함을 거의 모른다. 예컨대 나는 최근 루이즈 호수Lake Louise 주변의 캐나다 로키산맥Canadian Rockies에서 휴가를 보냈다. 며칠 동안 코랄 크릭Corral Creek에서 송어 낚시를 하고, 나보다 키가 큰 관목림을 힘들게 헤쳐나가고, 통나무에 걸려 넘어지고, 쓰러진 나무를 넘어 다니느라 애를 먹었다.

이렇게 8시간을 보냈어도 전혀 지치지 않았다. 왜 그랬을까? 신나고 짜릿했기 때문이다. 펄펄 뛰는 송어 6마리를 잡았다는 큰 성취감을 느꼈다. 하지만 낚시가 따분했다고 생각해 보라. 내 기분이 어땠을까? 해발 2,000m가 넘는 고도에서 그렇게 고되게 움직인 끝에 녹초가 되었을 것이다.

등산처럼 진을 빼는 활동을 하더라도 고되게 움직이는 것보다는 따분함이 훨씬 더 사람을 지치게 할 수 있다. 이를테면 미니애폴리스의 농업과 기술업 저축은행 Farmers and Mechanics Savings Bank 대표인 S. H. 킹먼 S. H. Kingman은 이 말을 완벽하게 설명하는 한 사례를 전했다.

1943년 7월 캐나다 정부는 캐나다 알파인 클럽 Canadian Alpine Club 에 프린스 오브 웨일즈 레인저스 Prince of Wales Rangers 대원들의 등반 훈련을 위한 가이드를 제공해 달라고 요청했다. 킹먼은 이 대원들의 훈련을 위해 선발된 가이드 가운데 한 명이었다. 그는 42~59세인 다른 가이드들과 함께 빙하와 설원을 횡단하는 기나긴 등반의 여정에 나섰다.

도중에 밧줄에 의지해 좁고 위태위태한 틈에 발을 디디고 손으로 잡으면서 12m 높이의 깎아지른 듯한 절벽을 올라가야 했다. 그들은 마이클 피크 Michael's Peak, 바이스 프레지던트 피크 Vice-President Peak, 그리고 캐나다 로키산맥의 리틀 요호 계곡 Little Yoho Valley에 있는 이름 없는 봉우리들을 등반했다. 15시간의 등반을 마친 후 이 건장한

체격의 젊은이들은 (6주간의 고된 특공대 훈련을 막 마친 사람들이었다) 완전히 녹초가 되었다.

특공대 훈련으로 단련되지 않은 근육을 사용하는 바람에 피로가 쌓였을까? 특공대 훈련을 받아본 사람이라면 이런 터무니없는 질문에 코웃음을 칠 것이다! 그들이 지친 것은 등반이 따분했기 때문이다. 파김치가 된 나머지 식사 시간을 기다리지 못하고 잠든 사람이 많았다.

그런데 대원들보다 나이가 두세 배는 더 많았던 가이드들은 피곤하지 않았을까? 물론 피곤했다. 하지만 녹초가 되지는 않았다. 가이드들은 저녁을 먹고 늦게까지 잠들지 않고 몇 시간 동안 그날의 경험에 관해 이야기를 나누었다. 가이드들이 지치지 않은 것은, 그것이 그들의 관심사였기 때문이었다.

컬럼비아대학교의 에드워드 손다이크 Edward Thorndike 박사는 피로에 관한 실험을 진행할 때 끊임없이 젊은이들의 관심을 불러일으킴으로써 그들을 거의 일주일 동안 깨어 있게 했다. 오랜 조사 끝에 손다이크 박사는 다음과 같이 말한 것으로 알려져 있다.

"업무 능률을 떨어트리는 진짜 원인은 권태뿐이다."

정신노동을 하는 사람이라면 처리하는 업무의 양 때문에 피곤해지는 경우는 거의 없다. 처리하지 않는 일의 양 때문에 피곤해질 수 있다. 이를테면 끊임없이 여러분의 업무가 중단되었던 지난주의 어느 날을 떠올려보라. 편지의 회신을 받지 못했다. 약속이 깨졌다. 여기저기서 문제가 생겼다. 제대로 되는 일이 하나도 없었던 날 말이다. 아무 일도 완수하지 못하고 녹초가 된 채, 머리는 깨질 듯한 상태로 퇴근했을 것이다.

다음 날에는 회사에서 모든 일이 순조로웠다. 전날보다 40배나 더 많은 일을 처리했다. 그래도 여러분은 깃털처럼 가뿐하게 퇴근했다. 그런 경험이 있을 것이다. 나도 그랬다.

어떤 교훈을 얻었는가? 우리의 피로는 흔히 일이 아니라 걱정, 좌절, 분노로 인해 생긴다는 것이다.

이 장을 쓰는 동안 나는 제롬 컨Jerome Kern의 유쾌한 뮤지컬 코미디 《쇼 보트Show Boat》의 리바이벌 공연을 보러 갔다. 코튼 블로섬Cotton Blossom 호의 앤디 선장은 그의 철학적인 막간 대사에서 이렇게 말한다.

"운 좋은 사람들은 자신이 좋아하는 일을 할 수 있는 사람들이다."

그런 사람들이 운이 좋은 것은, 에너지와 행복이 더 많고 걱정과 피로는 더 적기 때문이다. 관심사가 있는 곳에 에너지가 있다. 잔소리하는 배우자와 열 블록을 걷는 것은 사랑하는 연인과 10km를 걷는 것보다 더 피곤할 수 있다.

그래서 어쨌다는 것인가? 여러분이 무엇을 할 수 있을까? 오클라호마주 털사의 한 석유 회사에서 일하는 어떤 속기사의 사례를 소개하겠다. 그녀는 매달 며칠 동안 더할 나위 없이 지루한 업무를 수행했다. 석유 임대 계약에 필요한 양식을 작성하고 수치와 통계를 입력하는 일이었다. 지루하기 짝이 없는 일을 하다 보니 자구책으로 이 일을 재미있게 만들어 보자고 마음먹었다. 어떤 방법을 썼을까?

그녀는 매일 자신과 대결을 펼쳤다. 매일 아침 자신이 작성한 서류의 장수를 세어 놓고 오후에 그 기록을 뛰어넘으려고 노력했다. 하루하루 총계를 내고 다음 날에는 그 기록을 경신하려고 노력했다. 결과는 어땠을까?

머지않아 그녀는 같은 부서의 다른 속기사들보다 서류를 더 많이 작성할 수 있었다. 그렇게 해서 무엇을 얻었을까? 칭찬이었을까? 아니다. 고맙다는 말일까? 아니다. 승진일까? 아니다. 그렇다면 무엇일까? 연봉 인상일까? 아니다.

하지만 그것은 권태가 유발하는 피로를 예방하는 데는 도움이 되었다. 정신적 자극제가 되었다. 지루한 일을 재미있게 만들기 위해 최선을 다한 덕분에 에너지와 열정이 더 샘솟았고 여가 시간에서 행복감을 훨씬 더 많이 느꼈다. 나는 이 이야기가 사실이라는 것을 알고 있다. 내가 그 여자와 결혼했으니 말이다.

다음은 자기 일이 재미있다는 듯이 연기하면 돈이 생긴다는 사실을 발견한 또 다른 속기사의 사연이다. 그녀는 예전에 일과 씨름하곤 했다. 하지만 그건 옛날 일이다. 그녀의 이름은 발리 G. 골든 Vallie G. Golden이며 일리노이주 엘름허스트의 사우스 케닐워스 애비뉴 473번지에 거주한다. 다음은 내가 편지로 받은 그녀의 이야기다.

"우리 회사에는 속기사가 4명 있는데 각자 몇 사람의 편지를 작성하는 일을 맡고 있습니다. 이따금 이런 업무가 밀릴 때가 있어요. 어느 날 한 부서장이 제게 장문의 편지를 다시 받아 적으라고 해서 제가 이의를 제기하고 나섰죠. 타자로 다시 치지 않고 편지를 수정할 수 있다는 사실을 지적하려고 했는데 상대는 내가 다시 작성하지 않겠다면 다른 사람을 찾겠다고 반박했습니다! 전 머리끝까지 화가 났어요!

하지만 그 편지를 다시 타자로 치기 시작하면서 문득 내가 지금 하는 일을 할 기회가 생기면 주저 없이 택할 사람이 많다는 생각이 들더군요. 제가 그 일을 하고 월급을 받는다는 생각도 들었죠. 그러자 기분이 좀 나아졌습니다. 저는 곧바로 비록 내 일을 몹시 싫어하더라도 마치 정말 즐기는 듯이 일하기로 마음먹었어요.

그러다 이 중요한 사실을 발견했습니다. 정말 즐기듯이 일하면 어느 정도는 즐길 수 있다는 걸 말이죠. 그리고 일을 즐길 때 업무 속도가 빨라진다는 사실도 깨달았습니다. 그래서 이제는 야근할 필요가 거의 없어요. 이렇게 태도를 바꾼 덕분에 일 잘하는 사람이라는 평판을 얻게 되었죠.

그리고 한 부서장이 개인 비서가 필요했을 때 제게 그 일을 부탁했는데, 제가 불만스러운 기색 없이 추가 업무를 기꺼이 할 수 있었기 때문이라고 말하더군요! 변화된 마음가짐의 힘이라는 이 문제가 제게 매우 중요한 발견이었습니다. 기적 같은 효과가 있었어요!"

아마 의식조차 하지 못했겠지만, 발리 G. 골든은 그 유명한 '마치' 철학을 이용하고 있었다. 윌리엄 제임스는 "'마치' 용감한 것처럼 행동하면 용감해지고, '마치' 행복한 듯이 행동하면 행복해질 수 있다"라고 조언했다.

'마치' 자기 일에 관심 있는 것처럼 행동하면 그 작은 행동이 실제로 관심을 생기게 하는 경향이 있다. 게다가 피로와 긴장, 걱정을 줄이는 데 도움이 된다.

몇 년 전, 할런 A. 하워드 Harlan A. Howard는 본인의 인생을 완전히 바꾼 결정을 내렸다. 그는 따분한 일을 재미있게 만들기로 결심했다. 그의 일은 확실히 따분했다. 다른 남자아이들이 공을 차며 놀거나 여자아이들에게 농을 거는 동안 고등학교 매점에서 설거지하거나 계산대를 닦거나 아이스크림을 퍼주는 일이었다.

할런 하워드는 자기 일이 몹시 싫었다. 하지만 계속할 수밖에 없었기에 그는 아이스크림이 어떻게 만들어지는지, 어떤 재료가 사용되는지, 왜 어떤 아이스크림이 다른 아이스크림보다 더 좋은지 등 아이스크림에 관해 공부하기로 했다. 그렇게 아이스크림의 화학을 공부한 덕분에 고등학교 화학 과목에서 뛰어난 성적을 거두었다.

식품 화학에 관심이 많았던 그는 매사추세츠 주립대학에 입학해 '식품 기술' 분야를 전공했다. 뉴욕 코코아 거래소에서 코코아와 초콜릿의 용도에 관한 최고의 논문에 상금 100달러를 내걸었을 때(대학생이라면 누구나 받을 수 있었다) 누가 이 상금을 받았을 것 같은가? 그렇다. 바로 할런 하워드다.

그는 취직하기가 어려워지자, 매사추세츠주 애머스트의 노스 플레전트 스트리트 75번지에 있는 자기 집의 지하실에 개인 실험실을 열었다. 얼마 지나지 않아 새로운 법이 통과되었다. 우유에 함유된 박테리아의 수에 관한 법이었다. 하워드는 곧 애머스트에 있는 14개 우유 회사에서 박테리아 수를 세는 일을 하게 되었고 2명의 조수를 고용해야 했다.

지금으로부터 25년이 지난 후에 그는 어디에 있을까? 글쎄, 현재 식품 화학 회사를 운영하는 사람들은 그 무렵이면 퇴직했거나 세상을 떠났을 것이다. 지금 진취적인 기상과 열정을 발산하는 젊은 친구들이 그 자리를 차지할 것이다. 25년이 지난 후에 할런 A. 하워드는 십중팔구 업계 리더로 자리매김했을 것이다.

아이스크림을 사 먹던 일부 동급생들은 실업자 신세가 되어 정부를 저주하며 기회가 없었다고 불평하고 있을지 모른다. 지루한 일을 재미있게 만들겠다고 결심하지 않았다면 할런 하워드 역시 기회를 얻지 못했을지 모른다.

몇 년 전 공장에서 선반旋盤에 서서 볼트를 돌리는 따분한 일이 지겨웠던 또 다른 청년이 있었다. 그의 이름은 샘이었다. 샘은 일을 그만두고 싶었지만, 다른 일자리를 찾을 수 없을까 봐 두려웠다. 이 따분한 일을 할 수밖에 없었던 샘은 이 일을 재미있게 만들겠다고 마음먹었다.

그래서 옆에서 기계를 조작하는 정비공과 시합을 벌였다. 두 사람 가운데 한 사람은 기계의 거친 표면을 연마해야 했고 나머지 한 사람은 볼트를 적절한 크기로 연마해야 했다. 그들은 이따금 기계를 바꿔가며 누가 더 많은 볼트를 생산하는지 지켜보곤 했다.

샘의 속도와 정확성에 깊은 인상을 받은 관리자는 곧 샘에게 더 좋은 일을 맡겼다. 그것은 연이은 승진의 시작점이었다. 30년이 흘러 이 샘, 새뮤얼 보클레인 Samuel Vauclain 은 볼드윈 로코모티브 웍스 Baldwin Locomotive Works 의 대표가 되었다. 하지만 지루한 직업을 흥미롭게 만들기로 결심하지 않았다면 그는 평생 정비공으로 남았을지도 모른다.

유명한 라디오 뉴스 분석가인 H.V. 칼텐본은 따분한 일을 어떻게 재미있게 만들었는지 내게 이야기한 적이 있다. 22세 때 그는 가축 수송선을 타고 대서양을 횡단하며 소에게 먹이를 주고 물을 먹이는 일을 했다. 영국을 자전거로 여행한 후 파리에 도착한 그는 배고팠고 가진 돈도 없었다. 그는 카메라를 전당포에 맡기고 빌린 5달러로 〈뉴욕 헤럴드 The New York Herald〉 파리판에 광고를 내서 스테레오옵티콘 stereopticon 기계를 판매하는 일자리를 구했다.

나이가 지긋한 사람이라면 눈앞에 대고 사진 2장을 한꺼번에 바라보던 구식 스테레오스코프를 기억할 것이다. 그렇게 들여다보면 기적이 일어났다. 스테레오스코프의 두 렌즈가 2장의 사진을 3차원으로 보이는 하나의 장면으로 변화시키는 것이다. 거리감이 생기고 놀라운 원근감을 느낄 수 있었다.

앞서 말했듯이 칼텐본은 파리의 가가호호를 방문하며 이 기계를 팔기 시작했다. 그런데 그는 프랑스어를 할 줄 몰랐다. 그런데도 첫해에 수수료로 5,000달러를 벌었고 같은 해 프랑스에서 최고 연봉을 기록한 사람으로 손꼽혔다.

칼텐본은 이 경험이 하버드에서 1년간 공부한 것만큼이나 성공에 필요한 자질을 키우는 데 큰 도움이 되었다고 말했다. 자신감을 얻었을까? 그는 내게 그 경험을 한 다음에는 프랑스 주부들에게 〈의회의사록Congressional Record〉을 팔 수도 있을 것 같았다고 말했다.

그 경험을 통해 프랑스인의 삶을 깊이 이해할 수 있었고 이는 훗날 라디오에서 유럽 행사를 통역할 때 값으로 헤아릴 수 없는 재산이 되었다.

프랑스어도 못하던 그가 어떻게 전문 영업사원이 될 수 있었을까? 그는 고용주에게 완벽한 프랑스어로 판매 홍보문을 써달라고 부탁해서 암기했다. 그가 초인종을 누르고 안주인이 문을 열어주면 칼텐본은 너무 엉망이어서 우스꽝스러운 억양으로 암기한 판매 홍보문을 앵무새처럼 반복했다.

그는 안주인에게 자신의 사진을 보여주었고 그녀가 질문을 하면 어깨를 으쓱하며 "미국인… 미국인… 미국인"이라고 말하곤 했다.

그런 다음 그는 모자를 벗어 모자에 붙여둔 완벽한 프랑스어의 판매 홍보문 사본을 가리키곤 했다. 안주인은 웃었고 그도 웃었으며 그러고는 더 많은 사진을 보여주곤 했다.

내게 이 이야기를 할 때 칼텐본은 그 일이 절대 쉽지 않았다고 고백하면서 자신을 버티게 한 특성이 있다고 덧붙였다. 바로 그 일을 재미있게 하겠다는 결심이었다. 그는 매일 아침 일을 시작하기 전 거울을 보며 자신에게 하는 응원의 말을 되뇌었다.

'칼텐본, 입에 풀칠하고 싶으면 이 일을 해야 해. 이왕 해야 하는 일이라면 즐겁게 하면 어떨까? 초인종을 누를 때마다 내가 조명을 받고 무대에 선 배우이고 관객이 나를 지켜보고 있다고 상상하면 어떨까? 어쨌든 네가 하는 일은 무대 위에서 일어나는 무언가만큼 재미있잖아. 그러니 열의와 열정을 쏟아보는 건 어떨까?'

칼텐본의 말에 따르면 매일 자신에게 하는 이런 응원의 말이 한때 싫어하고 두려워했던 일을 스스로 좋아하고 높은 수익을 창출하는 모험으로 바꾸는 데 도움이 되었다.

성공을 열망하는 미국의 젊은이들에게 전할 조언이 있냐고 내가 칼텐본에게 물었더니 그는 이렇게 답했다.

"있습니다. 매일 아침 자신과 한판 붙으세요. 우리는 가수면 상태에서 우리를 깨워주는 신체 운동의 중요성에 관해 이야기를 많이 합니다. 이런 상태로 돌아다니는 사람이 많죠. 하지만 우리에게 더욱 절실하게 필요한 건 매일 아침 우리를 행동하도록 자극하는 영적,

정신적 운동입니다. 매일 자신에게 응원의 말을 건네세요."

매일 자신에게 응원의 말을 건네는 것이 바보 같고, 얄팍하고, 유치한 일일까? 그렇지 않다. 오히려 그것은 건전한 심리학의 본질이다.

"우리의 삶은 우리가 생각하는 대로 만들어진다."

이 말은 1,800년 전에 마르쿠스 아우렐리우스가 그의 《명상록 Meditations》에 처음 썼을 때와 똑같이 오늘날에도 여전히 유효하다.

하루에 매시간 자신과 대화를 나눔으로써 용기와 행복, 힘과 평화에 대해 생각하는 방향으로 자신을 이끌 수 있다. 감사해야 할 일들에 대해 스스로 되뇌면서 하늘 높이 날아오르고 노래를 부르는 생각으로 마음을 채울 수 있다.

적절한 생각을 떠올리면 어떤 일이든 간에 싫다는 마음이 줄어든다. 여러분의 상사는 여러분이 업무에 관심을 가지기를 원한다. 그래야만 그가 돈을 더 많이 벌 수 있다. 하지만 상사가 무엇을 원하는지는 잊어버려라. 내 업무에 관심을 가짐으로써 내가 얻을 수 있는 이득만 생각하라.

깨어 있는 시간의 절반 정도를 직장에서 보내고, 일에서 행복을 찾지 못하면 그 어디에서도 행복을 찾지 못할 수도 있다는 사실을 되새겨라. 일에 관심을 가지면 걱정에서 벗어날 수 있고 장기적으로는 승진하고 연봉이 인상될 수 있다는 사실을 계속 되새겨라. 설령 그렇게 되지 않더라도 피로를 최소화하고 여가 시간을 즐기는 데 도움이 될 것이다.

권태를 몰아내려면 '마치' 자기 일에 관심 있는 것처럼 행동하라. 그 작은 행동이 실제로 관심을 생기게 하는 경향이 있다. 게다가 피로와 긴장, 걱정을 줄이는 데 도움이 된다.

6

불면증에 대해
걱정하지 않는 방법

잠을 잘 못 자면 걱정이 되는가? 그렇다면 유명한 국제 변호사 새뮤얼 언터마이어Samuel Untermyer도 평생 제대로 잠을 못 잤다는 사실에 흥미가 생길지 모르겠다.

대학에 진학할 무렵 언터마이어는 2가지 질환이 있어서 걱정스러웠다. 바로 천식과 불면증이었다. 어느 것 하나 치료하지 못했던 그는 차선책으로 깨어 있는 시간을 활용하기로 마음먹었다. 뒤척거리며 걱정하다가 신경 쇠약에 걸리는 대신 일어나서 공부를 하기로 했다. 결과는 어땠을까? 그는 모든 수업에서 우등을 차지하기 시작했고, 결국 뉴욕시립대학College of the City of New York의 천재로 손꼽히게 되었다.

변호사로 일하기 시작한 후에도 불면증은 계속되었다. 하지만 언터마이어는 걱정하지 않았다. '자연이 나를 돌봐줄 것'이라고 생각했기 때문이다. 실제로 그랬다. 잠자는 시간이 부족했음에도 건강을 유지하고 뉴욕 변호사회의 다른 어떤 젊은 변호사에 못지않게 열심히 일할 수 있었다. 오히려 더 열심히 일할 수 있었다. 그들이 잠자는 동안에도 일했으니 말이다!

언터마이어는 21세의 나이에 연봉이 7만 5천 달러에 이르렀고 다른 젊은 변호사들이 그의 비법을 배우기 위해 법정으로 몰려왔다. 1931년 그는 한 사건을 처리한 대가로 역대 최고의 변호사 수임료인 100만 달러를 현금으로 받았다.

그래도 불면증은 사라지지 않았다. 밤을 반쯤은 새다가 새벽 5시에 일어나서 편지를 대필시켰다. 대다수 사람이 이제 막 일을 시작할 때 그의 일과는 절반쯤 마무리되곤 했다. 그는 80살에 세상을 떠났다. 밤잠을 제대로 잔 적이 거의 없는 사람이 말이다. 만일 그가 불면증 때문에 초조해하고 걱정했다면 십중팔구 자기 인생을 파멸로 몰아갔을 것이다.

우리는 인생의 3분의 1을 잠을 자면서 보내지만 잠이 진정으로 무엇인지는 아무도 모른다. 우리는 잠이 습관이자 근심의 해진 옷소매를 풀어주는(셰익스피어의 《맥베스》에 나오는 대사 – 옮긴이) 휴식 상태라는 것을 알고 있지만, 개개인에게 필요한 수면 시간이 얼마나 되는지는 모른다. 심지어 우리가 잠을 자야 하는지도 모른다!

환상적이지 않은가? 1차 세계대전 당시 헝가리 군인 폴 컨Paul Kern은 뇌의 전두엽에 총을 맞았다. 그는 상처에서 회복했으나 신기하게

도 잠을 자지 못했다. 의사들이 어떻게 해도, 온갖 진정제와 마약, 심지어 최면술까지 써보았지만, 폴 컨은 잠을 자지 못했고 심지어 졸리지도 않았다.

의사들은 그가 오래 살지 못할 거라고 말했다. 하지만 그들의 예상은 보기 좋게 빗나갔다. 그는 직장을 얻었고 수년 동안 더할 나위 없이 건강한 상태로 살았다. 그는 자리에 누워서 눈을 감고 휴식을 취했지만 잠은 전혀 자지 못했다. 그의 사례는 잠에 대한 우리의 여러 가지 믿음을 뒤엎은 의학적 미스터리였다.

어떤 사람은 다른 사람보다 훨씬 더 많이 자야 한다. 토스카니니Toscanini는 하루에 5시간만 자면 되지만 캘빈 쿨리지Calvin Coolidge는 그보다 2배 이상 잠을 자야 했다. 쿨리지는 24시간 중에서 11시간 동안 잠을 잤다. 다시 말해, 토스카니니는 인생에서 대략 5분의 1을 잠으로 보낸 한편 쿨리지는 인생의 거의 절반을 잠으로 보냈다.

불면증에 대한 걱정이 불면증보다 훨씬 더 해롭다. 예컨대 뉴저지 주 리지필드 파크의 오버펙 애비뉴 173번지에 사는 내 수강생 아이라 샌드너Ira Sandner는 만성 불면증으로 자살할 뻔했다.

아이라 샌드너는 다음과 같이 말했다.

"사실 이러다가 미쳐버리는 게 아닐까 하고 생각했어요. 처음에는 제가 너무 일찍 깊이 잠드는 게 문제였습니다. 알람 시계가 울려도 일어나지 않았고, 그러니 직장에 지각하게 되었죠. 그게 걱정이었어요. 실제로 상사에게 지각하지 말라는 경고도 받았습니다. 계속 늦잠을 자다가는 해고당할 판이었어요.

친구들에게 이 이야기를 했더니 한 친구가 잠들기 전에 알람 시계에 집중해 보라고 제안하더군요. 그게 불면증의 시작이었습니다! 알람 시계를 울려대는 똑딱똑딱 소리가 강박관념이 돼버린 거죠. 전 계속 잠들지 못하고 밤새도록 뒤척이게 되었어요! 아침이 되었을 때 거의 병이 날 지경이었습니다. 피로와 걱정 때문에 몸이 아팠어요.

이런 일이 8주 동안 계속되었죠. 제가 얼마나 괴로웠는지 이루 말로 표현할 수 없어요. 이러다가는 기어코 미쳐버릴 거라는 확신이 들었습니다. 이따금 한 번에 몇 시간씩 서성거리기도 했어요. 솔직히 창문 밖으로 뛰어내려 모든 걸 끝내 버릴 생각도 했죠!

결국 평생 알고 지내던 의사 선생님을 찾아갔습니다. 선생님이 이렇게 말했죠.

'아이라, 내가 당신을 도울 수는 없어요. 당신이 이 일을 자초했기 때문에 아무도 당신을 도울 수 없습니다. 밤이 되면 잠자리에 드세요. 그런데 잠이 들지 않으면 그냥 잊어버리세요. 이렇게 생각하세요. 잠을 못 자도 상관없다. 아침까지 깨어 있어도 괜찮다. 눈을 감고 이렇게 말해보세요. 그냥 가만히 누워서 걱정하지 않는다면 어쨌든 휴식을 취하는 거다.'"

샌드너는 이렇게 말했다.

"그렇게 했더니 2주 만에 잠이 들더군요. 한 달도 채 되지 않아서

7장 피로와 걱정을 방지하고 높은 에너지와 활력을 유지하는 6가지 방법

8시간 동안 잠을 잘 수 있었고 불안하던 마음도 정상으로 돌아왔습니다."

아이라 샌드너를 죽도록 괴롭힌 것은 불면증이 아니라 불면증에 대한 그의 걱정이었다.

시카고대학교 교수인 너새니얼 클라이트먼 Nathaniel Kleitman 박사는 지금껏 잠을 가장 많이 연구한 사람이다. 수면 분야의 세계적인 전문가인 그는 불면증으로 목숨을 잃은 사람을 본 적이 없다고 단언한다. 물론 불면증으로 걱정하다가 생기를 잃고 감염에 취약해질 수 있다. 하지만 그런 해를 입히는 것은 불면증 자체가 아니라 걱정이었다.

클라이트먼 박사는 또한 불면증을 걱정하는 사람은 대개 생각보다 잠을 더 많이 잔다고 덧붙인다. "어젯밤에 한숨도 못 잤다"라고 장담하는 사람도 자신도 모르게 몇 시간 동안 잠이 들었을 수 있다.

예컨대 19세기의 가장 심오한 사상가로 손꼽히는 허버트 스펜서 Herbert Spencer는 노총각 시절 하숙집에서 살았는데 그가 자기의 불면증에 관해 이야기하면 모든 사람이 지루해했다. 그는 소음을 차단하고 불안한 마음을 진정시키기 위해 귀에다 '충전재'를 끼우기도 했다. 이따금 아편을 복용해 수면을 유도하기도 했다.

어느 날 밤 그는 옥스퍼드의 세이스 Sayce 교수와 호텔에서 같은 방을 썼다. 다음 날 아침 스펜서는 밤새 한숨도 못 잤다고 단호하게 말했다. 실제로 한숨도 못 잔 사람은 세이스 교수였다. 세이스 교수는 스펜서가 코 고는 소리에 밤새 잠을 이루지 못했다.

숙면을 위한 첫 번째 조건은 안정감이다. 우리 자신보다 더 큰 힘이 아침까지 우리를 돌봐줄 것이라는 믿음이 있어야 한다. 그레이트 웨스트 라이딩 정신병원Great West Riding Asylum의 토마스 하이슬롭Thomas Hyslop 박사는 영국 의사협회 연설에서 이 점을 강조했다. 그는 이렇게 말했다.

"수년간 진료를 하면서 얻은 경험상 최고의 수면제로 꼽을 만한 건 바로 기도입니다. 순전히 의료인으로서 하는 말입니다. 습관적으로 기도를 하는 사람들에게 기도는 마음을 달래고 불안을 진정시키는 가장 적절하고 정상적인 수단일 겁니다."

"하나님에게 맡기고 내려놓아라."

저넷 맥도날드Jeanette MacDonald는 우울하고 걱정이 많아서 잠을 이루지 못할 때면 시편 23편을 반복함으로써 항상 '안정감'을 얻을 수 있었다고 말했다.

"여호와는 나의 목자시니 내게 부족함이 없으리로다. 그가 나를 푸른 풀밭으로 누이시며 쉴 만한 물가로 인도하시는도다."

그러나 여러분이 종교적인 사람이 아니고 사서 고생을 해야 한다면 육체적인 방법으로 긴장을 푸는 법을 배워라. 《신경성 긴장으로부터의 해방》을 쓴 데이비드 해럴드 핑크 박사는 이를 위한 가장 좋은 방법으로 몸과 대화하는 것을 꼽았다. 핑크 박사에 따르면 모든 종류의 최면에서 핵심은 말이며, 계속 잠을 잘 수 없었던 것은 불면증에 걸린 자신에게 계속 말을 걸었기 때문이다. 이를 되돌릴 방법은 스스로 최면을 거는 것이고 몸의 근육에 말을 거는 방법으로 최면을 걸 수 있다.

"내려놓아라, 내려놓아라, 긴장을 풀고 이완하라."

우리는 이미 근육이 긴장된 상태에서는 마음과 신경이 이완될 수 없다는 사실을 배웠다. 그러니 잠을 자고 싶다면 근육에서 시작해야 한다. 핑크 박사는 무릎 아래에 베개를 괴고 다리의 긴장을 풀고 이와 마찬가지로 팔 아래에 작은 베개를 괼 것을 권장하는데 실제로 해보면 효과가 있다. 그런 다음 턱, 눈, 팔, 다리에 긴장을 풀라고 말을 걸면 무슨 일이 일어났는지 미처 깨닫기도 전에 마침내 잠이 든다. 나도 시도해 보았고 그래서 안다.

잠자기가 어렵다면 앞서 언급한 핑크 박사의 책《신경성 긴장으로부터의 해방》을 읽어보라. 내가 아는 한 이것은 불면증에 대한 생생한 읽을거리와 불면증 치료법을 모두 담고 있는 유일한 책이다.

불면증에 매우 좋은 한 가지 치료법은 정원 가꾸기, 수영, 테니스, 골프, 스키를 하거나 아니면 그냥 몸을 힘들게 함으로써 물리적으로 피곤하게 만드는 것이다. 시어도어 드라이저처럼 말이다. 젊은 작가로서 생활고에 시달릴 때 그는 불면증으로 걱정이 많았다. 그래서 뉴욕 중앙 철도의 보선 작업원으로 취직했다. 온종일 대못을 박고 운전

하고 자갈을 삽으로 옮기다 보면 너무 지친 나머지 밥도 못 먹고 곯
아떨어졌다.

인간이 너무 피곤하면 걷는 중에도 잠을 잘 수 있다는 게 자연의
이치다. 예를 들어 내가 13살일 때 아버지는 미주리주 세인트 조에
통통한 돼지를 한 트럭 가득 실어 보냈다. 아버지가 공짜 기차표를
2장 구하셨기 때문에 나를 데리고 갔다.

그때껏 나는 인구가 4,000명이 넘는 마을에 가본 적이 없었다. 인
구 6만 명의 도시인 세인트 조에 도착했을 때 나는 설레는 마음에
한껏 들떴다. 6층 높이의 고층 빌딩이 보였고, 무엇보다 신기한 것은
시가 전차였다. 지금도 눈을 감으면 그 시가 전차의 모습이 보이고
소리가 들린다.

내 인생에서 가장 짜릿하고 신나는 하루를 보낸 후 아버지와 함께
기차를 타고 미주리주 레이븐우드로 돌아갔다. 새벽 2시에 도착한
그곳에서 우리는 6km를 걸어서 농장으로 돌아와야 했다. 이야기의
요점은 이것이다. 나는 너무 지쳐서 걷는 도중에 잠을 자고 꿈까지
꾸었다. 이따금 말을 타면서 잠을 잔 적도 있었다. 그리고 나는 살아
남아서 이 이야기를 하고 있다!

인간이 완전히 녹초가 되면 천둥과 공포, 전쟁의 위험 속에서도 잠
을 잘 수 있다. 유명한 신경과 의사인 포스터 케네디 Foster Kennedy 박
사는 1918년 영국 제5군단이 후퇴할 때 너무 지친 나머지 땅바닥에
쓰러져 혼수상태에 빠진 듯이 깊이 잠들어 있는 병사들을 보았다고

말한다. 박사가 손가락으로 눈꺼풀을 뒤집어도 그들은 깨어나지 않았다. 그럴 때마다 그들의 눈동자는 위로 올라가 보이지 않았다. 케네디 박사는 이렇게 말했다.

"그 후로 나는 잠이 잘 오지 않을 때면 안구를 이 위치로 굴려서 쳐올리는 연습을 하곤 했어요. 그러면 몇 초도 지나지 않아 하품이 나고 졸음이 오곤 했죠. 그건 제가 통제할 수 없는 자동적인 반사 작용이었습니다."

잠자기를 거부하는 방법으로 자살한 사람은 지금껏 없었고 앞으로도 없을 것이다. 인간이 모든 의지를 총동원해도 잠을 잘 수밖에 없는 게 자연의 이치다. 자연의 이치에 따르면 물과 음식이 없을 때보다 잠을 못 자는 게 더 견디기 힘들다.

자살 얘기가 나와서 말인데 헨리 C. 링크 박사가 그의 책 《인간의 재발견 Rediscovery of Man》에서 설명한 사례가 떠오른다. 링크 박사는 더 사이콜로지컬 코퍼레이션 The Psychological Corporation의 부사장으로서 걱정과 우울증을 겪는 많은 사람을 면담한다. "두려움과 걱정을 극복하기"라는 장에서 그는 자살하고 싶어 했던 한 환자에 관해 이야기한다. 말려봐야 문제가 더 나빠질 뿐임을 알았던 박사는 이 환자에게 이렇게 말했다.

"어차피 자살할 거라면 적어도 영웅적인 방식으로 자살하면 어떨까? 죽을 때까지 동네를 뛰어보라."

그는 그렇게 해보았다. 한 번만이 아니라 여러 번 시도했다. 그럴 때마다 근육까지는 아니더라도 정신적으로 기분이 나아졌다. 사흘째 되던 날 밤, 그는 링크 박사가 처음에 의도했던 목적을 달성했다. 육체적으로 너무 피곤해져서, 그리고 편안해져서 세상모르고 잠을 잤다. 이후 그는 운동 동아리에 가입해서 경쟁 스포츠에 출전하기 시작했다. 곧 그는 기분이 매우 좋아졌고 그래서 영원히 살고 싶어졌다!

그래서 불면증을 걱정하지 않기 위한 5가지 규칙을 소개하겠다.

1. 잠이 오지 않으면 사무엘 언터마이어처럼 하라. 졸음이 올 때까지 일어나서 일을 하거나 책을 읽어라.
2. 잠이 부족해서 사망한 사람은 없다는 사실을 기억하라. 불면증을 걱정하는 것이 대개 불면증보다 훨씬 더 해롭다.
3. 기도를 하거나 저넷 맥도널드처럼 시편 23편을 반복하라.
4. 몸의 긴장을 풀어라. 《신경성 긴장으로부터의 해방》이라는 책을 읽어라.
5. 운동하라. 깨어 있을 수 없을 정도로 자신을 육체적으로 피곤하게 만들어라.

7장 키포인트

피로와 걱정을 방지하고 높은 에너지와 활력을 유지하는 6가지 방법

규칙 1 : 피곤해지기 전에 쉬어라.

규칙 2 : 직장에서 긴장을 푸는 법을 배워라.

규칙 3 : 주부라면 집에서 긴장을 푸는 방법으로 건강과 외모를 지켜라.

규칙 4 : 다음과 같은 4가지 바람직한 습관을 적용하라.

   a. 당면과제와 관련된 서류를 제외하고 모든 서류를 책상에서 치워라.

   b. 중요한 일부터 순서대로 처리하라.

   c. 문제에 직면했을 때 결정을 내리는 데 필요한 사실을 알고 있다면 그 자리에서 해결하라.

   d. 조직하고, 위임하고, 감독하는 법을 배워라.

규칙 5 : 걱정과 피로를 방지하기 위해 일에 열정을 불어넣어라.

규칙 6 : 잠이 부족해서 죽은 사람은 없다는 사실을 기억하라. 해로운 것은 불면증이 아니라 불면증에 관한 걱정이다.

8장

행복을 느끼고 성공할 수 있는 일을 찾는 방법

그들은 자신이 무엇을 하고 싶은지 모릅니다.
자신의 미래 전체가 좌지우지되는 직업, 그러니까 미래의 행복과
마음의 평화에 토대가 되는 직업을 선택하는 것보다
몇 년이 지나면 낡아버릴 옷 한 벌을 사는 일에
생각을 더 많이 한다는 건 정말 끔찍한 일입니다!

1

일생일대의 중요한 결정

이 장은 아직 하고 싶은 일을 찾지 못한 젊은이들을 위한 글이다. 이 범주에 속하는 사람이라면 이 장을 읽는 것이 남은 인생에 큰 영향을 미칠 수 있다.

여러분이 아직 18세가 되지 않았다면 곧 인생에서 가장 중요한 2가지 결정을 내려야 할 때가 올 것이다. 인생의 모든 일상을 크게 바꿀 수 있는 결정, 즉 행복, 수입, 건강에 지대한 영향을 미칠 수 있는 결정을 내려야 할 때가 올 것이다. 이 2가지 엄청난 결정이란 무엇일까?

1. 어떻게 생계를 꾸릴 것인가? 농부, 집배원, 화학자, 산림 관리원, 속기사, 말 장수, 대학교수가 되겠는가? 아니면 햄버거 가게를 운영할 것인가?
2. 어떤 사람을 배우자로 선택할 것인가?

이 2가지 중대한 결정은 종종 도박이다. 해리 에머슨 포스딕^{Harry} $^{Emerson\ Fosdick}$은 그의 저서 《꿰뚫어 보는 힘$^{The\ Power\ to\ See\ It\ Through}$》에서 다음과 같이 말했다.

"직업을 선택할 때 모든 소년은 도박꾼이 된다. 그 일에 인생을 걸어야 하기 때문이다."

직업을 선택할 때 어떻게 하면 도박을 줄일 수 있을까? 계속 읽어보라. 우리가 최선을 다해 알려주겠다. 우선, 가능하면 자기가 좋아하는 일을 찾기 위해 노력하라.

한번은 타이어 제조업체인 B.F. 굿리치 컴퍼니$^{B.F.\ Goodrich\ Company}$의 이사회 의장인 데이비드 M. 굿리치$^{David\ M.\ Goodrich}$에게 사업에서 성공하기 위한 첫 번째 요건이 무엇인지 물어본 적이 있다. 굿리치는 이렇게 대답했다.

"일을 즐겁게 하는 겁니다. 자기가 하는 일을 즐긴다면 오랜 시간 일해도 전혀 일처럼 느껴지지 않을 겁니다. 놀이 같을 거예요."

에디슨^{Edison}이 그 좋은 예다. 학교 교육을 받지 않은 신문팔이 소년은 자라서 미국의 산업계를 변화시킨다. 에디슨은 실험실에서 먹고 자며 하루 18시간 동안 힘들게 일했다. 하지만 그에게 그것은 고된 일이 아니었다. 그는 씩씩하게 말했다.

"평생 단 하루도 일하지 않은 적이 없어요. 모든 게 즐거웠죠."

그가 성공한 것은 당연하다! 찰스 슈와브$^{Charles\ Schwab}$도 상당히 비슷한 말을 했다. 그는 이렇게 말했다.

"무한한 열정이 있다면 어떤 일에든 거의 성공할 수 있다."

하지만 자신이 무엇을 하고 싶은지 전혀 모른다면 어떻게 일에 열정을 가질 수 있을까? 한때 듀폰 컴퍼니 Dupont Company에서 수천 명의 직원을 고용했고 지금은 아메리칸 홈 프로덕츠 컴퍼니 American Home Products Company의 노무관리 담당 부책임자로 일하는 에드나 커 Edna Kerr는 다음과 같이 말한다.

"내가 아는 가장 큰 비극은 자신이 진정으로 하고 싶은 일을 발견하지 못하는 젊은이가 무척 많다는 겁니다. 월급 외에 아무것도 얻지 못하는 사람만큼 불쌍한 사람은 없다고 생각해요."

커는 대학을 졸업한 사람들조차 자신을 찾아와 이렇게 말한다고 한다.

"저는 다트머스에서 학사 학위(또는 코넬에서 석사 학위)를 받았습니다. 제가 귀사를 위해 할 수 있는 일이 있을까요?"

그들은 자신이 무엇을 할 수 있는지, 심지어 무엇을 하고 싶은지도 모른다. 뛰어난 지성과 장밋빛 꿈을 가지고 인생을 시작한 많은 젊은이가 40세가 되면 완전히 좌절하고 심지어 신경 쇠약에 걸리다니 놀랍지 않은가?

사실 자신에게 맞는 직업을 찾는 것은 건강을 위해서도 중요하다. 존스 홉킨스대학교의 레이몬드 펄 Raymond Pearl 박사는 몇몇 보험회사와 협력해 장수의 요인을 찾기 위한 연구를 진행하면서 '적절한 직업'을 최우선 순위로 꼽았다. 그가 토머스 칼라일 Thomas Carlyle을

8장 행복을 느끼고 성공할 수 있는 일을 찾는 방법 407

만났다면 그와 함께 이렇게 말했을지 모른다.

"자기의 일을 찾은 사람은 복이 있으니, 다른 복을 구하지 말게 하소서."

나는 최근 소코니 배큠 석유회사 Socony-Vacuum Oil Company의 고용감독관인 폴 W. 보인턴 Paul W. Boynton과 저녁 시간을 보냈다. 지난 20년 동안, 그는 일자리를 찾는 7만 5,000명 이상의 구직자를 면담했으며, 《취업에 성공하는 6가지 방법 6 Ways to Get a Job》이라는 책을 썼다. 오늘날 젊은이들이 일자리를 구할 때 저지르는 가장 큰 실수는 무엇인지 그에게 물었다. 그는 다음과 같이 대답했다.

"그들은 자신이 무엇을 하고 싶은지 모릅니다. 자신의 미래 전체가 좌지우지되는 직업, 그러니까 미래의 행복과 마음의 평화에 토대가 되는 직업을 선택하는 것보다 몇 년이 지나면 낡아버릴 옷 한 벌을 사는 일에 생각을 더 많이 한다는 건 정말 끔찍한 일입니다!"

그래서 어쩌란 말인가? 무엇을 할 수 있을까? 직업 지도라고 일컫는 새로운 직업을 활용할 수 있다. 여러분이 조언을 구하는 상담사의 능력과 성격에 따라 여러분에게 이롭거나 해로울 수 있다. 이 새로운 직업은 아직 완성되지 않았다. 초기 단계에도 도달하지 못했다. 하지만 원대한 미래가 있다. 이 과학을 어떻게 활용할 수 있을까? 지역사회에서 직업 검사와 상담을 받을 수 있는 곳을 찾아보면 된다.

이런 조언은 그저 제안일 뿐이다. 결정은 여러분이 내려야 한다.

이 상담사들이 절대 완벽한 존재가 아님을 기억하라. 상담사들 사이의 의견도 다르기 마련이다. 때로는 말도 안 되는 실수를 저지르기도 한다.

예를 들어, 어떤 직업 지도 상담사는 자신의 수강생에게 어휘력이 풍부하다는 이유만으로 작가가 되라고 조언한 적이 있다. 정말 터무니없는 말이다! 글쓰기는 그렇게 간단하지 않다. 좋은 글이란 자기의 생각과 감정을 독자에게 전달하는 글이며, 그러기 위해서는 풍부한 어휘력보다는 발상, 경험, 신념, 예시, 열정이 있어야 한다. 어휘력이 풍부한 이 소녀에게 작가가 되라고 조언한 직업 상담사는 단 1가지 일을 해내는 데 성공했다. 행복한 속기사를 좌절한 소설가 지망생으로 바꿔놓았다.

내가 전하려는 요점은 우리 같은 직업 지도 전문가도 실수를 저지른다는 사실이다. 여러 전문가와 상담한 다음, 상식에 비추어 그 결과를 해석하는 편이 바람직하다.

걱정을 다룬 책에 이런 장을 넣은 것을 이상하게 여길 수 있을 것이다. 하지만 우리가 싫어하는 일로 말미암아 우리가 얼마나 많이 걱정하고, 후회하고, 좌절하는지 이해한다면 전혀 이상하지 않을 것이다.

아버지나 이웃, 상사에게 물어보라. 다름 아닌 존 스튜어트 밀John Stuart Mill 같은 위대한 지성인은 직장 부적응자가 '사회의 큰 손실'이라고 단언했다. 그렇다. 이 지구상에서 매우 불행한 사람들 가운데 자신의 일상 업무를 싫어하는 '직장 부적응자'도 있다!

군대에서 '무너지는' 부류의 사람들을 아는가? 이들은 자신의 자리를 찾지 못한 사람들이다! 전투에서 발생한 사상자가 아니라 일반 복무 중에 '무너진' 사람들이다. 현존하는 최고의 정신과 의사로 손꼽히는 윌리엄 메닝어 William Menninger 박사는 전쟁 중에 육군의 신경정신과 부서의 책임자였다. 그는 다음과 같이 말한다.

"우리는 육군에서 선택과 배치의 중요성, 적절한 사람을 적절한 임무에 배치하는 일에 대해 많이 배웠습니다. 당면한 업무의 중요성에 대한 확신이 아주 중요했어요. 어떤 사람이 흥미가 없는 곳, 자신이 잘못 배치되었다고 느끼는 곳, 자신이 인정받지 못한다고 생각하는 곳, 자신의 재능이 오용되고 있다고 생각하는 곳에서는 언제나 실제 정신과적인 사상자까지는 아닐지언정 그럴 가능성이 있는 사람이 있습니다."

그렇다, 이와 똑같은 이유로 직장에서도 '무너지는' 사람이 있을 수 있다. 자기의 일을 경멸하는 사람이라면 무너질 수 있다.

일례로 필 존슨 Phil Johnson을 살펴보자. 세탁소를 운영하던 필 존슨의 아버지는 아들이 그 업계에 종사하기를 바라고, 아들에게 일자리를 주었다. 하지만 빨래를 싫어했던 필은 빈둥거리고 게으름을 피우면서 꼭 해야 할 일이 아니면 전혀 하지 않았다. 아예 '자리에 없는' 날도 있었다. 그의 아버지는 아들이 변변찮고, 야망이 없는 사실에 너무 속상했고 실제로 직원들 보기에 창피하다고 생각했다.

어느 날, 필 존슨은 아버지에게 기계 공장의 정비공이 되고 싶다고 말했다. 뭐라고? 다시 작업복을 입겠다고? 아버지는 충격을 받았다. 하지만 필은 자신의 길을 갔다. 그는 기름때가 묻은 작업복을 입고 일했다. 세탁소에서 해야 했던 일보다 훨씬 더 힘든 일을 해야 했고 일하는 시간도 더 길어졌으나 그는 휘파람을 불며 일했다!

필 존슨이 세상을 떠난 1944년, 그는 보잉 항공기 회사Boeing Aircraft Company의 대표로서 훗날 승전에 일조하는 플라잉 포트리스를 만들던 중이었다! 만일 그가 세탁일을 계속했다면, 더군다나 아버지가 돌아가신 다음에는 그와 세탁물은 어떻게 되었을까? 짐작하건대 그는 사업을 망쳤을 것이다. 완전히 무너져서 바닥을 쳤을 것이다.

가족 간에 불화를 일으킬 위험을 무릅쓰고서라도 젊은이들에게 하고 싶은 말이 있다. 가족이 원한다고 해서 어떤 사업이나 직종을 택해야 한다는 의무감을 느끼지 마라! 원치 않는다면 택하지 마라! 하지만 부모님의 조언을 신중하게 고려하라. 부모님은 아마 여러분보다 2배는 더 오래 살았을 것이다. 숱한 경험과 오랜 시간을 거쳐야 나올 수 있는 지혜를 얻었을 것이다. 그래도 최종 결정은 여러분의 몫이다. 직장에서 행복하거나 비참해질 장본인은 바로 여러분이다.

말이 나온 김에 이제 다음과 같이 진로 선택에 관해 몇 가지 제안을 하겠다. 이 가운데 몇 가지는 경고다.

1. 직업 지도 상담사를 선택하는 문제에 관한 다음 5가지 제안을 읽고 고려하라!

확실한 소식통으로부터 전해 들은 제안으로, 미국 최고의 직업 상담사로 손꼽히는 컬럼비아대학교의 해리 덱스터 킷슨 Harry Dexter Kitson 교수가 만든 것이다.

a. 당신의 '직업 적성'을 알려주는 마법의 체계가 있다는 사람에게는 가지 마라. 이를테면 골상학자, 점성가, 성격 분석가, 필체 분석 전문가 말이다. 그들의 '체계'는 효과적이지 않다.
b. 테스트를 통해 어떤 직업을 선택해야 할지 알 수 있다는 사람에게는 가지 마라. 그런 사람은 원칙을 따르지 않는다. 직업 상담사는 내담자를 둘러싸고 있는 신체적, 사회적, 경제적 조건을 고려해야 하며, 내담자에게 열려 있는 직업적 기회를 중심으로 도움을 제공해야 한다.
c. 직업에 대한 적절한 정보 라이브러리를 보유하고 상담 과정에서 활용할 수 있는 직업 상담사를 찾아라.
d. 진로 지도를 철저하게 제공하려면 대개 1회 이상 면담이 필요하다.
e. 우편을 통한 진로 지도는 사절하라.

2. 이미 포화 상태인 사업과 직종을 멀리하라!

생계를 유지할 수 있는 수천 가지 다른 방법이 있다. 하지만 젊은 이들이 이 사실을 알고 있을까? 요가 전문가를 찾아가 수정 구슬을 들여다보지 않는 한 알 수 없다. 그럼 어떤 일이 일어날까? 한 학교에서는 남학생의 3분의 2의 선택 범위는 2만 개의 직업 중에서 5개의 직업에 국한되어 있었고, 여학생의 5분의 4도 마찬가지였다.

몇몇 사업계와 직업에 사람이 지나치게 많이 몰리는 게 놀랍지 않다. 사무직 종사 집단에 불안과 걱정, '불안 신경증'이 만연한 것도 당연하다. 법조, 저널리즘, 라디오, 영화, '화려한 직업' 같이 사람들이 지나치게 몰리는 분야로 비집고 들어가려고 애쓸 때 경계하라.

3. 생계를 유지할 수 있는 확률이 고작 10분의 1인 일은 멀리 하라!

생명보험 판매를 예로 들어보자. 매년 실직한 사람이 주를 이루는 많은 사람이 자신에게 어떤 일이 일어날지 미리 알아보지도 않고 생명보험 판매에 뛰어든다! 필라델피아 부동산 신탁 빌딩 Real Estate Trust Building의 프랭클린 L. 베트거 Franklin L. Bettger에 따르면 그런 사람에게 대충 다음과 같은 일이 일어난다고 설명한다. 20년 동안 베트거는 미국에서 가장 성공한 보험 설계사로 손꼽혔다.

베트거의 말에 따르면 생명보험 판매를 시작한 사람 가운데 90%가 1년도 채 지나지 않아 마음에 상처와 실망을 안고 보험 판매를 포기한다. 나머지 10%의 사람 가운데 1%의 사람이 10%가 판매한 전체 보험 가운데 90%를 판매하고, 나머지 9%의 사람이 10%를 판매한다.

다시 말해 생명보험 판매를 시작하면 12개월 이내에 실패해서 그만둘 확률이 9대 1이고, 연봉 1만 달러를 벌 확률은 고작 100분의 1이다. 이 일을 계속한다고 해도 생계를 근근이나마 유지할 수 있는 확률은 10분의 1에 지나지 않는다.

4. 어떤 직업에 일생을 바치겠다고 결정하기 전에 몇 주 동안, 필요하다면 몇 달 동안 그 직업에 대해 최대한 정보를 구하라!

어떻게 해야 할까? 해당 직업에 이미 10년, 20년, 40년 이상 종사한 사람들과 면담하면 된다. 이런 면담이 여러분의 미래에 지대한 영향을 미칠 수 있다. 나도 경험을 통해 이를 깨달았다. 20대 초반에 나는 나보다 연륜이 있는 두 사람에게 직업에 대한 조언을 구한 적이 있다. 지금 돌이켜보면 그 2회의 면담이 내 경력의 전환점이 되었다. 사실 면담이 아니었다면 내 삶이 어땠을지 상상하기조차 어렵다.

어떻게 하면 직업 지도 상담을 받을 수 있을까? 가령 여러분이 건축가가 되고자 공부하는 중이라고 하자. 결정을 내리기에 앞서 몇 주 동안 시간을 투자해 여러분이 사는 도시와 인접 도시의 건축가들과 면담해야 한다. 전화번호부에서 그들의 이름과 주소를 얻을 수 있다. 예약하지 않아도 사무실로 전화를 걸 수 있다. 약속을 잡으려면 다음과 같이 편지를 써라.

"제게 작은 호의를 베풀어주실 수 있을까요? 당신의 조언이 필요합니다. 저는 18세이고 건축가가 되기 위해 공부할 생각입니다. 결정을 내리기 전에 당신에게 조언을 구하고 싶습니다.

귀하께서 바쁘셔서 집무실에서 저를 만나기 어렵다면 귀댁에서 30분만 뵐 수 있는 귀한 기회를 주신다면 정말 감사하겠습니다. 다음은 제가 드리고 싶은 질문 목록입니다.

a. 다시 태어난다면 다시 건축가가 되시겠습니까?
b. 귀하께서 저를 평가하신 후, 건축가로서 성공할 수 있는 자질이 있다고 생각하는지 묻고 싶습니다.
c. 건축가라는 직종이 포화 상태라고 생각하십니까?
d. 건축을 4년 동안 공부하면 취직이 어려울까요? 어떤 직업부터 시작해야 할까요?
e. 제 능력이 평균 수준이라면 처음 5년 동안 얼마 정도 벌 수 있을까요?
f. 건축가의 장단점은 무엇인가요?
g. 제가 당신의 아들이라면 건축가가 되라고 조언하시겠습니까?"

소심한 성격이라 혼자서 '거물'을 만나기가 주저된다면 도움이 될 만한 2가지 방법을 제안하겠다.

첫째, 같은 또래인 사람과 함께 가라. 두 사람이 서로 자신감을 북돋아 줄 것이다. 또래 친구가 없다면 아버지에게 함께 가자고 부탁하라.

둘째, 그 사람에게 조언을 구하는 것은 그분을 칭송한다는 뜻임을 기억하라. 상대방은 여러분의 요청에 기분이 좋아질 수 있다. 어른들은 젊은이들에게 조언하기를 좋아한다는 사실을 기억하라. 그 건축가는 분명히 면담을 즐길 것이다.

약속을 부탁하는 편지를 쓰기가 망설여진다면 약속하지 않고 상대방의 직장을 찾아가라. 그의 사무실을 방문해서 조언을 해주면, 더할 나위 없이 감사하겠다고 말하라.

가령 건축가 5명을 찾아갔는데, 모두 너무 바빠서 만날 시간을 낼 수 없었다고 한다면(그럴 가능성은 희박하지만) 5명에게 더 전화를 걸어 보라. 그 가운데 몇 사람은 여러분을 만나 귀중한 조언을 전해줄 것이다. 수년간의 시간 낭비와 상심을 덜어줄 수 있는 조언 말이다.

기억하라, 여러분은 지금 인생에서 가장 중요하고 포괄적인 2가지 결정 가운데 하나를 내리고 있다. 그러니 행동하기에 앞서 시간을 투자해 사실을 파악하라. 그렇지 않으면 반평생을 후회하며 살 수 있다. 여유가 있다면 전문가에게 30분의 시간과 조언에 대한 대가를 치르겠다고 제안하라.

5. 1가지 직업만 내게 적합하다는 잘못된 믿음을 버려라!

모든 평범한 사람은 십중팔구 여러 직종에서 성공할 수 있다. 그리고 모든 평범한 사람은 여러 직종에서 실패할 수 있다.

나를 예로 들어보자. 다음과 같은 직종을 위해 공부하고 준비했다면 어느 정도 성공하고 즐겁게 일할 가능성이 꽤 높다고 나는 생각한다. 이를테면 농업, 과수 재배, 과학적 영농, 의학, 판매, 광고, 지역 신문 편집, 교육, 임업 등 말이다. 반면에 부기, 회계, 공학, 호텔이나 공장 운영, 건축, 기계 거래, 기타 수백 가지의 일에서는 불행하고 실패했을 것이 분명하다.

8장 키포인트

하고 싶은 일을 찾기 위한 5가지 규칙

규칙 1 : 직업 지도 상담사를 잘 선택해라!

규칙 2 : 포화 상태인 사업과 직종을 멀리하라!

규칙 3 : 생계유지를 할 수 있는 확률이 낮은 일은 멀리하라!

규칙 4 : 직업을 결정하기 전에 최대한 정보를 구하라!

규칙 5 : 여러 가지 직종에서 성공할 수 있다고 생각하라!

9장

재정적인 걱정을
줄이는 방법

예산의 목적은 삶의 모든 기쁨을 짜내는 것이 아니라
물질적 안정감을 주는 것이다. 물질적 안정감이란
흔히 정서적 안정감과 걱정으로부터의 자유를 얻는다는 뜻이다.
스테이플턴은 "예산에 따라 사는 사람들이 더 행복하다"라고 말했다.

1

우리 걱정의 70%는…

모든 사람의 재정적인 걱정을 해결할 방법을 안다면 내가 지금 이 책을 쓰기보다는 대통령 보좌관이 되었을 것이다. 하지만 내가 할 수 있는 일이 하나 더 있다. 이 주제에 관해 몇몇 권위자의 말을 인용하고 아주 실용적인 방법을 제시하며 그 밖의 지침을 제시하는 책과 팸플릿을 소개할 수 있다.

《레이디스 홈 저널 Ladies' Home Journal》의 설문조사에 따르면 모든 걱정거리의 70%는 돈이다. 갤럽 여론조사의 조지 갤럽 George Gallup 이 연구를 진행한 결과, 사람들이 대부분 소득을 10%만 늘릴 수 있다면 재정적인 걱정에서 벗어날 거라고 믿는 것으로 나타났다. 이 믿음이 사실인 경우가 많았으나 의외로 그렇지 않은 경우도 많았다.

예컨대, 나는 이 장을 집필하면서 예산 전문가를 면담했다. 뉴욕에 있는 와나메이커스 Wanamaker's 백화점과 김벨스 Gimbel's 백화점의 고객과 직원 담당 재정 고문으로 다년간 일했던 엘시 스테이플턴Elsie Stapleton이라는 여성이었다.

이후 몇 년 동안, 그녀는 개인 자문으로서 돈 걱정으로 여념이 없는 사람들을 돕기 위해 노력했다. 그녀는 연봉 1,000달러도 안 되는 포터부터 10만 달러에 이르는 임원까지 다양한 소득 계층의 사람들을 도왔다.

그녀는 다음과 같이 말했다.

"대부분의 사람에게 돈이 더 많다고 재정적 고민이 해결되는 것은 아닙니다. 실제로 수입이 증가해도 지출만 늘어나는 경우를 자주 봤어요. 골칫거리만 늘어난 거죠. 걱정거리는 돈이 충분치 않다는 것이 아니라 가진 돈을 어떻게 써야 할지 모른다는 겁니다."

여러분은 마지막 문장에 코웃음을 쳤을 것이다. 그렇지 않은가? 하지만 다시 코웃음 치기 전에 스테이플턴이 '모든 사람'이 아니라 '대부분의 사람'이라고 말했다는 점을 기억하라. 여러분이 그렇다는 의미가 아니다. 그녀가 가리키는 사람은 여러분 주변의 불특정 다수이다.

이렇게 말하는 독자가 많을 것이다.

"이 카네기라는 사람한테 내 수입과 지출을 다 맡기고 싶군. 그러면 분명히 말이 달라질 텐데."

나도 지금껏 재정적으로 문제가 있었다. 미주리주의 옥수수밭과 건초 보관장에서 하루 10시간씩 고된 육체노동을 했다. 육체적 피로로 인한 고통에서 벗어나는 걸 가장 큰 소망으로 삼을 정도였다. 그 고된 노동의 대가로 받은 시급은 1달러, 50센트, 심지어 10센트도 아니었다. 내가 하루 10시간 일하고 받은 돈은 시간당 5센트였다.

나는 화장실이나 수도가 없는 집에서 20년을 산다는 게 어떤 의미인지 잘 안다. 영하 15도인 침실에서 잔다는 게 어떤 의미인지 잘 안다. 차비 1달러를 아끼려고 몇 km를 걸어 다니고, 신발 바닥에 구멍이 나고, 바지의 안쪽을 기운다는 게 어떤 의미인지 안다. 식당에서 가장 싸구려 음식을 주문하고 세탁소에다 다림질을 맡길 돈이 없어서 매트리스 아래에 바지를 깔고 자는 게 어떤 의미인지도 알고 있다.

하지만 그런 시절에도 나는 한 푼이라도 더 아껴서 저축하는 습관을 길렀다. 그런 경험을 통해 부채와 재정적인 걱정거리를 피하려면 기업처럼 지출 계획을 세우고, 그 계획에 따라 돈을 지출해야 한다는 사실을 깨달았다. 하지만 우리는 대체로 그렇게 하지 않는다. 이를테면 이 책을 출판하는 회사의 총괄 관리자이자 내 친구인 리언 심킨 Leon Shimkin은 많은 사람이 돈 문제에서 가지고 있는 흥미로운 맹점을 지적했다.

그러면서 자기가 아는 한 회계 담당자에 대해 이야기했다. 이 담당자는 회사에서 일할 때는 수치의 마법사이지만 개인 재정 관리에 있어서는 달랐다! 이를테면 금요일 낮에 주급을 받았는데 길을 걷다가 진열장에서 마음에 드는 외투가 눈에 띄면 무턱대고 산다.

머지않아 그 주급으로 집세, 전기세, 온갖 종류의 '고정' 비용을 치러야 한다는 사실은 안중에도 없다. 지금 주머니에 현금이 있다면 그에게 다른 건 중요하지 않다. 그러나 이 사람은 자신이 일하는 회사가 그렇게 분별없이 사업을 운영한다면 결국 파산하리라는 사실을 알고 있다.

고려해야 할 점은 바로 이것이다. 돈에 관해서라면 여러분은 자영업자나 다름없다! 그리고 여러분의 돈으로 무엇을 할 것인지를 결정하는 것이 그야말로 '여러분의 사업'이다. 그렇다면 돈 관리의 원칙은 무엇일까? 어떻게 예산과 계획을 세울 수 있을까? 이에 관한 11가지 규칙을 소개하겠다.

1. 가계부를 써라.

50년 전 런던에서 소설가로 첫발을 내디뎠을 때, 아널드 베넷Arnold Bennett은 가난해서 돈에 쪼들렸다. 그래서 6펜스를 쓸 때마다 그 돈으로 무엇을 했는지 기록으로 남겼다. 어디에 돈을 쓰는지 궁금했을까? 그렇지 않다. 그는 알고 있었다. 그냥 가계부를 쓴다는 아이디어가 마음에 들어서 부와 명성을 얻고 개인용 요트까지 생긴 후에도 계속 기록을 남겼다.

존 D. 록펠러도 가계부를 썼다. 그는 밤 기도를 마치고 잠자리에 드는 순간 자기 재산을 동전 하나까지 정확히 알고 있었다.

우리도 공책을 마련해서 가계부를 쓰자. 평생 써야 할까? 아니다. 꼭 그럴 필요는 없다. 예산 전문가들은 적어도 처음 한 달, 가능하다면 3개월 동안 지출한 모든 비용을 정확하게 기록하라고 권장한다. 그러면 어디에 돈을 쓰는지 정확하게 기록할 수 있고 그 결과 예산을 세울 수 있다.

여러분은 자신이 돈을 어디에 쓰는지 아는가? 만일 알고 있다면 여러분은 1,000명 중 1명에 속한다! 스테이플턴에 따르면, 사람들이 사실과 수치를 파악해서 그 결과를 기록하기까지 몇 시간이 걸린다. 마침내 종이에 적힌 그 결과를 보면서 "내가 돈을 저렇게 쓴다고?"라며 소리치는 게 다반사다. 그들은 좀처럼 믿지 못한다. 여러분도 그럴까? 그럴 수 있다.

2. 각자의 필요에 맞는 맞춤형 예산을 세워라.

스테이플턴에 따르면 두 가족이 똑같은 교외의 똑같은 주택에 나란히 살고 있고, 가족 구성원 가운데 자녀의 수가 같고 수입이 같다고 해도 예산 책정에 필요한 요구 사항은 근본적으로 다를 수 있다. 왜 그럴까? 사람이 다르기 때문이다. 그녀는 예산은 개인 맞춤형이어야 한다고 말한다.

예산의 목적은 삶의 모든 기쁨을 짜내는 것이 아니라 물질적 안정감을 주는 것이다. 물질적 안정감이란 흔히 정서적 안정감과 걱정으로부터의 자유를 얻는다는 뜻이다. 스테이플턴은 "예산에 따라 사는 사람들이 더 행복하다"라고 말했다.

그렇다면 어떻게 해야 할까? 우선 앞서 말했듯이 모든 비용을 목록으로 작성해야 한다. 그런 다음 조언을 구하라. 인구가 2만 명이 넘는 여러 도시에서는 가족 복지 단체에서 무료 재정 상담을 제공하고 소득에 맞게 예산을 세우도록 돕는다.

3. 현명하게 소비하는 방법을 배워라.

다시 말해 내가 가진 돈으로부터 최고의 가치를 얻는 방법을 배워라. 모든 대기업에는 오로지 회사에 가장 유리한 조건으로 구매하는 일만 맡는 전문 구매자와 구매 대행사가 있다. 개인 자산의 청지기이자 관리인인 여러분도 이렇게 해야 하지 않을까?

4. 수입이 늘었다고 골칫거리를 늘리지 마라.

스테이플턴은 상담을 요청받기가 가장 두려울 때가 가족의 연간 소득이 5,000달러인 경우라고 말했다. 내가 그 이유를 묻자, 그녀는 다음과 같이 답했다.

"미국 가정이 대부분 연 소득 5,000달러를 목표로 삼는 것 같기 때문이죠. 그들은 몇 년 동안 합리적이고 건전하게 생활하다가 연 소득이 5,000달러에 이르면 '이제 됐다'라고 생각합니다.

그래서 새로운 일을 하기 시작해요. 교외에 '아파트 임대료보다 더 비싸지 않은' 주택을 삽니다. 자동차를 사고, 새 가구도 많이 사고, 새 옷도 많이 사죠. 딱 봐도 적자를 향해 가는 겁니다. 실제로 예전보다 행복도가 떨어집니다. 늘어난 수입으로 분수에 맞지 않게 살았으니까요."

이는 너무나 당연한 일이다. 우리는 누구나 삶에서 더 많은 것을 얻고 싶어 한다. 하지만 장기적으로 볼 때 빠듯한 예산 내에서 생활하는 것과 우편으로 독촉장이 날아오고 채권자들이 집으로 찾아오는 것 중에서 어느 편이 더 행복할까?

5. 대출해야 할 경우를 대비해 신용을 쌓기 위해 노력하라.

긴급한 상황이 발생해 돈을 빌려야 하는 경우 생명보험과 국방채권, 저축 증서는 말 그대로 주머닛돈이다. 그러나 보험을 담보로 대출할 생각이라면 보험에 저축 기능이 있는지 확인하라. 만일 그렇다면 그것이 현금 가치가 있다는 뜻이다.

'정기 보험'이라고 불리는 특정 유형의 보험은 특정 기간만 가입자를 보호하기 위한 것이어서 적립금이 쌓이지 않는다. 이런 보험은 대출 목적으로는 전혀 쓸모가 없다. 따라서 규칙은 다음과 같다. 질문하라! 보험에 서명하기 전에 자금을 조달해야 할 경우를 대비해 보험에 현금 가치가 있는지 확인하라.

이제 담보 대출을 받을 수 있는 보험이나 채권은 없어도, 집이나 자동차, 혹은 그 밖의 다른 담보가 있다고 가정해 보자. 대출을 어디에서 받을 수 있을까? 당연히 은행이다! 전국의 모든 은행은 엄격한 규제를 받고 있다. 은행은 지역사회에서 평판이 좋으며 이들이 부과할 수 있는 금리는 법으로 정해져 있다.

따라서 여러분을 공정하게 대우할 것이다. 여러분이 재정적으로 곤경에 빠졌을 때, 은행은 흔히 고객과 함께 문제를 논의하고 계획을 세우며 고객이 걱정과 부채에서 벗어날 수 있도록 돕는다. 되풀이하건대 담보가 있다면 은행에 가라!

하지만 여러분이 담보물이나 자산이 없고 임금이나 월급 외에는 담보로 제공할 수 있는 것이 전혀 없는 다수의 사람 가운데 1명이라고 가정해 보자. 그렇다면 여러분의 목숨은 소중하니 이 경고의 말에 유의하라! 신문에서 첫 번째로 발견한 '대출 회사'의 매혹적인 광고에는 절대 관심을 가지지 마라. 광고를 읽어보면 이들은 산타클로스만큼이나 아낌없이 베푼다. 결코 믿지 마라! 물론 윤리적이고 정직하며 완벽하게 합법적인 회사도 있다.

이들은 질병이나 긴급 상황이 닥치는 바람에 돈이 필요해진 사람들에게 서비스를 제공한다. 이들이 부가하는 금리는 은행보다 높지만, 그들이 더 큰 위험을 감수할뿐더러 회수 비용이 더 많이 들기 때문에 그럴 수밖에 없다.

하지만 대부업체와 거래하기 전에 은행에 가서 담당 직원과 상담한 후에 공정하다고 생각되는 대부업체를 추천해 달라고 부탁하라. 그렇지 않으면, 여러분에게 악몽을 꾸게 하고 싶지는 않지만, 다음과 같은 일들이 발생할 수 있다.

예전에 미니애폴리스의 한 신문사에서, 러셀 세이지 재단이 정한 규정에 따라 운영될 것으로 추정되는 대부업체를 대상으로 조사를 진행한 적이 있다. 나는 그 조사에 참여했던 사람 중에서 《유어 라이프 Your Life》 잡지의 편집장인 더글러스 러튼 Douglas Lurton을 알고 있다. 러튼은 가난한 채무자 계층에서 목격한 학대 사례가 머리카락이 쭈뼛 설 정도였다고 말했다.

50달러로 시작한 대출금이 3,400달러로 치솟아 몇 배로 불어난 돈을 상환해야 했다. 임금은 압류 통보를 받았으며 임금이 압류된 사람이 회사에서 해고당하는 경우도 빈번했다. 돈을 갚을 능력이 없는 경우에는 사채업자들이 감정인을 그의 집에 보내서 가구에 '값을 매기고' 집안을 싹쓸이했다. 4~5년 동안 소액 대출을 상환했는데도 여전히 빚으로 허덕이는 사례도 있다! 보기 드문 경우일까?

러튼의 말을 인용하자면 "이런 종류의 소송이 법원에 차고 넘쳐서 판사들이 두 손 두 발을 다 들었고 신문사 자체에서 수백 건의 소송을 처리하기 위해 중재국을 설치해야 했다."

어떻게 이런 일이 일어날 수 있을까? 물론 그 답은 온갖 종류의 숨겨진 요금과 추가 '법정 수수료'에 있다. 대부업체와 거래할 때 명심해야 할 1가지 규칙은 이것이다. 절대적으로 확실하게 대출금을 빨리 갚을 수 있는 사람이라면 치러야 할 이자가 합리적인 수준으로 적을 테고 대출을 공정한 방식으로 해지할 수 있을 것이다.

하지만 대출을 거듭 갱신해야 한다면 아인슈타인이라도 머리가 팽팽 돌아갈 정도로 이자가 불어날 수 있다. 러튼에 따르면 일부 사례에서는 이런 추가 수수료로 말미암아 원금이 2,000%, 그러니까 은행에서 부과하는 금액의 약 500배로 불어났다!

6. 질병, 화재, 긴급 비용에 대비해 자신을 보호하라.

비교적 적은 금액으로 모든 종류의 사고와 재난, 예측이 가능한 응급 상황에 대비할 수 있는 보험이 있다. 욕조에서 미끄러지는 경우부터 풍진이 걸리는 경우에 이르기까지 온갖 일에 다 대비하라는 말이 아니다. 돈이 들고 그래서 걱정을 부를 수 있는 큰 불행으로부터 자신을 보호하라고 제안하는 것이다. 적은 비용으로 말이다.

일례로 작년에 병원에 10일 동안 입원했던 한 여성이 퇴원할 때 정확히 8달러의 청구서를 받은 적이 있다! 왜 8달러뿐이었을까? 병원 보험에 가입되어 있었기 때문이다.

7. 생명 보험금을 미망인에게 현금으로 지급하도록 설정하지 마라.

여러분이 세상을 떠난 후 가족의 생계를 위해 생명보험에 가입했다면, 간청하노니 보험금을 일괄 지급하도록 설정하지 마라.

'이제 막 미망인이 된 사람에게 없었던 돈이 생기면' 어떤 일이 일어날까? 매리언 S. 에벌리 Marion S. Eberly에게 답을 들어보자. 그녀는 뉴욕시 이스트 42번가 60번지에 있는 생명보험 협회의 여성 부서 책임자다. 그녀는 미국 전역의 여성 클럽에서 생명 보험금을 현금으로 지급하는 대신, 미망인을 위한 수입 지급 보험을 구매하는 지혜로운 방법에 대해 강연하고 있다.

그녀가 들려준 한 미망인의 이야기가 있다. 이 미망인은 2만 달러를 현금으로 받아서 자동차 액세서리 사업을 시작하라고 아들에게 빌려주었다. 아들의 사업은 실패했고 그 바람에 미망인은 지금 가난에 허덕이고 있다. 그녀가 이야기를 전한 또 다른 미망인은 "1년 안에 가치가 2배로 오를 것"이라는 한 교활한 부동산 영업사원에게 설득당해서 생명 보험금을 대부분 공지空地에 투자했다.

3년 후, 그녀는 그 부지를 원래 투자 금액의 10분의 1 가격에 팔았다. 에벌리에 따르면 또 다른 미망인은 1만 5천 달러의 생명 보험금을 받았는데 1년도 채 지나지 않아서 아동복지협회에 자기 자녀들을 위한 지원을 신청해야 했다. 이와 비슷한 수만 가지의 비극을 이야기할 수도 있다.

"여성의 손에 맡겨진 2만 5천 달러의 평균 수명은 7년이 채 되지 않는다."

이는 〈뉴욕 포스트 New York Post〉의 금융 담당 편집자인 실비아 S. 포터 Sylvia S. Porter가 《레이디스 홈 저널》에 기고한 글의 한 대목이다.

몇 년 전, 《더 새터데이 이브닝 포스트 The Saturday Evening Post》의 한 사설에는 이렇게 쓰여 있었다.

"이미 널리 알려졌듯이, 비즈니스 교육을 받지 않았고 조언을 구할 은행원도 전혀 없는 평범한 미망인이 남편의 생명 보험금을 비공인 주식에 투자하라는 교활한 영업사원의 유혹에 얼마나 쉽게 넘어가는지 모른다.

변호사나 은행가라면 누구나 미망인이나 고아가 먹고살려고 하다가, 여인들을 등치는 교활한 사기꾼을 믿었다는 이유만으로 수년간의 희생과 금욕을 통해 평생 저축한 검소한 한 남자의 전 재산을 모조리 날린 사례를 수십 건씩 열거할 수 있을 것이다."

여러분의 미망인과 자녀를 보호하고 싶다면 역사상 가장 현명한 금융가로 손꼽히는 J.P. 모건 J.P. Morgan의 조언을 참고하라. 그는 유언장에다 주요 유산 수령인 16명에게 돈을 남겼다. 12명은 여성이었다. 그가 이들에게 현금을 남겼을까? 아니다. 그는 이 여인들에게 평생 매달 수입을 보장하는 신탁 자금을 남겼다.

8. 자녀에게 돈에 대한 책임감 있는 태도를 가르쳐라.

나는 《유어 라이프》 잡지에서 읽은 한 아이디어를 결코 잊지 못할 것이다. 글쓴이 스텔라 웨스턴 터틀 Stella Weston Turtle은 자신의 어린 딸에게 돈에 대한 책임감을 가르치는 방법을 설명했다. 그녀는 은행에서 남는 수표책을 얻어서 9세짜리 딸에게 주었다.

딸은 매주 용돈을 받으면 그 돈을 엄마에게 '예치'하고, 엄마가 아이의 용돈을 관리하는 은행 역할을 했다. 그런 다음 일주일 동안 1, 2센트가 필요할 때마다 그 금액을 '수표로 작성하고' 잔액을 확인했다. 어린 소녀는 그러는 과정에서 재미를 느꼈을 뿐만 아니라, 돈을 다루는 진정한 책임감을 배우기 시작했다.

이는 매우 훌륭한 방법이다. 그러니 학령기의 아들이나 딸이 있고 이 아이가 돈을 다루는 방법을 배우기를 원하는 사람이라면 이 방법을 고려해 보라고 권하고 싶다.

9. 필요하다면 부엌에서 약간의 여윳돈을 벌어라.

현명하게 지출 예산을 세웠는데도 여전히 생계를 유지하기가 빠듯하다면 다음 2가지 가운데 1가지 길을 택할 수 있다. 잔소리하고 초조해하고 걱정하고 불평하든지, 부업으로 약간의 여윳돈을 벌 계획을 세울 수 있다.

어떻게 해야 할까? 돈을 벌려면 지금 충분히 채워지지 않는 절박한 욕구를 채우기만 하면 된다. 뉴욕 잭슨 하이츠 83번가 37-9번지에 사는 넬리 스피어 Nellie Speer 부인은 그렇게 했다. 1932년 그녀는 방이 3개인 아파트에서 혼자 살고 있었다. 남편은 이미 세상을 떠났고 두 자녀는 모두 결혼한 상태였다.

어느 날, 한 가게의 소다수 판매대에서 아이스크림을 먹다가 판매대에서 형편없는 제과점 파이를 발견했다. 그녀는 가게 주인에게 자기가 진짜 수제 파이를 팔면 사겠냐고 물었다. 가게 주인은 2개를 주문했다. 그녀는 내게 이렇게 말했다.

"제가 요리를 잘하긴 했지만, 조지아주에 살 때는 항상 가정부가 있었으니까 평생 제가 직접 구운 파이는 다 합쳐봐야 10개 남짓이었어요. 파이 2개를 주문받고 나서 이웃에 사는 아줌마에게 사과파이

만드는 법을 물었죠. 가게 손님들이 제 첫 수제 파이 2개를 마음에 들어 했습니다. 사과파이 1개와 레몬파이 1개였어요.

가게에서는 다음 날 5개를 주문했습니다. 그 후 다른 판매대와 간이식당에서도 차츰 주문이 들어오더군요. 2년이 채 지나지 않아서 저는 1년에 5,000개의 파이를 구웠어요. 제 작은 주방에서 손수 모든 일을 도맡아 했고, 그래서 파이에 들어가는 재료를 제외하고는 비용 한 푼 들이지 않고 1년에 1,000달러의 수익을 올렸답니다."

스피어 부인이 직접 구운 페이스트리에 대한 수요가 너무 많아지자, 그녀는 자기 주방에서 매장으로 자리를 옮기고 직원을 고용해 파이, 케이크, 빵, 롤 등을 구워야 했다. 전쟁 중에는 사람들이 그녀의 수제 식품을 사려고 1시간씩 줄을 서기도 했다. 스피어 부인은 다음과 같이 말한다.

"제 평생 이보다 더 행복했던 적은 없었어요. 하루에 12~14시간씩 가게에서 일해도 피곤하지 않아요. 그건 제게 일이 아니라 생활 속의 모험이었거든요.

저는 사람들에게 약간의 행복을 더 선사하기 위해 제가 맡은 역할을 할 뿐입니다. 너무 바빠서 외롭거나 걱정할 틈이 없어요. 어머니와 남편이 세상을 떠나고 가정이 사라지면서 제게 생긴 삶의 공백을 제 일이 메워줍니다."

요리를 잘하는 다른 여자들도 인구 1만 명이 넘는 도시에서 이와 비슷한 방식으로 여가 시간에 돈을 벌 수 있다고 생각하냐고 묻자,

스피어 부인은 "당연히 할 수 있다!"라고 대답했다.

오라 스나이더Ora Snyder 부인도 똑같이 말할 것이다. 그녀는 일리노이주 메이우드에 있는 인구 3만 명의 소도시에 살고 있다. 하지만 그녀는 부엌에서 재료비 10센트 정도로 사업을 시작했다. 남편이 몸져누워 있어서 그녀가 돈을 벌어야 했다.

하지만 어떻게 돈을 벌어야 할지 난감했다. 경험이나 기술, 자본이 없었다. 그녀는 평범한 주부였다. 그녀는 부엌에서 달걀흰자와 설탕으로 사탕을 만들었다. 그런 다음 사탕을 팬에 담아 학교 근처로 가서 하교하는 아이들에게 개당 1페니씩 받고 팔았다.

그녀는 이렇게 말했다.

"내일은 돈을 좀 더 가져오렴. 내가 매일 손수 만든 사탕을 들고 여기로 올 거야."

그 첫 주 동안 그녀는 돈을 벌었을 뿐만 아니라 새로운 삶의 활력을 얻을 수 있었다. 자신은 물론이고 모든 아이를 행복하게 만들었다. 이제 걱정할 겨를이 없다.

일리노이주 메이우드에 사는 이 얌전한 주부는 야심을 품고 사업을 확장하기로 마음먹었다. 왁자지껄 시끌벅적한 시카고에서 그녀가 손수 만든 사탕을 대신 판매할 사람을 구하기로 한 것이다. 그녀는 길거리에서 땅콩을 파는 이탈리아 사람에게 소심하게 다가갔다.

그는 어깨를 으쓱했다. 그의 고객은 사탕이 아니라 땅콩을 원하는 사람들이라는 것이다. 그녀는 그에게 시식하라고 사탕을 건넸다. 그는 사탕이 마음에 들어 사탕을 팔기 시작했고, 스나이더 부인은 그 첫날 상당한 수익을 올렸다.

4년이 지난 후, 그녀는 시카고에 첫 번째 매장을 열었다. 폭이 고작 2m 남짓한 곳이었다. 그녀는 밤에 사탕을 만들어 낮에 판매했다. 자기 집 부엌에서 사탕 공장을 시작했던, 태생이 소심한 이 주부는 현재 17개의 매장을 운영하고 있으며, 그 가운데 15개 매장은 시카고의 번화한 루프 지역에 있다.

내가 전하고자 하는 요점은 이것이다. 뉴욕 잭슨 하이츠의 넬리 스피어와 일리노이주 메이우드에 사는 오라 스나이더 부인은 돈 걱정을 하기보다는 긍정적으로 행동했다. 그들은 아주 조촐하게 돈을 벌기 시작했다. 간접비, 임대료, 광고, 직원 월급이 전혀 필요 없는 자기 집 부엌에서 말이다. 어떤 여성이라도 돈 걱정에 무너질 일이 없는 조건이다.

주위를 둘러보라. 충족되지 않은 욕구가 많다. 예컨대 훌륭한 요리사가 되기 위해 독학하는 중이라면 자기 집 부엌에서 젊은 여성을 위한 요리 수업을 시작해 돈을 벌 수 있을 것이다. 집집을 다니면서 학생들을 모을 수 있다.

여가 시간에 돈을 버는 방법에 관한 책이 많으니 공공 도서관에 문의하라. 남녀를 막론하고 모든 사람에게 기회가 많다. 하지만 주의할 점이 있다. 판매에 타고난 재능이 없다면 방문 판매는 시도하지 마라. 사람들은 대부분 방문 판매를 싫어하고 그래서 실패한다.

10. 도박하지 마라, 절대로!

나는 경마나 슬롯머신에 돈을 걸어서 돈을 벌려는 사람들에게 언제나 놀라곤 한다. 내가 아는 한 사람은 이런 '외팔이 도적들'을 죽 늘어놓고 생계를 유지한다. 그가 하는 일이라고는 이미 사용자에게 불리하게 조작된 기계를 이길 수 있다고 생각할 만큼 순진한 사람들을 경멸하는 것뿐이다.

내가 아는 또 한 사람은 미국에서 가장 유명한 경마 마권 업자로 손꼽힌다. 그는 내 성인 교육 강좌의 수강생이었다. 그는 경마에 대한 자기의 지식을 아무리 총동원해도 경마로 돈을 벌지 못했다고 말했다. 하지만 어리석은 사람들이 실제로 연간 60억 달러를 경마에 건다. 1910년 당시 미국 총부채의 6배에 달하는 액수다.

또한 이 마권 업자는 이가 갈리는 원수가 있다면 경마에 돈을 걸게 만드는 것이 그를 망하게 하는 가장 손쉬운 방법이라고 말한다. 내가 경마 정보지에 따라 경마에 돈을 거는 사람은 어떻게 되냐고 물었더니, 그는 "그런 식으로 돈을 걸면 잃기 십상"이라고 답했다.

그래도 도박하겠다고 작정했다면 최소한 현명해지자. 우리에게 불리한 확률을 알아보자. 어떻게 알아볼 수 있을까? 브리지와 포커의 권위자이자 최고의 수학자, 전문 통계학자, 보험 계리사인 오즈월드 저코비 Oswald Jacoby의 《확률을 계산하는 법 How to Figure the Odds》이라는 책을 읽어보라. 이 책은 215페이지에 걸쳐 경마, 룰렛, 크랩스, 슬롯머신, 드로 포커, 스터드 포커, 콘트랙트 브리지, 옥션 피노클, 주식 시장에 돈을 걸 때 돈을 따지 못할 확률을 알려준다.

아울러 다른 20여 가지 활동에 대한 과학적이고 수학적인 확률도 알려준다. 도박으로 돈을 버는 방법을 알려준다고 포장하지 않는다. 작가는 다른 꿍꿍이가 없다. 그저 모든 일반적인 방식의 도박에서 이길 확률을 보여줄 뿐이다.

그리고 그 확률을 알게 되면 여러분은 어렵사리 번 돈을 경마, 카드, 주사위, 슬롯머신에 거는 불쌍한 호구들을 안타까워할 것이다. 크랩스나 포커, 경마에 돈을 걸고 싶은 유혹을 느끼는가? 혹여 그렇다면 이 책을 읽어라. 책값의 100배, 아니 1,000배에 이르는 돈을 지킬 수 있을 것이다.

11. 재정 상황을 개선할 수 없다면 스스로 어여삐 여기고 바꿀 수 없는 상황에 더 이상 분개하지 말자.

재정 상황을 개선할 수 없을지언정 그것에 대한 우리의 마음가짐은 개선할 수 있을 것이다. 우리만 돈 걱정을 하는 게 아니라는 사실을 기억하자.

우리가 이웃집만큼 여유가 없어서 걱정하지만, 이웃집은 리츠 가문을 따라잡을 수 없어서 걱정하고, 리츠 가문은 밴더빌트 가문을 따라잡을 수 없어서 걱정할 것이다.

미국 역사상 매우 유명한 몇몇 인물도 재정적으로 넉넉하지 못했다. 링컨과 워싱턴은 대통령 취임식에 참석할 때 여행 경비마저 빌려야 했다.

원하는 것을 다 가질 수 없다고 해서 걱정과 원망으로 우리의 일상에 독을 뿌리고 우리의 성정에 초를 치지 말자. 스스로 어여삐 여기자. 철학적으로 이 문제를 생각해 보자.

로마의 위대한 철학자 세네카Seneca는 "당신의 눈에 부족해 보이는 것을 가지고 있다면 세상을 다 가져도 비참할 것"이라고 말했다.

온 나라의 주인이 되어 누구도 침입할 수 없는 울타리를 친 사람일지라도 하루에 세 끼를 먹고 하루에 한 곳에서 잠을 잔다는 사실을 기억하자.

9장 키포인트

재정적인 걱정을 줄이는 11가지 규칙

규칙 1 : 사실을 종이에 적는다.

규칙 2 : 내 필요에 꼭 맞는 맞춤형 예산을 세운다.

규칙 3 : 현명하게 지출하는 방법을 배운다.

규칙 4 : 수입이 늘었다고 골칫거리를 늘리지 않는다.

규칙 5 : 대출을 받아야 할 경우를 대비해 신용을 쌓는다.

규칙 6 : 질병, 화재, 긴급 상황에 대비한다.

규칙 7 : 생명 보험금을 아내에게 현금으로 지급하지 않도록 약정한다.

규칙 8 : 자녀에게 돈에 대한 책임감 있는 태도를 가르친다.

규칙 9 : 필요한 경우 부엌에서 여윳돈을 벌 수 있다.

규칙 10 : 절대 도박을 하지 않는다.

규칙 11 : 재정 상황을 개선할 수 없다면, 스스로 어여삐 여기고 바꿀 수 없는 것에 분개하지 말자.

10장

'나의 걱정 극복담'을 전하는 32편의 실화

일어나지 않은 사건, 내가 통제할 수 없고 절대 일어나지 않을 사건에
속을 끓이는 게 얼마나 어리석고 안쓰러운 일인지 깨달았다.
기억하라, 오늘은 어제 걱정했던 그 내일이다. 스스로에게 물어보라.
내가 걱정하는 일이 실제로 일어날지 어떻게 알 수 있을까?

1

한꺼번에 들이닥친 6가지 중대한 문제

C.I. 블랙 우드 C.I. Black Wood
데이비스 실무 전문학교 소유주

1943년 여름, 세상 걱정의 절반이 내 어깨 위에 툭 떨어진 것 같았다. 40여 년 동안, 나는 한 사람의 남편이자 아버지, 사업가에게 찾아오는 평범한 문제들만 겪으며 평범하고 평온한 삶을 살았다.

평소라면 이런 문제에 쉽게 대처할 수 있을 텐데, 쾅! 쾅!! 쾅!!! 쾅!!!! 쾅!!!!! 쾅!!!!!! 다음의 6가지 큰 문제가 느닷없이 한꺼번에 들이닥쳤다. 이 6가지 큰 걱정거리를 마주하다 보니 밤새도록 뒤척이며 잠을 설쳤고, 아침이 밝아오는 게 두려울 지경이었다.

1. 내 실무 전문학교는 머지않아 재정난에 시달릴 참이었다.

남학생들이 모두 전쟁터에 나갔다. 여학생들은 대부분 교육을 받지 않고도 군수공장에서 일했다. 여학생들은 교육을 받은 우리 학교 졸업생이 사무실에서 벌 수 있는 돈보다 더 많이 벌고 있었다.

2. 군 복무 중인 우리 큰아들을 걱정했다.

아들을 전쟁터에 보낸 부모라면 누구라도 그렇듯이 나는 가슴이 먹먹한 걱정거리를 안고 있었다.

3. 집을 잃을지도 몰라서 걱정했다.

오클라호마 시티는 이미 공항 건설을 위해 대규모 토지를 수용하는 절차를 시작했고, 아버지에게 물려받은 우리 집은 이 토지의 한가운데 있었다. 우리 집이 수용되면 집값의 10분의 1밖에 보상받지 못하고, 여하튼 집이 없어질 터였다.

주택이 부족하니 6명의 식구가 살만한 다른 집을 구할 수 있을지 걱정스러웠다. 텐트를 치고 살아야 하나 싶어서 겁이 났다. 텐트를 살 수나 있을지도 걱정스러웠다.

4. 우리 집 근처에 배수로가 나는 바람에 우리 목장의 우물이 말라버렸다.

토지를 수용당할 수도 있는 상황이라 새로 우물을 파는 건 500달러를 버리는 거나 다름없었다. 나는 2개월 동안 매일 아침 양동이로 물을 길어서 가축에게 먹였는데, 전쟁이 끝날 때까지 계속 그래야 한다니 걱정스러웠다.

5. 내 오래된 포드 자동차로 언제까지 출근할 수 있을지 걱정

했다.

실무 전문학교와 우리 집은 16km 거리였고 나는 B급 휘발유 배급 카드를 가지고 있었다. 그건 내가 새 타이어는 전혀 살 수 없다는 의미였고, 내 오래된 포드 자동차의 낡은 타이어가 수명이 다하면 어떻게 출근해야 할지 걱정스러웠다.

6. 우리 큰딸이 예정보다 1년 앞당겨서 고등학교를 졸업했다.
딸은 대학에 진학하고 싶어 했지만, 나는 그럴 만한 돈이 없었다. 딸이 몹시 상심할 터였다.

어느 날 오후, 사무실에 앉아서 걱정하다가 걱정을 모두 적어 보자고 생각했다. 나만큼 걱정이 많은 사람은 없을 것 같았다. 해결의 실마리를 찾을 수 있는 걱정이라면 어떻게든 씨름해 보겠으나, 이 걱정들은 모두 내 통제권을 완전히 벗어나는 것처럼 보였다. 그것들을 해결하기 위해 내가 할 수 있는 일은 전혀 없었다.

그래서 그냥 걱정 목록을 타자로 쳐서 정리했는데, 몇 달이 지나면서는 그 사실마저 잊어버렸다. 1년 반이 지난 후에 서류들을 옮기다가 한때 내 건강을 위협했던 6가지 중대한 문제의 목록을 우연히 발견했다. 나는 아주 꼼꼼히 목록을 읽어보았고 큰 깨달음을 얻었다. 그 걱정들 가운데 실제로 일어난 일은 전혀 없었다.

그 걱정들은 이런 식으로 끝났다.

1. 학교 문을 닫아야 할 것이라는 걱정은 모두 부질없었다.

정부에서 제대군인 양성을 위해 실무 전문학교에 지원금을 지급하기 시작하면서 우리 학교는 곧 정원을 채웠다.

2. 군 복무 중인 아들에 대한 걱정은 모두 부질없었다.

아들이 찰과상 하나 없이 전쟁을 치르고 제대했다.

3. 공항 건설 때문에 우리 땅이 수용될 것이라는 걱정은 모두 부질없었다.

우리 농장 근처에서 석유가 터지는 바람에 토지 수용 비용이 감당할 수 없을 만큼 비싸졌다.

4. 가축에게 물을 먹일 우물물이 없다는 걱정은 모두 부질없었다.

우리 땅이 수용되지 않을 거라는 사실을 알고 나서 곧바로 필요한 돈을 투자해 새 우물을 더 깊이 팠고, 앞으로 물이 마를 일이 없을 것이다.

5. 수명을 다해가던 내 타이어에 대한 내 걱정은 모두 부질없

었다.

타이어를 수리해서 재생하고 조심스럽게 운전했더니 타이어가 용케 견뎌냈다.

6. 딸의 교육에 대한 걱정이 모두 부질없었다.

대학 개강을 2개월 앞두고 거의 기적처럼 때마침 내가 우리 학교에서 가르치면서 병행할 수 있는 감사 업무를 제안받았고, 그 덕분에 딸을 대학에 보낼 수 있었다.

우리가 걱정하고, 고민하고, 초조해하는 일 가운데 99%는 절대 일어나지 않는다는 말은 익히 들었다. 하지만 1년 반 전, 그 울적한 오후에 작성했던 걱정 목록을 발견하고 나서야 비로소 이 옛말이 내게 크게 와닿았다.

그때 그 6가지 끔찍한 걱정과 부질없이 씨름하지 않은 내가 기특하다. 그 경험에서 결코 잊지 못할 교훈을 얻었다. 일어나지 않은 사건, 내가 통제할 수 없고 절대 일어나지 않을 사건에 속을 끓이는 게 얼마나 어리석고 안쓰러운 일인지 깨달은 것이다.

기억하라, 오늘은 어제 걱정했던 그 내일이다. 스스로에게 물어보라. 내가 걱정하는 일이 실제로 일어날지 어떻게 알 수 있을까?

2

1시간 안에
낙관주의자로 변신하는 방법

로저 W. 뱁슨 Roger W. Babson
저명한 경제학자

지금 내가 처한 상황 때문에 우울할 때, 나는 1시간 안에 걱정을 몰아내고 떠들썩한 낙관주의자로 변할 수 있다.

비법은 다음과 같다. 내 서재에 들어가서 눈을 감고 역사에 관한 책만 꽂아놓은 서가로 걸어간다. 계속 눈을 감고 프레스콧Prescott의 《멕시코 정복Conquest of Mexico》인지 수에토니우스Suetonius의 《12명의 로마 황제들Lives of the Twelve Caesars》인지 모를 책 한 권을 빼어 든다. 그러고는 책장을 아무 데나 펼친다. 그런 다음 눈을 뜨고 1시간 동안 책을 읽는다. 책을 읽으면 읽을수록 세상은 언제나 고통에 시달렸고 문명은 언제나 벼랑 끝에서 위태로웠다는 사실을 더 뼈저리게 실감한다.

역사의 책장마다 전쟁, 기근, 빈곤, 역병, 인간의 비인간성에 대한 비극적인 이야기들이 아우성친다. 1시간 동안 역사를 읽고 나면 지금처럼 나쁜 상황일지언정 예전에 비하면 더할 나위 없이 나아졌다는 사실을 깨닫는다. 그러면 적절한 관점으로 현재의 문제를 바라보고 직면할 뿐만 아니라, 온 세상이 부단히 발전하고 있다는 사실을 깨달을 수 있다.

한 장을 할애해도 아깝지 않을 방법은 이것이다. 역사를 읽어라! 1만 년을 바라볼 시각을 길러라. 그러면 영원의 관점에서 볼 때 지금 내 고민이 얼마나 사소한지 깨달을 것이다.

3

나의 열등감 극복법

엘머 토머스 Elmer Thomas
미국 오클라호마주 상원의원

15세 때, 나는 걱정과 두려움, 자의식으로 끊임없이 괴로워했다. 나이에 비해 키가 엄청나게 컸고 쇠꼬챙이처럼 마른 체형이었다. 키는 188cm인데 몸무게는 고작 52kg이었다. 키만 컸지 허약해서 야구나 달리기를 하면 다른 남학생들의 상대가 되지 않았다. 아이들은 나를 '도끼 얼굴'이라고 놀렸다.

나는 너무 걱정이 많고 자의식이 강해서 사람을 만나기가 두려웠다. 사실 우리 농가가 공용 도로에서 떨어져 있었던 데다가 빽빽한 원시림으로 둘러싸여 있었던 탓에 여간해서는 사람을 만날 일도 없었다. 우리는 고속도로에서 800m 남짓 떨어진 곳에 살았는데, 일주일 내내 가족을 제외하고 사람을 전혀 보지 못하는 게 다반사였다.

그런 걱정과 두려움에 휘둘렸다면 나는 인생의 낙오자가 되었을 것이다. 날이면 날마다 멀대처럼 큰 키에 깡마르고 허약한 내 몸에 관한 생각만 곱씹었다. 다른 생각은 좀처럼 떠올릴 수 없었다. 내 당혹감, 내 두려움은 이루 말로 표현할 수 없을 만큼 심각했다.

어머니는 이런 내 기분을 알았다. 예전에 학교 선생님이었던 어머니는 내게 이렇게 말했다.

"아들, 넌 꼭 배워야 해. 네 몸이 언제나 핸디캡이 될 테니 머리로 밥벌이해야 할 거야."

부모님이 나를 대학에 보낼 수 없는 형편이었기 때문에 나는 내 길을 스스로 개척해야 한다고 생각했다. 그래서 어느 해 겨울, 나는 주머니쥐, 스컹크, 밍크, 너구리를 사냥하고 덫을 놓아 잡아서 봄에 가죽을 4달러에 팔았고 그 4달러로 작은 돼지 2마리를 샀다.

돼지에게 사료를 먹였다가 나중에는 옥수수를 먹여서 이듬해 가을에 40달러에 팔았다. 돼지 2마리를 팔아 얻은 수익금으로 나는 인디애나주 댄빌의 센트럴 사범대학에 진학했다. 일주일에 식비로 1달러 40센트, 방세로 50센트를 치렀다.

나는 어머니가 만든 갈색 셔츠를 입었다. 익히 알겠지만, 어머니가 갈색 천을 선택한 건 더러움이 잘 타지 않기 때문이었다. 나는 아버지가 왕년에 입던 정장을 물려받았다. 아버지의 옷은 내 몸에 맞지 않았고, 내가 신던 아버지의 낡은 발목 장화도 내게 맞지 않았.

양옆에 고무 밴드가 있어서 신으면 늘어나는 신발이었지만, 밴드의 신축성은 사라진 지 오래였고 신발 윗부분이 너무 헐거워져서 걸음을 걸을 때면 신발이 거의 벗겨졌다. 다른 학생들과 어울리기가 부끄러워서 혼자 방에 틀어박혀 공부만 했다. 내 인생의 가장 절실한 소망은 내 몸에 맞는 옷, 창피하지 않을 옷을 살 능력을 키우는 것이었다.

얼마 지나지 않아서 일어난 4가지 일 덕분에 나는 걱정과 열등감을 극복할 수 있었다. 이 가운데 한 사건은 내게 용기와 희망, 자신감을 주었고 내 남은 생을 완전히 바꿔놓았다. 어떤 사건들이었는지 간략히 설명하겠다.

1. 이 사범학교에 다닌 지 8주 만에 나는 시험을 쳐서 시골 공립학교에서 가르칠 수 있는 3급 자격증을 땄다.

물론 이 자격증의 유효기간은 6개월이었지만 그것은 누군가가 나를 믿어준다는 잠깐의 증거, 어머니를 제외한 누군가로부터 받은 첫 번째 믿음의 증거였다.

2. 해피 할로라는 한 지역의 교육청에서 일당 2달러, 한 달에 40달러를 받고 일할 기회를 얻었다.

그것은 나에 대한 누군가의 믿음을 확인할 수 있는 훨씬 더 큰 증거였다.

3. 첫 급여를 받자마자 나는 창피하지 않은 옷을 몇 벌 사 입었다.

지금 누군가가 내게 100만 달러를 준다고 해도 난생처음 단돈 몇 달러에 산 기성복 정장의 절반만큼도 감격스럽지 않을 것이다.

4. 내 인생의 진정한 전환점이자 수치심과 열등감을 물리친 최초의 대승리는 인디애나주 베인브리지에서 매년 열리는 퍼트넘 카운티 박람회에서 일어났다.

어머니가 이 박람회에서 개최될 예정인 대중 연설 대회에 참가하라고 권했다. 그런 대회에 참가한다는 건 내게 감히 상상하지 못할 일이었다. 나는 대중은커녕 한 사람에게 말을 걸 배짱도 없었다.

하지만 나에 대한 어머니의 믿음은 안쓰러울 정도였다. 어머니는 내 미래에 포부가 컸다. 내 인생이 곧 어머니의 인생이었다. 나는 어머니의 믿음에서 대회에 참가할 힘을 얻었고, 내 주제에 어울리지 않게도 '미국의 순수 예술과 인문학'이라는 연설 주제를 골랐다. 솔직히 연설을 준비하기 시작할 무렵에는 인문학이 무엇인지 몰랐다. 하지만 청중도 모르기는 매한가지였으니 그리 큰 문제는 되지 않았다.

나는 미사여구가 만발하는 연설을 암기하고 나무와 소를 앞에 두고 100회씩 연습했다. 어머니를 위해 좋은 성과를 올리고 싶다는 마음이 너무 간절해서 틀림없이 진심을 담아 연설했던 것 같다. 어쨌든 나는 최고상을 받았고 예상치 못한 결과에 깜짝 놀랐다.

관중석에서 환호성이 터져 나왔다. 한때 나를 조롱하고 놀려대며 도끼 얼굴이라고 불렀던 바로 그 남학생들이 내 등을 두드리며 "네가 해낼 줄 알았어, 엘머"라고 말했다. 어머니는 나를 부둥켜안고 흐느꼈다. 돌이켜보면 그 연설 대회에서 우승한 것이 내 인생의 전환점이 된 듯싶다.

지역 신문에서 나에 관한 기사를 1면에 실었고 내가 앞으로 큰일을 할 거라고 장담했다. 그 대회에서 우승한 덕분에 나는 지역에서 유명해지고 신망을 얻었으며, 무엇보다도 내 자신감은 100배로 배가되었다.

돌이켜보면 그 대회에서 우승하지 못했다면 아마 나는 미국 상원의원이 될 수 없었을 것이다. 그 대회를 통해 내 눈높이가 높아지고 지평이 넓어졌으며 내게 잠재된 능력이 있다는 사실을 깨달았기 때문이다. 그러나 가장 중요한 것은 연설 대회에서 1등을 하면 센트럴 사범대학에서 1년 동안 장학금을 받을 수 있다는 사실이었다.

이제 배움에 대한 내 갈망은 더욱 커졌다. 그래서 1896년부터 1900년까지 4년 동안 나는 가르치는 일과 공부하는 일로 시간을 양분했다. 드포대학교의 학비를 벌기 위해 서빙하고, 보일러 관리하고, 잔디를 깎고, 장부를 관리하고, 여름에는 밀밭과 옥수수밭에서 일하고, 공공 도로 건설 현장에서 자갈을 날랐다.

19세이던 1896년, 나는 윌리엄 제닝스 브라이언^{William Jennings Bryan}을 대통령으로 뽑아달라고 28회에 걸쳐 지지 연설에 나섰다. 연설하면서 짜릿함을 느꼈고 나도 정치에 입문하고 싶다는 열망이 생겼다.

그래서 나는 드포대학교에 입학해 법학과 대중 연설을 공부했다.

1899년 인디애나폴리스에서 학교 대표로서 버틀러 칼리지를 상대로 '미국 상원의원은 국민투표로 선출해야 한다'라는 주제를 놓고 토론했다. 이밖에 다른 연설 대회에서도 우승했고 1900년에는 대학 연감인 《더 미라주 The Mirage》와 대학 신문인 〈더 팔라듐 The Palladium〉의 편집장이 되었다.

드포대학교에서 학사 학위를 받은 후에는 호러스 그릴리 Horace Greeley의 조언을 받아들였다. 다만 서쪽이 아니라 남서쪽으로 방향을 바꾸었다. 나는 오클라호마라는 새로운 지역으로 내려갔다. 카이오와 Kiowa와 코만치 Comanche, 그리고 아파치 Apache 인디언의 보호구역이 개설될 무렵에 오클라호마주 로턴에 법률 사무소를 열었다.

이후 오클라호마주 상원에서 13년, 하원에서 4년 동안 일했고, 50세에 평생의 야망을 이루었다. 오클라호마에서 미국 상원의원에 당선된 것이다. 1927년 3월 4일부터 그 직책을 수행했다.

1907년 11월 16일, 오클라호마와 인디언 특별 보호구역이 오클라호마주로 편입된 이후에는 통합된 주의 민주당으로부터, 처음에는 주 상원의원에, 다음에는 하원의원에, 그리고 훗날 연방 상원의원으로 지명되는 영예를 연거푸 누렸다.

내가 이런 이야기를 늘어놓는 것은 아무도 관심이 없을 나의 일시적인 성취를 자랑하기 위해서가 아니다. 그것은 오로지 어떤 가여운 소년에게 새로운 용기와 자신감을 불어넣고 싶다는 바람으로 한 이야기다.

  아버지가 물려준 옷가지와 걸을 때마다 벗겨지려던 발목 장화를 신었던 시절 나를 괴롭혔던 걱정과 창피함, 열등감으로 지금 고통받고 있는 소년 말이다.

4

나는 알라의 정원에 살았다

R.V.C. 보들리 R.V.C. Bodley
보들리언 도서관 설립자의 후손, 작가

1918년, 나는 내가 알던 세상을 등지고 북서 아프리카로 떠나 알라의 정원 Garden of Allah 이라 불리는 사하라 사막에서 아라비아인들과 함께 살았다. 그곳에서 7년을 살면서 유목민들의 언어를 배웠다. 그들의 옷을 입고, 그들의 음식을 먹고, 지난 20세기 동안 거의 변하지 않은 그들의 생활방식을 받아들였다.

나는 양을 치고 아라비아인 천막의 맨바닥에서 잠을 잤다. 그들의 종교에 대해서도 상세하게 연구했다. 실제로 훗날 무함마드에 관한 책인 《더 메신저 The Messenger》라는 제목의 책을 썼다. 그 유목민들과 함께 보낸 7년은 내 인생에서 가장 평화롭고 만족스러운 시간이었다.

나는 이미 풍부하고 다양한 경험을 쌓았다. 파리에서 영국인 부모님의 슬하에 태어나 9년 동안 프랑스에서 살았다. 이후 이튼과 샌드허스트의 왕립 사관학교에서 교육받았다. 그런 다음 인도에서 6년 동안 영국군 장교로 근무하며 군인의 삶을 사는 한편, 폴로와 사냥, 히말라야 탐험을 경험했다.

1차 세계대전에 참전했고, 전쟁이 막바지에 이르렀을 무렵에는 파리 강화회의에 대사관부 육군 무관 보좌관으로 파견되었다. 그곳에서 내가 목격한 광경은 충격적이었고 실망스러웠다. 서부 전선에서 4년 동안 대량 학살이 계속될 때, 나는 우리가 문명을 구하기 위해 싸우고 있다고 믿었다.

그러나 파리 회의에서 2차 세계대전의 기초공작을 벌이는 이기적인 정치인들을 내 두 눈으로 보았다. 모든 나라가 저마다 자국을 위해 최대한 모든 것을 챙기고, 국가 간의 적대감을 조성하고, 비밀 외교 음모를 되살리고 있었다.

나는 전쟁과 군대, 그리고 사회에 넌더리가 났다. 난생처음 잠 못 이루는 밤을 보내며 앞으로 어떻게 살아야 할지 걱정했다. 로이드 조지Lloyd George가 내게 정치에 입문하라고 권유했다. 그의 조언을 받아들일지 고민하던 중에 신기한 일이 일어났다. 이후 7년간의 내 삶을 결정지은 일이었다.

1차 세계대전이 낳은 가장 화려하고 낭만적인 인물인 테드 로렌스Ted Lawrence, 그러니까 '아라비아의 로렌스'와 나눈 200초도 채 되지 않는 대화가 그 모든 일의 시초였다. 그는 아라비아인들과 함께 사막에서 살아본 적이 있다면서, 나도 한번 똑같이 해보라고 조언했다. 처음에는 황당무계한 소리로 들렸다.

그러나 나는 군대를 떠나기로 결심했고, 그래서 무언가 해야만 했다. 특히 수백만 명의 실업자로 노동 시장이 포화가 된 상황에서 민간기업은 나 같은 전직 장교에게 관심이 없었다. 그래서 나는 로렌스의 제안을 따라 아라비아인들과 함께 살러 떠났다.

지금은 내가 그런 결정을 내린 것이 뿌듯하다. 아라비아인들은 내게 걱정을 극복하는 방법을 가르쳐주었다. 모든 독실한 회교도가 그렇듯이 그들은 운명론자다. 무함마드가 《코란》에 기록한 모든 말씀이 알라의 신성한 계시라고 믿는다.

그래서 "신이 너희와 너희의 모든 행위를 창조했다"라는 코란의 말씀을 곧이곧대로 받아들인다. 그렇다 보니 차분하게 삶을 받아들이고, 일이 잘못되었을 때 조급해하거나 쓸데없이 화를 내지 않는다. 운명으로 정해진 것은 정해진 것이며 알라신이 아니면 그 누구도 바꿀 수 없다는 걸 알고 있다. 그렇다고 해서 재난이 닥쳤을 때 손 놓고 앉아 아무것도 하지 않는다는 뜻은 아니다.

내가 사하라 사막에서 지내면서 경험했던 거세고 뜨거운 열풍을 예로 들어 설명해 보겠다. 열풍이 사흘 밤낮으로 매섭고 맹렬하게 불어댔다. 사하라 사막의 모래들이 지중해를 가로질러 수백 km를 날아가 프랑스의 론 계곡에 닿을 정도로 강력하고 사나운 바람이었다.

바람이 너무 뜨거워서 머리카락이 타들어 가는 느낌이었다. 목이 바짝 마르고 눈이 따가웠으며 입안은 모래가 그득했다. 마치 유리 공장의 불가마 앞에 서 있는 것 같았다.

나는 거의 제정신이 아니지만 의식의 끈을 간신히 붙잡고 있었다. 그래도 아라비아인들은 불평하지 않았다. 그들은 어깨를 으쓱하며 이렇게 말했다.

"메크툽Mektoub(인간의 운명은 신에 의해 결정된다는 뜻의 아랍어 – 옮긴이)! 메크툽은 이미 적혀 있다."

그러나 폭풍이 멈추자, 그들은 곧바로 행동에 나섰다. 어린 양을 모두 도살했다. 어차피 그들이 죽을 걸 알았기 때문이다. 그들이 어린 양들을 한꺼번에 죽인 것은 어미 양을 구하기 위해서였다. 도살을 끝낸 후에는 양 떼를 몰고 남쪽에 있는 물가로 향했다.

그러는 내내 그들은 걱정하거나 불평하거나 잃어버린 것에 슬퍼하지 않고 차분했다. 부족장은 이렇게 말했다.

"최악은 아닙니다. 모든 걸 잃을 수도 있었으니까요. 그래도 양이 40%가 남아서 새롭게 출발할 수 있으니, 알라신을 찬양합시다."

자동차로 사막을 횡단하던 중에 타이어가 펑크 났던 때가 기억난다. 운전기사가 깜박하고 스페어타이어를 수리하지 않았고 그래서 타이어는 3개뿐이었다.

나는 법석을 떨고 씩씩대며 흥분해서는 아라비아인들에게 이제 어떻게 해야 하냐고 물었다. 그들은 흥분해 봐야 소용이 없을뿐더러 열만 더 난다고 짚어주었다. 타이어가 펑크 난 건 알라신의 뜻이니 어쩔 수 없다고 말했다.

그래서 우리는 다시 길을 나서서 바람 빠진 타이어로 거의 기다시

피 굴러갔다. 이내 자동차가 텅텅거리더니 멈춰버렸다. 휘발유가 떨어진 것이었다. 대장은 그저 "메크툽!"이라고 말했다. 휘발유를 충분히 채우지 않았다며 운전기사에게 소리를 지르지 않았다. 그들은 이번에도 모두 차분하게 노래를 부르며 목적지까지 걸어갔다.

아라비아인들과 함께 보낸 그 7년 동안 나는 미국과 유럽의 신경증 환자, 정신병자, 주정뱅이들이, 이른바 문명 속에서 우리가 조급하고 고통스럽게 살았던 삶의 산물이라는 확신을 얻었다.

사하라 사막에서 지내는 동안, 나는 걱정거리가 전혀 없었다. 나는 그곳, 알라의 정원에서 많은 사람이 절박하고 절실하게 찾고 있는 고요한 만족과 육체적 안녕을 발견했다.

운명론을 비웃는 사람이 많다. 어쩌면 그들이 옳을지 모른다. 누가 알겠는가? 하지만 우리는 누구나 자신의 운명이 이따금 어떻게 결정되는지 알 수 있어야 한다. 이를테면 1919년 8월의 어느 더운 날 오후 12시 3분에 내가 아라비아의 로렌스와 대화를 나누지 않았다면 그때 이후로 나는 완전히 다른 세월을 살았을 것이다. 돌이켜보면 내 삶은 내가 통제할 수 없는 사건들에 의해 계속 결정되고 변화했다.

아라비아인들은 그것을 메크툽, 키스멧^{kismet}, 즉 알라의 뜻이라고 부른다. 무엇이라고 부르든 상관없다. 어쨌든 그것에 따라 여러분에게 신기한 일이 일어난다. 사하라 사막을 떠나고 17년이 지난 지금도 나는 아라비아인들에게서 배운, 피할 수 없는 운명에 대한 행복한 체념을 여전히 간직하고 있다. 이 철학이 내게 수천 개의 진정제보다 더 큰 안정감을 안겨주었다.

우리는 무함마드의 자녀들이 아니다. 운명론자가 되기를 원치 않는다. 하지만 우리 삶에 매서운 열풍이 분다면, 그리고 그것을 막을 수 없다면, 우리도 피할 수 없는 것을 받아들이자. 그런 다음 바쁘게 움직여 다시 일어나자.

5

걱정을 없애는 5가지 방법

윌리엄 라이언 펠프스 William Lyon Phelps
전 예일대학교 교수

나는 예일대학교의 빌리 펠프스 교수가 세상을 떠나기 직전에 그와 오후를 함께 보내는 귀한 기회를 얻었다. 면담 중에 내가 메모한 내용을 바탕으로 걱정을 없애는 그의 5가지 방법을 소개한다.

1. 무언가에 집중하며 즐겁고 열정적으로 산다.

24세 때 갑자기 눈이 나빠진 일이 있었다. 3~4분 정도 책을 읽고 나면 바늘이 눈을 콕콕 찌르는 것 같았고 책을 읽지 않을 때도 눈이 너무 민감해져서 창을 정면으로 바라볼 수 없었다. 뉴헤이븐과 뉴욕의 최고 안과의사들에게 진찰받았지만 아무래도 나아지지 않는 것 같았다.

오후 4시가 넘으면 나는 그냥 방안의 가장 어두운 구석에서 의자에 앉아 잠잘 시간만 기다렸다. 몹시 두려웠다. 교수로서의 경력을 포기하고 서부로 가서 벌목꾼으로 일해야 하는 건 아닌지 두려웠다. 그러던 중에 신기한 일이 일어나 몸의 질병에 마음이 미치는 기적적인 효과를 체험했다. 그 불행한 겨울, 내 눈이 최악의 상태였을 때 나는 학부생들에게 강연해달라는 요청을 받았다.

천장에 매달린 커다란 가스등이 강연장을 환하게 밝히고 있었다. 가스등의 불빛이 너무 강렬해서 나는 연단에 앉아 있는 동안 바닥을 내려다볼 수밖에 없었다. 하지만 30분간 강연하는 동안에는 전혀 통증이 느껴지지 않았고 그래서 눈을 깜빡이지 않고 불빛을 똑바로 바라볼 수 있었다. 그런데 강연을 끝내자 다시 눈이 아팠다.

그때 나는 30분이 아니라 일주일 동안이라도 무언가에 집중할 수 있다면 눈이 완치될 수 있겠다는 생각이 들었다. 그건 분명 정신적인 설렘이 육체적인 질병을 이긴 사례였기 때문이다.

훗날 바다를 횡단하던 중에 비슷한 일을 경험했다. 그때 나는 요통이 심해서 걸을 수가 없었다. 똑바로 서려고 할 때면 극심한 통증을 느꼈다. 그런 상태에서 선상에서 강연해달라는 요청을 받았다. 강연을 시작했을 때 곧바로 통증과 뻐근함이 흔적도 없이 사라졌다.

나는 똑바로 서서 완벽하게 유연한 자세로 1시간 동안 강연했다. 강연이 끝났을 때 편안하게 내 객실로 걸어갔다. 한동안 요통이 나았다고 여겼다. 하지만 그건 그때뿐이었다. 통증이 다시 밀려왔다.

이런 경험을 계기로 나는 마음가짐이 절대적으로 중요하다는 사실을 깨달았다. 그때그때 삶을 즐기는 것이 중요하다는 사실을 깨달았다. 그래서 나는 지금 하루하루를 내 삶의 처음이자 마지막 날인 듯이 살고 있다. 하루하루의 모험에 마음이 설렌다.

이처럼 설레는 상태에서 어울리지 않게 걱정거리 때문에 괴로워하는 사람은 없다. 나는 가르치는 일상이 무척 좋다.《가르침의 설렘 The Excitement of Teaching》이라는 책도 썼다.

내게 가르치는 일은 언제나 그저 기술이나 직업이 아니었다. 그것은 열정이다. 화가가 그림 그리기를 좋아하고 가수가 노래 부르기를 좋아하듯이 나는 가르치는 일이 무척 좋다. 아침에 잠자리에서 일어나기 전에 처음 만날 학생들을 떠올리면 내 가슴은 기쁨으로 벅차오른다. 언제나 그랬듯이 나는 인생에서 성공하는 가장 큰 동기로 열정을 꼽는다.

2. 내가 발견한 바로는 몰입할 수 있는 책을 읽으면 걱정을 몰아낼 수 있다.

59세에 나는 만성 신경 쇠약에 시달렸다. 그때 데이비드 앨릭 윌슨David Alec Wilson의 기념비적인 책《칼라일의 생애Life of Carlyle》를 읽기 시작했다. 그게 내 회복에 큰 영향을 미쳤다. 아주 몰두해서 책을 읽다가 우울한 기분마저 잊어버렸기 때문이다.

3. 몹시 우울할 때면 그때마다 억지로 몸을 움직였다.

매일 아침 5~6세트씩 격렬하게 테니스를 친 다음 목욕을 하고, 점심을 먹고, 오후에는 골프를 18홀까지 쳤다. 금요일 밤에는 새벽 1시까지 춤을 췄다. 나는 땀을 흠뻑 흘리는 운동의 효과를 열렬히 믿는 사람이다. 땀을 흘리면 우울함과 걱정이 땀과 함께 몸 밖으로 빠져나간다.

4. 긴장 상태에서 서두르고 급히 움직이며 일하는 어리석은 짓을 오래전부터 멀리했다.

언제나 윌버 크로스의 철학을 실천하려고 노력했다. 코네티컷 주지사로 재직할 무렵, 그는 내게 이렇게 말했다.

"당장 처리해야 할 일이 너무 많을 때면 나는 이따금 1시간 동안 자리에 앉아 긴장을 풀고 파이프 담배를 피우면서 아무 일도 하지 않는답니다."

5. 인내와 시간이 문제를 해결하는 방법임을 배웠다.

걱정거리가 생기면 적절한 시각으로 문제를 보고자 노력하며 이렇게 생각한다.

'지금부터 2개월 뒤면 이 재수 없는 일은 걱정하지 않을 텐데 지금이라고 걱정할 필요가 있을까? 2개월 후에 취할 태도를 지금 취하면 어떨까?'

펠프스 교수가 걱정을 몰아내는 5가지 방법을 요약하면 다음과 같다.
1. 즐겁게 열정적으로 산다 : 하루하루를 처음이자 마지막 날인 듯이 산다.
2. 흥미로운 책을 읽는다 : 만성 신경 쇠약에 시달릴 때《칼라일의 생애》를 읽기 시작했고 아주 몰두해서 책을 읽다가 우울한 기분마저 잊어버렸다.
3. 몸을 움직인다 : 몹시 우울할 때면 그때마다 억지로 몸을 움직였다.
4. 일하는 동안 긴장을 푼다 : 긴장 상태에서 서두르고 급히 움직이며 일하는 어리석은 짓을 오래전부터 멀리했다.
5. 적절한 시각으로 문제를 보고자 노력하며 이렇게 생각한다 : 지금부터 2개월 뒤면 이 재수 없는 일은 걱정하지 않을 텐데 지금 걱정할 필요가 있을까? 2개월 후에 취할 태도를 지금 취하면 어떨까?

6

어제 서 있었으니,
오늘도 설 수 있다

도로시 딕스 Dorothy Dix
미국 언론인, 칼럼니스트

나는 지독한 가난과 병을 이겨냈다. 모든 이에게 찾아오는 어려움을 견뎌낸 원동력이 무엇이냐는 질문을 받으면 나는 항상 이렇게 대답한다.

"어제 서 있었으니, 오늘도 설 수 있습니다. 그리고 내일 무슨 일이 일어날지는 생각하지 않을 겁니다."

나는 결핍, 고생, 불안, 절망을 온몸으로 경험했다. 언제나 내 힘의 한계를 넘어 일해야 했다. 돌아보면 내 삶은 퇴색한 꿈과 부서진 희망, 산산조각이 난 환상의 잔해가 널려 있는 전쟁터와 같았다. 그 전투에서 나는 언제나 내 앞을 턱 가로막는 역경과 맞서 싸웠고 결국 상처 입고, 멍들고, 망가지고, 나이보다 훨씬 늙어버렸다.

그러나 나는 자기연민에 빠지지 않는다. 이미 흘러간 슬픔에 겨워 눈물을 흘리지 않는다. 내가 겪은 모든 일을 비껴간 여자들을 부러워하지도 않는다. 그들은 그저 존재했지만 나는 살아냈으니 말이다.

나는 삶이라는 잔을 찌꺼기조차 남기지 않고 다 들이마셨다. 그들은 그저 위에 덮인 거품만 홀짝였을 뿐이다. 나는 그들이 결코 알지 못할 것들을 알고 보지 못하는 것들을 본다. 눈물로 눈을 깨끗이 씻어낸 여성만이 폭넓은 시야를 얻고 온 세상의 자매가 되는 법이다.

나는 위대한 역경의 대학교에서, 편안하게 살아온 여성은 결코 얻을 수 없는 철학을 배웠다. 오늘이 오면 오늘 하루를 살고, 내일을 두려워하면서 문제를 앞당기지 않는 법을 배웠다. 우리를 겁쟁이로 만드는 것은 미래의 어두운 위협이다. 나는 그 두려움을 떨쳐버렸다.

내가 그토록 두려워하는 미래의 그때가 오면 그것에 맞설 힘과 지혜가 내게 주어진다는 사실을 경험으로 배웠기 때문이다. 사소한 괴로움은 더 이상 내게 영향을 미칠 만한 힘이 없다.

행복이라는 건물 전체가 흔들려 폐허로 무너져 내리는 모습을 지켜본 후라면, 가정부가 깜빡 잊고 손가락 씻는 그릇 아래에 깔개를 놓지 않거나 요리사가 수프를 엎지르는 일 따위는 이제 개의치 않는다.

나는 사람들에게 너무 많이 기대하지 않는 법을 배웠고 덕분에 내게 진실하지 않은 친구나 남의 험담을 일삼는 지인과 함께 있어도 행복하다. 무엇보다, 울어야 할지 웃어넘겨야 할지 선택해야 할 일을 너무 많이 겪다 보니 유머 감각이 생겼다.

신경질을 부리는 대신 농담을 던질 수 있는 여성은 그 어떤 일에도 상처 입지 않는다. 나는 내가 겪은 고난을 안타깝게 여기지 않는다. 그 고난 덕분에 내가 살아온 순간마다 삶을 실감했고 내가 치러야 했던 대가에는 그만한 가치가 있었기 때문이다. 도로시 딕스는 '오늘 하루를 충실하게' 삶으로써 걱정을 극복했다.

7

날이 밝을 때까지
살 수 없을 것 같았다

J.C. 페니 J.C. Penney
J.C. 페니 매장 창립자

    1902년 4월 14일, 현금은 500달러뿐이지만 결단만큼은 100만 달러짜리였던 한 청년이 인구 1,000명의 작은 광산 마을인 와이오밍주 케머러에 포목점을 열었다. 루이스와 클라크 탐험대가 설계한 옛 포장 마찻길에 자리한 곳이었다. 그 청년과 그의 아내는 상점의 다락방에서 큰 제품 상자와 작은 상자를 식탁과 의자로 사용하며 살았다.

    젊은 아내는 아기를 담요로 싸서 계산대 밑에서 재워놓고 그 옆에 서서 손님의 시중을 드는 남편을 도왔다. 오늘날 세계에서 가장 큰 포목매장 체인인 J.C. 페니 J.C. Penney 매장은 이 남자의 이름을 딴 것으로, 미국 내 모든 주에 1,600개가 넘는 매장을 보유하고 있다. 최근에 그는 나와 함께 저녁 식사를 하던 중에 자기 인생에서 가장 극적인 순간에 관해 이야기했다.

몇 년 전, 나는 아주 괴로운 일을 겪었다. 걱정이 많았고 절망스러웠다. J.C. 페니 회사와는 전혀 관계가 없는 일이었다. 사업체는 탄탄했고 번창하고 있었다. 하지만 1929년 공황이 일어나기 전에 나는 개인적으로 몇 가지 바보 같은 매매계약을 했다. 여느 사람과 마찬가지로 내 책임이 전혀 없는 상황 때문에 비난받았다. 걱정으로 잠을 이룰 수 없을 만큼 괴로웠고, 붉은 발진과 피부 병변이 나타나는 대상포진이라는 아주 고통스러운 병에 걸렸다.

나는 미주리주 해밀턴에서 고등학교를 함께 다녔던 의사와 상담했다. 미시간주 배틀크리크에 있는 켈로그 요양원의 주치의 엘머 에글스턴Elmer Eggleston 박사였다. 에글스턴 박사는 나를 입원시키며 내 상태가 심각하다고 경고했고 철저한 치료를 받으라고 처방했다. 그러나 아무리 해도 전혀 차도가 없었다.

나는 날로 쇠약해졌다. 신경이 예민해지고 몸이 망가지고 절망으로 가득 찬 나머지, 한 줄기 희망조차 볼 수 없었다. 살아야 할 이유도 찾지 못했다. 세상천지에 친구 하나 없고 가족마저 내게 등을 돌렸다는 생각이 들었다.

어느 날 밤, 에글스턴 박사가 건넨 진정제마저 금세 효과가 사라져 잠에서 깼는데 나는 그날이 내 생의 마지막 밤일 거라는 확신이 들었다. 침상에서 일어나 아내와 아들에게 남길 유서에다 날이 밝을 때까지 살 수 없을 것 같다고 썼다.

다음 날 아침에 잠에서 깨었을 때 내가 아직 살아있는 게 믿기지 않았다. 아래층으로 내려가니 매일 아침 예배가 열리는 작은 예배당에서 노랫소리가 들렸다. 그들이 부르던 찬송가가 아직도 기억난다.

"너 근심, 걱정 말아라."

예배당에 들어가서 지친 마음으로 찬송과 《성경》 공과 낭독, 그리고 기도에 귀를 기울였다. 갑자기 어떤 일이 일어났다.

나는 그 일을 말로 설명할 수 없고 그저 기적이라고 표현할 수 있을 뿐이다. 마치 지하 감옥의 어둠 속에서 순식간에 따뜻하고 찬란한 햇빛 속으로 들어 올려진 것 같았다. 지옥에서 천국으로 옮겨진 기분이었다.

전에는 느껴본 적 없는 하나님의 권능을 실감했다. 그 순간 내 모든 문제는 내 책임임을 깨달았다. 하나님이 그분의 사랑으로 나를 돕기 위해 그곳에 계시다는 사실을 알았다.

그날부터 지금까지 내 삶은 걱정으로부터 자유로워졌다. 지금 나는 71세이고 내 인생에서 가장 극적이고 영광스러운 20분은 그날 아침 그 예배당에서 보낸 시간이었다.

"너 근심, 걱정 말아라."

완벽한 치료법을 발견한 J.C. 페니는 거의 순식간에 걱정을 극복하는 법을 깨우쳤다.

8

나는 헬스장에 가서 샌드백을 치거나 야외로 하이킹하러 간다

에디 이건 Eddie Eagan
뉴욕 변호사

나도 모르게 걱정하면서 물레방아를 돌리는 이집트의 낙타처럼 머릿속에서 제자리를 맴돈다는 기분이 들 때, 적절한 신체 운동을 하면 이런 '우울함'을 쫓아내는 데 도움이 된다.

야외로 나가서 달리거나 장거리 하이킹을 하거나 헬스장에서 30분간 샌드백을 치거나 스쿼시 테니스를 할 수 있다. 어떤 것이든지 간에 운동하면 정신이 맑아진다.

주말에는 골프를 한 라운드 치거나 패들테니스(큰 패들로 스펀지 공을 치는 테니스 비슷한 운동 – 옮긴이)를 한 게임 하거나 애디론댁에서 스키를 타는 등 다양한 신체 운동을 한다. 내 몸을 피곤하게 만들면 내 마음이 법률문제 따위는 잊고 휴식을 취한다. 그러면 법률문제로 돌아갈 무렵에 내 마음은 새로운 열정과 힘을 얻는다.

내가 근무하는 뉴욕에서는 예일 클럽 헬스장에서 1시간씩 운동할 짬이 난다. 스쿼시 테니스를 치거나 스키를 타면서 걱정할 수 있는 사람은 없다. 너무 바빠서 걱정할 겨를이 없다. 산더미 같던 문제가 작은 언덕처럼 보이면서 자연히 새롭게 생각하고 행동할 수 있다.

  걱정의 최고 해독제는 운동이다. 걱정스러울 때면 근육을 더 많이 쓰고 머리를 덜 써라. 그러면 놀라운 결과가 일어날 것이다. 운동을 시작할 때 걱정이 사라지는 효과를 얻을 것이다.

9

나는 '버지니아 공대의
염려증 환자'였다

짐 버즈올 Jim Birdsall
C.F. 뮬러 컴퍼니 공장 감독관

17년 전 버지니아주 블랙스버그의 사관학교에 다닐 때 나는 '버지니아 공대의 염려증 환자'라고 불렸다. 걱정이 너무 심해서 걸핏하면 아팠다.

사실 너무 자주 아프다 보니 의무실에 내 전용 침대가 생겼다. 의무실에 가면 간호사가 달려와 혈압강하제를 건네곤 했다. 나는 모든 게 걱정스러웠다. 가끔은 내가 뭘 걱정하고 있었는지조차 잊어버릴 정도였다. 성적이 나빠서 유급할까 봐 걱정스러웠다.

물리와 다른 과목에서는 이미 낙제했다. 내가 알기로는 평균 75~84점의 성적을 유지해야 했다. 건강, 중증 급성 소화불량, 불면증이 걱정스러웠다. 재정적인 문제도 걱정스러웠다. 여자 친구에게 맛있는 걸 사주거나 원하는 만큼 자주 댄스파티에 데려가지 못해서 속이 상했다. 그녀가 다른 생도와 결혼할까 봐 걱정스러웠다. 나는 뭐라고 꼭 집어 말할 수 없는 여러 가지 문제 때문에 밤낮으로 노심초사했다.

절망에 빠진 나는 버지니아 공대 경영학과의 듀크 베어드 Duke Baird 교수님에게 고민을 털어놓았다. 나머지 4년의 대학 생활보다 그때 베어드 교수님과 함께 보낸 15분이 내 건강과 행복에 더 크게 일조했다. 교수님은 이렇게 말했다.

"짐, 정신을 가다듬고 사실을 직시해야 하네. 문제를 걱정하는 시간과 에너지의 반만큼이라도 문제를 해결하는 데 투자한다면 걱정거리가 없어질 걸세. 걱정은 학습된 나쁜 습관일 뿐이라네."

교수님은 걱정하는 습관을 고치기 위한 3가지 규칙을 알려주었다.

1. 걱정스러운 문제가 무엇인지 정확히 파악하라.
2. 문제의 원인을 찾아라.
3. 문제 해결을 위해 즉시 건설적인 어떤 일을 실천하라.

그 면담이 끝난 후 나는 건설적인 계획을 세웠다. 물리학에 낙제했다고 걱정하는 대신 왜 낙제했는지 스스로 물어보았다.《버지니아 공대 엔지니어 The Virginia Tech Engineer》의 편집장을 맡고 있는 내가 멍청해서 그럴 리는 없었다.

나는 물리학에 낙제한 게 내가 물리학에 관심이 없어서라고 생각했다. 산업 엔지니어가 될 텐데 물리학이 그 일에 어떻게 도움이 될

지 몰라서 열심히 공부하지 않았다. 그러나 이제 태도를 바꾸고 이렇게 생각했다. '대학 당국에서 학위를 따기 위해서는 물리학 시험을 통과해야 한다고 요구한다면 내가 그들의 판단력에 이의를 제기할 자격이 있을까?'

그래서 나는 물리학을 재수강했다. 원망과 걱정으로 시간을 낭비하기보다는 열심히 공부했고 그 덕분에 이번에는 시험에 통과했다.

나는 대학 댄스파티에서 펀치를 판매하는 등 몇 가지 아르바이트 활동을 하고, 졸업한 후에 곧바로 갚기로 하고 아버지에게 돈을 빌렸다. 그렇게 해서 재정적인 문제를 해결했다.

다른 생도와 결혼할까 봐 걱정했던 여자 친구에게 청혼함으로써 연애 고민도 해결했다. 그녀는 지금 짐 버즈올 부인이 되었다.

지금 돌이켜보면 내 문제는 혼란스러움 때문이었다. 다시 말해 걱정의 원인을 찾아 현실적으로 직면하지 않으려는 성향이 문제를 일으킨 것이다.

짐 버즈올은 자신의 문제를 스스로 분석한 덕분에 걱정을 멈출 수 있었다. 실제로 그는 2장의 '걱정 문제를 분석하고 해결하는 방법'에서 설명한 바로 그 원칙을 이용했다.

10

내 인생의 좌우명

조지프 R. 시주 Joseph R. Sizoo
뉴브런즈윅 신학교 총장

수년 전, 불확실성과 환멸의 나날을 보내던 어느 날 아침, 나는 내 인생이 온통 통제할 수 없는 힘에 압도당하는 것 같았다. 그때 우연히 《성경》을 펼쳤는데 한 문장이 눈에 들어왔다.

> "나를 보내신 이가 나와 함께 하시도다. 나는 항상 그가 기뻐하시는 일을 행하므로 나를 혼자 두지 아니하셨느니라."(요한복음 8장 29절 – 옮긴이)

그 순간부터 내 인생은 예전과는 같을 수 없었다. 그 이후 내게 모든 것이 달라졌다. 하루도 그 말씀을 혼자 되풀이하지 않은 날이 없었을 것이다. 그동안 많은 사람이 상담받으러 나를 찾아왔고 나는 언제나 마음의 양식이 되는 이 한마디를 그들에게 전했다.

그 말씀이 눈에 들어온 그 순간부터 나는 이 말씀에 따라 살았다. 이 말씀과 함께 걸었고 그 안에서 평안과 힘을 발견했다. 내게 이 말씀은 종교의 본질이다. 그것은 삶을 가치 있게 만드는 모든 것의 밑바탕이자 내 인생의 교훈 책^{Golden Text}(주일학교의 암기용 책 – 옮긴이)이다.

11

나는 바닥을 치고 살아남았다

테드 에릭슨 Ted Ericksen
남부 캘리포니아 지사

나는 예전에 지독한 '걱정 벌레'였다. 하지만 이제는 그렇지 않다. 1942년 여름, 내 삶에서 걱정을 영원히 추방하게 되는 일이 일어났다. 그때의 경험에 비하면 다른 모든 문제는 사소해 보였다.

수년 동안, 나는 알래스카의 상용 어선에서 여름을 보내고 싶었고 1942년 알래스카주 코디액에서 출항하는 약 10m 길이의 예인망 연어잡이 어선과 계약했다. 이 정도 크기의 선박에는 지휘를 담당하는 선장, 선장을 보조하는 이등항해사, 그리고 반 작업부 등 단 3명의 선원만 승선한다. 작업부는 대개 스칸디나비아인인데, 나는 스칸디나비아인이다.

예인망 연어잡이는 조류를 따라 움직여야 해서 나는 종종 하루 24시간 중에서 20시간을 일했다. 일단 한 번 시작되면 그런 일과가 일주일씩 계속되었다. 나는 남들이 꺼리는 일을 도맡아 했다. 배를 청소하고 장비를 치웠다.

비좁은 선실에서 장작을 태우는 풍로로 음식을 만들었는데 모터에서 나오는 열기와 매연 탓에 탈이 날 뻔했다. 설거지와 배 수리도 내 몫이었다. 배에서 잡은 연어를 통조림 공장으로 가져가는 거룻배에 실었다. 고무장화를 신은 내 발은 항상 젖어 있었다. 장화에 물이 찰 때가 많았지만, 물을 쏟아낼 겨를이 없었다.

하지만 '코르크 라인'이라는 줄을 당기는 내 본업에 비하면 이 모든 일은 애들 장난에 불과했다. 이 작업을 할 때는 그냥 배의 앞머리에 발을 올려놓고 코르크와 그물망을 잡아당기면 된다. 적어도 원칙은 그렇다.

하지만 실제로는 그물이 너무 무거워서 잡아당기려고 해도 꿈쩍도 하지 않았다. 코르크가 딸려 오기보다는 오히려 배가 딸려 갔다. 그물이 꿈쩍도 하지 않으니 내 힘으로 버텨야 했다. 이런 일들을 몇 주 동안 끝도 없이 계속했다. 오히려 내가 끝장날 판이었다. 몸이 몹시 아팠다. 안 아픈 데가 없었다. 몇 달 동안 통증을 달고 살았다.

어쩌다 숨을 돌릴 수 있는 짬이 나면 식품 보관함 위에 쌓아놓은 축축하고 울퉁불퉁한 매트리스 위에서 잠을 잤다. 매트리스의 불거진 한 부분을 내 등에서 가장 아픈 지점에다 괴어 놓고는 마치 약에 취한 듯이 곯아떨어지곤 했다. 나는 사실 극도의 피로에 취해 있었다.

지금 생각해 보면 그 모든 아픔과 피로를 견뎌야 했던 것이 오히려 다행이다 싶다. 그 덕분에 걱정을 멈출 수 있었으니 말이다. 이제

나는 어떤 문제에 직면할 때마다 걱정하는 대신 이렇게 자문한다.

'에릭슨, 이 일이 코르크 라인을 끌어당기는 일만큼 힘들까?'

그러면 에릭슨은 언제나 이렇게 대답한다.

'아니. 어떤 일도 그만큼 힘들 수는 없어.'

그래서 나는 기운을 내고 용기를 끌어모아 문제에 대처한다. 나는 이따금 고통스러운 경험을 견뎌내야 하는 게 좋은 일이라고 생각한다. 바닥을 치고 살아남았다는 사실을 확인하는 건 좋은 일이다. 그러고 나면 일상의 모든 문제가 상대적으로 쉬워 보인다.

12

나는 한때
세계 정상급 멍청이였다

퍼시 H. 화이팅 Percy H. Whiting
데일 카네기 앤드 컴퍼니 상무이사

나는 지금 살아있거나 이미 죽었거나 아니면 송장이나 다름없는 그 누구보다도 더 다양한 병에 걸려 더 여러 번 죽을 고비를 넘겼다. 나는 평범한 건강 염려증 환자가 아니었다. 아버지가 약국을 운영했는데, 나는 사실상 그곳에서 잔뼈가 굵어졌다. 매일 의사나 간호사들과 이야기를 나누었으니, 일반인보다 질병의 이름과 증상을 더 많이 알았다. 나는 평범한 건강 염려증 환자가 아니었다! 실제로 증상을 보였다! 어떤 질병에 대해 1~2시간 동안 걱정하고 나면 그 병의 모든 증상이 몸에 나타났다.

내가 살던 매사추세츠주 그레이트 배링턴에서 디프테리아가 크게 유행한 적이 있었다. 아버지의 약국에서 나는 감염자의 가족에게 매일 약을 팔았다. 그러던 중에 두려워하던 병마가 나를 덮쳤다. 디프테리아에 걸린 것이다. 디프테리아에 걸렸다는 확신이 왔다.

자리보전하고 누워 걱정하다 보니 결국 전형적인 증상이 나타났다. 의사 선생님이 왕진을 와서 나를 살펴보더니 이렇게 말했다.

"맞아요. 퍼시, 걸렸군요."

그 말을 들으니 마음이 놓였다. 어떤 병이든 일단 걸리면 나는 겁나지 않았다. 그래서 드러누워서 잠들었다. 다음 날 아침, 나는 건강을 완전히 회복했다.

수년 동안, 나는 유독 생소하고 이상한 병에 걸려서 관심과 동정을 많이 받았고 풍진과 공수병으로 몇 차례 죽을 고비를 넘겼다. 나중에는 암과 결핵이라는 평범한 질병에 안착했다.

지금이야 웃어넘길 수 있지만 그때는 비참했다. 나는 솔직히 말 그대로 몇 년 동안 무덤에 한 발을 들여놓은 것처럼 두려웠다. 봄을 맞아 옷 한 벌을 살 때가 되면 이런 생각이 들곤 했다.

'이 옷이 낡을 때까지 살아남지 못할지도 모르는 판에 돈을 낭비해야 하나?'

하지만 기쁜 마음으로 독자 여러분에게 보고하니 나는 지난 10년 동안 죽을 고비를 넘기고 살아남았다. 어떻게 죽을병에 걸리기를 그만두었을까? 터무니없는 상상에서 벗어났기 때문이다. 심상찮은 증상이 나타난다 싶으면 나는 나를 비웃으며 이렇게 말했다.

'이봐, 화이팅, 넌 20년 동안 치명적인 질병으로 누차 죽을 고비를 넘기지만 지금 네 건강은 특급이야. 최근에는 보험 회사에서 보험을 더 들어도 된다고 받아줬잖아. 이제 한발 물러서서 걱정만 하는 널

비웃을 때가 되지 않았나, 화이팅?'

나를 걱정하면서 동시에 나를 비웃을 수는 없는 노릇이었다. 그래서 나를 계속 비웃기로 선택했다.

요컨대, 자신을 너무 심각하게 생각하지 마라. 터무니없는 걱정일랑 '그냥 웃어넘기려고' 노력하고, 그렇게 해서 걱정이 사라지는지 지켜보라.

13

언제나 보급선을 열어두었다

진 오트리 Gene Autry
세계에서 가장 유명하고 사랑받는 노래하는 카우보이

내가 생각하기에 대부분의 걱정은 가족 문제와 돈에 관한 것이다. 나는 운이 좋게도 환경과 취향이 비슷한 오클라호마 작은 마을 출신의 소녀와 결혼했다. 우리 두 사람은 모두 황금률을 따르려고 노력했고 그렇게 해서 가족 간의 갈등을 되도록 줄였다.

나는 2가지 일을 실천함으로써 재정적인 걱정 또한 최소화했다.

첫째, 언제나 모든 일에 '100% 정직'이라는 원칙을 지켰다. 돈을 빌리면 한 푼도 빠짐없이 갚았다. 정직하지 못한 것만큼 걱정을 많이 일으키는 것도 드물다.

둘째, 나는 새로운 일을 시작할 때 항상 비장의 카드를 준비했다. 군사 전문가들은 전투의 첫 번째 원칙이 보급선을 열어두는 거라고 말한다. 나는 이것이 군사적인 전투뿐만 아니라 개인적인 전투에도 적용되는 원칙이라고 생각한다. 이를테면 어린 시절, 나는 텍사스와 오클라호마에서 가뭄으로 지역 전체가 피폐해졌을 때, 진짜 가난이 무엇인지 알게 되었다.

우리 집은 이따금 먹고살기조차 힘겨웠다. 너무 가난해서 아버지가 생계를 위해 포장마차에 말을 줄줄이 달고 지역을 돌아다니며 말을 맞바꾸었다. 나는 그보다 더 안정적인 일을 원했다. 그래서 철도 역무원으로 취직했고 틈틈이 전신을 배웠다.

나중에 프리스코 철도에서 교체 기사로 일하는 자리를 구했다. 이곳저곳으로 파견되어, 다른 역무원들이 병가나 휴가 중이거나 혹은 업무량이 많을 때 지원 업무를 담당했다. 월급은 150달러였다.

훗날 더 좋은 직장으로 옮겼을 때도 항상 철도에 근무하면 경제적 안정이 보장된다고 생각했다. 그래서 언제나 그 일로 돌아갈 여지를 남겨두었다. 그것이 내 보급선이었고 새롭고 더 나은 일자리에 확실하게 자리 잡을 때까지는 그 선을 절대 끊지 않았다.

이를테면 1928년 오클라호마주 첼시의 프리스코 철도에서 교체 기사로 일하던 어느 날 저녁이었다. 한 낯선 사람이 전보를 보내러 왔다가 내가 기타를 치며 카우보이 노래를 부르는 소리를 들었다. 그는 내게 실력이 좋으니, 뉴욕에 가서 무대나 라디오에 출연하라고 말했다.

나는 당연히 어깨가 으쓱해졌는데, 전보에 서명한 그의 이름을 보고 숨이 멎을 뻔했다. 그는 윌 로저스 Will Rogers(1900년 초중반에 활약하던 영화배우 겸 칼럼니스트 – 옮긴이)였다.

나는 뉴욕으로 곧장 달려가지 않고 9개월 동안 신중하게 생각했다. 결국 뉴욕에 가서 그 유서 깊은 도시를 한번 경험해 봐도 밑져야 본전이겠다는 결론을 내렸다. 내게는 철도 패스가 있었으니, 여비는 들지 않을 터였다. 열차에서 잠을 잘 수 있고 샌드위치와 과일을 싸가서 끼니를 해결할 수 있었다.

그래서 떠났다. 뉴욕에 도착해서 일주일 집세가 5달러이고 가구가 딸린 방에서 잠을 자고 자동 판매식 식당에서 끼니를 해결하며 10주 동안 거리를 돌아다녔으나 성과가 전혀 없었다. 내게 돌아갈 직장이 없었다면 몹시 걱정스러웠을 것이다. 나는 이미 철도회사에서 5년 동안 근무한 경력이 있었고 그 말인즉슨 내게 선임권이 있다는 뜻이었다.

하지만 그 권리를 지키려면 90일 이상 일을 쉴 수 없었다. 그 무렵 나는 뉴욕에서 70일을 보낸 터라 서둘러 오클라호마로 돌아와 복직하고 내 보급선을 지켰다. 다시 몇 달 동안 일하고 돈을 모았고 재도전하기 위해 뉴욕으로 향했다. 이번에는 운이 좋았다.

어느 날 녹음 스튜디오 사무실에서 면접을 기다리는 동안 나는 기타를 치면서 〈지니, 나는 라일락 철을 꿈꿔 Jeannine, I Dream of Lilac Time〉라는 노래를 여자 접수원에게 불러주었다. 그러는 동안 때마침 그 노래의 작곡자인 냇 쉴드크라우트 Nat Schildkraut가 사무실로 들어섰다. 당연히 그는 누군가 부르는 자기 노래를 듣고 반가워했다.

그래서 빅터 레코딩 컴퍼니 Victor Recording Company에 가보라며 내게 소개장을 써주었다. 나는 음반을 냈으나 그다지 훌륭하지는 않았다. 너무 경직되었고 남의 눈을 의식했다. 그래서 빅터 레코딩 대표의 조언을 받아들여 털사로 돌아갔다. 그곳에서 낮에는 철도회사에서 일하고 밤에는 괜찮은 라디오 프로그램에서 카우보이 노래를 불렀다. 나는 그런 생활이 마음에 들었다. 내 보급선을 계속 열어두고 있었으니 걱정할 필요가 없었다.

나는 털사의 라디오 방송국 KVOO에서 9개월 동안 노래를 불렀다. 그동안 지미 롱Jimmy Long과 나는 〈저 은발의 우리 아빠That Silver-Haired Daddy of Mine〉라는 제목의 노래를 썼다. 그 노래가 인기를 얻으면서 아메리칸 레코딩 컴퍼니American Recording Company의 대표인 아서 새털리Arthur Sattherl로부터 음반을 내자는 요청을 받았다.

그것은 대성공이었다. 나는 한 곡당 50달러를 받고 음반을 여러 개 냈다. 그리고 마침내 시카고의 라디오 방송국 WLS에서 카우보이 노래를 부르면서 주급 40달러를 받았다. 4년이 지나면서 주급이 90달러로 올랐고, 매일 밤 극장에서 개인 공연을 하면서 300달러를 추가로 벌었다.

그러던 1934년 엄청난 가능성의 길을 열어준 행운이 찾아왔다. 품위 군단이 결성되어 영화계를 정화하기 시작했고 할리우드 제작자들은 카우보이 영화를 제작하기로 결정했다. 하지만 그들이 원하는 건 노래를 부를 수 있는 새로운 모습의 카우보이였다.

아메리칸 레코딩 컴퍼니의 소유주는 리퍼블릭 픽처스Republic

Pictures에도 지분이 있었다. 그는 영화사 임원들에게 "노래하는 카우보이를 원한다면 우리 회사에서 음반을 낸 한 사람이 있다"라고 말했다. 그렇게 해서 나는 영화계로 진출했고 주당 100달러를 받고 노래하는 카우보이 영화를 찍기 시작했다. 영화계에서 성공할 수 있을지 심히 의심스러웠지만 걱정하지 않았다. 언제든 옛 직장으로 돌아갈 수 있었기 때문이다.

영화계에서 나는 가장 황당무계한 내 기대마저 훌쩍 뛰어넘는 대성공을 거두었다. 지금은 연봉 10만 달러에다 영화 수익금의 절반을 추가로 받는다. 물론 이런 상황이 영원히 지속되지는 않겠지만 걱정하지 않는다.

무슨 일이 일어나든 간에, 설령 내 전 재산을 잃더라도 나는 언제든 오클라호마로 돌아가 프리스코 철도에서 일할 수 있기 때문이다. 나는 내 보급선을 지켰다.

14

나는 인도에서 음성을 들었다

E. 스탠리 존스 E. Stanley Jones
미국의 연설가, 당대에 가장 유명한 선교사

나는 내 삶의 40년을 인도 선교 사역에 바쳤다. 처음에는 지독한 더위와 내가 맡아야 할 막중한 임무에서 오는 긴장감을 견디기가 어려웠다. 8년째에 접어들 무렵에는 정신적인 피로와 소모가 너무 심해서 여러 번 정신을 잃었다.

결국 미국에서 1년간 휴가를 보내라는 지시를 받았다. 미국으로 돌아오는 배에서 일요일 아침 예배 중에 설교하다가 다시 쓰러졌고, 그 배의 의사는 미국에 도착할 때까지 안정을 취하라고 말했다.

미국에서 1년간 휴양한 후에 인도로 돌아가기 위해 길을 나섰다. 돌아오는 길에 마닐라에 들러서 대학생들을 대상으로 전도 집회들을 열었다. 이 집회를 다니던 중에 여러 차례 쓰러졌다. 의사들은 내가 인도로 돌아가면 생명을 부지하기 어렵다고 경고했다. 나는 의사들의 경고에도 아랑곳하지 않고 점점 짙어가는 먹구름 속에서 인도로 향했다.

봄베이에 도착했을 때는 너무 쇠약해져서 곧장 고지로 떠나 몇 달 동안 휴양했다. 그런 다음, 일을 계속하기 위해 평원으로 돌아왔지만 소용없었다. 다시 쓰러지는 바람에 고지로 돌아가 장기간 휴양해야 했다. 또다시 평원으로 내려왔으나 견뎌내지 못했다. 나는 다시금 충격을 받고 무너졌다. 내 몸과 마음, 모든 신경이 완전히 지쳐 있었다. 내게 남은 자원이 완전히 바닥났고 폐인으로 여생을 보내야 할까 봐 두려웠다.

어디선가 도움을 받지 못한다면 선교 사역을 그만두고 미국으로 돌아가 농사를 지으면서 건강을 회복해야 한다고 생각했다. 가히 일생일대의 암흑기라 할만했다. 그 무렵 나는 러크나우에서 연속해서 집회를 열고 있었다.

어느 날 밤 기도하던 중에 내 삶을 송두리째 바꿔놓은 사건이 일어났다. 일반적인 기도를 하는 동안 어떤 음성이 들렸다.

"내가 너를 부른 이 일에 준비가 되었는가?"

나는 이렇게 답변했다.

"아니요, 주님, 저는 글렀어요. 내게 남은 자원이 바닥났습니다."

그 음성은 "네가 그것을 내게 맡기고 걱정하지 않으면 내가 보살펴주겠다"라고 답했다. 나는 얼른 "주여, 당장 맡기겠나이다"고 답했다. 큰 평안이 내 마음에 깃들어 내 온 존재에 스며들었다. 나는 주님이 맡아주신 걸 느낄 수 있었다!

그동안 나는 삶(바쁜 삶)에 사로잡혀 있었다. 그날 밤 잠자코 집으로 걸어가는 동안 나는 한껏 들떠서 거의 둥둥 떠다니는 느낌이었다. 발길 닿는 곳곳이 성지였다. 이후 며칠 동안 내게 몸이 있다는 사실을 인식하지 못했다.

하루 종일 밤늦게까지 일하다가 전혀 피곤함을 느끼지 못했다. 잠자리에 누웠을 때 굳이 잠을 자야 하나라는 의문이 들 정도였다. 생명과 평안, 안식, 다름 아닌 예수 그리스도 그분에게 홀린 것 같았다.

문제는 그 일을 사람들에게 얘기할 것인지 말 것인지였다. 얘기하기가 꺼려졌지만 얘기해야 한다는 느낌이 들었고 그래서 느낀 대로 했다. 이후의 일은 사람들이 결정할 문제였다. 그때부터 내 인생에서 가장 치열한 20년이 흘렀으나 예전의 문제는 다시 나타나지 않았다. 지금처럼 건강했던 적은 없었다.

하지만 그것은 단순히 몸의 느낌만은 아니었다. 내 몸과 마음, 영혼에 새로운 생명력이 저절로 샘솟는 듯했다. 그 일을 경험한 이후 내 삶은 영원히 한 단계 높아졌다. 나는 그저 받아들이기만 했을 뿐 아무것도 하지 않았다!

그때 이후 수년이 지나는 동안, 나는 전 세계를 누비면서 하루에 3회씩 설교한 적이 많았고, 《인도의 길에서 만난 예수 그리스도 The Christ of the Indian Road》를 비롯해 11권의 책을 쓸 수 있는 시간과 힘을 얻었다. 그동안 나는 단 1회도 약속을 어기거나 지각한 적이 없다. 한때 나를 괴롭혔던 걱정은 이미 오래전에 사라졌고, 63세가 된 지금도 내 안에는 다른 사람을 위해 봉사하는 기쁨과 활력이 넘친다.

내가 경험한 육체적, 정신적 변화를 심리적인 측면에서 분석할 수 있을 것이다. 그런 것은 중요하지 않다. 삶은 그런 과정보다 더 크고, 그런 과정에 담을 수 없고, 그런 과정을 무색하게 만든다.

내가 아는 한 가지는 이것이다. 31년 전 러크나우의 그날 밤, 내 삶은 송두리째 바뀌어 행복해졌다. 그때 내 약점과 우울함의 저 깊은 곳에서 한 음성이 내게 말했다.

"네가 그 일을 내게 맡기고 걱정하지 않으면 내가 보살펴 주겠다."

나는 이렇게 답했다.

"주여, 당장 맡기겠나이다."

15

보안관이 현관문에 들어왔을 때

호머 크로이 Homer Croy
소설가

　내 인생에서 가장 쓰라린 순간은 1933년 어느 날 보안관이 현관문으로 들이닥치고 나는 뒷문으로 빠져나올 때였다. 나는 우리 아이들이 태어나고 우리 가족이 18년 동안 살았던, 롱아일랜드 포레스트 힐스의 스탠디시 로드 10번지의 집을 잃었다.

　그런 일이 내게 일어날 줄은 꿈에도 몰랐다. 12년 전만 해도 나는 천하를 얻은 기분이었다. 내 소설《워터 타워의 서쪽 West of the Water Tower》의 판권을 할리우드 최고가에 팔았다. 가족과 함께 2년 동안 해외에서 살았다. 여름에는 스위스에서, 겨울에는 프렌치 리비에라에서 한가로운 부자들처럼 지냈다.

　나는 파리에서 6개월을 보내며《그들은 파리를 보아야 했다 They Had to See Paris》라는 제목의 소설을 썼다. 윌 로저스가 이 소설을 영화화한 작품에 출연했다. 그의 유성 영화 데뷔작이었다. 할리우드에

머물며 윌 로저스의 영화 몇 편을 써달라는 솔깃한 제안을 받았다. 하지만 그 제안을 거절하고 뉴욕으로 돌아왔다. 그리고 문제가 시작되었다.

나는 내게 한 번도 세상 밖으로 나오지 않은 대단한 잠재력이 있다는 생각에 차츰 사로잡혔다. 영리한 사업가로 변신한 내 모습을 그려보기 시작했다. 존 제이콥 애스터 John Jacob Astor가 뉴욕의 공터에 투자해 수백만 달러를 벌었다는 말을 전해 들었다. 애스터는 어떤 인물이었나? 외국인 억양이 역력한 이민자 장사꾼이었다. 그가 할 수 있다면 나라고 못할까? 부자가 될 테다! 나는 요트 잡지를 읽기 시작했다.

나는 무식해서 용감했다. 에스키모가 석유난로에 대해 아는 것이 없듯이 나는 부동산 매매에 대해서 문외한이었다. 내가 과연 화려한 재계에서 첫발을 떼기 위한 자금을 어떻게 마련했을까? 간단했다. 집을 담보로 대출을 받아 포레스트 힐스에서 가장 좋은 대지를 매입했다.

나는 대지를 보유하고 있다가 땅값이 어마어마하게 오를 때 팔아서 호화롭게 살 생각이었다. 코딱지만 한 땅도 팔아본 적이 없는 내가 말이다. 나는 보잘것없는 월급을 받으며 직장에서 노예처럼 일하는 사람들을 불쌍하게 여겼다. 하나님이 천재적인 사업가의 신성한 재능을 모든 사람에게 나누어주지는 않는다고 자신했다.

느닷없이 대공황이 캔자스의 대형 회오리바람처럼 휘몰아쳐서 토네이도가 닭장을 뒤흔들듯이 나를 뒤흔들었다.

나는 그 '선한 대지'에다 매달 220달러를 바쳐야 했다. 매달 돈 내는 날이 얼마나 빨리 돌아오던지! 더구나 저당이 잡힌 집의 상환금을 계속 내야 했고 식비도 마련해야 했다. 걱정이 많았다. 잡지용 유머를 써보려고 했다. 내가 쓴 유머는 예레미야Jeremiah(헤브라이의 비관적 예언자-옮긴이)의 애가처럼 들렸다! 아무것도 팔지 못했다.

내가 쓴 소설은 실패했다. 돈이 떨어졌다. 타자기와 내 금니 외에는 돈을 빌릴 수 있는 담보가 전혀 없었다. 우유 회사는 우유 배달을 중단했고 가스 회사는 가스를 끊었다. 광고에 나오는 작은 캠핑용 난로를 사야 했다. 난로에는 휘발유 실린더가 달려 있었고 손으로 그걸 펌프질하면 성난 거위처럼 쉭쉭 대는 소리와 함께 불길이 솟구쳤다.

석탄이 다 떨어졌고 회사에서는 우리에게 소송을 제기했다. 난방기구라고는 벽난로뿐이었다. 나는 밤중에 밖으로 나가서 부자들이 새로 짓고 있는 집에서 판자와 쓰고 남은 자투리를 주워 오곤 했다. 그런 부자가 되겠다고 나섰던 작자가 말이다.

너무 걱정스러워서 잠이 오지 않았다. 몸이 지치면 잠이 들까 해서 한밤중에 일어나서 몇 시간씩 걸어 다니곤 했다.

나는 매입한 공지뿐만 아니라 그것에 쏟아부은 내 심장의 피마저 잃었다. 은행에서는 우리 집의 저당권을 행사해서 나와 우리 가족을 길거리로 내몰았다. 어찌어찌해서 용케 몇 달러를 구한 우리는 작은 아파트를 임대했고 1933년 마지막 날 이사했다. 나는 이삿짐 상자에 앉아 주변을 둘러보았다. 어머니가 말하던 옛 속담이 떠올랐다.

"엎질러진 물 때문에 울지 마라."

하지만 이건 물이 아니라 내 심장의 피였다! 한참을 앉아 있다가 이렇게 생각했다.

'난 바닥을 쳤고 견뎌냈다. 이제 올라갈 일만 남았다.'

나는 저당권이 내게서 빼앗아 가지 않은 좋은 것들을 떠올리기 시작했다. 내게는 아직 건강과 친구들이 있었다. 나는 다시 시작할 것이다. 과거에 연연하지 않을 것이다. 어머니가 말하던 속담을 매일 되새길 것이다.

걱정에 쏟던 에너지를 일에 쏟았다. 조금씩 상황이 나아지기 시작했다. 지금은 그 모든 비참한 상황을 겪은 게 오히려 고맙다. 덕분에 힘과 인내심, 자신감을 얻었으니 말이다. 이제 바닥을 친다는 것이 어떤 의미인지 안다. 그래도 죽지 않는다는 걸 안다.

우리가 스스로 생각하는 것보다 더 많이 견딜 수 있다는 사실을 안다. 이제는 사소한 걱정과 근심, 불확실성 때문에 불안해지면 이 삿짐 상자에 앉아 '나는 바닥을 쳤고 견뎌냈다. 이제 올라갈 일만 남았다'라고 생각했던 때를 떠올리며 불안을 잠재운다.

이 이야기에 담긴 원칙은 무엇일까? 톱밥을 톱질하려고 애쓰지 마라. 피할 수 없는 것을 받아들여라! 더 내려갈 수 없다면 올라가 볼 수 있다.

16

내 최대 강적은 걱정이었다

잭 뎀프시 Jack Dempsey
미국의 프로 복싱 선수

권투 선수로 활약하는 동안 나는 내가 맞붙었던 헤비급 복서들보다 훨씬 더 힘든 상대는 걱정이라는 사실을 발견했다. 걱정을 멈추는 법을 배워야 하며 그렇지 않으면 걱정이 내 활력을 빼앗고 성공에 걸림돌이 될 수 있음을 깨달았다. 그래서 조금씩 나만의 시스템을 만들었다. 내가 쓴 몇 가지 방법을 소개하겠다.

1. 격려의 말을 내게 해주곤 했다.

링에 오르면 용기를 잃지 않기 위해 경기하는 동안, 피르포Firpo와 시합할 때 계속 이렇게 되뇌었다.

"아무것도 나를 막을 수 없어. 그는 내게 타격을 주지 못해. 그의 주먹은 솜방망이지. 나는 털끝 하나 다치지 않아. 무슨 일이 있어도 멈추지 않을 거야."

이렇게 내게 긍정적인 말을 건네고 긍정적인 생각을 하는 것이 큰 도움이 되었다.

게다가 이러다 보면 정신이 아주 바빠져서 타격을 느끼지 못했다. 선수 생활을 하면서 입술이 부르트고, 눈이 찢어지고, 갈비뼈에 금이 간 적이 있었다. 피르포에게 한 방 맞고 로프 너머로 날아간 적도 있었다. 그 바람에 어떤 기자의 타자기 위로 나가떨어져 타자기를 망가트렸다.

하지만 피르포의 주먹에 단 한 번도 타격감을 느끼지 못했다. 사실 타격감을 느낀 적은 딱 한 번이었다. 레스터 존슨Lester Johnson이 내 갈비뼈 3개를 부러뜨린 날 밤이었다. 주먹을 맞아서 아프지는 않았지만, 숨쉬기는 힘들었다. 솔직히 이때 외에는 링 위에서 타격감을 느낀 적이 전혀 없었다.

2. 걱정해 봐야 부질없다는 사실을 계속 되새긴다.

나는 대부분 큰 시합을 앞두고 훈련하는 동안 걱정했다. 걱정하느라 몇 시간 동안 잠을 이루지 못하고 뒤척이던 밤이 많았다. 1라운드에서 손에 금이 가거나 발목을 삐거나 눈이 심하게 찢어져서 펀치를 조정하지 못할까 봐 걱정하곤 했다. 이렇게 불안해지면 침대에서 일어나 거울을 보며 혼잣말하곤 했다.

"일어나지 않은 일, 일어나지 않을 일로 걱정하다니 너 정말 멍청하구나. 인생은 짧아. 살날이 얼마 남지 않았으니, 인생을 즐겨야지.

건강만큼 중요한 건 없어. 건강만큼 중요한 건 없어."

잠을 못 이루고 걱정하면 건강을 해칠 것이라는 사실을 계속 되새겼다. 날이 바뀌고 해가 바뀔 때마다 이렇게 되뇌다 보니 어느새 그 말이 내 마음속에 깊이 새겨졌고, 씻은 듯이 걱정이 사라졌다.

3. 가장 중요한 것은 기도를 드리는 것이다.

시합에 대비해 훈련하는 동안 나는 항상 하루에 여러 번 기도했다. 시합할 때는 매 라운드 공이 울리기 직전에 기도했다. 덕분에 용기와 자신감을 가지고 싸울 수 있었다. 평생 기도하지 않고 잠자리에 든 날이 하루도 없었다. 먼저 하나님께 감사하지 않고 밥 한 끼 먹은 적이 없다. 내 기도가 응답받았을까? 수천 번 받았다!

17

나는 보육원에 가지 않게 해달라고
하나님에게 기도했다

캐슬린 핼터 Kathleen Halter
주부

어린 시절 내 삶은 공포로 가득했다. 어머니가 심장이 온전치 않아서 매일 정신을 잃고 바닥에 쓰러졌다. 우리는 모두 어머니가 돌아가실까 봐 두려워했다. 나는 어머니를 여읜 여자아이는 모두 우리가 살던 미주리주 워런턴의 센트럴 웨슬리언 보육원으로 보낸다고 믿었다. 그곳에 간다고 생각만 해도 두려웠고, 그래서 6세 때는 줄곧 이렇게 기도했다.

"하나님, 제가 보육원에 가지 않을 만큼 클 때까지 엄마를 데려가지 말아 주세요."

20년 후, 남동생 마이너 Meiner는 중상을 입었고 2년 후에 세상을 떠날 때까지 극심한 고통에 시달렸다. 혼자서는 음식을 먹거나 침대에서 돌아눕지 못했다. 나는 남동생의 고통을 덜어주기 위해 밤낮으로 3시간마다 모르핀 피하주사를 놓아야 했다. 이 일을 2년 동안 했다.

당시 나는 미주리주 워런턴에 있는 센트럴 웨슬리언 칼리지에서 음악을 가르쳤다. 통증으로 괴로워하는 동생의 비명이 들리면 동네 사람들이 학교로 전화를 걸었다. 그러면 나는 수업하다가도 집으로 달려가 동생에게 모르핀 주사를 놓아주곤 했다.

매일 밤 잠자리에 들 때면 3시간 후에 알람이 울리도록 시계를 맞춰놓았다. 잠자리에서 일어나 동생의 수발을 들기 위해서였다. 겨울밤이면 우유 한 병을 창밖에 내놓던 기억이 난다. 그러면 우유가 얼어서 내가 좋아하는 아이스크림으로 변하곤 했다. 알람이 울릴 때면 창밖의 이 아이스크림을 생각하며 잠자리에서 일어날 힘을 얻었다.

이 온갖 어려움 속에서도 나는 자기 연민에 빠지고, 걱정하고, 원망하는 마음으로 내 인생을 비참하게 만들지 않도록 2가지 방법을 썼다.

첫째, 하루에 12~14시간씩 음악을 가르치느라 바쁘게 지냈다. 그러면 내 문제를 생각할 겨를이 없었다. 자기 연민에 빠지고 싶은 마음이 들 때면 이렇게 되뇌었다.

"자, 잘 들어. 네가 걷고, 먹고, 극심한 고통에 시달리지 않는 한, 넌 틀림없이 세상에서 가장 행복한 사람이야. 무슨 일이 일어나더라도 살아있는 동안 절대 이 사실을 잊지 마! 절대! 절대로!"

둘째, 나는 내가 받은 수많은 축복에 무의식적으로 계속 감사하는 태도를 기르려고 내 힘이 닿는 한 무엇이든 실천하기로 결심했다. 매일 아침 눈을 뜨면 상황이 지금보다 더 나빠지지 않은 것에 하나님에게 감사했고, 어려움이 있더라도 미주리주 워런턴에서 가장 행복한 사람이 되겠다고 마음먹었다.

어쩌면 이 목표를 달성하지는 못했을지 모르겠으나, 적어도 우리 마을에서 가장 감사를 많이 하는 젊은 여성이 되는 데는 성공했다. 내 동료들 가운데 나만큼 걱정하지 않는 사람은 드물 것이다.

미주리주의 이 음악 교사는 이 책에서 소개한 2가지 원칙을 적용했다. 즉, 바쁘게 움직여서 걱정할 겨를을 만들지 않았고 자신의 축복에 집중했다. 여러분에게도 이와 똑같은 기법이 도움이 될 수 있다.

18

나는 히스테리를 부렸다

캐머런 십 Cameron Shipp
잡지 기고가

나는 캘리포니아에 있는 워너 브라더스 Warner Brothers 촬영소의 홍보 부서에서 매우 만족스럽게 일하고 있었다. 나는 팀장이자 장편 담당 기자로서 신문과 잡지에 워너 브라더스의 스타들에 관한 기사를 기고했다.

그런데 갑작스럽게 홍보 담당 부국장으로 승진했다. 사실, 관리 정책이 바뀌면서 내게 행정 부국장이라는 인상적인 직책이 주어진 것이었다.

그래서 전용 냉장고가 딸린 대형 집무실과 비서 2명, 그리고 75명의 작가, 개발자, 라디오 담당 직원들에 대한 전적인 권한이 생겼다. 나는 매우 감격했다. 곧장 외출해서 새 정장을 샀다. 품위 있게 말하려고 노력했다. 서류 정리 시스템을 구축하고, 권위 있게 결정을 내리고, 점심을 간단히 먹었다.

나는 워너 브라더스의 모든 홍보 정책이 내게 달려있다고 믿었다. 벳 데이비스Bette Davi, 올리비아 드 하빌랜드Olivia De Havilland, 제임스 캐그니James Cagney, 에드워드 G. 로빈슨Edward G. Robinso, 에롤 플린Errol Flynn, 험프리 보가트Humphrey Bogart, 앤 셰리든Ann Sheridan, 알렉시스 스미스Alexis Smith, 앨런 헤일Alan Hale 같은 유명 인사들의 대내외적인 삶이 전적으로 내 손에 달려있다고 생각했다. 한 달도 채 되지 않아 위궤양이 생겼다. 어쩌면 암일지도 몰랐다.

전쟁 중이었던 그 무렵, 나는 주로 영화 홍보 협회의 전시 활동 위원회 위원장으로 활동했다. 나는 이 일이 좋았다. 협회 회의에서 친구들을 만나는 것이 좋았다. 그런데 이 모임이 두려운 일로 변했다.

회의가 끝날 때마다 심하게 아팠다. 종종 집으로 돌아오는 길에 차를 세우고 정신을 추스른 후에야 다시 차를 몰 수 있었다. 해야 할 일은 너무 많은데 시간이 너무 부족해 보였다. 그것은 무척 중요한 문제였다. 그리고 나는 애처로울 만큼 역부족이었다.

솔직히 말해, 살면서 이렇게 고통스럽게 아팠던 적은 없었다. 나는 내 중요한 문제에는 언제나 인색했다. 체중이 줄었다. 잠을 이루지 못했다. 고통이 계속되었다.

그래서 유명한 내과 전문의를 찾아갔다. 한 홍보부 직원에게 추천 받은 의사였는데 그의 말에 따르면 이 의사의 환자 중에 홍보부 직원이 많았다.

의사는 내가 어디가 아프고 무슨 일을 하는지만 간단하게 물었다.

내 병보다는 내 직업에 더 관심이 있어 보였지만 이내 나는 안심이 되었다. 2주 동안 매일 온갖 검사를 받았다. 문진을 받고, 진찰을 받고, 엑스레이 촬영을 받고, 형광 투시 검사를 받았다. 그리고 마침내 결과를 들으러 오라는 통보를 받았다.

의사가 몸을 젖히고 내게 담배를 권하면서 다음과 같이 말했다.

"우리는 철저하게 검사를 마쳤습니다. 물론 제가 간단한 1차 검사만으로도 위궤양은 아니라는 사실을 알았지만, 반드시 해야 할 검사였어요. 당신이 성격상으로나 직업상으로나 증거를 보여주지 않으면 제 말을 믿지 않을 사람이라는 걸 알았거든요. 보여드리죠."

그러고는 차트와 엑스레이를 보여주며 설명했다. 내게 궤양이 없다는 증거를 보여주었다. 그는 이렇게 덧붙였다.

"비용이 많이 드는 검사지만 그만한 가치가 있습니다. 처방전은 이겁니다. 걱정하지 마세요."

내가 토를 달려는 순간 의사가 내 말을 끊었다.

"당신이 당장 처방을 따를 수는 없을 테니 제가 의지가 될 만한 약을 좀 드리겠습니다. 벨라도나(진통제 따위의 제재-옮긴이)가 들어 있어요. 원하는 만큼 드세요. 다 떨어지면 또 오세요. 더 드리겠습니다. 몸에 해롭진 않을 거예요. 이걸 먹으면 언제든 편안해질 겁니다.

하지만 기억하세요. 약은 필요 없어요. 걱정만 멈추면 됩니다. 걱정이 다시 시작되면 여기로 다시 오셔야 하고, 나는 다시 진료비를 비싸게 청구할 겁니다. 어떠신가요?"

그날 그 교훈이 효과를 발휘해 내가 곧바로 걱정을 그만두었다고 말할 수 있다면 좋겠지만 나는 그러지 못했다. 몇 주 동안 걱정거리가 떠오를 때마다 약을 먹었다. 약은 효과가 있었다. 단번에 기분이 나아졌다.

그러나 이 약을 먹는 게 바보처럼 느껴졌다. 나는 몸집이 크다. 에이브러햄 링컨만큼 키가 크고 몸무게는 90kg에 육박한다. 그런데도 긴장을 풀기 위해 작은 흰색 알약을 먹고 있었다. 히스테리를 부리고 있었다. 친구들이 왜 약을 먹느냐고 물어도 사실대로 말하기가 창피했다. 점차 나는 자신을 비웃기 시작했다. 나는 이렇게 되뇌었다.

'이봐, 캐머런 십, 넌 바보처럼 행동하고 있어. 너 자신과 네 사소한 활동을 너무 지나치고 심각하게 받아들이고 있다고. 벳 데이비스와 제임스 캐그니, 에드워드 G. 로빈슨은 네가 홍보를 맡기 전부터 이미 세계적으로 유명했고, 네가 오늘 밤 돌연사한다 해도 워너 브라더스와 스타들은 아무렇지도 않을 거야.

아이젠하워Eisenhower, 마셜Marshall 장군, 맥아더MacArthur, 지미 둘리틀Jimmy Doolittle, 킹King 제독을 봐. 약에 의지하지 않고 전쟁을 지휘하고 있잖아. 그런데 넌 작은 흰 알약을 안 먹으면 위경련이 나서 영화 홍보 협회 전시 활동 위원회 위원장 역할도 제대로 못 하는구나.'

나는 약에 의지하지 않고 별 탈 없이 지내는 내가 자랑스럽게 느껴졌다. 얼마 지나지 않아 약을 하수구에 버렸고 매일 밤 퇴근하면 저녁을 먹기 전에 잠깐 눈을 붙이면서 차츰 정상적으로 생활하기 시작했다. 여태껏 그 의사를 다시 찾아간 적이 없다.

  하지만 나는 당시로서는 터무니없이 비싼 것 같은 진료비가 아깝지 않다. 그 의사는 나를 스스로 비웃는 법을 가르쳐주었다. 그러면서도 전문가답게 나를 비웃지 않았고, 내게 걱정할 게 없다고 말하지 않았다.

  나를 진지하게 대했다. 내 체면을 지켜주었다. 작은 상자에 약을 담아주었다. 나는 이제야 깨달았지만, 그는 그때 이미 그 바보 같은 약이 아니라 내 마음가짐의 변화가 치료법이라는 사실을 잘 알고 있었다.

  이 이야기에서 배울 점은 지금 약을 먹고 있는 많은 사람이 차라리 7장을 읽고 긴장을 푸는 편이 더 낫다는 사실이다.

19

나는 설거지하는 아내를 보면서 걱정을 그만두었다

윌리엄 우드 William Wood
목사

몇 년 전, 나는 복통으로 심하게 고생했다. 이 극심한 통증 때문에 잠을 이룰 수가 없어서 밤마다 2~3회씩 잠에서 깼다. 아버지가 위암으로 돌아가시는 걸 지켜보았고, 나도 위암이나 적어도 위궤양에 걸릴까 봐 두려웠다. 검사를 받으러 미시간주 페토스키에 있는 번스 클리닉에 갔다.

위장 전문의인 릴가 Lilga 박사가 형광 투시기로 나를 검사하고 위장 엑스레이를 찍었다. 그는 수면제를 주면서 위궤양이나 암이 아니라고 나를 안심시켰다. 그는 정서적인 중압감 때문에 위통이 생긴 거라고 말했다. 내가 목사라는 점을 고려해 다음과 같은 문제부터 묻기 시작했다.

"교회 위원회에 괴팍한 노인네가 있나요?"

그는 내가 너무 많은 일을 하려고 애쓰고 있다고 짚어주었다. 나도 이미 알고 있는 사실이었다. 나는 주일마다 설교하고 교회의 다양한 활동을 책임지는 것 외에도, 적십자 위원장과 키와니스 클럽(미국·캐나다의 실업가 사교 단체 – 옮긴이) 회장을 맡고 있었다. 매주 2~3회의 장례식과 다른 여러 활동도 주관했다.

나는 일하면서 끊임없이 중압감을 느꼈다. 한시도 긴장을 늦출 수 없었다. 언제나 긴장하고, 조급해하고, 신경을 곤두세웠다. 사사건건 걱정하는 지경에 이르렀다. 끊임없는 혼란 속에서 살았다. 너무 고통스러웠던 상황이라, 나는 기꺼이 릴가 박사의 조언을 따랐다. 매주 월요일을 쉬었고 이런저런 책임과 활동을 그만두기 시작했다.

어느 날 책상을 정리하고 있었는데 아주 기발한 아이디어가 떠올랐다. 오래된 설교 초안과 지금은 다 지나간 사안에 관한 메모의 더미를 훑어보며 하나씩 구겨서 쓰레기통에 던져넣던 중이었다. 그러다 문득 하던 일을 멈추고 이렇게 생각했다.

'빌, 걱정거리도 이 메모들처럼 처리하면 어떨까? 어제의 문제에 대한 걱정들을 구겨서 쓰레기통에 던져버리면 어떨까?'

나는 그 아이디어에서 곧바로 영감을 얻었다. 어깨에서 무거운 짐을 내려놓은 듯한 기분이 들었다. 그날부터 나는 이제 어찌할 도리가 없는 문제를 모조리 쓰레기통에 버리는 것을 규칙으로 삼았다.

그러던 어느 날 아내가 설거지할 때 접시를 닦다가 또 다른 아이디어가 떠올랐다. 아내는 설거지하면서 노래를 부르고 있었는데 나는 이렇게 생각했다.

'빌, 아내가 얼마나 행복해하는지 봐봐. 우리가 결혼한 지 18년인데 아내는 그동안 내내 설거지했지. 우리가 결혼했을 때 아내가 앞으로 18년 동안 설거지해야 할 그릇들을 미리 내다봤다고 생각해봐. 더러운 설거지 더미가 헛간보다 더 높이 쌓였겠지. 여자라면 그런 모습을 상상만 해도 소름이 끼쳤을 거야.'

그러고 나서 또 이렇게 생각했다.

'아내가 설거지에 개의치 않는 것은 한 번에 하루치 설거지만 하기 때문이지.'

뭐가 내 문제였는지 알 수 있었다. 나는 오늘 설거지, 어제 설거지, 아직 더러워지지 않은 설거지까지 한꺼번에 씻으려고 했다.

얼마나 어리석게 행동하고 있었던가. 일요일 아침이면 설교단에 서서 다른 사람들에게 어떻게 살아야 하는지를 이야기하면서, 정작 나는 긴장하고, 걱정하고, 조급해하며 살고 있었다. 자괴감이 들었다.

나는 더 이상 걱정 때문에 괴로워하지 않는다. 복통과 불면증도 사라졌다. 이제 어제의 걱정을 구겨서 쓰레기통에 던져버리고, 내일의 더러운 그릇을 오늘 설거지하려고 애쓰지 않는다.

이 책의 앞부분에서 인용한 문장을 기억하는가?

"내일의 짐에 어제의 짐까지 얹어서 오늘 짊어지고 간다면 아무리 튼튼한 사람이라도 휘청거릴 수밖에 없다."

굳이 내일과 어제의 짐을 모두 지는 것을 시도할 필요가 있을까?

20

계속 바쁘게 움직여라!

델 휴스 Del Hughes
공인회계사

1943년, 나는 갈비뼈 3개가 부러지고 폐에 구멍이 뚫린 채 뉴멕시코주 앨버커키의 한 보훈병원에 입원한 적이 있다. 하와이 제도에서 해병대 상륙 훈련을 진행하던 중에 사고가 일어났다.

나는 바지선에서 해변으로 뛰어내리려고 준비하고 있었는데, 그 순간 큰 파도가 밀려와 바지선이 솟구치는 바람에 균형을 잃고 모래사장에 곤두박질쳤다. 충격이 너무 심해서 부러진 갈비뼈 1개가 오른쪽 폐를 찌르고 말았다.

3개월 동안 입원한 후에 나는 내 평생 가장 충격적인 상황을 겪었다. 의사들은 내가 전혀 차도를 보이지 않는다고 말했다. 한동안 진지하게 생각해 보니 병세가 호전되지 않는 게 걱정 때문인 것 같았다. 나는 매우 활동적인 생활에 익숙해져 있었는데, 입원을 했던 3개월 동안은 하루 24시간 내내 누워서 생각하는 것밖에 할 일이 없었다.

생각이 많아질수록 걱정이 점점 심해졌다. 과연 내가 이 세상에서 내 자리를 찾을 수 있을지 걱정스러웠다. 평생 장애를 안고 살아야 하는 것은 아닌지, 결혼해서 정상적인 삶을 살 수 있을지 걱정스러웠다.

나는 주치의에게 이른바 '컨트리클럽'이라는 옆 병동으로 옮겨달라고 부탁했다. 그곳에서는 환자들이 하고 싶은 일이라면 거의 무엇이든지 할 수 있었기 때문이다.

이 '컨트리클럽' 병동에서 지내는 동안 나는 콘트랙트 브리지에 흥미가 생겼다. 6주 동안 게임을 배우고, 다른 동료들과 브리지를 즐기고, 브리지에 관한 컬버슨Culbertson의 책을 읽으며 시간을 보냈다. 6주가 지난 후에는, 퇴원할 때까지 거의 매일 저녁 게임을 했다. 유화에도 흥미가 생겨서 매일 오후 3시부터 5시까지 강사에게 유화를 배웠다. 내가 그린 그림 중에 몇 개는 꽤 수작이라서 여러분이 봐도 그게 무슨 그림인지 웬만하면 맞출 수 있을 것이다!

이 외에도 비누와 나무로 조각을 해보고, 조각에 관한 책을 여러 권 읽었는데 무척 매력적이었다. 내 몸 상태에 대해 걱정할 겨를이 없을 만큼 바쁘게 지냈다. 적십자사에서 내게 준 심리학 관련 책까지 읽을 시간이 생겼다. 3개월이 지날 무렵, 전 의료진의 축하를 받을 정도로 병세가 "놀랄 만큼 호전되었다." 세상에 태어난 후에 그렇게 기분 좋은 말을 들어본 적이 없었다. 환호성을 지르고 싶을 만큼 기뻤다.

내가 말하고자 하는 요점은 이것이다. 누워서 미래를 걱정하는 것

외에 아무 할 일이 없을 때는 전혀 차도가 없었다. 나는 내 몸을 걱정으로 망치고 있었다. 부러진 갈비뼈마저 아물지 않았다. 하지만 내가 콘트랙트 브리지, 유화, 나무 조각 등으로 마음을 다스리자마자 의사들의 말처럼 "놀랄 만큼 호전되었다."

나는 이제 평범하게 건강한 삶을 살고 있고 폐도 어떤 사람에 못지않게 좋아졌다. 조지 버나드 쇼 George Bernard Shaw의 말을 기억하는가?

"비참해지는 비결은 자신이 행복한지 아닌지에 대해 굳이 신경 쓸 여유를 가지는 것이다."

계속 움직여라, 계속 바쁘게 지내라!

21

시간이 약이다

루이스 T. 몬탠트 2세 Louis T. Montant, Jr.
세일즈 및 마케팅 분석가

나는 걱정 탓에 내 인생의 10년을 잃어버렸다. 그 10년은 18~28세까지 젊은이들의 인생에서 가장 풍요롭고 풍족한 시기여야 했다.

그 세월을 잃어버린 것이 누구의 잘못도 아닌 바로 내 잘못이었음을 이제야 깨닫는다. 나는 직업, 건강, 가족, 열등감 등 모든 것을 걱정했다. 너무 소심해서 아는 사람과 마주치지 않으려고 엉뚱한 길로 가곤 했다. 길에서 친구를 만나면 이따금 못 본 척했다. 상대가 나를 못 본 척 무시할까 봐 두려웠기 때문이다.

낯선 사람을 만나는 게 너무 두려워서(낯선 사람이 있으면 몹시 겁이 나서) 2주 동안 3회의 취업 면접에서 모두 떨어졌다. 그저 미래의 고용주에게 내가 어떤 일을 할 수 있는지 말할 배포가 없었기 때문이다.

그러던 8년 전 어느 날 오후, 한나절 만에 걱정을 극복했고 그 이후로는 걱정을 거의 모르고 살았다. 그날 오후, 나는 한 남자의 집무실에 있었다. 내 평생 겪은 것보다 훨씬 더 많은 어려움을 겪었지만 내가 아는 누구보다 쾌활한 사람이었다.

그는 1929년에 큰돈을 벌었다가 한 푼도 남김없이 모두 날렸다. 1933년에 또 한 번 큰돈을 벌었다가 또 날렸다. 1937년에 다시금 큰돈을 벌었고 다시 다 날렸다. 파산한 그는 경쟁자와 채권자에게 쫓기는 신세가 되었다. 어떤 사람은 완전히 무너져 자살할 법한 문제를 겪고도 그는 끄떡도 없었다.

8년 전 그날, 그의 집무실에 앉아 있을 때 나는 그가 부러웠고 하나님이 나를 그 사람처럼 만들어주셨다면 좋았겠다고 아쉬워했다.

이야기를 나누던 중에 그는 그날 아침 받은 편지 한 통을 내게 툭 던지며 "읽어보라"라고 말했다.

잔뜩 화가 나서 몇 가지 당황스러운 문제를 제기하는 편지였다. 내가 그런 편지를 받았다면 통제력을 잃었을 것이다. 나는 빌에게 어떻게 답장할 거냐고 물었다.

빌의 대답은 이러했다.

"제가 소소한 비법 하나 알려드릴게요. 앞으로 정말 걱정스러운 일이 생기면 연필과 종이를 꺼내서 자리에 앉으세요. 그리고 걱정스러운 게 무엇인지 자세히 적어보세요. 그러고 나서 그 종이를 책상 오른쪽 아래 서랍에 넣으세요. 몇 주 정도 기다렸다가 살펴보세요. 적어 놓은 내용을 읽어도 여전히 걱정된다면 그 종이를 다시 오른쪽 아래 서랍에 넣으세요. 다시 2주 동안 거기 두세요. 그 종이는 서랍 안에서 무사할 겁니다. 그것에는 아무 일도 일어나지 않을 거예요.

하지만 그동안에 당신을 걱정시키는 문제에는 많은 일이 일어날 수 있죠. 내가 깨달은 바로는, 인내심만 있다면 날 괴롭히던 걱정거리는 대개 바늘로 찌른 풍선처럼 찌부러질 겁니다."

아주 인상적인 조언이었다. 나는 지금까지 몇 년 동안 빌의 조언을 실천했고, 덕분에 어떤 일이든 거의 걱정하지 않는다. 시간이 약이다. 오늘 여러분의 걱정거리에도 시간이 약일 수 있다.

22

나는 입도 벙끗하지 말고 손가락 하나 까딱하지 말라는 경고를 받았다

조지프 L. 라이언 Joseph L. Ryan
로열 타자기 회사 해외사업부 관리자

몇 년 전, 나는 한 소송의 증인이었는데, 나는 그 소송 때문에 정신적인 부담과 걱정이 많았다. 재판이 끝나고 기차에 올라 집으로 돌아오던 중에 갑자기 심하게 쓰러졌다. 심장에 문제가 생긴 것이었다. 도무지 숨을 쉴 수가 없었다.

집에 도착해서 의사한테 주사를 맞았다. 거실 소파에서 한 발짝도 움직일 수 없어서 침대에 눕지도 못했다. 의식을 되찾았을 때 마지막 고해 성사를 위해 이미 도착한 본당 신부님의 모습이 보였다!

가족들은 망연자실해서 슬픈 표정을 짓고 있었다. 내가 살날이 얼마 남지 않았다는 감이 왔다. 나중에 알았는데 의사는 아내에게 내 목숨이 30분도 남지 않았다며 마음의 준비를 하라고 말했다고 했다. 입도 벙끗하지 말고 손가락 하나도 까딱하지 말라는 경고를 받을 만큼 내 심장이 약해져 있었다.

나는 한순간도 성인처럼 살지 못했지만 한 가지만은 이미 배웠다. '하나님과 다투지 말라.'

그래서 나는 눈을 감고 이렇게 기도했다.

"당신의 뜻이 이루어지소서. 지금 그래야만 한다면, 당신의 뜻이 이루어지소서."

기도를 끝내자마자 모든 게 편안해지는 듯했고 두려움이 사라졌다. 그래서 이제 어떤 최악의 상황이 벌어질 수 있을지 스스로 물어보았다. 극심한 통증과 함께 경련이 재발하는 것이 최악의 상황일 것이다.

이런 상황이 오면 모든 게 끝날 것이다. 나는 내 창조주를 만나서 이내 평안을 얻을 것이다.

그 소파에 누워 1시간을 기다렸는데 통증이 재발하지 않았다. 결국 나는 지금 죽지 않는다면 앞으로 어떻게 살아야 할지 생각하기 시작했다.

그리고 건강을 되찾기 위해 모든 노력을 다하기로 마음먹었다. 더 이상 긴장과 걱정으로 나를 못살게 굴지 않고 체력을 회복하기로 마음먹었다.

그게 4년 전 일이었다. 나는 주치의조차도 내 심전도의 수치를 보고 놀랄 만큼 체력을 회복했다. 더 이상 걱정하지 않는다. 삶에 대한 새로운 열정이 생겼다.

솔직히 말해서 코앞에 닥친 죽음이라는 최악의 상황을 직시하지 않았다면, 그리고 그것을 개선하기 위해 노력하지 않았다면, 나는 지금 이 자리에 있지 못했을 것이다. 최악의 상황을 받아들이지 않았다면 두려움과 공포로 목숨을 잃었을 것이다. 라이언이 마법의 공식에 설명된 원리인 '일어날 수 있는 최악의 상황을 직시하라'를 활용한 덕분에 지금껏 살아있다.

23

나는 훌륭한 정리자다

오드웨이 티드 Ordway Tead
뉴욕시 고등교육위원회 위원장

걱정은 습관이다. 나는 이 습관을 오래전에 고쳤다. 내가 걱정하지 않는 습관을 기른 것은 크게 3가지 때문이다.

1. 나는 너무 바빠서 자기 파괴적인 불안에 빠져 허덕일 여유가 없다.

주로 3가지 활동을 하는데, 사실상 모두 정규직처럼 일해야 하는 활동이다. 나는 컬럼비아대학교에서 강의하는 한편, 뉴욕시 고등교육위원회 위원장을 맡고 있다.

이뿐만 아니라 하퍼 앤드 브라더스 Harper and Brothers라는 출판사의 경제사회 도서 부서를 책임지고 있다. 이 3가지 활동을 병행하다 보면 해야 할 일이 끊이지 않아서, 초조해하고 속을 끓이며 아무런 성과도 없이 시간을 허비할 수 없다.

2. 나는 훌륭한 정리자다.

한 작업에서 다른 작업으로 전환할 때는 이전 문제에 관한 걱정은 모조리 정리한다. 한 활동에서 다른 활동으로 전환할 때 신선한 자극을 얻는다. 마음이 편안해진다. 머리가 맑아진다.

3. 나는 퇴근할 무렵에 이 모든 문제를 머릿속으로 정리하는 훈련을 했다.

문제는 언제나 일어난다. 해결되지 않은 문제들이 항상 내게 주의를 기울이라고 요구한다. 매일 밤, 이런 문제들을 집까지 끌고 가서 걱정하다 보면 건강이 나빠져서 대처 능력을 모두 잃을 수 있다.

오드웨이 티드는 4가지 좋은 업무 습관의 대가다. 이 습관들이 무엇인지 기억하는가?

24

걱정을 멈추지 않았다면 나는 오래전에 무덤에 들어가 있었을 것이다

코니 맥 Connie Mack
미국의 전 프로 야구 선수, 감독

나는 프로야구에 입문한 지 63년이 넘었다. 1880년대에 처음 시작할 무렵에는 정해진 급여가 없었다. 공터에서 경기하다 보니 깡통과 버려진 물건에 발이 걸려 넘어졌다. 경기가 끝나면 모자를 돌려 모금했다.

그렇게 걷은 돈은, 특히 홀어머니와 동생들을 부양해야 하는 나 같은 가장에게는 너무 부족했다. 이따금 야구팀이 명맥을 유지하기 위해 딸기 만찬이나 해산물 파티 같은 행사를 열어야 했다.

나는 걱정거리가 무척 많았다. 나는 7년 연속 꼴찌를 한 유일한 야구 감독이다. 8년 동안 800경기에서 패배한 유일한 감독이다. 연패하고 나면 밥도 못 먹고 잠도 못 잘 정도로 걱정하곤 했지만 25년 전부터는 걱정을 그만두었다. 솔직히 그때 걱정을 멈추지 않았다면 나는 오래전에 무덤에 들어가 있었을 것이다.

내 긴 생애를 돌아보면(나는 링컨이 대통령이었을 때 태어났다) 내가 걱정을 극복할 수 있었던 건 다음과 같이 했기 때문이었다.

1. 걱정이 얼마나 부질없는 것인지 알았다.
걱정해서는 아무것도 얻을 수 없고 내 경력을 망칠 수 있다는 걸 알았다.

2. 걱정 때문에 건강을 해칠 수 있다는 걸 알았다.

3. 계획하고 노력하느라 너무 바빴다.
앞으로 치를 경기에서 이기기 위해 계획하고 노력하느라 너무 바빠서 이미 진 경기에 대해 걱정할 겨를이 없었다.

4. 나는 경기가 끝나고 하루 동안은 선수의 실수를 지적하지 않는 것을 규칙으로 정했다.
초창기에는 선수들과 함께 탈의실을 썼다. 경기에 패배하는 날은 자제하지 못하고 선수들을 비난하거나 선수들과 심하게 다투었다. 그러고 나면 걱정만 많아졌다. 다른 선수들 앞에서 어떤 선수를 비판하면서 그의 협동심을 끌어내지 못하고 화만 돋우었다.
패배한 직후에는 내가 자제하지 못하고 말을 가리지 않았기 때문에, 그때는 선수들과 마주치지 않기로 했다. 하루가 지난 후에 선수들과 전날의 패배를 분석했다. 그때쯤이면 마음이 진정되어서 실수가 크게 보이지 않았고 차분하게 이야기를 나눌 수 있었다. 선수들도 화를 내거나 자신을 방어하려고 애쓰지 않았다.

5. 흠을 잡으면서 선수들을 비방하기보다는 칭찬으로 선수들을 분발시키려고 노력했다.

모든 사람에게 긍정적인 말을 하려고 노력했다.

6. 내가 피곤할 때 걱정이 더 많아진다는 사실을 발견했다.

그래서 나는 매일 밤 10시간은 침대에 누워 있고 오후에는 낮잠을 잔다. 단 5분의 낮잠이라도 도움이 많이 된다.

7. 나는 계속 움직임으로써 걱정을 피하고 수명을 늘릴 수 있었다고 믿는다.

나는 85세이지만 이미 했던 말을 되풀이하는 때가 오면 그때 은퇴할 것이다. 그게 늙었다는 증거가 될 테니 말이다.

코니 맥은 걱정을 멈추는 법에 관한 책을 읽은 적이 없는 사람이라서 자기만의 규칙을 만들었다. 과거에 도움이 되었던 규칙을 목록으로 만들고 아래에 적어 보면 어떨까?

나만의 걱정 극복법

1 ----

2 ----

3 ----

4 ----

25

한 번에 하나씩, 신사 여러분, 한 번에 하나씩

존 호머 밀러 John Homer Miller
《너 자신을 보라》의 작가

나는 몇 년 전, 걱정으로부터 도망치려 해서는 걱정에서 벗어날 수 없고, 걱정에 대한 마음가짐을 바꾸면 걱정을 없앨 수 있다는 사실을 발견했다. 걱정은 내 밖이 아니라 내 안에 있다.

세월이 흐르면서 나는 시간이 지나면 대부분의 걱정이 저절로 해결된다는 사실을 깨달았다. 사실 일주일 전에 무슨 걱정을 했는지 기억하기 어려울 때가 많다. 그래서 1가지 규칙이 생겼다. 적어도 일주일이 지날 때까지는 어떤 문제에 대해 초조해하지 말자.

물론 어떤 문제를 단번에 일주일 동안 완전히 잊을 수는 없지만 내 정신이 문제에 지배당하지 않도록 막을 수 있다. 미리 정해 놓은 일주일이 지나면 문제가 저절로 해결되거나 혹은 내 마음가짐이 많이 바뀌어 그 문제 때문에 더 이상 괴로워하지 않기 때문이다.

나는 위대한 의사이자 예술가였던 윌리엄 오슬러 William Osler 경의 철학을 읽으면서 큰 도움을 받았다. 그는 가장 위대한 예술이라 할 수 있는, 삶의 예술에 대한 철학이 있었다. 나는 걱정을 떨쳐낼 때 그의 말에서 길을 찾았다. 윌리엄 경은 그를 기리기 위해 마련된 한 만찬에서 다음과 같이 말했다.

"내가 성공을 거둔 것은 무엇보다 오늘의 일을 차분히 시작하고, 최선을 다해 잘 해내려고 노력하고, 미래는 미래의 손에 맡길 힘이 있었기 때문이었습니다."

나는 지금껏 문제를 처리할 때 아버지가 이야기하던 늙은 앵무새의 말을 좌우명으로 삼았다. 펜실베이니아의 한 사냥 클럽에서 앵무새를 새장에 넣어 출입문 위에 매달아두었다. 앵무새는 클럽 회원들이 문을 통과할 때마다 매번 자기가 아는 유일한 문구를 반복했다.

"한 번에 하나씩, 신사 여러분, 한 번에 하나씩."

아버지는 내게 내 문제도 그런 식으로 해결하라고 가르쳤다. 나는 한 번에 하나씩 문제를 해결하면 긴박한 업무와 끝없는 약속 속에서 침착함과 평정심을 유지하는 데 도움이 된다는 사실을 발견했다.

"한 번에 하나씩, 신사 여러분, 한 번에 하나씩."

이 이야기에서도 다시금 걱정을 극복하는 1가지 기본 원칙이 나온다. 1장에 나온 '오늘 하루를 충실하게 살아라' 부분으로 돌아가 다시 읽어보면 어떨까?

26

나는 이제 녹색 신호를 찾는다

조지프 M. 코터 Joseph M. Cotter
삶의 방식을 완전히 바꾼 일리노이주의 주민

나는 어린 시절부터 시작해서 청년기에 접어들었을 때 그리고 성인이 된 후에도 걱정의 달인이었다. 내 걱정은 다양했다. 개중에는 현실적인 걱정도 있었지만, 대부분은 가상의 걱정이었다. 드물게는 걱정할 게 전혀 없었는데, 그럴 때면 내가 무언가를 간과하는 것은 아닌지 두려워서 걱정하곤 했다.

그러다가 2년 전, 나는 삶의 방식을 바꾸었다. 그러기 위해 내 장단점에 대한 자기 분석, 다시 말해 나에 대한 '탐색적이고 두려움 없는 도덕적 목록'을 만들어야 했다. 이를 통해 이 모든 걱정의 원인이 무엇인지 명확히 알 수 있었다.

사실 나는 오늘만을 위해 살지 못했다. 어제의 실수 때문에 초조해하고 미래를 두려워했다. "오늘이 바로 어제 걱정했던 내일"이라는 말을 누차 들었다. 하지만 이 말이 도무지 내게는 효과가 없었다. 24

시간 프로그램에 따라 생활하라는 조언을 받았다. 오늘이 내가 통제할 수 있는 유일한 날이니 매일 주어진 기회를 최대한 활용해야 한다는 말을 들었다.

그렇게 하면 너무 바빠져서 다른 날(과거나 미래)에 대해 걱정할 겨를이 없을 거라는 말도 들었다. 모두 논리적인 조언이었지만 왠지 이 지긋지긋한 말들을 실천에 옮기기가 어려웠다.

그러던 중에 마치 어둠 속에서 울리는 총성처럼 나는 답을 찾았다. 어디에서 찾았을까? 1945년 5월 31일 오후 7시, 노스웨스턴 철도의 어느 플랫폼이었다. 그 순간은 내게 중요한 시간이었고 그래서 그 순간을 생생하게 기억한다.

우리는 친구 몇 명을 역까지 배웅하는 중이었다. 친구들은 휴가를 마치고, 유선형 열차인 '시티 오브 로스앤젤레스'를 타고 떠날 예정이었다. 그해에는 전쟁이 아직 끝나지 않았고 인파가 대단했다. 나는 아내와 함께 열차에 오르지 않고 기차 앞쪽을 향해 선로를 따라 거닐었다.

번쩍이는 대형 엔진을 잠시 바라보며 서 있었다. 그러다 선로를 내려다보니 큼지막한 신호기가 눈에 띄었다. 황색 신호등이 보였다. 황색 불빛은 곧바로 밝은 녹색으로 바뀌었다. 그 순간 기관사가 종을 울리기 시작했다. 귀에 익은 "전원 탑승!"이라는 소리가 들리더니 순식간에 거대한 유선형 열차가 역을 빠져나가며 3,700km의 장정을 시작했다.

내 머리가 돌아가기 시작했다. 무언가가 어렴풋이 이해되기 시작했다. 내게 기적 같은 일이 일어나고 있었다. 나는 문득 깨달음을 얻었다. 열차의 기관사가 내가 찾던 해답을 준 것이다. 그는 오로지 녹색 신호만 보고 그 긴 여정을 시작했다. 내가 그 기관사였다면 여행하는 동안 내내 녹색 신호를 보고 싶을 것이다.

물론 그건 불가능한 일이다. 그런데도 나는 내 인생에서 녹색 신호만 찾으려고 노력했다. 내 앞에 무엇이 놓여있는지를 확인하려고 너무 열심히 애쓰다 보니 아무 데도 가지 못하고 역에만 머물고 있었다.

생각이 꼬리를 물고 떠올랐다. 기관사는 몇 km 앞에 마주칠 수 있는 문제에 대해 걱정하지 않았다. 십중팔구 몇 차례 연착하거나 서행해야 할 때가 있겠지만 그게 신호 체계가 존재하는 이유가 아니겠는가? 황색 신호 – 속도를 줄이고 서행하라. 적색 신호 – 전방에 위험이 있으니 정지하라. 그것이 기차 여행의 안전을 보장했다. 훌륭한 신호 체계 말이다.

나는 왜 내 인생에 훌륭한 신호 체계가 없었는지 스스로 물어보았다. 답을 찾고 보니 내게도 하나가 있었다. 하나님이 내게 주신 것이었다. 그분이 통제하는 신호 체계이니 절대적으로 안전하다. 나는 녹색 신호를 찾기 시작했다. 어디서 찾을 수 있을까? 하나님이 녹색 신호를 창조하셨다면 그분에게 물어보아야 하지 않을까? 나는 바로 그렇게 했다.

그리고 지금은 매일 아침 기도함으로써 그날의 녹색 신호를 받는다. 가끔은 서행하라는 황색 신호를 받는다. 가끔은 적색 신호를 받고 충돌하기 전에 멈추기도 한다. 2년 전 이것을 발견한 그날 이후로는 나는 더 이상 걱정하지 않는다.

2년 동안 내게 700회가 넘는 녹색 신호가 켜졌고 다음 신호가 어떤 색일지 걱정할 필요가 없어져서 삶의 여정이 훨씬 편안해졌다. 어떤 색이든 간에 나는 내가 무엇을 해야 할지 알 테니 말이다.

27

록펠러는 어떻게 45년을
덤으로 살았을까

존 D. 록펠러 John D. Rockefeller
스탠더드 오일 컴퍼니 창업가

 록펠러는 33세의 나이에 처음으로 100만 달러를 모았다. 43세의 나이에 그는 세계 최대의 독점 기업인 스탠더드 오일 컴퍼니 Standard Oil Company를 설립했다. 그런데 53세가 되었을 때 그의 현주소는 어디였을까? 53세의 그는 걱정에 사로잡혔다. 걱정과 긴장도가 높은 생활 탓에 이미 그의 건강은 망가졌다. 그의 전기 작가 중의 한 명인 존 윙클러 John K. Winkler는 53세의 그가 "미라처럼 보였다"고 말한다.

 53세의 록펠러는 심지어 정체불명의 소화기 질환에 걸려 속눈썹과 듬성듬성한 눈썹만 남기고 털이 모두 빠져 버렸다. 윙클러는 "상태가 너무 심각해서 한때 록펠러는 어쩔 수 없이 인간의 모유로 연명해야 할 정도였다"고 말한다.

 의사들은 그가 신경성 탈모증에 걸렸다고 말했다. 민머리가 고스란히 드러난 그의 모습이 너무 민망해서 그는 머리쓰개를 쓰고 다녔다. 나중에는 개당 500달러짜리 가발을 여러 개 제작했고, 이 은색 가발을 평생 쓰고 다녔다.

록펠러는 본디 강철 체질을 타고났다. 농장에서 자란 그는 한때 건강한 어깨와 곧은 자세, 힘차고 빠른 걸음걸이의 소유자였다.

하지만 대다수 남자에게는 한창때인 고작 53세에 그의 어깨는 축 처졌고 걸음걸이는 비척거렸다. 그의 또 다른 전기 작가인 존 T. 플린John T. Flynn은 "유리잔에 비친 그의 모습은 영락없는 노인네였다"라고 말한다. 끊이지 않는 일, 끝없는 걱정, 혹사의 연속, 불면의 밤, 부족한 운동과 휴식이 그를 굴복시켰다.

그는 이제 세계 최대 갑부가 되었지만, 거지마저도 퇴짜를 놓을 만한 음식으로 연명해야 했다. 당시 그의 일주일 수입은 100만 달러였으나 그가 일주일 동안 먹을 수 있는 음식은 다 합쳐도 2달러어치였을 것이다.

산성화 우유와 비스킷 몇 개가 의사가 그에게 허용한 전부였다. 그의 피부는 제 빛깔을 잃었고 오래된 양피지로 뼈를 조여 맨 것처럼 보였다. 그가 53세의 나이에 죽지 않을 수 있었던 것은 비싼 돈으로 살 수 있는 최고의 의료 서비스 덕분이었다.

어떻게 그런 일이 일어났을까? 걱정, 충격, 스트레스가 많고 긴장도가 높은 생활 때문이었다. 그는 그야말로 무덤가까지 자신을 '몰고' 갔다. 록펠러는 23세에 이미 불굴의 투지로 목표를 추진했고 지인들의 말에 따르면 "유리한 거래를 맺었다는 소식 외에 그의 얼굴에 화색이 돌게 하는 것은 전혀 없었다."

그는 큰 수익이 생기면 모자를 바닥에 내던지고 겅중거리며 승전의 춤을 추곤 했다. 그러나 손해를 보면 몸져누웠다! 한번은 오대호를 경유해서 4만 달러 상당의 곡물을 운송한 적이 있었다. 보험료 (150달러)가 너무 비싸다고 보험에 들지 않았다.

그런데 어느 날 밤 이리 호수에 사나운 폭풍이 몰아쳤다. 록펠러는 화물을 잃을까 봐 노심초사했고 파트너인 조지 가드너 George Gardner 가 다음 날 아침 출근했을 때 록펠러는 사무실을 오락가락하고 있었다.

그는 떨리는 목소리로 다음과 같이 말했다.

"빨리 움직이게. 지금이라도 보험에 들 수 있는지 알아보자고!"

가드너는 서둘러 달려가 보험에 들었다. 그런데 그가 회사로 돌아왔을 때 록펠러는 신경을 더 곤두세우고 있었다. 그사이에 화물선이 폭풍우를 피해 무사히 도착했다는 전보가 온 것이었다.

그는 150달러를 '허튼 데 썼다'는 생각에 그 어느 때보다 속이 쓰렸다! 실제로 속이 너무 쓰려서 집에 가서 몸져누워야 할 정도였다. 생각해 보라! 당시 연간 매출이 50만 달러인 회사의 주인이 150달러 때문에 너무 속이 쓰려서 몸져누운 것이다.

그에게 즐길 시간, 재충전을 위한 시간, 혹은 돈을 벌고 주일학교에서 가르치는 일 외에 다른 일을 할 시간은 없었다. 파트너인 조지 가드너가 다른 3명의 사람들과 함께 중고 요트를 2,000달러에 샀을 때, 록펠러는 기겁하면서 요트를 타지 않으려 했다.

가드너는 어느 토요일 오후 회사에서 일하는 그를 발견하고 이렇게 간청했다.

"이보게, 존, 요트 타러 가세. 자네한테 좋을 거야. 일은 잊어버리게나. 즐겨보자고."

록펠러는 그를 쏘아보면서 이렇게 일침을 놓았다.

"조지 가드너, 자네는 내가 아는 한 가장 사치스러운 사람일세. 자네는 지금 자네는 물론이고 내 신용까지 해치고 있네. 자네가 우리 사업을 망칠 거라는 걸 잊지 말게. 난 싫군. 자네 요트에 타지 않을 거야. 보고 싶은 마음도 없다네!"

그러고는 토요일 오후 내내 회사에 틀어박혀 있었다.

사업가로서 경력을 쌓는 내내 록펠러에게는 유머 감각과 균형 감각이 부족한 사람이라는 꼬리표가 붙어 다녔다. 수년이 지난 후 그는 이렇게 말했다.

"나는 잠자리에 들 때마다 내가 거둔 성공이 그저 일시적인 것일지 모른다는 사실을 되새겼다."

수백만 달러를 마음대로 주무르는 그가 잠자리에 들 때마다 재산을 잃을까 봐 걱정한 것이다. 걱정하다가 건강을 해친 것이 그리 놀랍지도 않다. 그는 즐기거나 재충전할 시간이 없었고, 영화를 보거나 카드놀이를 하거나 파티에 참석한 적이 없었다. 사업가 마크 한나Mark Hanna의 말처럼 그는 돈에 미친 사람이었다.

"다른 모든 면에서는 제정신이었지만 돈에 대해서는 제정신이 아니었다."

오하이오주 클리블랜드의 한 이웃에게 고백했듯이 록펠러는 "사랑받고 싶었다." 하지만 그는 너무 냉정하고 의심이 많아서 그를 좋아한 사람은 거의 없었다. J.P. 모건은 한때 록펠러와 거래하는 것조차 망설였다. 그는 이렇게 시큰둥하게 말했다.

"전 그 사람이 싫습니다. 그와 어떤 거래도 하고 싶지 않습니다."

록펠러의 친동생은 형을 너무 싫어한 나머지 자기 아이들의 시신을 가족 묘지에서 이장했다. "내 혈육 가운데 누구도 존 D. 록펠러가 지배하는 땅에 묻히지 않을 것"이라고 말했다. 록펠러의 직원과 동료들은 그를 몹시 두려워했는데 아이러니하게도 록펠러 역시 그들을 두려워했다. 그는 그들이 회사 밖에서 이야기를 나누다가 '비밀을 누설'할까 봐 두려워했다.

인간 본성에 대한 믿음이 거의 없었던 그는 예전에 독자적인 정유공장과 10년 계약을 체결할 때, 상대방에게 아내를 포함해 누구에게도 그 사실을 발설하지 않겠다는 약속을 받아냈다!

'입을 다물고 사업을 하라.'

그것이 그의 좌우명이었다. 그런데 베수비어스산의 비탈에서 쏟아지는 뜨거운 누런 용암처럼 황금이 그의 돈궤에 흘러들어오던 번영의 절정기에 그의 개인적인 세계는 무너졌다.

언론에서는 철도회사와의 은밀한 리베이트^{rebate}, 모든 경쟁회사에 대한 무자비한 공격 등 스탠더드 오일 컴퍼니의 악덕 자본가 같은 행태를 공공연히 비난했다. 펜실베이니아의 유전 지역에서 록펠러는 가장 미움받는 사람이었다. 그가 짓밟은 사람들은 그의 형상을 한 인형을 교수형에 처했다.

그의 늘어진 목에 밧줄을 묶고 사과나무 가지에 매달아 그를 처형하고 싶어 했던 사람이 많았다. 지옥의 저주를 내뿜는 편지가 그의 집무실로 쏟아졌다. 그의 목숨을 위협하는 편지들이었다.

그는 적들로부터 자신을 보호하고자 경호원을 고용했다. 이 증오의 회오리바람을 애써 무시했다. 그는 다음과 같이 냉소적으로 말한 적이 있다.

"내 뜻대로 살게 놔둔다면 내게 발길질하고 욕해도 괜찮다."

하지만 스스로 깨달았듯이 그는 결국 인간이었다. 증오를 참아낼 수 없었고 걱정도 마찬가지였다. 그의 건강에 금이 가기 시작했다. 그는 내면으로부터 자신을 공격하는 새로운 적, 그러니까 병마의 출현에 난감하고 당황스러웠다.

처음에는 '이따금 나타나는 가벼운 병들을 계속 감추고' 병에 관해 생각지 않으려고 애썼다. 하지만 불면증, 소화불량, 탈모처럼 걱정과 허탈함이 몸으로 드러나는 증상은 부정할 수 없었다.

마침내 주치의들은 그에게 충격적인 진실을 알렸다. 그는 돈과 걱정인지 아니면 목숨인지 양자택일해야 했다. 그들은 은퇴하지 않으면 목숨을 보장할 수 없다고 경고했다. 그는 은퇴했다. 하지만 걱정과 욕심, 두려움이 이미 그의 건강을 망가트린 후였다.

미국에서 가장 유명한 여성 전기 작가인 아이다 타벨 Ida Tarbell은 그의 모습을 보고 충격을 받았다. 그녀는 이렇게 썼다.

"그의 얼굴에는 나이의 끔찍한 흔적이 보였다. 그는 내가 본 사람 중 가장 늙은 사람이었다."

늙었다고? 당시 록펠러는 필리핀을 탈환할 무렵의 맥아더 장군보다 몇 살 더 어렸다!

하지만 그의 몸이 너무 망가진 상태라 타벨은 그가 측은했다. 당시 스탠더드 오일 컴퍼니와 그것이 표방하는 모든 것을 비난하는 강도 높은 책을 집필하고 있었던 그녀는 이 '악덕 기업'을 키워낸 사내를 사랑할 이유가 전혀 없었다.

하지만 주일학교에서 주변 사람들의 얼굴을 열심히 살피면서 수업하던 록펠러를 보던 순간을 다음과 같이 표현했다.

"예상치 못한 느낌이 들었고, 시간이 갈수록 그 느낌은 더 강렬해졌다. 그가 안타까웠다. 내가 생각하기에, 두려움만큼 끔찍한 동반자는 없다."

록펠러의 생명을 구하러 나선 의사들은 그에게 3가지 규칙을 제시했고, 록펠러는 남은 생애 동안 이 3가지 규칙을 철저히 지켰다. 그 3가지 규칙은 다음과 같다.

1. 걱정하지 마라. 어떤 상황에서도 어떤 것도 걱정하지 마라.

2. 휴식을 취하라. 그리고 밖으로 나가서 가벼운 운동을 충분히 하라.
3. 식단을 조절하라. 항상 아직 약간 배가 고프다 싶을 때 수저를 놓아라.

록펠러는 이 규칙들을 지켰고 분명히 그 덕분에 목숨을 구했을 것이다. 그는 은퇴했다. 골프를 배웠다. 정원을 가꾸기 시작했다. 동네 사람들과 수다를 떨었다. 게임을 했다. 노래를 불렀다.

하지만 여기에서 그치지 않았다. 윙클러는 다음과 같이 말한다.

"고통의 낮과 불면의 밤을 보내면서 록펠러는 성찰의 시간을 가졌다."

그는 다른 사람들을 생각하기 시작했다. 이번만큼은 돈을 얼마나 벌 수 있을지에 대한 생각을 멈추고, 그 돈으로 인간의 행복을 얼마나 살 수 있을지 고민하기 시작했다.

요컨대 록펠러는 이제 그가 가진 수백만 달러를 나누어주기 시작했다! 때로는 그러기가 쉽지 않았다. 그가 어떤 교회에 돈을 기부할 때면 전국의 설교단에서 "더러운 돈!"이라며 성토에 나섰다. 그래도 그는 기부를 멈추지 않았다.

미시간 호수 기슭에 있는 한 가난한 작은 대학이 주택 담보 대출 때문에 곧 압류당할 거라는 소식을 듣고는 그 대학을 구제하러 나섰다. 그 대학에 수백만 달러를 투자해 현재 세계적으로 유명한 시카고대학교로 키워냈다. 흑인들을 돕기 위해 노력하며 흑인 대학교에 돈을 기부했다. 이를테면 조지 워싱턴 카버의 연구를 진행하도록 터스키기 칼리지에 자금을 제공했다. 십이지장충 퇴치를 지원했다.

십이지장충 권위자인 찰스 W. 스타일스$^{\text{Charles W. Stiles}}$ 박사가 이렇게 호소했다.

"50센트어치 약만 있으면 남부를 유린하는 이 질병을 치료할 텐데, 그 50센트를 누가 기부할까요?"

록펠러가 기부했다. 그는 수백만 달러를 투자해 남부를 유린하는 가장 큰 재앙을 물리쳤다. 거기서 멈추지 않았다. 그는 전 세계의 질병과 무지를 퇴치할 목적으로 록펠러 재단이라는 위대한 국제 재단을 세웠다.

이 업적을 언급할 때면 나는 가슴이 뭉클하다. 어쩌면 내가 록펠러 재단 덕분에 목숨을 구했을지 모르기 때문이다. 나는 1932년 내가 중국에 있을 때 콜레라가 전국적으로 기승을 부렸던 일을 똑똑히 기억한다. 중국 농부들이 마치 파리처럼 죽어갔다.

하지만 이토록 공포스러운 상황에 우리는 용케 베이징에 있는 록펠러 의과대학에 가서 그 전염병으로부터 우리를 보호할 백신을 맞았다. 중국인, '외국인' 할 것 없이 누구나 백신을 맞을 수 있었다. 그리고 나는 그때 처음으로 록펠러의 재산이 세계를 위해 무슨 일을 하고 있는지 알게 되었다.

역사상 록펠러 재단과 조금이라도 견줄만한 조직은 존재하지 않았다. 그것은 독보적이다. 록펠러는 세계 각지에서 비전을 품은 사람들이 시작한 훌륭한 운동이 많다는 사실을 알았다. 연구를 수행하고, 대학을 설립하고, 의료진이 질병을 퇴치하고자 고군분투하지만, 자금이 부족해 이런 고귀한 과업이 중단되는 경우가 비일비재하다. 그는 이런 인류의 선구자들을 돕기로 결심했다.

그들을 '인수'하는 게 아니라 투자를 통해 그들이 자립할 수 있도록 돕는 것이다. 오늘날 페니실린의 기적을 비롯해 수십 가지의 다른 발견은 자금을 지원한 록펠러가 있었기에 가능했다. 5명 가운데 4명이 사망하던 척추수막염으로 아이들이 더 이상 목숨을 잃지 않는 것은 그의 덕분이다.

이 외에도 말라리아와 결핵, 인플루엔자와 디프테리아, 그리고 지금도 세계를 괴롭히는 수많은 다른 질병을 성공적으로 정복하고 있는 것도 얼마간 그의 덕분이다.

그런데 록펠러는 어땠을까? 돈을 기부할 때 마음의 평화를 얻었을까? 그렇다, 그는 마침내 만족했다. 앨런 케빈스 Allan Kevins는 "만일 대중이 1900년 이후에 그가 스탠더드 오일 컴퍼니에 대한 공격을 곱씹고 있다고 생각한다면 그건 큰 착각"이라고 말했다.

록펠러는 행복했다. 완전히 다른 사람이 되어 전혀 걱정하지 않았다. 사실, 그의 일생일대의 패배를 어쩔 수 없이 받아들여야 했을 때도 밤잠을 이루지 못한 날은 단 하루도 없었다!

일생일대의 패배란 그가 설립한 기업인 거대한 스탠더드 오일에

'사상 최고의 벌금'을 내라는 명령을 받은 일이었다. 미국 정부에 따르면 스탠더드 오일은 독점금지법을 노골적으로 위반한 독점 기업이었다. 싸움은 5년 동안 치열하게 이어졌다. 미국의 최정상급 변호인단이 당시로서는 최장기간 지루한 법정 싸움을 벌였다. 하지만 스탠더드 오일은 패소했다.

케네소 마운틴 랜디스 판사가 판결을 선도했을 때, 스탠더드 오일 측 변호인단은 록펠러가 몹시 괴로워할 것이라고 두려워했다. 하지만 그들은 그가 얼마나 달라졌는지 몰랐다.

그날 밤, 한 변호사가 록펠러에게 전화를 걸었다. 그는 판결을 최대한 조심스럽게 설명한 다음 걱정스러운 목소리로 이렇게 말했다.

"록펠러 씨, 이번 판결 때문에 걱정하지 않으시길 바랍니다. 푹 주무시길 바랍니다!"

그런데 록펠러는 어떻게 반응했을까? 곧바로 전화기 너머로 부스럭거리는 소리가 들렸다.

"걱정 마시오, 존슨 씨, 난 잠을 잘 생각이오. 당신도 신경 쓰지 마시오. 굿 나잇!"

150달러를 허튼 데 썼다고 몸져누웠던 남자의 입에서 나온 말이다! 인정한다, 록펠러가 걱정을 극복하기까지 오랜 시간이 걸렸다. 53세에 '다 죽어가던' 그는 98세까지 살았다!

◆ 28 ◆

성에 관한 책을 읽고
파탄 직전의 결혼 생활을 구했다

B.R.W.
미국 대기업 극동 지역 대표

이 이야기를 익명으로 전하고 싶지 않았다. 그러나 너무 사사로운 이야기라 실명을 사용할 수 없었다. 그러나 데일 카네기가 이 이야기의 진실성을 보증할 것이다. 나는 이 이야기를 12년 전에 처음으로 그에게 전했다.

대학을 졸업한 후 나는 대기업에 취직했고, 5년 후에 태평양 건너편의 극동 지역 대표로 발령을 받았다. 미국을 떠나기 일주일 전, 내가 아는 가장 다정하고 사랑스러운 여성과 결혼했다.

하지만 우리의 신혼여행은 우리 두 사람에게, 특히 아내에게 참담할 만큼 실망스러웠다. 하와이에 도착할 무렵 그녀는 몹시 낙심하고 상심했다. 그녀가 자신의 오랜 친구들을 만나서, 일생일대의 가장 짜릿한 모험일 수 있고 모험이어야 하는 일에서 실패했다고 인정하는 게 민망하지 않았다면, 아내는 아마 미국으로 돌아갔을 것이다.

우리는 동양에서 2년 동안 함께 비참하게 살았다. 나는 너무 불행해서 자살까지 생각했다. 그러던 어느 날 우연히 발견한 한 책 때문에 모든 게 달라졌다. 나는 언제나 책을 무척 좋아했다.

어느 날 밤, 극동의 몇몇 미국인 친구를 방문했을 때 책으로 가득한 그들의 서재를 훑어보다가 반 데 벨데Van de Velde 박사의 《이상적인 결혼Ideal Marriage》이라는 책을 발견했다. 제목만 봐서는 설교조의 도덕적인 기록 같았다. 하지만 나는 단순한 호기심에 책을 펼쳤다. 알고 보니 그것은 거의 전적으로 결혼의 성적인 측면을 다룬 책이었다. 저속한 느낌을 주지 않고 허심탄회하게 성을 다루었다.

누군가 내게 성에 관한 책을 읽어야 한다고 말했다면 나는 모욕감을 느꼈을 것이다. 책을 읽으라니? 성에 관해서라면 책 한 권은 거뜬히 쓸 수 있는 사람에게 말이다.

하지만 내 결혼이 너무 실패작이다 보니 나는 어쨌든 겸손한 마음으로 책을 훑어보았다. 그리고 용기를 내어 집주인에게 책을 빌릴 수 있냐고 물었다.

솔직히 말해 나는 그 책을 읽었다는 사실을 내 인생에서 가장 중요한 일로 꼽는다. 아내도 그 책을 읽었다. 그 책이 비극적인 내 결혼생활을 행복하고 행복한 동반자 관계로 바꿔놓았다. 내게 100만 달러가 있다면 그 책의 저작권을 사서 수많은 신혼부부에게 무료로 나누어줄 것이다.

저명한 심리학자 존 B. 왓슨John B. Watson 박사의 말을 읽은 적이 있다.

"성은 틀림없이 인생에서 가장 중요한 주제다. 그것은 틀림없이 남녀의 행복에 가장 많은 파탄을 일으킨다."

왓슨 박사의 말이 옳다면(비록 지나치게 단정적이긴 해도 나는 그의 말이 전부는 아닐지언정 사실에 가깝다고 확신한다) 어째서 문명사회가 성적으로 무지몽매한 수백만 명의 사람들이 해마다 결혼해서 행복하게 살 수 있는 모든 기회를 파괴하도록 내버려두는 것일까?

결혼의 문제점을 알고 싶다면 G.V. 해밀턴^{G.V. Hamilton} 박사와 케네스 맥고완^{Kenneth MacGowan}의 《결혼, 무엇이 문제인가^{What is Wrong With Marriage?}》를 읽어야 한다. 해밀턴 박사는 이 책을 쓰기 전 4년 동안 결혼의 문제점을 조사했으며 이제 이렇게 말한다.

"대부분의 부부 갈등이 성적인 차이와 무관하다는 건 아주 무모한 정신과 의사나 할 수 있는 말일 것이다. 어쨌든 성관계 자체가 만족스럽다면 다른 어려움에서 발생하는 갈등은 무시할 수 있는 경우가 아주 많을 것이다."

나는 그 말이 사실임을 알고 있다. 참담한 경험을 통해 깨달은 것이다. 내 결혼을 파탄에서 구해준 반 드 벨데 박사의 《이상적인 결혼》은 대부분의 대형 공공 도서관에서 빌려보거나 서점에서 살 수 있다. 신랑, 신부에게 작은 선물을 주고 싶다면 요리 도구 대신 이 책을 선물하라. 그 책 한 권이 세상의 온갖 요리 도구보다 두 사람의 행복에 더 큰 도움이 될 것이다.

데일 카네기의 한 마디 : 《이상적인 결혼》이 너무 비싸다면 추천할 만한 다른 책이 있다. 한나 스톤Hannah Stone과 아브라함 스톤Abraham Stone 박사의 《결혼 매뉴얼A Marriage Manual》이다.

29

긴장을 푸는 방법을 몰라서
나를 서서히 죽이고 있었다

폴 샘슨 Paul Sampson
다이렉트 메일 광고업

6개월 전까지만 해도 나는 숨 가쁘게 돌진하듯이 삶을 살았다. 항상 긴장하고 여유를 가지지 못했다. 매일 밤 신경성 긴장으로 걱정하고 녹초가 된 채 집으로 돌아왔다. 왜 그랬을까? 내게 이렇게 말해주는 사람이 없었기 때문이다.

"폴, 계속 그러다간 죽을지 몰라. 느긋해지면 어떨까? 여유를 가져봐."

아침에 빨리 일어나고, 빨리 먹고, 빨리 면도하고, 빨리 옷을 입고, 마치 운전대가 창밖으로 날아갈까 봐 무섭다는 듯이 있는 힘껏 운전대를 움켜쥐고 운전해서 출근했다. 서둘러 일하고 서둘러 퇴근하고, 밤이면 심지어 서둘러 자려고 애썼다.

그런 상태로 지내다가 디트로이트의 유명한 신경 전문가를 찾아갔다. 그는 내게 긴장을 풀라고 말했다. 내게 항상 긴장 풀기를 떠올리라고 말했다. 일하고, 운전하고, 식사하고, 잠자리에 들 때 언제나 긴장 풀기에 대해 생각하라고 말했다. 내가 긴장 푸는 법을 몰라서 서서히 죽어가고 있다고 말했다.

그 이후부터 나는 긴장 풀기를 실천했다. 밤이면 의식적으로 몸과 호흡의 긴장을 풀고 나서 잠자리에 들려고 노력한다. 요즘은 아침에 일어나면 몸이 개운하다. 예전에는 일어날 때마다 피곤하고 긴장된 상태였으니 일취월장한 것이다. 이제는 식사하거나 운전할 때 여유를 가진다. 물론 운전할 때 정신을 바짝 차리지만, 이제는 신경을 쓰기보다는 머리를 쓴다.

내가 긴장을 푸는 가장 중요한 장소는 직장이다. 하루에 4~5회씩 하던 일을 모두 멈추고 나를 돌아보며 긴장을 완전히 풀었는지 확인한다. 이제 나는 전화벨이 울려도 누군가 나보다 먼저 받으면 큰일 난다는 듯이 잡아채지 않고, 누군가 말을 걸 때도 잠든 아기처럼 편안하다.

결과가 궁금한가? 삶이 훨씬 더 즐겁고 유쾌하다. 그리고 신경성 피로와 불안한 걱정에서 완전히 해방되었다.

30

내게 일어난 진짜 기적

존 버거 부인 Mrs. John Burger
주부

나는 걱정으로 완전히 무너졌다. 마음이 너무 혼란스럽고 괴로워서 삶의 기쁨이 보이지 않았다. 신경이 너무 곤두서서 밤에는 잠을 잘 수 없었고 낮에는 긴장을 풀 수 없었다. 내 어린 세 아이는 뿔뿔이 흩어져 친척 집에서 지내고 있었다. 얼마 전, 군 복무를 마치고 돌아온 남편은 다른 도시에서 법률 사무소를 개업하려고 준비하는 중이었다. 나는 전후 조정기의 불안과 불확실성을 온몸으로 느꼈다.

나는 남편의 경력, 마땅히 행복하고 평범한 가정생활을 누려야 할 아이들의 권리, 거기에다 내 목숨마저 위협하는 존재였다. 남편이 집을 구하지 못해서 집을 지을 수밖에 없었다. 모든 게 내가 건강을 회복하느냐에 달려 있었다.

이 사실을 더 절실하게 깨닫고 더 열심히 노력할수록 실패에 대한 두려움이 더욱 커졌다. 그러다 보니 책임지고 해야 할 일을 계획하는 것이 두려워졌다. 더 이상 나를 믿을 수 없다고 느꼈다. 내가 구제 불능의 실패자라는 기분이 들었다.

모든 것이 가장 암울하고 어찌할 도리가 없는 것 같았을 때 어머니가 내게 평생 잊지 못할 일, 평생 감사해야 할 일을 해주었다. 어머니는 내게 다시 맞서 싸울 힘을 주고자 충격요법을 썼다. 자포자기하고 신경과 마음을 통제하지 못한다고 나를 꾸짖은 것이다. 침대에서 일어나 내가 가진 전부를 걸고 싸우라고 다그쳤다. 내가 지금 상황에 굴복하고, 직면하기보다는 두려워하고, 삶을 살기보다는 삶에서 도망치고 있다고 말했다.

그래서 나는 그날부터 싸우기 시작했다. 당장 그 주말부터 내가 알아서 할 테니 두 분은 집에 가도 된다고 부모님에게 말했다. 그리고 당시에는 불가능해 보였던 일을 해냈다. 혼자 남겨져 두 아이를 돌보았다. 잠을 잘 잤고, 잘 먹기 시작했고, 그러자 기분이 좋아지기 시작했다.

일주일 후, 부모님이 다시 우리 집에 왔을 때 나는 때마침 다림질하면서 노래를 부르고 있었다. 맞서 싸우기 시작해서 승리를 거두고 있었기 때문에 행복했다. 나는 이 교훈을 결코 잊지 못할 것이다. 극복할 수 없는 상황이라면 직면하라! 맞서 싸워라! 굴복하지 마라!

나는 점점 더 강해졌고 잠에서 깰 때마다 잘 지낸다는 기쁨, 새로운 하루를 계획하는 기쁨, 살아있다는 기쁨을 느꼈다. 그 후에도 이따금 특히 몸이 피곤할 때 우울함이 스멀스멀 찾아왔지만, 그런 날에는 생각하지 말자고 스스로 다짐했다. 그러자 차츰 그런 날의 그 횟수가 줄어들어 마침내 사라졌다.

  1년이 지난 지금 내 곁에는 매우 행복하고 성공한 남편, 내가 하루 16시간씩 일할 수 있는 아름다운 집, 건강하고 행복한 세 아이, 그리고 마음의 평화가 있다!

31

좌절

페렌츠 몰나르 Ferenc Molnar
유명 헝가리 극작가

"일이 최고의 약이다!"

정확히 50년 전, 아버지가 내게 이렇게 말했고 나는 그때부터 이 말을 평생 가슴에 새기며 살았다. 아버지는 의사였다. 그 무렵 나는 부다페스트대학교에서 법학을 공부하기 시작한 참이었다. 시험에 한 번 떨어졌다. 나는 수치심을 이겨낼 수 없을 거라고 여기고, 실패의 가장 친한 벗인 술, 정확히 말하면 살구 브랜디가 주는 위안 속에서 도피구를 찾았다.

아버지가 느닷없이 나를 찾아왔다. 훌륭한 의사답게 아버지는 문제와 술병을 단번에 알아보았다. 나는 내가 왜 현실에서 도피해야 했는지 털어놓았다.

아버지는 곧바로 처방을 내렸다. 그는 술이나 수면제, 혹은 어떤 약을 먹더라도 진정한 도피는 불가능하다고 짚어주었다. 슬픔에는 세상의 어떤 약보다 더 효과적이고 믿을 만한 약이 딱 하나 있다. 바로 일이다!

아버지가 옳았다! 일에 익숙해지기가 어려울 수 있다. 그래도 조만간 익숙해진다. 일이 최고의 명약이다. 이 약은 습관을 길러준다. 일단 습관이 길러지면 내 맘대로 습관을 고칠 수 없다. 나는 50년 동안 한 번도 일하는 습관을 고치지 못했다.

작가의 허락을 받아 윌리엄 니컬스William Nichols의 《실천해야 할 명언들 : 영감과 지혜의 작은 보물창고 Words to Live By-A Little Treasury of Inspiration and Wisdom》(사이먼 앤드 슈스터 Inc., 저작권 1947년)에서 재인용했다.

32

걱정이 너무 많아서
18일 동안 음식을 먹지 못했다

캐서린 홀컴 파머 Kathryne Holcombe Farmer
보안관

    3개월 전, 나는 걱정이 너무 많아서 4일 밤낮으로 잠을 자지 못했고 18일 동안 고형식을 입에 대지 못했다. 음식 냄새만 맡아도 속이 뒤틀렸다. 내가 얼마나 큰 정신적 고통을 견뎌야 했는지 이루 말로 표현할 수 없다. 지옥에라도 내가 겪은 일보다 더한 고문이 있을지 궁금하다. 미쳐버리거나 죽을 것만 같았다. 계속 그렇게 살 수는 없다고 생각했다.

    내 인생의 전환점은 이 책의 신간 견본을 받은 날이었다. 지난 3개월 동안, 나는 사실상 이 책을 끼고 살면서 페이지마다 꼼꼼히 읽고 새로운 삶의 방식을 찾으려고 필사적으로 노력했다. 그간 내 정신적 관점과 정서적 안정에 거의 믿을 수 없을 만큼 큰 변화가 일어났다.

    이제 나는 전쟁 같은 하루하루를 견뎌낼 힘이 생겼다. 과거에는 오늘의 문제가 아니라 어제 일어난 일이나 내일 일어날지도 모를 일에 괴로워하고 불안해서 거의 제정신이 아니었다는 사실을 이제야 깨닫는다.

하지만 이제는 어떤 일이 걱정되기 시작할 때, 곧바로 멈추고 이 책을 꼼꼼히 읽으면서 배운 몇 가지 원칙을 적용한다. 오늘 해야 할 일 때문에 긴장이 된다 싶으면 바쁘게 움직여 즉시 그 일을 해치우고 마음에서 지워버린다.

예전에 거의 미친 듯이 고민했던 문제에 맞닥뜨리면 이제는 1장에서 설명한 3단계를 차분하게 적용하려고 노력한다.

1단계, 일어날 수 있는 최악의 경우가 무엇인지 스스로 묻는다. 2단계, 정신적으로 받아들이려고 노력한다. 3단계, 문제에 집중하고, 필요하다면 이미 기꺼이 받아들이기로 마음먹은 최악의 상황을 개선할 방법에 집중한다.

내가 바꿀 수 없는 일(그리고 받아들이고 싶지 않은 일) 때문에 걱정스러울 때 나는 잠시 멈추어 이 작은 기도를 되풀이한다.

"하나님, 바꿀 수 없는 것을 평온하게 받아들이는 은혜와 바꿔야 할 것을 바꿀 수 있는 용기, 그리고 이 둘을 분별하는 지혜를 허락하소서."

이 책을 읽은 이후 나는 새롭고 빛나는 삶의 방식을 진정으로 경험하고 있다. 더 이상 불안해하면서 건강과 행복을 망치지 않는다. 9시간씩 잠을 잔다. 식사를 즐긴다. 내게서 장막이 걷혔다. 문이 열렸다. 이제 나를 둘러싼 세상의 아름다움을 보고 즐길 수 있다. 지금의 삶과 이렇게 멋진 세상에서 살 수 있는 귀한 기회를 준 하나님에게 감사한다.

여러분도 이 책을 읽어보길 바란다. 머리맡에 두고 내 문제에 해당하는 부분에 밑줄을 그어라. 그것을 꼼꼼히 읽고 활용하라. 이 책은 일반적인 의미의 '읽기용 책'이 아니라 새로운 삶의 방식을 위한 '안내서'로 쓴 책이기 때문이다!

중앙경제평론사 Joongang Economy Publishing Co.
중앙생활사 | 중앙에듀북스 Joongang Life Publishing Co./Joongang Edubooks Publishing Co.

중앙경제평론사는 오늘보다 나은 내일을 창조한다는 신념 아래 설립된 경제·경영서 전문 출판사로서
성공을 꿈꾸는 직장인, 경영인에게 전문지식과 자기계발의 지혜를 주는 책을 발간하고 있습니다.

데일 카네기 자기관리론

초판 1쇄 인쇄 | 2025년 7월 15일
초판 1쇄 발행 | 2025년 7월 21일

지은이 | 데일 카네기(Dale Carnegie)
옮긴이 | 이미숙(MiSook Lee)
펴낸이 | 최점옥(JeomOg Choi)
펴낸곳 | 중앙경제평론사(Joongang Economy Publishing Co.)

대　　표 | 김용주
책임편집 | 백재운
본문디자인 | 박근영

출력 | 삼신문화　종이 | 한솔PNS　인쇄 | 삼신문화　제본 | 은정제책사

잘못된 책은 구입한 서점에서 교환해드립니다.
가격은 표지 뒷면에 있습니다.

ISBN 978-89-6054-343-0(03320)

등록 | 1991년 4월 10일 제2-1153호
주소 | ㉾ 04590 서울시 중구 다산로20길 5(신당4동 340-128) 중앙빌딩
전화 | (02)2253-4463(代)　팩스 | (02)2253-7988
홈페이지 | www.japub.co.kr　블로그 | http://blog.naver.com/japub
네이버 스마트스토어 | https://smartstore.naver.com/jaub　이메일 | japub@naver.com
♣ 중앙경제평론사는 중앙생활사·중앙에듀북스와 자매회사입니다.

이 책은 중앙경제평론사가 저작권자와의 계약에 따라 발행한 것이므로 본사의 서면 허락 없이는
어떠한 형태나 수단으로도 이 책의 내용을 이용하지 못합니다.

중앙경제평론사/중앙생활사/중앙에듀북스에서는 여러분의 소중한 원고를 기다리고 있습니다. 원고 투고는 이메일을
이용해주세요. 최선을 다해 독자들에게 사랑받는 양서로 만들어드리겠습니다. 이메일 | japub@naver.com